给变革一个空间

《经济社会体制比较》创刊30周年纪念丛书

丛 书 主 编：周红云
丛书副主编：刘　英

System Transition and
Institution Comparison

体制转轨与
制度比较

刘　英◎主编

中央编译出版社
Central Compilation & Translation Press

目 录
Contents

第三辑　中国体制转轨整体设计

第六辑　中国经济问题比较制度分析

序 一

《经济社会体制比较》创刊回顾[*]

荣敬本[**]

一、《经济社会体制比较》杂志创办的缘由

《经济社会体制比较》杂志创办于 1985 年，到现在正好 30 年。在杂志创办的前一年，正好中共中央通过决议，肯定了以公有制为基础的有计划的商品经济，这个决议在当时意义非常重大。是否发展商品经济，新中国成立以来在理论界一直存有争议。因此，1984 年党的十二届三中全会通过了被邓小平同志称为马克思主义基本原理和中国社会主义实践相结合的《中共中央关于经济体制改革的决定》，对当时的经济体制比较研究起到了关键作用。

新中国成立后，我们大都怀着革命的理想，从事马克思主义政治经济学的研究。但现实中，却出现了实践和理论相背离的现象。作为以翻译《马克思恩格斯全集》为己任的中央编译局，最早是从事马克思恩格斯著作翻译的。

---

　　* 为纪念《经济社会体制比较》创刊 30 周年，杂志社对荣敬本教授进行了访谈，本序是根据访谈录音整理而成，原载于《经济社会体制比较》，2015 年第 5 期。

　　** 荣敬本，中央编译局世界发展战略研究部研究员，《经济社会体制比较》创刊主编之一。

但从建局伊始，中央编译局的领导就强调理论和实践相结合，翻译和研究相结合，并于1985年成立了专门研究马克思主义的研究所，即当代马克思主义研究所。时任中央编译局局长的王惠德同志多次指出，马克思主义的生命力在于不断创新，对传统的社会主义理论需要重新认识，局领导们也认为中央编译局的发展在于"走出36号院"。因此，中央编译局的领导派我到中国社会科学院经济研究所做访问学者，从事经济体制改革的研究工作。当时经济研究所的刘国光所长和董辅礽等同志给予了很大的支持，吴敬琏、赵人伟老师提出研究比较经济学，首先要搜集一些比较经济学方面的研究资料。我记得我最早搜集的资料是一本关于比较经济学的书，书里面有一个明确的提法："主义"的比较已经过时，应该用比较的方法来研究体制。因此，在经济体制的比较研究中，应该摒弃"主义"的简单对立方法，对发达国家和发展中国家的经济体制采取比较借鉴的方法，去探索适合我国经济发展的经济体制。在开展经济体制比较研究时，我们把一些比较经济学的重要文献翻译过来，汇编成册，供大家研究。与此同时，经济研究所也邀请了一些东欧国家最早主张对苏联计划经济体制进行改革的经济学家到中国访问讲学。这些讲学材料和有关著作，依靠中央编译局的翻译力量很快译成中文，并向中央有关部门作了报告。

在比较研究中，我们发现，经济体制的差异归根到底是资源配置方式的差异，也就是说，是按市场配置资源还是按行政命令配置资源。在经济所访学期间，我们曾到深圳去调研，那时刚刚改革开放，火车站内全是从香港运来的产品。根本问题在哪？在于我们的企业没有自主权，只是按照行政命令而不是市场需求来确定生产的产品和数量，企业缺乏激励和动力，提供的产品不是消费者所需要的。

因此，在中央经济体制改革决定的大背景下，当时分管中央编译局研究工作的副局长林基洲同志和常务副局长顾锦屏同志建议我们主办一个刊物，以便开展更广泛系统的比较研究，探索中国的经济体制改革，丰富和发展马克思主义。林基洲同志多次主持召开座谈会研究办刊的问题，刊物的名称也是经过多次反复的讨论。大家都赞成要突出"比较"，但在刊物名称上，当时提出了两种方案：一个是"比较社会主义"，另一个是"经济社会体制比较"。前一个名称容易陷入"主义"的比较，后一个名称虽然太长，不容易为人们所理解，但考虑到经济社会体制是经济社会形态的具体组织形式，通常包括经济体制、政治体制和文化体制。我们相信，随着时间的推移，我国经济社会体制改革必将成为时代的主流，成为推动我国经济、社会、政治和文化发展的动力。因此，经过讨论，大家同意采用"经济社会体制比较"这个刊名，现在回想，这个刊物的名称不仅具有前瞻性，而且经受住了考验。

在确定刊物名称后，就进入了紧张的筹备工作。在当时，办刊物本身就存在很多困难，主要有三大困难，或者说是三大风险：一是政治上的风险，万一犯错误怎么办？二是经济上的风险，如果办刊物亏损怎么办，谁来承担这个风险呢？三是工作风险，谁来做，谁来编，如果自己做，那么意味着编者要额外承担很多工作，翻译、编辑、出版、发行等，纷繁复杂。但是，回头一想，我们为发展商品经济已经冒了很大的风险，现在中央给了很好的有利条件，我们要相信党。经济困难虽然有，但是如果能得到社会资助，困难可以克服。至于工作风险，一些青年人表示他们会大力支持。吴敬琏老师当时也很支持，说任何报酬都不要，要把杂志办好。因此，在中央编译局领导和社会各方的大力支持下，《经济社会体制比较》于1985年面世了。

二、比较杂志的办刊宗旨——理论联系实际

杂志在创刊之初目标就很明确，不搞"主义"的比较，不去评论社会主义好还是资本主义好，而是要作体制的比较研究，通过各个体制的比较来吸取经验，探索中国如何从计划经济走向商品经济、市场经济，也就是说怎样从原来的计划经济过渡到市场经济。

《经济社会体制比较》杂志创刊时以经济体制改革的总体思想为基础开展研究，系统介绍了东亚新兴工业化国家和地区、拉丁美洲国家从管制经济向市场经济转轨过程中的经验和教训，同时还翻译和刊载了以这些经验教训为蓝本的经济学重要文献。在比较研究的基础上，杂志当时围绕我国的经济体制改革组织刊发了一系列文章，提出我国的经济体制改革是一项复杂的系统

工程，包括价格、金融、财税、外贸、劳动、企业等方方面面的改革。同时，改革也会涉及各方面的利益调整，必然会引起社会各方面的波动，因此维持社会稳定对改革顺利进行意义重大。要保持社会稳定，需要注意三个方面的问题：控制总需求，防止通货膨胀；加强法制建设，惩治腐败；调整收入分配政策，防止收入不合理扩大，等等。

这些论文在当时影响很大，也引起了体改委领导的重视，时任体改委副主任的安志文同志曾召开座谈会，并把《经济社会体制比较》杂志推荐给其他相关部门。我们在座谈会上主张财税、价格联动改革。但是改革并不是一帆风顺的，后来大家主张价格改革，在讨论价格改革怎么改的时候，有的学者主张实行价格双轨制，但这样又产生了寻租现象。因此，从1988年起，我们就组织了关于寻租问题的讨论，把"寻租"这个概念引入到国内来，并指出"寻租"是我国改革进程中某些官员腐败的根源。当年关于寻租问题的讨论引起了社会的关注，有关寻租问题的文章和资料于1989年汇编成《腐败：权力和金钱的交换》一书出版，成为研究腐败问题的重要参考文献。

企业改革是《经济社会体制比较》杂志在20世纪80年代关注的又一个焦点问题。杂志当年曾刊登过一篇文章，问："中国有企业吗？"答案是否定的。不久，杂志又在国内首先发表了科斯的著名论文《论企业的性质》，由此引入对企业性质的探讨。构成企业最重要的因素是产权明晰，而我们的国企名义上产权属于国家，但实际上产权是模糊不清的。关于企业改革，当时各方意见不一。有人提倡承包制，因为农村实行承包制取得了成功，那么是不是承包制进城，就能取得成效？但企业的承包远非那么简单。因为企业的承包关系到企业包给谁，如何监督，在缺乏监督的情况下会造成更严重的腐败。所以我们一开始就反对搞承包，因为"承包制"解决不了产权明晰问题，不是国企改革的方向。那时的青年学者周小川发表了很多文章讲法人资本主义，提出对资本主义的企业管理，不要关注它姓资姓社，西方国家的企业管理形式是可以研究的。我们当年对企业管理形式的讨论是很有意义的，还多次专门召开了企业家座谈会。参会的不仅有学者，还有各类企业如国企、乡镇企业和民营企业的代表。

　　1988 年的企业座谈会在江门召开，与会学者指出，不改变原来的所有制形态，很难推行面向市场竞争的企业改革。那时有人提出搞企业承包制，但搞企业承包，负面作用很大，也许暂时会收到效果，但长远不行。周小川提倡法人资本主义，研究现代化的企业管理。当时国内很多有名的企业领导都来参加江门会议。我们讨论了一个问题，中国有企业家吗？当时得出的结论是中国没有企业家。没有企业创新，何来企业家呢？没有企业家，又如何能办好企业呢？企业都是依指令定生产，缺乏创新精神。所以杂志主张，真正地实行现代化的、科学的、产权明晰的、有科学管理的企业制度。这个议题我们当时讨论了很多很多，认为不能说姓资姓社，对计划经济和市场经济不能评判姓资姓社，股份制企业不能说它姓资还是姓社，更不能否定西方的企业管理制度，要好好学习借鉴。

　　1988 年在庐山召开的企业家座谈会更明确地指出，企业改革的方向应该是产权明晰，建立有利于资产保值增值的现代股份公司，只有把企业改造成为现代股份公司，才能使企业真正成为在市场经济中展翅的雄鹰。杂志后来还曾在苏州召开座谈会，陈清泰和楼继伟都参加了会议。会后我们到了上海，时任市长的朱镕基接见了我们，他明确地告诉我们，有些人不懂经济，你们可以大胆地搞。碰巧的是，我们这次上海之行还见到了上海前市长汪道涵同志，他看了我为杂志出版的《腐败：权力和金钱的交换》一书所做的序言，说写得很好。在诸位领导的肯定和鼓励下，我们《经济社会体制比较》杂志此后放心地在市场经济的道路上继续前行。

三、开展政治体制改革研究

　　随着经济体制改革的深入，我们预感到政治体制改革也必将提上日程，因此有必要对中国的政治行政体制的改革展开深入研究。1996 年初，在福特基金会的支持下，我们以杂志为中心，组织了中央编译局当代马克思主义研究所的一些研究精英，成立了"县乡人大运行机制研究"课题组。考虑到研究的问题在当时比较敏感，因此，在反复讨论后，我们决定从县乡两级政府入手。课题组的调研选择在河南省的新密市进行，除了在新密市走访市级党政部门外，课题组还分别去当地的一些乡镇作实地调查。在新密的调查中，当地官员经常提到三句话："加压驱动"，"热锅理论"（形容官员是热锅里的蚂蚁，必须不断运动来避免被灼伤），"一手乌纱帽、一手高指标"。显然，这三句话形象地描绘出基层政府运行的基本模式。上级给下级施压，制定各种指标，完成指标就可以提拔，但如果没有完成指标就要被降级、处罚，实行一票否决制。我们在《经济社会体制比较》1997 年第 4 期上发表了课题的研究报告之一：《县乡两级的政治体制改革：如何建立民主的合作新体制》，提出了"压力型体制"这一概念，并将其定义为"一级政治组织（县、乡）为了实现经济赶超，完成上级下达的各项指标而采取的数量化任务分解的管理方式和物质化的评价体系"。课题组的总报告又对"压力型体制"的运行过程展开了分析，认为"压力型体制"是中国计划经济中的动员体制在现代化和市场化压力下的延续，是经济转轨过程的产物。1998 年，课题组将其研究报告汇编成书，以"从压力型体制向民主合作体制的转变"为书名，由中央编译出版社出版。"压力型体制"这一概念出来以后，在当时获得了学术界，尤其是刚刚兴起的农村问题研究领域学者的认可。

四、寄语未来

与以往相比，杂志现在所处的境况要好得多，领导也非常重视。尽管也存在一些困难，但机会和机遇也很多。因此，在杂志未来的发展中，比较研究的视野可以更开阔些，不仅要研究分析发达国家的经验，也要研究分析发展中国家的经验和教训，比如阿拉伯世界和伊斯兰文化，很多问题都非常值得研究。此外，我们国家农业人口占比很大，农村地域广阔，三农问题的解决与否关系到我国未来的发展，因此，要理论联系实际，从经济、政治、社会和文化等角度加强对农业和农村问题的比较研究。

总之，希望杂志在回顾发展历史、总结以往经验的同时，在未来能把《经济社会体制比较》杂志办得更精彩、更有影响。

序　二

比较经济学的过去与未来[*]

[匈牙利] 雅诺什·科尔奈[**]

在《经济社会体制比较》杂志创刊30周年之际，我对杂志的编辑和读者表达真挚的祝贺。《经济社会体制比较》杂志在中国过去几十年发生的伟大变革中发挥了巨大作用，对精神生活的复兴，以及源自全球社会科学新思想的传播都作出了贡献。关于此，我还想说：鄙人与《经济社会体制比较》杂志有直接联系，杂志曾发表过我的多项研究成果。这使我感到荣幸，因为《经济社会体制比较》杂志使中国同仁了解了我的思想。

在以下内容中，我力图回答两个问题，它们看起来与此次庆典相吻合，

---

[*] 本序为科尔奈教授为纪念《经济社会体制比较》杂志创刊30周年提供的稿件。科尔奈教授是《经济社会体制比较》杂志的老朋友。早在《经济社会体制比较》杂志1985年的创刊号上，杂志就介绍了科尔奈教授的著作《短缺经济学》和他关于社会主义经济体制改革的思想。此后，杂志还介绍过科尔奈教授的《匈牙利经济改革的若干经验教训》（1986年第4期）、《经济改革设想和现实的对照》（1986年第6期）、《匈牙利经济学家眼中的中国经济改革——访问随笔》（1987年第5期）等文章。本文原载于《经济社会体制比较》，2015年第5期。

[**] ［匈牙利］雅诺什·科尔奈（János Kornai），哈佛大学经济学教授，匈牙利布达佩斯高级研究所终身研究员。科尔奈教授在20世纪80年代初对中国等传统社会主义国家如何由计划经济向市场经济转轨提出改革理论，曾多次获得诺贝尔经济学奖提名。译者张定准，深圳大学当代中国政治研究所教授。

即两者都是展望未来的。一是大家熟悉的"比较经济研究"的前景如何？二是由比较经济研究衍生出的分支学科有什么样的前景？我想借此机会对这两个问题的讨论发表一点拙见。

一、"比较研究"的过去与未来

詹科夫等人在 2013 年曾撰写过一篇关于新比较经济学的文章（Djankov et al., 2013）。他们提出了一个有趣的新方法，引起很大关注并激发了一场生动的辩论。在导论中，该文为将比较经济学研究的历史划分为新旧两个阶段提供了依据。在"旧阶段"中，只要社会主义经济仍在发挥作用，对资本主义与社会主义的比较始终是比较经济学研究的主题。但随着一些社会主义经济崩溃，世界面临贫穷、低效和大规模杀戮，对"主义"进行比较的研究就不再是"比较研究"关注的议题。在"新阶段"中，唯一的论题是对如今胜利凯旋的不同类型的资本主义进行比较。① 在那些不相信这种划分法的人中，我是持中立立场的。

首先，在 20 世纪 80 年代末的制度巨变之前，学者们已经对各种社会主义和资本主义制度进行了比较。几十年来，围绕社会主义制度改革的争论从主题上看可以概括为如下内容：是否只有双手沾满血腥的极端集权的、让大众饥肠辘辘的斯大林主义是社会主义唯一可能的形式？我们是否可以描绘出另外一些社会主义？在经济领域，能否实行某种形式的市场社会主义？在政治意识形态领域，能否实行某种形式的"更像样的"的民主社会主义？

从时期来看，对不同类型的资本主义进行白热化的比较，与对社会主义改革的争论是同步进行的。事实上，早在 20 世纪 70—80 年代，日本的经济处在巅峰之时，美国和西欧的许多人士就以极大的兴趣关注过日本经济奇迹。

---

① 我在此处和本文其他地方所使用的"资本主义不同类型"和"社会主义不同类型"的术语与霍尔（P. S. Hall）和索斯凯斯（D. Soskice）所著的那本具有影响力的著作《资本主义的多样性：比较优势的制度基础》以及其具有开创性的工作之后出现的文本中对该术语的运用，是同样的意思。

他们试图理解：政府的产业政策在其中发挥什么作用；经济部门对经济过程进行积极干预的程度如何，以及最重要的问题：投资是如何分配的。① 多年来，无数的学者倾向于将日本奉为典范，这种倾向直到日本经济下滑并开始出现长期的停滞，才戛然而止。

尽管存在成王败寇的事实，但仍然有人雄辩地支持继续聚焦于对社会主义和资本主义"大制度"进行比较：

1. 如果我们将资本主义与社会主义进行对照，那么资本主义的属性就更好理解。严格的二分法（sharp dichotomy）能提供海量信息，并非唯独我们的研究领域如此。例如，自然科学对这种"大"的分类进行界定和比较：有机物质与非有机物质，活生物与死生物的比较，尤其是在有生命的世界中，对新近进化有机物族群与其他族群，如脊椎动物与非脊椎动物的比较，哺乳动物与其他脊椎动物之间的比较，等等。我的研究工作就是对"大体制"（great systems）进行比较。拙著《动力、竞争与过剩经济》（*Dynamism, Rivalry and the Surplus Economy*）对具有社会主义特点的短缺经济和具有资本主义特点的过剩经济作过比较。这种比较有助于我们理解特定制度因素的作用。两种制度在体制框架、动机和行为规律性上都彼此迥异，其中，一种制度存在普遍、长期和严重的短缺现象，而另一种制度则具有普遍、长期和严重的过剩现象。

2. 在资本主义经济中，不时存在着与某些社会主义特性相像的"岛屿"。公有制而非私有制在其中居于支配地位；是官僚机构而不是市场在协调着人们的活动。比如许多国家的公费医疗。在这些"岛屿"上，由于实行免费和行政开支大幅削减的缘故，大量事例可以证明短缺经济现象，也就是众所周知的社会主义症状存在，比如排队、漫长等待、买方（在这种情况下即患者）任由卖方（卫生当局）摆布。如果我们知道，类似的安排不只是被插入"岛上"，而是把社会主义作为主导的社会经济形式时的真实情况，我们就能更好地理解"岛屿"的运作。

---

① 日本经验比较研究的开创者是青木昌彦（Masahiko Aoki）。在其后期的著作中，他将日本和中国的体制分析用于制度比较的综合研究之中（参见 Aoki，1988，1994，1996，2007）。

3. 苏联、东欧的社会主义虽然在历史现实中失败了，但它继续存活于许多人的脑海中。有关调查令人信服地表明，一部分人念念不忘变制之前的那段时间，他们相信那时的生活更加美好。国家与国家之间的怀旧程度不一，俄罗斯是怀旧情绪最浓的国家之一。经济问题愈多，怀旧情绪也就愈浓。用马克思主义的话来说，这些人用一种"虚假意识"来评价社会主义，是毫无意义可言的；我们不得不承认，这种对变制之前阶段的珍视，是一种心理事实（psychological fact）。不同的"新左派"政治思潮可以建立在这种扭曲了的集体记忆之上。与其说这些思潮建立在对过去的理想化记忆之上，还不如说它们试图窥见想象的、新的、更好的社会主义愿景。他们的推理基于这样的想法："不错，在列宁、斯大林、勃列日涅夫和其他形式的专治社会主义时代，的确存在着严重的问题。让我们重新开始，从错误中吸取教训，采用新的、更好的领导。"如果我们恰如其分地理解社会主义特性，如果我们能够解释这些严重的溃败及可怕的后果不是由个人属性或是由这个或那个领导人的错误决定所造成的，而是制度本身的基本属性所造成的，那么，我们就可以有力地对这种观点进行回击。

因此，在我看来，我会强调"比较经济研究"的连续性，而非强调与1989—1990年间的体制发生巨变有关的断裂性。不同层次的学者之间有着连续性，而且新生代学者不断加入其中。研究项目的组织机构的参与者和出版机构之间也有着连续性，新的机构从开始就一直在形成，其名称都与"转型"相关。由此，让我们转向第二个论题。

二、"转型经济学"的未来

1987年，有28个国家归共产党统治。① 1991年苏联解体后，这28个国

---

① 这个数字是从我的专著《社会主义体制》中提出的。其他很多学者也引用了其中公开发表的列表，值得注意的是，这个数字可能是一种共识。

家演变为 48 个继承国。[1] 在 28 个国家当中，唯独朝鲜可以十分肯定地说保留了社会主义制度的主要属性，古巴也可能是这样，但是古巴已经隐隐约约发出转型的信号。在其他国家，经济体制已经发生了巨大改变，它们现在带有资本主义经济的主要属性。这在曾经的社会主义的中东欧国家是一个不争的事实，苏联的继承国家更是如此。

我了解国企在中国和越南有巨大力量和影响，不过我敢断言，整个后社会主义国家的经济领域"转型"期已经完成。但是，政治领域的转变与此大相径庭。保罗·亨廷顿（Paul Huntington）在其经典研究，即 1991 年的文章和当年的著作中，用"第三波浪潮"来命名 1974 年至 1991 年间众多国家从专制独裁政权向民主政权的转变，以及政府政治形式的巨变。第三波浪潮的最后阶段席卷了后期的苏联以及共产党统治下的中东欧，但是从未波及越南。亨廷顿警告说，新的民主政权很脆弱，我们无法排除这些民主政权最终不能长治久安的可能。

这就是发生在俄罗斯的情况。当历史学家划分历史阶段时，他们喜欢将该阶段的起止与日历上的日期加以联系。记住了这一点，我们就可以说，俄罗斯历史上短暂的民主阶段始于叶利钦 1991 年就任总统，终于 2000 年叶利钦卸任总统。不论那时的经济政策多么动荡、多么暧昧，那几年俄罗斯的政治形式具有民主的所有基本标志。在普京 2000 年掌权后，俄罗斯的形势发生了变化。独断专行的政治体制从那时起就形成了。

亨廷顿的危险意识在匈牙利也得到了证实。自 2010 年以来，匈牙利的政治领域发生了大逆转，在 1989 年至 2010 年的 20 多年间——在众多严重的失败、失误、磨难和经济问题中，仍然自行确立了民主制度。但是自维克托·欧尔班（Viktor Orban）和他领导的政党掌权以来，几种民主体制被陆续废止，新的独裁制度涌现出来并已相当稳定。[2]

---

① 这个总数只包括国际法所承认的国家。它不包括前任国家塞尔维亚所不承认的科索沃，以及从苏联领土涌现出来的阿布哈兹、南奥塞梯、纳卡地区。摩尔多瓦是包括在内的。

② 参见：Kornai, 2012, 2014b；Magyar, 2013, 2014；Scheppele, 2014。这五部著作提供了许多进一步参考的资料。可惜的是大部分的研究只有在匈牙利进行。

这种倒退与亨廷顿所用的视觉比喻"浪潮"意象是极为吻合的。坐在海滩上，我们可以看到一浪又一浪冲上岸，而第三波浪可能甩脱许多泡沫，抽身而退。

从政治领域来看，我们将这些处于后社会主义国家区域的所有国家划分为三类：

A 类：民主国家

这里，我会列出以下国家：阿尔巴尼亚、波斯尼亚和黑塞哥维那、保加利亚、捷克共和国、爱沙尼亚、克罗地亚、拉脱维亚、立陶宛、马其顿、波兰、罗马尼亚、塞尔维亚、斯洛伐克、斯洛文尼亚。

C 类：专制国家（the dictatorships）

越南属于此类。[①] 这个国家已经发生很多变化，不仅在经济领域，而且在政治领域发生了很多变化。在胡志明当政的时代，共产党掌权，其政治纲领是消灭资本主义。这不仅可以从共产党的辞令中窥见一斑，也体现在其行动上：消灭私有制，根据中央的命令引入协调机制。后来，共产党开始了与经济改革并行的改变。它保留了名称，并且仍然提到共产主义和社会主义等词。党的最高层与企业部门有着千丝万缕的联系。如果我们将这些变化与早期的恐惧作比较，压制已经放松。

B 类：独裁国家（the autocracies）

这类国家居于 A 类和 C 类国家之间。独裁国家的重要特征是它具有居中

---

① 我已经在属于 A 类的国家名单中作出了说明。爱沙尼亚、拉脱维亚和立陶宛这三个波罗的海国家曾经是苏联的共和国，已被列入民主国家。属于苏联的其他继承国家没有在此列出。其中哪个国家应当被列为专制国家，哪个应当被列为独裁国家，我心中没底。那些熟悉这些国家政府体制和政治领域状况的人在作出这种判断上是唯一具有发言权的。不过，现在已经明了，我将苏联最大的继承国俄罗斯置于独裁国家而不是专制国家之列，这在以后还要进行讨论。可惜我对许多的非欧洲国家的政治发展情况不太了解，而这些国家在 1987 年的 28 个国家的列表中是处于突出位置的。

性。它不是民主国家，也不是专制国家。这里强调两个"不是"，就是要充分理解其性质。①

普京的俄罗斯和欧尔班的匈牙利，由于清除了许多基本的民主制度，所以不是民主国家。让我列举几个事实：权力部门之间持续分离，议会对于政府进行有效控制，法院的各个方面完全独立，包括独立的宪法法院，有一套针对权力争夺的有效制衡制度，从法律角度来看，相互竞争的政党在选举中机会均等。当权的政治力量"强化"自己，在自由的议会选举中不能被解散。

同时，有一点必须指出，独裁（autocracy）并不是专制（dictatorship）。有些绝对重要的属性可以将"独裁"与"专制"加以区分。多党制保持下来，反对派势力可以自由组织，反对派政党在议会中有代表。让我们思考一下俄罗斯的例子。在俄罗斯，抗议被压制，但抗议不是不可能的；抗议者会被大批送进监狱或在人群中被枪杀。基于虚假的指控作出判决，几个重要的反对派政治家被长时间囚禁。这具有一种威慑效果。然而，摆样子的公开审判、古拉格集中营、将数百万人推向死亡的运动的那个时代所特有的死亡恐惧，并未征服现在的俄罗斯社会。

总而言之，独裁不是专制，但我没有在"不是"（not）之前加上一个"还"（still）字。我们不能说，独裁变成专制只是一个时间问题。独裁统治的政治条件可能是稳定的，且持续很长一段时间，也可能由于某种历史性"地震"而寿终正寝。

一个类似的公开问题是，后社会主义专制政体的政治领域有着什么样的未来？专制的较弱形式会被更为强硬、更为残忍的镇压手段所取代吗？抑或一种反方向的进程得以开启，政体（不论快慢）将转变成独裁或民主？

①　在政治学和政治的日常语言中，其他具有中间性质的名称也广为流传，如，"吝啬的民主制"（Fareed Rafiq Zakaria，1997）。在匈牙利的版本中，受到卡尔·施米特著作［Schmitt，1923（1985）；1928（2008）］的启示，"Führer-democracy"这个词出现在了Körösényi（2003）的研究成果中。不仅在名字上没有形成一致，在标准的区分上也没有形成共识，而区分一个民主国家和一个非民主国家是需要一种标准的。这段短篇幅的引言不足以使作者加入到涉及介于民主与非民主之间的政府形式的概念性和重大性讨论之中。

我从自身的经历，尤其是通过学习世界历史认识到，对重大转变不可能作出牢靠的预测。相似情形的数量太少了，不足以使负责任的学者做出在统计学上"生效"的结论。历史上的每一次重大变化，尤其是质变，都是由一系列不可复制的不同政治、经济、地方和国际性的一次性因素造成的。我们可以解释法国革命的不同系列因素，但不能把它们用来解释 1917 年俄国革命或者 1956 年匈牙利革命；"利比亚之春"既不同于"突尼斯之春"，也不同于 2013—2014 年的乌克兰事件。

作为一名经济学家，我将后社会主义故事的政治并发症前置，是出于多种动机。我不敢苟同许多从事"比较研究"的学者普遍的做法——他们试图固守专业界限。比较经济学家们只关注中国、俄罗斯和波兰的 GDP 和预算，结果他们无力对与经济变革并行的其他生活领域正在发生的改变作出判断。比较政治学者只关注政治事件，而不愿操心经济变化。实际上，跨学科方法是不可或缺的。

现在，且让我回到引言中所提到的问题："转型经济"的未来。在一个基于经验研究和现实变化观察的研究项目中，这个问题既与观察和分析对象不可分，也与曾经的社会主义国家的未来相连。这种"转型"在经济领域已经完成。这同样适用于以上三类国家，而这三类国家的政治结构有所不同。不论它们之间的差异何等明显，它们的经济是不可逆转的市场经济。

相比较而言，这些政治上多样化的三类国家未来的政治发展却不可预见。在一类国家中，从共产党专制向西方式民主的转变已经完成，它们已经从 C 类跨越到 A 类。但俄罗斯和匈牙利的例子显示，这种变化并非不可逆转，这些国家中的任何一个都存在着从 A 类转向 B 类的危险。

那些现在处于 B 类或 C 类的国家可能在相当长的一段时间内无法动弹，但它们也的确存在着脱身的机会。存在着这样一种紧迫的危险，即一个或另一个 B 类独裁国家的政府形式退变为 C 类专制政体，或在 C 类国家里，目前尚弱的专制形式会被一种更为残酷的形式所取代。作为一个民主政体的支持者，我希望处于 B 类（独裁）成员国甚或 C 类（专制）的这个或那个成员国会朝着 A 类（民主）国家方向发展。如果发生这种情况，特别是在大国，如俄罗斯，那就不可能构成亨廷顿言之凿凿的第三波民主浪潮，而是一种新的第四波。

上述讨论并不隐含着任何的历史预测。它只是展现可能出现的图景的全貌。即使我们无法预言，但仍然有许多令人振奋的研究课题可做，仅列举如下几个。

第一，就整个后社会主义区域而言，上述国家中是否存在着某种特定的共性，明显有别于区域以外的国家，如，没有共产主义过去的国家？民主体制的脆弱、腐败，经济政策上的无能——这些不是后社会主义国家所特有的属性，这在那些没有社会主义历史经验的国家同样明显。我认为，很多人的思维方式有着不少明显的特殊性，如对国家父爱式角色的顺从。这些曾经的社会主义社会的残留物，有没有可能显见于社会不同领域的实际运作中？

第二，朝向资本主义的经济发展如何受到政治领域的政府形式的影响？压制性的非民主国家（上述 B 类国家和 C 类国家）发展更快，是一种众所周知的断言。① 另一种观点则与此相反：从长远来看，那些努力走向包容性民主的国家会减少歧视，实行人权，从长远的历史角度来看，会确保自身更快的发展（Acemoglu and Robinson，2012）。对后社会主义区域的 48 个国家所作的研究，运用比较社会科学的工具，为不愿意改变观点的学者提供了一流的实验室。

第三，在从事"比较经济学"研究的学者当中，许多人出道时是马克思主义者，如今却没有一个人自称马克思主义者。对后社会主义变化的经验所作出的一些分析，在重新思考马克思主义的主要观点方面提供了基本事实。现在，我只想强调其中一点。马克思主义理论区分了经济基础和上层建筑，并表示历史上经济基础的变化最终决定上层建筑的运动。后社会主义经验却与这一理论命题相悖。用马克思主义者的表述来说，各种情形下的巨变均始

---

① 这种观点反映在匈牙利总理维克托·欧尔班的一次演讲中。

于上层建筑。后来，具有很大相似度的（经济）基础，以资本主义生产关系、私有制和市场调节为特征，却能与三种全然不同的上层建筑——民主政府形式、专制政体和独裁政体长久共存。

第四，在本文中，我并未提到这样一个不言自明的事实，即每一个后社会主义国家都处于国际环境之中，这对所有国家都具有重要影响，不论它们是一体化的超国家成员（欧盟、北约）或是由普京发起成立的欧亚联盟成员。这个国家和其睦邻国家的关系如何？这个国家与其他国家之间形成了何种形式的政治、经济相互依赖关系（如在能源部门之间）？在相关国家的执政和反对派政治势力中，民族主义、反欧、反美情绪的浓烈程度如何，在政治辞令以及实际的外交和国内事务中的表达强度如何？这可能对政府形式的活力及经济改革产生影响。

第五，在引言部分，特别是在脚注中，我告诉读者，我对许多国家（主要是亚洲和非洲）的国情孤陋寡闻，而鉴于 1987 年对这些国家情况的评估，我又将这些国家归为社会主义国家。当然，其他一些同事对这些国家更加了解，有些甚至是研究这些国家的专家。我深信，本文的分类（完成转型而产生的资本主义经济以及三种类型的政府形式）具有适应性生命力，可以被用来描述现实，不论一个国家属于哪个类别。当我把曾经忽略的国家考虑在内，检验一下这种信念是否入情入理，以及这些分类是否具有充分的适用性，是不错的。如果答案是正面的，我们该如何归类每一个国家，我们又期待它朝哪个方向进一步发展呢？

且让我用两句话总结我给《经济社会体制比较》杂志的作者和读者发出的信息：后社会主义经济的"转型"（从该词的原义来看）已经完结；从事"比较社会研究"的必要性比以往任何时候都来得更加迫切。

参考文献

Aoki, M., 1988. *Information, Incentives and Bargaining in the Japanese Economy*. Cambridge, UK and New York: Cambridge University Press.

Aoki, M. and Dore, R. eds. , 1994. *The Japanese Firm.* Oxford: Clarendon Press.

Aoki, M. , Kim, H-K. and Okuno-Fujiwara, M. eds. , 1996. *The Role of Government in East Asian Economic Development.* Oxford: Clarendon Press.

Aoki, M. , Jackson, G. and Miyajima, H. eds. , 2007. *Corporate Governance in Japan: Institutional Change and Organizational Diversity.* Oxford: Oxford University Press.

Djankov, S. , Glaeser, E. L. , La Porta, R. , Lopez-de-Silanes, F. and Shleifer, A. , 2003. "The New Comparative Economics." *National Bureau of Economic Research Working Paper 9608*, Cambridge MA.

Hall, P. S. and Soskice, D. eds. , 2001. *Varieties of Capitalism: The Institutional Foundations of Comparative Advantage.* Oxford: Oxford University Press.

Huntington, S. P. , 1991a. "Democracy's Third Wave." *Journal of Democracy.* Vol. 2 No. 2: 12 – 34.

——1991b. *The Third Wave: Democratization in the Late Twentieth Century.* Norman and London: University of Oklahoma Press.

Kornai, J. , 1992. *The Socialist System: The Political Economy of Communism.* Princeton: Princeton University Press and Oxford: Oxford University Press.

——2012. "Taking Stock." *CES-IFO Forum.* Vol. 12 No. 2: 63 – 72.

——2014a. *Dynamism, Rivalry, and the Surplus Economy.* New York: Oxford University Press.

——2014b. "Threatening Dangers." http: //www. kornai-janos. hu/Kornai2014% 20Threatening% 20dangers. pdf.

Körösényi, A. , 2003. "Politikai Képviselet a Vezérdemokráciában (Political Representation in the Führer-democracy) ." *Politikatudományi Szemle.* 12 (4): 5 – 22.

Levitsky, S. and Way, L. A. , 2002. "Elections without Democracy: The Rise of Competitive Authoritarianism." *Journal of Democracy.* Vol. 13, No. 2: 51 – 65.

——2014. "Autocracy by Democratic Rules: The Dynamics of Autocratic Coercive Capacity after the Cold War." *Communist and Post-Communist Studies.*

Magyar, B. eds. , 2013, 2014. *Magyar Polip: A Posztkommunista Maffiaállam (The Hungarian Polyp: The Post-Communist Maffia State)* . Budapest: Noran Libro.

Scheppele, K. L. , 2014. "Hungary and the End of Politics." *The Nation.* May 6, 2014.

Schmitt, C. , 1923 ［1985］ . *The Crisis of Parliamentary Democracy* (trans. by E. Kennedy) . Cambridge╱MA：MIT Press.

——1928 ［2008］ . *Constitutional Theory* (trans. by Seitzer, J.) . Durham：Duke University Press.

Zakaria, F. R. , 1997. "The Rise of Liberal Democracy at Home and Abroad. " *Foreign Affairs.* Vol. 76 , No. 5：22 － 43.

前　言

　　《经济社会体制比较》杂志创刊的宗旨是通过对世界各国经济社会体制的比较研究，扩展视野并启迪思路，以进一步探索我国社会主义市场经济建设的道路。自创刊以来，比较杂志及时、前瞻地刊登了一批关于"转轨经济学"、"比较制度分析"、"比较经济学"、"新制度主义"、"寻租理论"等前沿理论领域的学术研究成果。特别是在20世纪80、90年代，杂志不仅译介了大量国外知名学者关于中东欧经济转型问题的研究成果，也刊登了国内从事体制转轨和制度比较研究的经济学家关于中国体制转轨与制度建设思考的一系列原创性论文。这些文章引领了当时国内关于体制转轨和比较研究的学术潮流，并为后期相关领域的研究指明了发展方向并奠定了坚实基础。

　　在《经济社会体制比较》杂志创刊30年周年之际，我们精选了比较杂志30来刊发的关于体制转轨和制度比较研究的优秀论文集结成册，一方面是对过去30年来比较杂志作为一本学术期刊在推动此研究领域的发展所做出的贡献进行系统梳理，另一方面，也可为目前从事此领域研究的学者、相关研究方向的学生及政策制定者提供进一步深化研究的参考资料。

　　本书收录的文章大体可分为两个部分，即体制转轨研究和比较制度分析研究。在体制转轨研究部分，分别按体制转轨研究总论、国外体制转轨比较和中国体制转轨整体设计三个主题收集整理了相关文章。在比较制度分析研究部分，则设立了比较制度分析总论、国别比较制度分析和中国经济问题比较制度分析三个栏目以汇集有关论文。

体制转轨研究总论部分收录的文章探讨了体制转轨研究的一般性问题。约瑟夫·斯蒂格利茨在《关于转轨问题的几个建议》中对市场和社会主义中关于价格、产业、计划、集中、产权和两条道路的问题做了探讨，并对竞争、制度建设、诚信、价格改革、宏观稳定和微观改革、企业创新、私有化、转轨的顺序和速度、平等和民主等转轨中的问题做了系统论述。保罗·G.黑尔的文章《转型时期的制度变迁和经济发展》通过对转型国家的横向比较分析，认为转型国家的制度变革与经济发展具有直接的正相关性。转型国家经济增长和社会发展最重要的因素包括宏观经济稳定、稳定的政策环境、有效的政府三个方面，但更为重要的是持续发展取决于制度的变革和创新。所以转型国家应重视制度的建设和完善。约翰·奈利斯的文章通过列举俄罗斯、捷克等国家转轨过程中私有化的实践，指出私人所有权并不必然导致重组，有些国有企业比私有化企业的业绩更佳，在某些国家国有全资企业和私有企业在业绩上差别不大，而在另外一些国家，只有在出售给外国公司的极少数企业中才可以发现明显的业绩改善。维托·坦茨通过梳理市场经济的要素和其中的机构，以及对转轨国家改革前后情况的对比，对政府角色在体制转轨中的转换情况做了论述。道格拉斯·C.诺思认为，理解经济变迁的过程是提高经济绩效的重要先决条件。经济变迁是人类数量和质量的变迁、人类知识存量的增加以及决定社会激励结构的制度模型的变化等一系列变迁的结果，完整的经济变迁理论是将这三个方面融为一体。

在"国外体制转轨比较"栏目中，收集了有关对中东欧等国家体制转轨研究的文章。莱谢克·巴塞罗维奇在《中东欧经济转轨争论中的谬误》中以波兰为例证，对"渐进式改革"的支持者进行了批驳，同时作者指出了人们在分析和评价中东欧国家经济转轨过程中遇到的社会和经济问题时常常存在的一些错误的认识和观点，并剖析了其产生的根源，并提出了相应的正确观点。孔田平的文章《中东欧经济转型的成就与挑战》对东欧经济转型进行了回顾，在指出中东欧经济转型特点的基础上，强调中东欧国家在建立市场经济体制和经济发展上取得了重大进展。与此同时，遭受全球金融危机冲击的中东欧国家也面临着许多挑战，需要推动许多领域特别是社会领域的改革。

程伟的文章在分析计划经济国家体制转轨起点的同步性和方向的一致性的同时，重点探讨了政治选择尤其是道路选择的重大差异，并揭示了差异的基本内涵及其主要的制约因素。在此基础上，运用制度生成和现实产出这软硬两类指标，对东欧、俄罗斯以及中国的转轨绩效做出了符合实际的科学判断。孔田平的另一篇文章《休克疗法与渐进改革》提出，剧变之后的东欧开始了从中央计划经济向市场经济的艰难转轨，其中休克疗法占了上风，并对波、匈实行的不同的经济转轨战略及其成因进行了比较研究。考斯塔介绍了捷克和斯洛伐克经济体制转换的战略，并对其改革方案及实施情况进行了介绍，同时对存在问题进行梳理，并预测了其未来发展的前景。匈牙利经济学家雅诺什·科尔奈在《经济改革设想和现实的对照》一文中详细回顾了匈牙利以及整个社会主义世界改革所走过的道路，批判地介绍和评述了各种改革派的思想和政策建议，并提出了自己的独到见解。徐坡岭等人的文章对中国和俄罗斯转型经济的货币深化与货币挤出问题进行了比较研究，指出货币超发并非通货膨胀的充分条件，只要能够控制好货币的流向，引导货币向货币资本转化，就能够防范和治理通货膨胀。

在对有关中东欧国家转轨研究文章的介绍后，我们收集整理了关于中国体制转轨整体设计研究的文章。楼继伟在《借鉴和改造"分权制"——政治经济体制综合改革思路探索》一文中认为，传统体制的弊端在于"整体制"，而市场经济国家的政治体制为"分权制"，提出应以价格、税收、财政的配套改革为出发点，进行有序改革。刘国光的文章对向市场经济转换过程中的宏观控制问题做了系统研究，提出为适当加强国家财政的宏观调控力度，有必要对国民收入分配格局做合理调整。著名金融学家麦金农的访华演讲稿《社会主义向市场经济转轨中的宏观稳定：财税体制改革》认为，古典社会主义下的财税体制核心是税收以所有权为基础。为保证国家在经济过渡期的稳定，建议中国实行增值税，同时赋予地方政府更大的税率决定权。本栏目中收录的麦金农教授的另一篇文章《中国向市场经济转轨中的财政控制》指出，中国农民的自筹资金具有硬预算约束，同时在工业部门中存在经济与财政的二元性质，强调了中国进行税收体制改革的必要性。

比较制度分析是经济学研究中的重要方法之一。青木昌彦的文章《比较制度分析：起因和一些初步的结论》提出，比较制度分析是随着历史制度分析和转轨经济学发展起来的，文中梳理了有关比较制度分析的主要问题，并提出了由比较制度分析导出的一般性结论。钱颖一在《国外经济体制比较研究前沿》一文指出，"比较制度分析"的研究对象是制度或体制，并简略介绍了当时"比较制度分析"研究的几个主要的研究方面：计划经济向市场经济的过渡（Transition）；市场经济国家中各种不同体制的比较；经济组织（organization）的研究；从历史的角度看经济体制的演变。郭树清的文章从国际比较的视角对中国1978－1988年的改革成效进行了回顾，在对中国当时经济运行机制进行全面研究的基础上，提出了中国改革的目标、战略和步骤。

国别比较制度分析部分以国别区域范围为顺序，对《经济社会体制比较》杂志创刊以来刊登的相关研究成果进行了介绍。V.霍列佐夫斯基的文章《资本主义旧车的驾驶技术——美国、西德、英国市场资本主义宏观控制系统的比较研究》将市场资本主义比喻为一辆旧车，并以美国、西德和英国的市场资本主义为例，介绍了市场资本主义系统宏观控制的目标和手段。格兰尼克的文章指出，民主德国的"新经济体质"是双重体制以及这种双重体制集中化的过程，并对集中化的原因进行了剖析。张少杰的文章全面评介了东欧各国20世纪60年代以来盛行的经济理论，如兰格模式的理论贡献及其局限性、布鲁斯和泽林斯基对模式理论的发展、奥塔·锡克关于分权决策模式的理论和雅诺什·科尔奈"反均衡"分析的模式意义，认为对这几个学派的深入研究将有助于我们对社会主义经济模式的探索和对社会主义经济理论研究的深入。泽林斯基的文章认为，全面的经济改革包括新体制的设计和有效地实现向新体制的过渡两方面的问题，改革不能靠仅仅在理论上预先准备好的新经济体制可运动的蓝图，并以20世纪50、60年代波兰的经验为例进行了分析。彼得·拉特兰的文章《后社会主义国家与新的发展模式的变化：俄罗斯与中国的比较》比较了中国和俄罗斯政治经济转型的初始条件、领导人的政策选择和面临的外部经济环境，认为两国都会产生一种新的受管制的市场发展模式。荣敬本的文章通过对东欧和中国产权制度变革的比较研究提出，产权制度变革的轨迹同各国的政治、经济、文化、社会特点有密切的联系，东欧和中国产权制度变革的目的是适应现代市场经济的需要，在产权制度改革中重要的是划清权力资本和职位资源这两者的界线。张卓元的文章对匈牙利价格改革的情况进行了梳理，对价格体系改革中的运行机制进行了分析，并结合我国的实际，就当时价格改革的几个问题提出了相应的思考。刘遵义的文章认为，比较各华人社会的经济发展可以把中国人内在的文化、种族、社会特征等作为常量，从而以经济环境、体制和政策为基础解释各华人社会经济发展的不同成果。这可以启发人思考在以华人为主的社会中采用何种可行的发展战略更为有益。

对中国经济问题进行比较制度分析研究是开展比较制度分析的最终目的。著名经济学家吴敬琏的《从匈牙利的经验看我国当前的改革》一文对科尔奈教授就匈牙利改革三个阶段提出的问题做了梳理，并引出了建立什么样的资金市场问题和进一步加强企业的经营独立性的问题。周小川的文章对"企业承包经营责任制"做了明确定义，列举了对承包制的两种对立态度，并提出了改善承包经营责任制的对策建议。陈锡文的文章《关于我国农村的村民自治制度和土地制度的几个问题》探讨了农村土地制度和农村民主制度建设之间的密切关系，同时也指出了村民自治自身中存在的功能定位、财产分配和自身费用三个不可回避的问题。赵人伟的文章《从收入分配和财产分布看中国渐进式改革的成绩与问题》总结了中国经济改革具有计划经济覆盖率低、经济改革的起点比前苏联和东欧国家都要低、重视发展和开放、改革与发展同步进行和采取渐进方式五个特点，并重点讨论了收入差距拉大和个人财产的高速积累与分化问题，进而提出了政策性建议。李剑阁的文章梳理了我国社会保障制度改革的背景，对我国社会保障制度改革中的养老和医疗两个问题进行了重点探讨。

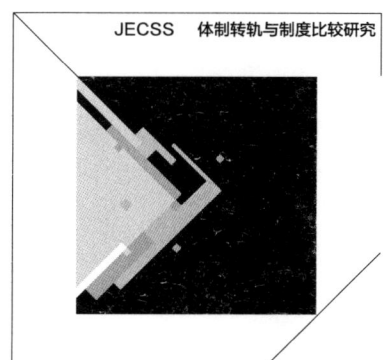

JECSS 体制转轨与制度比较研究

第一辑

体制转轨研究

关于转轨问题的几个建议[*]

[美] 约瑟夫·斯蒂格利茨　著　　　张文成　译[**]

一、市场和市场社会主义的六个神话

过去数十年来，学术界（至少是美国学术界）几乎没有讨论过社会主义的需要或作用问题。有种看法深信资本主义经济制度成功了，这种看法为经济理论中最出色的思想胜利所强化，从某种意义上讲，也是以前的原理没有消除的疑问仍然萦绕在人们心头。正像我强调的那样，如果我们要想对那些正在为自己的经济寻找新的基础的人有所帮助，就不能简单地求助于意识形态。

在这个重大的历史时刻，我认为，如果我把精力直接放在破除几个流传甚广的神话上，也许会有所帮助，因为这几个神话把旨在界定政府适当作用的讨论搞乱了。我希望在讨论这几个神话时，能够传达新的信息经济学范式（paradigm）对经济运行问题的更深刻的理解。

---

　　* 本文原载于《经济社会体制比较》，1997 年第 2 期。本文摘译自斯蒂格利茨的《社会主义向何处去》一书第 14、15 章。

　　** ［美］约瑟夫·斯蒂格利茨（Joseph E. Stiglitz），美国哥伦比亚大学校级教授，2001 年获诺贝尔经济学奖。张文成，中央编译局离退休干部办公室主任。

1. 定价（pricing）的神话

第一个神话是资本主义制度中的经济关系主要是由价格调整的。从几个意义上讲，这是个神话。第一，它忽视了企业内部进行的大部分经济活动，这类经济活动只在一定范围内受价格调节。况且，有些资本主义大企业，就其规模而言，比许多国家的经济规模还要大。第二，它忽视了企业所利用的许多非价格信息源（nonprice source of information）。企业要考虑定量数据，譬如本企业和其他企业的库存变化。第三，它忽视了无关双方之间进行的经济交易的许多非价格方面，譬如声誉和合同的作用。

但是，还有一些理由说明为什么经济关系不可能完全由价格来调节。我前面谈到过各种非分散性结果（nondecentralizability results）。它们实际上说明，经济关系是不能通过线性价格关系（linear price relationship）得到（最优）调节的。譬如激励制度一般是要给钱的，但这种钱是产出的非线性函数（nonlinear functions of output）。这种非线性制度常常难以落实，而且基本环境参数的改变也许并不强烈。非价格（数量）关系也许比线性价格关系更可取。

2. 适合社会需要的工业的神话

前面我谈到过反对私有制的理由，即私有企业会牺牲社会利益去追求自己的目标，正当福利经济学的基本原理纠正这种错误看法时，还有一个相应的神话，即认为国有企业追求"社会的"目标。其实，意识形态和现实之间存在着巨大差异。正如我前面提到的那样，国有企业经常更注意改善自己的工人（和管理人员）的福利，而不是追求国家目标（无论这些目标是如何定义的）。因此，出现下述现象就不令人奇怪：美国政府经营的核电站最不安全；国有企业（包括国防部）在反对实行比较严厉的反污染法方面态度常常最强硬；社会主义国家的国有企业造成的污染比资本主义国家国有企业造成的污染还严重；而且像私有企业一样，国有企业也被指责说搞性别歧视。

我前面提到的委托—代理理论（principal-agent theory）为我们理解这些问题提供了一个框架：那些参与决策的人设法让他们的收益最大化，而这些收益与社会目标极少是一致的。当然，从下一个事实中也产生一些问题，那就是要规定能充分反映社会目标的管理人员的收益是不容易的，甚至是行不通的；如果能轻易地将社会目标转化为可计量的标准，政府大概通过采用某些税收政策就能实现这些社会目标，而不必求助于公有制了。但是，有些问题，譬如有关污染的问题，在这个基础上是解释不过去的。

3. 计划的神话

社会主义者对市场经济的另一个常见的批评是认为市场经济不能计划。而没有计划，就不能实现有效的资源配置。要是在过去，经济学家可能会反驳说，价格能提供协调机制。但是，新的理论范式否定了上述看法：它认为如果没有一整套期货和风险市场，市场在执行资源配置任务时，充其量也是有缺陷的。

对市场的批评在很大的程度上是错误的。市场经济也有计划和协调，譬如企业内的计划和企业间的广泛的协调。问题不在于有没有计划，而在于计划的层次（locus）。当初美国钢铁公司（U. S. Steel）决定在密执安湖南岸建厂时，它就制定了内容广泛的计划，并预测了未来需求，协调了铁路建设、铁矿开采、住宅建设、采石场的扩大，以及航运设施的开发等活动。

旧的计划模式的中心是物资平衡方程。在开放经济中，这种方程已经变得没多大意义了。无论如何，全国性计划所要求的集合水平（level of aggreation）也许只对特定的开发项目还有有限的作用。企业不仅要知道需不需要钢材，还要知道具体的型号。即使在价格起很大作用的股市上，价格信号所包含的信息对投资决策的意义也是有限的。

在工业部门内部，生产商、供应商和它们的客户，都通过非正式网络（有时也通过正式网络）协调决策。当计划集中在"地方"一级时，那些了解生产能力和潜在需求的详细情况的人可以相互沟通，而这在全国性计划的框架内是根本做不到的。

4. 集中化的神话

在讨论选择哪种经济体制时，人们常常把注意力放在决策方式究竟在多大幅度上采用分散制或集中制的问题上。我们可以将前社会主义体制内的集中化同市场经济中的分散化加以对照。

正如计划的神话一样，集中化和分散化的区别被夸大了。所有社会都有一定的分散。任何个人都不可能掌握所有决策所需要的所有信息。即使在最集中化的社会中，有的决策也是用分散方式做出的。

同样，即便在最分散化的市场经济国家，也有一些企业在内部实行非常高度集中化的控制。因此，问题不是要不要分散，而是要多大程度的分散，采用什么形式分散。这当然不是说，不同决策结构在形式上就不存在许多差别了。

那些主张实行集中等级决策结构的人担心，"多头"（分散化）结构会造成许多问题，譬如重复决策，不易协调，不能使外在因素内在化，以及缺乏对采纳不好项目的行为的"制约"等。不过，最近发表的关于信息经济学的论著证实，在信息不完全和市场不完全的情况下将会出现的许多外部性的影响。

然而，我们也应认识到分散化有一些补偿优势：多头组织可以分散风险，减少官僚性浪费，提供更多的机会（包括纠正错误的机会），以及更具竞争力等。因此，它可以被当作选择和刺激的基础。

我们看到，市场经济国家多采用多头与等级组织相结合的混合形式。这反映了这些组织决策的模式各有长短之处。不过我不想指明我们所看到的混合形式哪种是最佳的。企业和政府似乎一直努力，试图在两者之间找到一种平衡，一种适于它们所面临的特定条件的平衡。

5. 产权的神话

在经济学中，也许，没有哪个神话像产权神话这样居于支配地位了。这个神话认为，人们所需要做的一切就是正确地确定产权。做到这一点就能保证效率。至于如何确定产权并不重要（除非是为了分配福利），因为如果人们对所确定的产权形式不满意，他们可以通过一次性转让（lump-sumtransfer）轻而易举地加以改正。这是个非常危险的神话，因为它使许多处于转轨过程中的国家错误地把重点放在产权问题（即私有化问题）上，而不是放在我下面将要讲到的一系列广泛的问题上。在这本书上其他几章里，我已解释过为什么仅仅解决产权问题是不够的，甚至可能是不必要的。

6. 两条道路的神话

我想破除的最后一个神话在最近的讨论中扮演着一个突出角色。正如我前面所指出的那样，市场社会主义表面上的失败使许多人得出结论，认为在市场和国有企业两个极端之间没有第三条道路可走了。就像流行的笑话说的那样：你不可能有点怀孕了，因为你要么怀上了，要么就没怀上。我想指出的是，这种建构问题的方式本身就是在误导人。事实是，政府在所有社会中都扮演着一个突出角色。问题不是政府要不要参与经济活动，而是它应当扮演什么角色。

而且人们在得出上述结论时，一般没有适当注意正好不属于两个"极端"的制度安排。请允许我举几个"中间"制度安排的例子加以说明。

近年，出现了大量论著，谈论地方公共品和组织（local public goods and clubs），即追求共同利益的个人的自愿组合。非营利组织在美国发挥了突出作用，合作社也在其他许多国家也起着重要作用，即使在美国，它们也在合资研究（joint venture in research）中发挥着越来越大的作用。

南斯拉夫的"工人合作社"遇到的问题和许多社会主义国家的所谓强迫合作社遇到的问题，给人们对这些中间制度安排的兴趣泼了瓢冷水。但是因为这些问题而贬低这些制度在一种经济制度中可能发挥的作用是不应该的。有许多地方公共品，它们可能是由地方社区有效提供的。这些中间制度的组织常常本身就是一个公益事业（a public good），中央政府的一个适当作用也许是促进而不是强制这些中间制度的发展。

关于中间道路，还有一个例子，是东亚国家提供的。这些国家在过去20多年里取得了显著的经济成就，引起了世界的广泛注意。大家有一种共识，即这些国家的政府在发展过程中扮演了一个积极角色，一个远比大多数发达国家的政府要积极的角色。大多数东亚国家创建了市场似的制度（market like institutions），譬如银行。有的国家，譬如韩国，还控制了大量资本的配置活动。即使在现在，韩国政府还任命私营银行的总裁。这些国家的政府鼓励私营企业承担某些活动，并运用胡萝卜加大棒的经济手段，争取私营企业予以合作。当私营部门不承担时，它们再出面：韩国和中国台湾建立了效率很高的钢铁厂。它们挑选一些企业家承担某些项目，并向他们提供必要的资本，在东亚国家，政府干预即便不是很严厉的，至少也是无处不在的。

我们正在不断认识到资本主义制度多样性。前面我曾提到美、德、日各国财政制度方面的显著差别。它们的教育、司法制度也有不同之处。这种差别还表现在社会福利制度、政府进行再分配的范围及它所提供的安全网、公营部门的规模，以及它所承担的活动的范围方面。这些不同的制度结构可能会对经济运行产生深刻的影响。在现阶段，还看不出这些制度中哪一个就一定比其他的好。它们都是根据自己的现实做出的选择。

二、转轨问题的若干个教训

1. 关于竞争的重要意义

第一个教训是强调竞争的重要性——不是纯价格竞争，而是完全老式的竞争，即企业间以优质低价向消费者和生产者提供必需品的竞争。头等重要的区别是竞争和垄断的区别，而不是私有制和国有制的区别。这两个问题当然可能不无关系：当政府"拥有"国有企业并有权排斥竞争时，它是很难致力于竞争的。

竞争与垄断的区别，也可能比允许与限制自由贸易之间的区别还重要。在一个小国家，自由贸易是很重要的，因为它提供了该国自己的市场也许无法提供的竞争准则，这只是因为这个国家的企业太少了，但是，在国内有充分竞争的地方，除了政治经济原因之外，我认为，实行保护政策只有一个令人信服的理由，那就是需要保护"幼稚产业"。因此，国家政策的首要目标是要确保竞争。这一点不仅在私有化或改组国有企业的过程中要重视，在允许组建企业、合作制和合伙制企业的法律中也要重视。政府必须采取行动，最大限度地减少进入市场的障碍。在美国和其他西方国家，政府实行了一些有碍小企业发展的税收和调控措施。如果说这些障碍给这些比较先进的国家造成了重大损失的话，它们给前社会主义国家带来的损失可能会更大——后者一开始几乎没有竞争结构。

同时，当前社会主义国家起草企业可以借此在未来发挥作用的"游戏规则"时，重要的是这些规则要包括有效的反托拉斯政策。它们不要听信那种观点，即为了在国际市场上进行有力竞争，需要有大企业，因此应当把反托拉斯政策抛在一边的观点。中国台湾的经验表明，不必依赖大企业，也能实现迅速发展。而韩国的情况则说明，即使大企业有优势，要实现这些优势，也要在它们之间展开竞争。但是，还有另一方面的危险，即对垄断过分担心，把所有利润都归于垄断行为，并在保护消费者不受贪得无厌的垄断企业的侵害的幌子下，重新建立国家控制体制。

2. 关于建立和执行游戏规则的重要性

我认为，建构问题的适当方式不是让市场与政府相对立，而是在两者之间建立适当平衡。政府在任何经济制度下都要扮演一个至关重要的角色，这就是制定游戏规则——这些规则不仅调节私营各方的相互关系，而且调节私营各方与政府之间的相互关系。制度和执行游戏规则的重要性，既有理论依据，也有历史经验作依据。法律滞后过去是、现在依然是制约许多国家发展的巨大障碍。

我在理论讨论时曾强调过合同在市场体制中的重要性。许多交易并不是当场交易；一方今天让出点什么，以换取一种对未来的承诺。这些承诺必须兑现，而且关于合同是否兑现的纠纷应当公平而有效地得到解决。我也强调过竞争的重要性，不过，关于游戏规则需要具体明确——譬如反托拉斯法。

还有一系列规则与金融市场有关。不同的经济体制用不同的方法调控其金融制度。在美国，对反托拉斯问题的担心导致了对银行活动和类似的控股公司的严格限制（日本没有这种限制）。然而，尽管施用了大量"管制剂"，美国的金融制度在 20 世纪 80 年代大部分时间里仍处于一种危险状态。现在有相当的证据表明，它们在资源配置方面没有起好作用。同样的道理，智利以及以不完全信息为基础的一般金融市场理论表明，没有控制的银行体制可能完全是一场灾难。

有些赞成迅速转轨的人认为，重要的是选定某套规则（fix on some set of rules）而不是确定哪套规划（determine which set of rules）：规则的不确定性会阻碍经济发展。这话有相当的道理，但是，同时要看到，建立规则的活动伴随着无可挽回的损失，而且规则一旦确定，再改变就很难了。改变规则不仅要付出巨大的交易成本，而且可能对分配产生很大的影响（distributional consequences）。因此，重要的是在宣布"游戏规则"之前，就全面考虑至少是其中的一些重要组成部分。

另一方面，不可能预见到所有偶然情况：因为我们生活在一个不完全定约（contracting）的世界上。前社会主义国家正处在变革的过程中，而不是确定新的均衡的过程中。这一点需要牢牢记住。

3. 承诺的重要性

1983 年，在讨论美国税制改革时，财政部长唐纳德·雷甘（Donald Regan）宣布，税改建议存储在文字处理机里。他的话表明里根政府对这些建议没有作出承诺。法律是可以修改的，这种修改的可能性会影响到行为。主权政府（sovereign governments）是不能对它们的继任者作出承诺的。但是，它们却可以采取某些行动来减少某些变化发生的可能性，这些行动包括改变交易成本或对政治选区作有利于某种变化的调整。我在本书第 10 章中谈到私有化计划的设计如何可能改变再国有化的可能性。如果做得妥当，是可以作出反对再国有化的有力承诺的。再国有化是政治气候中一个重大的不可预见的变化。

有一个必要的承诺几乎所有观察家都强调过，这就是不要再给亏损企业发放补贴。虽然改变这种状况的常见做法是搞"私有化"，但是也应当承认，对实施硬预算约束来说，私有化既是不必要的，也是不够的。许多国家的政府向私营生产者提供补贴（如钢铁），而有的国家的政府则对政府企业实行硬预算约束。

4. 价格和制度改革

实行硬预算约束的一个前提，是利润措施（profit measures）要有意义。不幸的是，情况常常不是这样：价格常常是没有意义的。因此价格改革是首批改革的内容之一。要评价一个企业经营的好与不好，需要一种有意义的方式评价它资产与负债状况。如果一个企业得到大量股本又不要"付费"，那么它可能会有强大的正现金流转（cash flows）。然而，从经济意义的角度看，它的经营状况可能很糟。相反，如果一个企业几乎没有得到什么资产，但却接过了要以高息支付的债务，它可能有一个负现金流转，然而它的真正情况可能很好。利润数据要有意义，企业必须建立完善的决算表。

私有化充其量只是一个局部解决办法。通过发证券实行私有化（而不调整资本结构）的办法是根本不能解决这个问题的。而通过出售企业实行私有化的办法，在目前企业竞争有限的情况下，也很可能会造成对企业资产真正价值的低估。相应地，建立在这种低估基础上的良好绩效也不能为衡量企业效率提供真正的尺度。

软预算约束不仅可能是政府拨款造成的，也可能是金融制度造成的。因此，改革金融制度应当是转轨的一个基本特征。这一点是特别重要的，因为在社会主义下，金融制度所起的经济作用与它们在资本主义下所起的作用是明显不同的。

5. 宏观稳定与微观改革

会计单位的稳定也是很重要的，因为通货膨胀必须受到遏制。引起通货膨胀的主要因素是两个：一是信贷过分膨胀（这部分是金融制度没有改革的结果），二是政府税收不足。

早在1991年，麦金农（Mckinnon）就强调过在转轨早期阶段政府收入会受到侵蚀的问题。在社会主义下，政府征收不言明的税（implicit taxes）：生产价格（生产成本）与消费价格之间的差。政府拿走了政府企业的利润。一且放开价格，这些"利润"将很快消失掉，从而使政府失去充足的财源。因此，必须把税收改革摆在转轨秩序的重要位置上。

通货膨胀造成的问题似乎是难对付的，以至于许多国家在转轨初期把注意力都集中在宏观稳定上。当政府的紧缩政策造成高失业时，建议搞直接过渡的顾问们几乎都对那些国家经历的艰难痛苦感到洋洋得意：这种痛苦有时甚至被描绘成迈入资本主义的仪式的一部分。

一般观点认为，作为转轨过程的一部分，资源的利用要发生转移。人们认为，有两个原因造成了在这个过程中一定会出现失业很多但工资极低的现象。一个原因是，资源在调整到更有效益的地方之前需要从没多少效益的地方释放出来；转轨需要时间，而在这期间会产生失业。第二个原因是，需要把工人从没有成效的部门引诱出去。必须引诱企业解雇工人，必须引诱工人去寻找更有效益的就业。工人受引诱只有一个办法，就是降低他们的工资；企业受引诱也只有一个办法，就是让它们面临着硬预算约束。

上述看法包含着一定道理。但是它们需要在两个重要方面加以限定：第一，许多前社会主义国家的基本问题可能是资本结构问题。就业格局（pattern of employment）可能错了，因为投资格局（pattern of investment）可能错了。但是，就目前的资本货物储备（stock of capital goods）而言，劳动资源配置似乎是没有效率的。重新配置劳动力在短期内得到的收益可能没有在长期里自然产生的收益大。

第二，近年来，我们已经开始认识到工人的生产力可能随着他们工资变动而波动。降低工资可能会降低生产力，短期内也许不会，因为这时存在一种与战时心态相类似的特殊心态（战争时期工人愿意付出特别的努力，作为保卫国家的一种行为）；现在就是建立一个新社会的激动人心的时期。但是从长远看，当激动的情绪一过，恢复了生活常态，效益工资的影响可能会起比较突出的作用，这种影响已经几乎占据了我们对宏观经济调整认识的中心。

在关于调整速度的许多讨论中，一直存在着混淆宏观经济和微观经济问题的现象。也许是需要遏制通货膨胀，控制政府预算，但是解决这些问题与调整经济并不是一回事。转轨国家的宏观经济学也许与流行的凯恩斯经济学有显著的不同之处，转轨国家几乎没有正常运转的资本市场，也没有住房自由市场，因此劳动力的流动也受到阻碍。而且供给反应可能更重要，或至少是不同的。紧缩信贷可能会在减少供给的同时减少需求——因为它对通货膨胀压力的影响是有限的。

6. 创建新企业

关于转轨进程的讨论，很多都把注意力放在改革和改变旧制度上。但是，与改革和改变旧制度同样重要（也许甚至更重要）的是创建新制度和新企业。中国在这方面提供了一个有趣的个案研究。中国没有把注意力放在使现有国营企业私有化上，然而，现有国营企业的重要地位由于新企业（如合资企业、乡镇企业以及私营企业）的发展而下降了。要促进这种发展也需要进行制度改革。

7. 关于私有化

有些拥护自由市场论的人说，成功的第一步就是使国营企业私有化。他们的观点对与否我不敢妄加评论，但我知道他们的这一结论没有科学依据。

正如我前面所说的那样，我认为竞争远比私有化重要得多。我看不出英国石油公司和 Texaco 有何不同。前者看上去比后者经营得还要好，但我认为这并不是因为英国政府在前者中拥有很大的股权。而且（也许更重要的是）英国电讯公司和英国航空公司在效益方面的大幅度进步有的早在私有化之前就存在。

理论告诉我们，在上述两种情况下我们面临着激励问题（委托人—代理人问题）。头等重要的问题是改变管理人员的激励结构——而且这一点在企业不改变公有性质的情况下就能做到。

我想说的是，首要的问题是向国有企业派新的管理人员，但还不清楚新的管理人员来自何处，如何挑选出来。无论如何要承认，短期内可能会出现合格胜任的管理人员短缺的现象。在选择新的管理人员方面，一个由股东选出的董事会是否就一定比国有企业内的某种替代机制更胜一筹呢？后者包括建立控股公司，并通过其他选拔办法（也许有国内外银行、国内外工商业领导人，甚至还有相关领域的专家参与）挑选出董事会等。在过渡期间，在私有化正在进行的时候，也许重要的是改变制度结构，以确保国有企业不再受以前领导它们的部委的控制。

正如我在本书第 10 章所指出的那样，有些国家已经开始用发行证券（vouches）的办法实行私有化，建立一种人民资本主义。不过我这里提出一句忠告：一定要注意法人治理（corporate governance）问题。它们已经认识到了这个问题，但是还是有太多的人认为只要建立控股公司和股票市场，就能提供确保有效管理所需要的信息和刺激，我在前面就已表示过对这样做是否足够的担心了。

在推动私有化步伐方面，政治经济学问题最终可能比迄今所讨论的因素都要重要。私有化将减少各部委及其官员的政治权力，并造成一个新的阶级，改革进程的继续是符合这个阶级的利益的。

8. 注意安排好转轨的顺序

迄今为止的讨论已经显示了安排好改革顺序的重要性。不放开价格，就很难建立以市场为基础的刺激。因为如果出现极度通货膨胀，价格系统失灵，市场导向型改革便不能成功。除此之外，其他问题似乎都有相当大的斟酌余地。

中国的经验表明，不进行私有化，甚至没有明确界定产权，也能进行成功的市场改革。中国人特别强调竞争。也对金融体制进行了改革。从短期看，这些改革的重要性还看不出来：许多投资是（像世界其他国家一样）通过留存利润（retained earnings）筹集的。虽然一直在大力宣传建立股票市场，但是股票市场在 1979—1992 年的迅速增长中没有起重要作用。中国人相当注意安排好改革顺序的问题（以及时机问题）。在实行全面的价格改革之前，中国实行了价格双轨制。价格体制的"灵活"部分给企业提供了信息，但没有一下子破坏整个经济体制。

在民营化之前，还进行了基础广泛的刺激结构/市场改革。同时中国开始认识到，从长远看，要保持高水平的投资，必须解决产权问题。于是开始了企业公司化（corporatization）过程，首先是这些企业向职工发放股票。一旦目前的所有制结构得到明确界定，转为"完全的资本主义"（full capitalism）就是一个比较容易解决的问题了。

推迟解决民营化问题是有充分理由的：产权转让问题是一个很容易引起争议的问题。怎样公平地分蛋糕不是一件容易办的事情，在过去的产权还是悬而未决时，尤其如此。当蛋糕迅速做大之后，分配问题就不太容易引起争议了。人们会（相对）满足的，因为他们得到的那份比以前大了。不过，在存在自发民营化的迫切威胁的情况下，问题可能与其说是什么时候民营化，不如说是怎样民营化和谁来控制民营化过程。

9. 转轨的速度

没有哪个问题比转轨速度和转轨方式更容易引起争议了。有人赞成直接过渡（the cold turkey apporach），他们说，不可能两次跳过同一个深沟。有人赞成渐进过渡，他们说生孩子还要十月怀胎呢！转轨的快慢也是一个有争论的问题。

在这场辩论中，许多关键问题都超出了经济学的范围，而牵扯到政治判断。究竟在哪种国家政治力量会勇猛向前呢？是在只有一条路实现向市场的不可逆转的过渡的国家，还是在直接过渡会形成反对派，从而威胁到向市场的过渡的国家？对这些问题各国的回答是不同的。有的前社会主义国家看上去——也许是作为对多年受外国占领的反动——如此致力于市场选择，以至于什么也阻挡不了它们的步伐，不论付出多大的代价。

关于渐进方式的可取性还有两个理由，第一是强调政府要承诺不扭转改革方向的问题。没有这种承诺，投资者就会认为改革长不了，就不会进行必要的投资。那样改革很可能也真搞不长。渐进改革有一个好处，就是政府可以选择比较有希望成功的领域进行改革。在合理预期的影响下，投资者会考虑政府的举措，由于期待成功，他们也愿意投资，而这些投资会有助于证实他们的预期。

第二个理由强调学习。在从计划经济转向市场经济的过程中，个人和组织都要学习。个人要学习如何对市场信号作出反应，社会要学习哪种制度更有效，组织要学习如何适应新环境。渐进过渡可能有助于这种学习过程，其理由在于：其一，它避免了"信息超载"（information overload）的问题。如果对一个制度提出过分的要求，实际上很可能会阻碍它发挥自己的效力。因此，总的原则是应当熟悉所有老师。学习材料一点一点地给，今天学习的东西是为了明天打基础。的确，不先经历初期阶段，也许无法解决（或至少是比较容易地解决）以后阶段遇到的问题。价格问题就说明了这一点。在中国转轨的初期，有许多讨论谈到他们怎样才能知道正确的价格。他们认识到，他们面对的是一个巨大的一般均衡问题。他们知道他们的许多产品（包括初级产品，如煤）的价格远远背离了均衡的要求。他们对可计算的一般均衡模式是很有帮助的这一点没有信心。他们实行了价格双轨制，允许在市场上销售基本定额以外的产品。这样价格开始成为反映稀缺程度的可靠信号。它们是在边缘发挥作用的。但是，如果一下子放开价格，那就很可能会出现巨大的紊乱。但是边际价格则提供了信息，使得深入的价格改革得以进行，几年后，价格双轨制实际上被一种单一的灵活的价格体制取代了。

其二，渐进过渡避免了组织遭到破坏而引起的信息损失问题，这一点是直接过渡在所难免的。从这一角度看，渐进优于革命。比如，组织掌握着不同的人执行各种任务的相对能力的信息。在转轨的过程中，分派的任务会改变，但是一个阶段的信息也许对以后阶段还有意义。因此，最好是有一定的信息，而不是从零开始。这种观点不是结论性的，它只表明经济观点可能对转轨速度问题产生一定影响，尽管它们似乎没有被广泛采用。

10. 平等的幅度

社会主义国家有一点是独一无二的，那就是它们在所有权方面实现了其他市场经济国家没有实现或者也许根本无法实现的均等水平。就财富的集中而言，通常提到的"人民资本主义"的目标也没有超过它们的水平，其他大多数国家就差得更远了。社会主义国家不应失去这次机会："财富"改革的破坏已经干完了，现在再也不能把这种改革提供的好处也丧失了。我在以前的讨论中就反对那种认为可以把公平与效率分开的论点，而赞成比较平均的分配财富所带来的种种好处。

从严格的政治角度看，我怀疑，如果民主政府能成功地保持一种比较平等的财富分配，它们的合法性就一定能提高。

然而，已经出现的自发私有化和企业利用大量套汇利润（arbitrage profit）所创造的私人财富，已经造就了一个富人集团，从而使实现平等的资本主义的任务变得更加困难了。

还有一些困难，譬如如何公平地实现土地、产业资本和住房的私有化问题。但是上述问题难以完成的事实并不意味着不应当试一试。像几个国家似乎正在做的那样，在某个特定的时间恢复历史上短暂地存在过的土地所有权，是很难用公平或效率的理由来辩解的。不能用让历史开倒车的办法去消除共产主义的创伤：任务是利用已有的一切好处，无论它可能被如何误导。过去搞过大规模的财富再分配，那可能是个错误。挑战是抓住机会，建构一个更公平的社会。

11. 民主与经济发展

以前的讨论常常把迅速发展与民主看成是对立的。战时政府几乎普遍采用直接控制的办法，即限制市场的活动范围。它们似乎或者认为市场是奢侈品，在紧急情况下享受不起，或者认为市场不是一个适应新形势的好机制。它们都对市场提出了恰当的尖锐批评。前面我曾试图指出，这种对集中化权威的看法弄错对象了。

专制政府可能善于抑制消费，但是它们在提高经济效率方面似乎没有什么优越之处。高储蓄率在很大程度上只有助于补偿经济的大范围的无效率。在一段时期内，社会主义国家增长的是快一点（如果它们的统计数字可靠的话），但是仅此而已，当经济发展到需要个人做出更大的决策的阶段后，限制自由的害处就会变得特别大。自由交往的本质要求有效的产品交换，只有限制其他社会交往形式的政权才会阻碍与市场有关的思想观念。

12. 正确地提出问题

最后一个建议是"正确地提出问题"。不要考虑"市场"对"政府"的问题，而要考虑市场与政府的适当平衡，还要考虑建立许多中间经济组织形式（包括以地方政府、合作社等为基础的组织形式）的可能性。

不完全且代价很高的信息、不完全的资本市场、不完全的竞争——这些都是市场经济的现实。正在选择一种经济体制的国家必须考虑到这些方面。竞争不完全或资本市场不完全这一事实，并不意味着不应当采用市场制度。相反，它意味着在选择时，不要被与之不相干的市场经济模式的原理和思想弄糊涂了。最重要的是，它意味着在决定采用哪种市场经济形式（包括政府应当起什么作用）时，他们一定要牢牢记住实际的市场经济是如何运行的，而不是去记住毫不相干的完全竞争的范式（paradigm）。

转型时期的制度变迁和经济发展[*]

[美] 保罗·G.黑尔 著　　赵　阳 编译[**]

一、引言

从转型的早期开始，制度的变革作为改革政策的一个重要组成部分在中东欧和苏联得到很大重视，改革政策的目标是要从计划经济过渡到民主政治框架中市场经济。

对所有国家来说，这一转型包含了中央银行业务、税收和财政政策、产业和贸易政策、财产法和商法等方面的制度改革。在这种情况下，企业倒闭造成的失业问题几十年来第一次在这些国家变成了现实，相应地建立一个人力市场制度以应对再培训、失业救济和数据统计等的问题就变得迫在眉睫。因此，在20世纪90年代初纯粹的制度变革并没有被放在整个改革计划中的最优先的位置，而是根据其他政策的需要才得以推行的。

对制度改革缺乏应有重视的第二个原因则是由经济学理论对市场经济的

---

　　* 本文原载于《经济社会体制比较》，2004年第5期。本译文略有删减，有需要的读者可与编辑部联系。——编者注

　　** [美] 保罗·G.黑尔（Paul G. Hare），美国芝加哥大学经济学教授。赵阳，时为荷兰蒂尔堡大学经济学院留学生。

制度重要性的低估造成的，大多数教材甚至前沿的理论都很少提及私人产权、商务合同或者商务信用等制度的重要作用。转型国家的理论最初认为，市场经济和计划经济相比是一种更有效率的体制，而且一旦计划经济被中止，马上会有市场经济快速平稳的取而代之。但是，转轨过程的复杂性已使人们认识到，能否建立并维持一个新制度是改革成败与否的关键。正像 Mcmillan 在1997 年讨论转型经济中的市场时说的那样："市场是一种在法制和惯例的基础上运行的制度，在信息不对等的情况下，只有明确的交易准则才能保证市场的正常运行。这也就是要求市场的制度和组织能够起到传播信息并提供恰当的激励的作用。"

第三方面的原因则是，尽管存在对新制度的需求，早期转型中存在的错误和偏见影响了制度发展的方向。改革初期更多关注于私有化，而忽略了相关制度的建设。

最后，申请加入欧盟的 10 个国家自 20 世纪 90 年代中期开始有了不同的改革方针，也就是加盟前大规模地推行制度改革，以此满足欧盟要求。这些新的举措包括了大量的制度现代化、制度更新乃至重建。在把制度变革的重要性提升到了一个合适的高度的同时，也有一些相关的问题暴露出来，例如是否一个欧盟的制度框架适合于多个尚在经济重组阶段的转型国家等。

以上论点都是建立在转型经济的某种共性的基础上的，以便于进行转型国家间横向的比较。具体说来，它假设现有的和即将进入转型阶段的政治实体是在常规研究范畴内的，这些国家有能力进行深入的改革并且以转型为通常意义上的市场经济为其主要改革目标。不幸的是，过去 10 年的经验充分证明，这些假设并不完全正确。

二、制度变迁——概念与定义

关于什么样的制度有利于市场经济的发展，经济学界有不同的看法。有些强调"文化"因素（Landes，1998），有的则更多强调"新教伦理"、"公民社会"，以及中小企业创业发展的社会环境（Brardel，1998），而有些则着重

"西方文明模式"（Kennedy，1998）。肯尼迪强调"军事实力与经济发展的关系"，他认为经济发展良好的国家如果趋向发展军事势力，则会造成经济发展的滞后（1988）。福山则从政治制度经济规则趋向一致而经济发展水平则表现出高低差异的横向比较中，进一步强调了文化差异的重要性。

由于上述原因，我们认为应首先明确界定经济制度的涵义，并以此归纳出适用于市场经济发展的制度的基本特征。最后，通过研究一些制度发展理论和市场经济的变化，来进一步探索各个因素的重要性以及制度变迁发生的机制。

1. 制度的一般定义

作为社会安排（social arrangements）的经济制度具有以下特点：（1）制度是规制经济行为方式的规则，而这种规制方式在短期内常与个人偏好相抵触；（2）制度是基于习俗、信任、法律规定而形成的共同的预期；（3）如果经济被看作是多种交易多次发生的"重复博弈"的交易过程，那么制度就是最为广泛的共识；（4）制度具有匿名性，所谓匿名性就是制度运行不能由寻求某种与制度相关的交易活动的经济个体所决定。

依据上述特点，大多数制度具有公共物品的属性。这就意味着依靠市场机制产生的"制度供应"将难以达到社会最优水平。在这种情况下，政府就必须一方面建立不能由市场建立的经济制度，一方面对公共偏好进行规范。

2. 典型制度

一般来说，一个运行良好的市场经济包含有能够提供以下重要经济功能的制度或者制度类管理办法。

——私人产权与合同。

——银行及其他金融市场：存在，运转，规范。

● 提供完善的信贷机制；

● 破产/分流政策。

——人力市场制度：社会政策和社会保障。

——透明的行政环境，要求公平，可预见并且可实施（例如，在类似于俄罗斯的多级社会国家，地方应该没有权力设置与国家政策相冲突的税率，并且税率不能经常变动）。

——与行业竞争政策、产业政策、贸易政策相关的制度。

——经济机构之间的信任，公共机构中的诚信（体现为较少的腐败，可以依赖的执法等）。

3. 制度缺失导致的经济行为

在转型经济中，转型初期可以看到重要制度缺失或相关的法律制度不完善、不能有效实施或者受到严重的政治分歧影响的情况。在这种制度不确定情况下，可能会造成严重的后果，这种情况在一些转型国家中可以看到（Mcmillan，1997）。

首先，私人部门可能插手缺失制度的创设。如前苏联有些地区中私人产权和商务合同不能通过适当的法律制度得到有效保障，因此，有时涉及某些企业利益的私人机构会利用暴力手段追索债款。尽管此类手段有时对于公司来说确实有效，但由于它不能提供普遍服务而且严重损害法治原则而不为社会所认同。但是，这样做可以填补制度缺失造成的"空缺"。相反，现有制度软弱或法律执行不力时，更具掠夺性的私人部门式的"解决方式"就会通行，甚至造成"黑社会"有组织犯罪，诸如索要"保护费"。这种情况会抑制企业的发展，而且严重损害经济环境。

其次，国家自身可介入创设缺失的制度。欧盟援助转型国家的 PHARE 和 TACIS 项目就服务于这一目的；世行和 EBRD 在这一地区推行的计划也是促使相关制度的发展与完善，如匈牙利以及其他国家实行的产业政策，以及新的税收体制的设计等措施。

第三，由于制度的缺失以及政治、法律和其他障碍造成制度难以创设。如俄罗斯和其他国家，由于制度上的严重的政治对立，造成了农用土地合法的私人市场交易，结果造成俄罗斯私有农场发展严重受阻，而国家又缺少扶持现存国有农场和其他非私有的农业组织的充裕基金。当然，这并不是俄罗斯农业发展的唯一问题，但是，毫无疑问是其中最为重要的问题之一，尽管目前国家杜马已采取了合适的法律措施，但仍有相当多的问题尚未解决。

最后，有时有些国家缺少像私人产权这样一些重要制度，但是可以通过寻求发展的偶然机遇找到解决制度缺失的发展路径。这样的进程从中国的发展经验中可以看到，正是在 20 世纪 70 年代末乡镇企业的迅速发展促使了中国产权制度创新。当然，中国乡镇企业并非在制度真空中发展起来，正是地方政治网络的保护和地方区域性信任关系网络取代了制度缺失。然而，有趣的问题是在缺少最为基础性制度改革情况上，这些企业的发展是否会达到其可能的限制界限。

4.　制度变迁的理论

目前关于转型经济的制度变迁理论已经非常丰富，从由改革整个过程着眼的宏观理论到具体对某个制度变迁方面的建模分析都有涉及。

目前可能最为庞大的是罗兰在 2000 年一系列论文中总结提出的最为普遍的看法。在文中罗兰提出了渐进式和所谓大爆炸式的制度变革方法，并为此研究了在改革不同阶段上反对抑或是支持改革的不同联盟对制度变革的影响作用。这种制度变迁理论方法在分析中没有就具体改革措施的特征进行具体分析而过于笼统，但是这一研究方法却从反对或支持改革的复杂的政治结构角度分析制度变迁的唯一方法。

斯蒂格利茨尽管没能把研究集中于我们所说的制度问题上，但他却从市场经济的新古典理论范式的缺陷角度，为转型国家的政府提出了改革的战略选择。他关注市场经济中的信息和激励问题，以及国家干预和规制的不同措施。可以说，斯蒂格利茨的著作为经济转型中制度改革提供了理论基础，有时这一基于信息分析的理论分析可以得出强有力的结论，如对信用市场的分析、对金融制度的分析以及竞争的作用、私有化和产权的分析等都具有政策意义。

与上文我们给制度所下的定义相反，许多转型国家的制度变迁的实际情况则与我们所分析的完全不同。尤其是，由于一些大型企业和经济利益集团利用其对国家政策的影响力对国家的控制，严重破坏经济政治制度有效运行。

埃里克森（2000）对俄罗斯做过这方面较深入的研究，依据 1999 年大量的企业数据统计，赫尔曼、琼斯和考夫曼（2000）做了范围更广的研究。前者发现了一种持续的传统的政治结构和经济结构相互渗透的现象。并且把俄罗斯的市场结构定义为一种"不连续"的市场结构。后者的主要结论是对产权保护和国民自主权的加强可以显著地减少经济发展的阻力。

在一个不健全的体制下公司寻求生存的另外一条途径是灰色经济。如果大多数企业寻求体制外的收益，这就说明制度运行存在着严重问题。施耐德和埃斯蒂（2000）探索了灰色经济的本质和多样性，并对很多发展中国家和转型国家存在的这种经济的规模作出了一个估计。据估计，前苏联的灰色经济占其国民生产总值的 35% 左右，对于中欧国家来说这一数字是 21%（取原文中两个估计值的较低者），OECD 国家是 11%。专家评价说："多数对于灰色经济的研究倾向于资源的不合理配置和国家收入的流失，但是经常被忽略的是灰色经济对合法制度、标准规范和法制可能造成的后果，灰色经济可以被理解为对现存政治制度和正常经济活动规则的合法性的一种透支。"

我们所期望的经济发展应该是总体经济的增长和持续发展的结合，而这在根本上取决于个体企业的水平。这个关系中包括有企业的准入、退出及业内企业的重组。这些能够正常进行的一个重要条件便是合理制度的存在，因此对制度的一套评估方法就显得非常必要了。阿格因和尚克曼（2000）为制定这样一套评估方法进行了很有价值的研究，并将其命名为"市场优化基础结构"。他们所提供的模型包括以下 3 个主要方面（衡量交易成本或其他形式交易成本的减少量）：直接市场选择（更多的高成本运营公司破产）、重组（对公司而言努力寻求降低成本方法的强大激励）和准入（吸引低成本公司进入，抵制新的高成本公司加入到行业中来）。在一个多样化的体系中，尽管初期状况，初始基础结构水平、重组和进入的成本的不同可以造成很大的影响，但是不可否认的是整个过程不论在部门、地区还是整个国家范围内都使生产力得到了极大提高。同时需要注意的是这些过程可能会因时间、地区的不同而出现实际差异。作者在最后总结中提到研究可能的发展方向是更多应用政治经济学（例如业内高成本公司可能会反对对基础结构的投资，低成本公司反之）和基础结构投资通过实验和规模性效应的方式影响公司学习过程的具体途径。

在对转型制度非正式的讨论中，法制环境一贯被认定为私人部门发展成功与否的决定因素。一般的理论主要研究执法的效率，在更具体的研究中，特定部门的市场制度的法制规范和比较不同国家情况则是研究的主要侧重点。罗兰和维迪尔（2000）对私人产权做了出色的第一类研究，拉帕钦斯基（1996）和布莱克（2000）分别对福利市场规范和投资者保护做了第二类研究。

罗兰和维迪尔（2000）分析了与执法有关的社会协作问题。民众必须要交纳税金以维持执法体系的运行，但是在执法力度不强的管区，税收工作难以开展。另外在执法支出固定的情况下，守法地区的执法更为有效，反之，违法现象较多的地区执法的实际效果就会缩水。在这个合作问题上，众所周知会出现多重平衡的现象，前者会出现好的平衡，而后者则得到不好的平衡。通常，这类模型很少具体涉及某一个法律，我们这里的前提是在守法人群为主的地区会有私人部门的发展、商业信心等方面的优势。但是事实上，由于没有充足的理论支持，所以很难判断在具体情况中会出现什么样的平衡结果，作者考虑了什么样的制度机制可能消除转型经济中的不好的平衡：中国的二元结构和加入欧盟的条件（即将来欧盟对于执法有效性的要求提供了目前守法的激励）等。因为俄罗斯或其他 CIS 国家都不存在类似的制度，所以出现现在的种种社会问题并不奇怪。

在证券市场领域，布莱克（2000）分析了信息不对称和信誉的问题。除了认为正式的法规非常重要之外，他还认为没有一个由以信誉为重的中介组成的网络，证券市场同样不能良好运行。特别要提到的是小股东，他们需要有关公司价值的充足信息，对经理和大股东的信心。同时能满足这两个要求是很困难的，所以目前为止很少有国家自称在证券市场方面无可挑剔。有时小国家可以通过别的国家已经建立的证券市场发行自己的股票，但是这样的机会很少。然而，没有一个正常的证券市场导致公司内部融资或者求助于银行。但是一再强调复杂灵敏的制度结构对证券市场的作用，使我觉得布莱克过度简化了他的分析。同样存在这样的国家，证券市场很简陋或者根本没有，但是它们依然在经济持续发展上获得了成功。总之，我们在处理转型经济的问题时要特别谨慎，不是所有新产生的制度都是对任何一个国家适用的。

三、转型经济中的制度变迁

转型经济中的制度转变和市场制度的发展情况究竟如何呢？在一份 EBRD 涵盖 26 个转型期国家的一系列量化的转型指标年度报告中，我们得到了一个令人满意的答复。EBRD 同时还公布了显示宏观经济稳定（主要指标：GDP 增长和通货膨胀率）、增长和法制改革作用——特别是产权与商务合同方面——程度的总结性指标表格。IMF（2000）也发布了一些评估制度状况的标准：初始水平、自由化指数、制度水平。所幸的是这些千差万别的指标之间还是具有很强的正相关性的，说明尽管它们旨在衡量看起来不尽相同的制度变化层面，但是实际上还是落脚在最根本的制度发展指标上。这个结论并不适用于 IMF（2000）的初始水平指数，这是由于 IMF（2000）没有衡量制度的变化，它衡量的是在不同方面 1990 年前后转型经济中出现的扭曲和制度缺陷，也就是改革开始前存在的差距。

资料显示在过去的几十年中，转型经济不论是在增长和通货膨胀上还是在制度改革的本质和外在上都体现了极大的不同。

从更大范围来看，申请加入欧盟的国家即 CEE 国家普遍具有较高的改革起点，并且自由化已经取得显著效果，制度水平也相对更高。它们在欧盟的转型评估中都有上佳的表现，同其他转型国家相比，它们受共产主义时期经济衰退的影响已经较小，GDP 水平已经接近或超过（波兰）转型之前。总的说来，这些国家有着令人满意的经济增长，而且各个指标长期保持稳定。

对比之下，很多 CIS 国家初始状况较差，还没有取得自由化的决定性成果，制度欠完善，根据 EBRD 的转型指标，这些国家的改革成效至多是"尚可"。很多 CIS 国家的经济增长速度已经恢复，但是由于它们受前一时期经济萧条的冲击太大，以至于它们还需要付出相当大的努力来恢复到转型前的收入水平。在 CIS 国家的研究中，白俄罗斯和乌兹别克斯坦经常被相提并论，因为它们受的经济衰退冲击极小，它们也基本没有进行任何正式的市场主导的改革。对此一个可能的解释是在制度稳定和长期经济活动中，前者被认为更为重要。当然这种论点是值得怀疑的。格鲁吉亚、摩尔达维亚和乌克兰则处于另外一个极端，它们的经济在 20 世纪 90 年代中缩小了 2/3，如此惊人的经济倒退在和平时期是匪夷所思的（前两者在 20 世纪 90 年代早期经历了严重的国内冲突，乌克兰完全没有战乱）。严重的经济衰退和有限且不连续的改革使得这一地区几乎变成了转型最不成功的地区。因此，要完全解释某些国家中罕见的经济发展落后，还必须进行更多的分析研究。

四、制度变迁和经济发展间的关系

到目前为止已经有很多关于转型经济中各种制度变迁与其经济绩效关系的研究了。其中有的注意研究宏观经济表现，更多的集中精力在制度环境的整体特征及其对经济总增长的影响方面。其他则侧重微观方面，着重在个体企业层面研究制度变迁影响重组过程的途径。这两种研究同样重要。

1. 宏观经济研究早在 20 世纪 90 年代中期就有人提出

转型国家的经济发展程度参差不齐，有些中东欧国家已经走出后共产主义时代经济衰退的阴影，开始经济复苏，其中最引人注目的例子是波兰。与此形成明显对比的是所有 12 个 CIS 国家的经济水平仍然低于 1990 年水平。从这个现象出发，我们很自然地进一步研究：是否中东欧更快更持久的经济复苏可以被更早更有效的宏观经济稳定和提出包括相关制度改革在内的更明确的市场经济改革方向两个原因所解释，如果可以的话，其具体方式又是什么。

在正式讨论开始之前我们不妨先了解一下更大范围内的研究成果：即对于包括转型国家和非转型国家在内的经济增长和经济绩效的研究，据此探寻不同国家经济发展速度不同的原因。其中，塞奇和沃纳（1995）的论著就是主要围绕经济趋同的问题展开的。一般认为增长的规模收益造成了穷国和富国间不可逆转的差距，但塞奇和沃纳却认为有良好的政策更为重要。通过对大量国家的分析他们发现，开放的贸易政策和对私人产权的保护足以使一个发展中国家获得高于平均的发展速度。1997 年，他们进一步提出，较高的政府储蓄和良好的制度都能够加快收入的增长并最终促进经济发展。有趣的是，其他条件相同的情况下，资源充足的国家却往往发展较缓慢。

早在 1996 年费舍尔、萨海和维格就力图对转型国家宏观经济情况进行分析，他们运用 20 个转型国家 1992—1994 年的统计资料考察了宏观经济稳定和早期的体制改革对增长的影响作用。其他一些专家则更关注选择改革路径国家中决定其经济增长的相关因素。

从其研究中，我们可以看到，在转型初期，高通胀和巨大的财政赤字对抑制经济增长具有决定性的影响，而在迅速获得稳定的国家中，其市场趋向的体制改革则发挥着重要作用。通过对众多转型国家的量化分析以及有关国家发展的经验来看，宏观稳定是经济增长的前提因素，而市场趋向的制度改革对经济增长则具有持续性的重要影响。哈夫里利欣和范·罗登在对制度变革与经济绩效相关性研究中发现，从 25 个国家 1991—1998 年间各项经济指标分析来看，影响 GDP 增长的最重要因素是宏观稳定和制度改革，他们把制度改革区分为结构性改革和体制性改革。所谓结构性改革，主要是指价格的自由化、贸易自由化、汇率自由化、银行和金融市场的开放等自由化。而所谓体制性改革，则主要是指社会范围的基本法制和政治体制的变化，一般用法制改革和政治自由化程度来衡量。从大量数据分析和经验性观察中，哈夫里利欣和范·罗登认为，制度变迁对转型国家的经济持续增长具有至关重要的意义，但并不否认良好的政府政策在宏观经济稳定中以及促使经济发展中的作用。格里戈里安和马丁内斯（2001）主要研究了 27 个亚洲和拉美国家制度优劣的程度。包括政府的合同信誉、强制征收的风险（主要针对国外投资者）、腐败、法律的权威性和政府机构质量等五个指标被用于估计这些国家的制度有效性。它们在各个方面体现了国家和个人部门间共同的问题，综合起来则体现了在这些国家进行商务活动的便利程度。尽管研究本身还存在不够具体的问题，但是这些指标与建立良好运行的银行机构和金融市场，自由化和开放的贸易制度以及实施竞争政策等制度之间，还是有明确的联系的。

研究表明他们衡量的制度优秀程度可以极大地促进产业的发展。这种影响的发生主要是通过以下两种方式：鼓励投资、优化资源配置。因此作者总结道：对于多数发展中国家而言，与其发展很多国家不能有效管理的产业政策，不如切实减少腐败，减少企业建立和发展时来自官僚机构的阻碍并强化法制环境。对转型国家来说，这种做法被公认为有助于提高投资、教育、研究开发和大型企业私有化的水平。

2. 企业层面的研究

真正造成经济绩效变化的因素归根到底还是企业的行为。因此，在能够完全解释制度对于经济绩效影响之前，我们必须首先考虑一个分为两个步骤的过程：制度环境在多方面影响着企业行为。由此产生的企业行为的变化形成不同的，而且可能是更好的经济表现，经济绩效。第一个步骤中比较重要的三类变化是：

新公司的准入或高产量公司的相对增长；

现存公司的重组和重新组织化；

经营不善公司的退出或低产量公司的减少。

以上就是一个经济在竞争压力、市场契机、不同角度的政策和制度环境激励下逐步适应一个环境并更新、发展、成长的过程。在不同情况下，这三类变化之间的平衡和各自对经济绩效的影响都会出现很大不同（尽管目前经济理论对其具体影响途径还没有很好的解释）。尽管阿格因和尚克曼（2000）已经为分析这个问题建立了一个模型，但是严谨的数据研究的重要性还是不容低估的。

这个过程中极端的情况可以在社会主义制度下发现，具体来说，在中央控制下，总体说来是缺少行之有效的准入退出机制（这是我们熟悉的软预算约束问题的一个方面。Kornail，1992；Hare，2000；Schaffer，1998），实际的重组也非常有限。在这种情况下，20世纪80年代社会主义经济的表现令人担忧就毫不奇怪了。在个体公司的微观层面，稳定和僵化对于经济绩效来说是灾难性的，而在所有良好运作的经济中，每个公司都是建立在无数失败公司的废墟上的。

卡林等人（2001）指出，上述过程可以被认为是并行的激励与选择过程的组合。要确保整个过程良好运行，很重要的就是要求市场能够提供足够的可靠信息，即提供市场中存在的商业契机。同时，作为一种良性的反馈，丰富的成功案例也使其他公司得以效仿，这无疑对过程的推行扩展是很有裨益的。

对于转型国家，类似英国这样几十年的详细统计资料通常没有。卡林（2001）发展了他在2000年所做的企业调查报告，这份报告的资料来源是由EBRD和世界银行对25个转型国家中的3500个企业所做的调查。其中不乏很重要的结论：对于转型国家的生产率增长而言，大规模的优化资源配置并没有很明显的效果。进一步说，尽管绝大多数新老企业都热衷于资产重组以获得更大的市场份额，但实际上总体的生产率提高并没有达到预期的效果。在CIS国家之外，制度更稳定完善的情况下重组往往能获得良好的收益，但是CIS国家中的无序重组所带来的生产率提高微乎其微。

因为上述现象的存在，转型国家很少有能够对症下药地制定政策。但至少现在我们了解到，问题的症结所在是产权界定和市场信号方面的不足。进行重组的很多公司不了解重组的含义而在错误的时机选择了重组，重组的目标是提高生产率，因此重组必须有正确的方向——不仅仅是狂热的投机，而应该是有目的地在正确市场信号指引下有序开展的。与此类似的是企业的所有者——一般由经理为其代言，应该正确地使用公司的资产进行生产或者技术方面的投资。因为没有达到这些基本的要求，经济环境充斥着不良竞争，呈现出混乱的状态，在这种状况下很难实现经济的发展。卡林（2001）指出，垄断无疑会造成低效率的结果，但是过度的竞争也会导致企业没有足够的能力进行正常的投资活动（尤其在银行提供信贷的能力有限时），同时扰乱市场信号。

扬科夫和默雷尔（2000）对转型经济中的企业重组做了综合的调查。作者试图通过对125个重组的案例分析找出其中的共性并提供设计经济政策的一些启示。该调查的前提是重组有助于提高长期经济绩效，因此转型经济中的重组应当是多多益善。现有的研究大多关于如何建立有利于重组开展的环境，但正如我们刚讨论的那样，重组不是整个过程中唯一重要的因素，实际上准入和退出的重要性至少不低于它。

虽然如此，扬科夫和默雷尔的很多结论还是适合我们研究的，如强调私有化的重要性，提倡硬预算约束和以适当的产品市场竞争来促进重组等。同时他们还提出中东欧国家在改良经济效率和企业竞争力方面远远胜过 CIS 国家。这就引入了更大范围制度环境支持市场过程，和其与企业所有权/公司治理间的联系的问题。遗憾的是，目前的研究在这个环节上缺少详尽的资料来推导出精确的结论。

弗德曼等人（2000）分析了制度特征对硬预算约束——对应着更好的企业绩效——的影响程度。他们发现更强的预算约束可以使已经私有化的企业获得更好的发展，因为这些企业不能依靠政治上的联系来帮助他们通过拖欠税款、延迟向国家返还贷款等渠道打破信用的约束来筹集资金，所以它们只能通过重组或者退出来解决自身的问题。但是对于国有企业而言，准政治关系依然存在甚至有继续发展之势。结果是，一方面有些本应重组或者退出的企业得以存活，另一方面这使得有利于提高长期经济活性的重组难以进行。弗德曼主要的结论就是因为只有私有化能够使国有企业行为规范，所以其进程不应被耽搁。由此看来，作者确实抓住了企业和国家有效分离的实质含义：国家制定游戏规则——对应我们在第二部分提出的制度的定义——个体企业做出如何应对的决策。

在准入的问题上，合理的立法和执法可以保护股东，并进一步鼓励外部控制和新的投资。另外一个重要的方面是有效实施竞争政策，不仅仅是防止大公司垄断，更要消除准入障碍和对不正当竞争的限制。

五、结论和政策的启示

本文的主旨是分析市场经济中制度结构的各个方面对提高经济绩效的帮助。通过对事实的观察我们总结出如下四个指标，第一个关于宏观经济情况，另外三个是对应的微观经济指标，它们对于经济的繁荣都是有决定作用的。

a）高国民储蓄投资率；

b）高的新公司组建率；

c）充足但并不过量的竞争；

d）对经营不当公司有序退出的有效安排。

从经验观察看，高储蓄投资率是经济增长的必要但非充分条件。根据经济有效性进行有选择的投资也必须引起足够的重视。另外，完全依赖国外直接投资而忽略国内储蓄流动的需要也是绝对不可取的，以大量国外直接投资补充国内储蓄不足的构想仅仅是一个空想。对于所有国家为了经济能够持续增长，不论初始状况如何都要大力发展储蓄。如果转型国家计划在人均收入水平上赶上发达经济的话，必须保证每年4%—5%的增长率（连续数10年），这就要求储蓄率至少要达到25%—30%的水平。绝大多数国家地区，特别是CIS国家据这个标准还有相当长的一段路要走。综合 b）、c）和 d），再次强调了整体经济绩效还是根植于各个企业的水平的。就经济发展而言，没有什么是比制度政策的影响更为重要的。

1. 制度改革与创设

为了让关于制度对向市场经济转型的影响的讨论更为严密，涉及宏观经济稳定是必要的。稳定对于经济持续增长无疑是必需的，这需要一个稳健的货币政策以保持较低的通货膨胀水平，国家也必须有能力管理好财政，避免巨额财政赤字的出现。在各种需要达到的目标中，稳定，确定能够收缴的税收是最重要的。

稳定之外，宏观经济状况中的 a）项需要大力发展银行、金融市场和金融中介，一方面方便了储蓄的流通，另一方面也有效配置了资源。这简单的一个要求包含非常多需要解决的问题，以下是其中比较重要的一些（多数情况下达成目的的手段并不唯一，可能其中一些不是仅有的规范的做法）。

一个良好的银行体系和储蓄机构的网络；

称职的有竞争能力的商业银行选择项目并监管贷款和投资；

大量的金融机构和金融产品、保险、养老金等；

大量的金融资本流通、政府债券、商务证券等；

有效的金融部门规章制度；

对投资者和储户的保护。

显然，这些都是制度基础建设所要求的。从微观角度出发，我们首先考虑的是国家的职能。在转型国家中和非转型国家中，国家对于微观经济的干预应该尽可能的少。政府，包括在转型中的国家中，从来没有管理企业的成功纪录，更有甚者，国家不但倾向于保护业内公司，抵制外来竞争，而且妨碍有利于提高生产率的重组的开展。从某种意义上说，政府总是对游说缺乏正确的应对，因此和市场相比，政府更容易容忍企业的失败。为了解决此类问题，以下是转型国家必须注意的几个方面的制度建设：

私人产权的保护；对私人商业合同的有效法律保护；关闭长期亏损公司的相关破产分流法案；取消对困难公司的各种扶持，包括补贴、定向贷款等，（软预算约束的终止）全力推进民营化的完成，必要的话进行第二轮民营化以保证公司所有者具有管理的能力，能够提供新的资金来源、新技术；关于价格政策、客户服务和投资的可靠有效的规章；为公司准入提供便利的制度。为人员流动提供便利，减少重组中工人损失的制度。

2. 政策启示

如前所述，很多转型经济为了进入正常的市场经济模式，在制度重建和革新上已经付出了很大的努力，但很多国家仍然距离目标有相当大的差距。在一些国家中，已经采取的制度改革实际上为日后深入的改革设置了障碍，随着制度改革的不断深入，这些政治的经济的和社会的障碍就需要被破除。

现在关于转型政策的讨论很少有涉及我认为很重要的一个问题，也就是旨在提高储蓄投资率的政策。更多的政策讨论集中在产业、贸易或竞争政策的范畴。

3. 储蓄和投资

转型国家的政府一个非常重要的职责就是向个人、公司、整个社会强调储蓄的重要性并建立相应的机构来推动政策的实施。然而，高储蓄率只有在确保投资有较好收益的情况下才能够发挥作用，而确保投资收益则是比加强储蓄更难更富有挑战性的一个任务。在另一方面，高储蓄率和高投资回报率最终会相辅相成，因此，随之而来的问题就是政府如何能够形成一个高投资回报率的环境。从宏观经济角度看，可能最重要的是维持物价和汇率的稳定，保持公共财政的有序，平衡政府的财政收支。

在微观层面，尽管下面所列的方法也有综合的效果，但更重要的还是个体投资者的情况。尽快简化授权或给予投资计划许可的程序，这样可以减少腐败的机会以减少不称职政府对经济的介入，也可以提升经济的灵活性。我意识到根本不需要如此多的官僚机构和程序来处理经营地点、健康安全、建筑规章之类的问题，这种无效率在 CIS 国家中尤为突出。规章应该公开宣布，公平执行并定期接受质询。

银行和/或股东应当对投资进行有效的监管，以便在投资失败的第一时间作出反应并转移资金，将设备重新使用到最能发挥作用的地方去。政府应该基本不参与补救行为；银行也不应当介入这一过程。另一方面，发现有前景的投资项目（很可能是在意料之外的），投资者也应该能立即寻找到资金来源对其作进一步的拓展。

4. 产业，贸易和竞争政策

当一个国家出现当前很多 CIS 国家出现的情况，即政府不够称职、腐败成风时，推行复杂精密的政策就难以收效了。这是应该更多依靠简洁，可能的话，不需要外力维持的政策。国家制定游戏规则，个体遵循这一规则，不给讨价还价交易甚至腐败任何可乘之机。

下面我将通过几个失败政策的例子来进一步说明，然后给出积极的建议。一个贸易政策，基于统一关税或者针对几类产品设置几个关税率，要远远胜过经济上毫无意义的设置成千上万个关税率。一个过度复杂的关税体系容易使进口者贿赂海关重新设定关税率变得容易；实际上这是一个很普遍的问题，造成效率的极度低下。

第二，有的关于小企业的政策要求它们获得经营许可前必须通过二十几个有关部门的审批，在多数法规还没有公布或者有待完善的情况下，这给腐败提供了生存空间。至少 20 个部门可能会被业主贿赂，即便如此，想获得许可的业主仍然不会感觉完全安全。在这种情况下，很多公司企业建立前就困难重重，能否发芽尚未可知，更罔论茁壮成长了。

第三个是关于对企业的调查。在俄罗斯和乌克兰，很多公共机构有权在几乎不提前通知的情况下调查公司的账目、纳税情况，是否遵守健康安全条例、员工守则等。这同样给腐败提供了温床（也在管理上浪费大量时间）。调查不总是一无是处但是执行过程应该更公开，附以明确的问题反馈和解决建议。

最后一个也是最司空见惯的低效率问题，是纳税、企业间买卖等过程中的实物交易现象。在政府无力推行现金支付或在其他制度存在缺陷的情况下，物物交换才会出现。举例来说，在一些转型国家中，企业通过银行纳税，这种制度就给企业很大激励进行非现金交易以逃避纳税。出于这样的原因，在俄罗斯公共机构免费使用能源已经成为一种正常现象，能源部门也就据此同政府就纳税数额讨价还价。

现在看来有积极效果的产业、贸易、竞争政策是促进转型国家经济增长的政策的制度环境。埃尔斯纳、格罗奈维根（2000）和考林（1999）在这方面进行了有益的尝试。前者认为产业政策应该注重本国的福利，减少跨国公司对本国产业的冲击，并扶持不依赖国外投资和没有与跨国公司合作的本地公司，更注意基础设施和制度的建设而非对某个公司扶持。考林不赞成传统的部门政策，因为政府有选择的扶植通常不会有好的结果。他更支持所谓的"当地选择方式"。虽然可能也有一些部门政策的色彩，但是部门的选择和具体的模式多是以更民主的方式在当地决定。

在转型经济的贸易理论方面，黑尔（2001）给出了不同国家经历的综合调查结果，并建议建立一个良好的贸易制度，允许分不同阶段进行改革和不同程度的政府能力/诚信。布朗和厄尔（2000）建议减少进口关税和市场的地域划分——后者对幅员辽阔的转型国家尤为重要——提倡适度的行业竞争以提高行业生产率增长速度。

在关系人力市场的方面，Boeri（2000）提出了很多有价值的从早期转型失败经历中吸取的经验教训。他指出要加入欧盟的国家多数有较高的福利/税收体系，而其他，像 CIS 国家则恰恰相反。尽管在实施上有它不便的地方，但是前一种体系更能促进企业的重组，所以总的来说还是大大优于后者的。但是作者忽略了一个重要的问题，像 CIS 那样的转型国家由于税收能力的不足可能无法选择前者的模式。因此并非这些国家不了解低福利/税收的后果，而是由于政治上受到限制，无能为力。如果事实正是如此，这就意味着这个问题的成因和解决办法上还有很多研究要做，但显然这已经超出本文所应涵盖的范围了。

5. 欧盟制度模式

Boeri（2000）同样提出对于制度而言，加入欧盟和整个过程的可靠性非常重要。但是值得质疑的是欧盟加盟国一直热衷的 acquis communautaire 是否在这个阶段适合于它们。对其他国家而言，它们也在尝试是否能够效仿欧盟的制度以促进市场经济的发展，这样做出于三方面的考虑：其一，它们已经被证明是可行的制度；其二，采用它们的制度减少了自己创立制度的成本；其三，和欧盟国家保持制度的一致性有利于贸易和其他经济方面的联系。

正如 Boeri 所强调的那样，加盟欧盟的过程拖延得越长，欧盟"计划"的可信性在转型经济中就会降低，由于相关制度改革的复杂性和高成本，推行改革的决心也会被削弱。欧盟的制度结构适用于相对发达的经济发展平稳缓慢的国家，但是转型国家希望能够在短期内赶上更发达国家，这种需求的不同造成它们对制度有不同的要求。欧盟制度实施成本较高，而且很多制度设置和政策相当复杂，需要在一个腐败几乎绝迹的环境中由受过良好训练的人员驾驭才能发挥它应有的作用。对于转型国家来说，在上述条件难以满足的情况下显然采取简单易行的政策更为实际有效。

转轨经济中的私有化：该反思了吗？[*]

约翰·奈利斯[**]

　　私有化看来已经风靡全球。遍布各大洲的一百多个国家已经对大约 75000 家国有企业进行了私有化。一次又一次的评估都得出结论，私有化使得被私有化企业的业绩得到改善，私有企业的表现优于国有企业。在工业化国家和中等收入国家，这一点已得到了确定无疑的证明。在低收入国家和转轨国家，也有越来越多的证据表明，私有化导致了积极的结果。

　　在转轨经济国家，关于积极结果的证据主要来自中东欧和波罗的海国家。来自更远东的国家——亚美尼亚、格鲁吉亚、哈萨克斯坦、吉尔吉斯共和国、摩尔多瓦、蒙古、俄罗斯和乌克兰——的证据表明，在这些国家，私有化的结果不那么有希望，虽然这些证据尚属早期且不完整，但也不容忽视：

- 私人所有权经常并没有导致重组（即实行各种变革以便使企业能在竞争性市场上生存和发展）。
- 一些部分国有的企业比私有化的企业业绩更佳。

---

　　* 本文原载于《经济社会体制比较》，1999 年第 7 期。本译文略有删减，有需要的读者可与编辑部联系。——编者注

　　** 约翰·奈利斯（John Nellis），世界银行私营部门发展局企业组高级经理。

● 在一些国家，国家全资的企业和私有企业在业绩上没有什么差别。

● 在另外一些国家，只有在出售给外国公司的极少数企业中才可以发现清楚的业绩改善。

如何解释这些比较差的结果？为使这些结果有所改善，受到影响的转轨国家的政府以及帮助他们的其他人应当做些什么？

一、俄罗斯的经历

俄罗斯私有化的经历可以说明一些问题。1992—1994 年的大众私有化计划通过分配所有权凭证，使 15000 家企业实现了所有制转换。这一计划带来的一个值得忧虑的后果是，平均而言，由经理和工人构成的"内部人"控制了私有化企业 2/3 的股权。1994 年年末的时候，有一种比较高的期望，即期望私有化会使整个经济快速向市场经济转轨。人们当时预期，财务约束将迫使内部人主导的公司的股份进入二级市场交易，并引入外部人所有权，当时仍然在国家手中的一半或更多的工业企业将被以更透明和更合理的方法私有化。

这些事情后来基本上都没有发生。首先，内部人，尤其是私有化企业的工人，对引入外部所有权、失去控制权（和工作）深感恐惧。其次，由于很多企业的财务和物质条件缺乏吸引力，没有多少外部人有兴趣购买这些企业的股份。第三，透明的二级市场交易所需要的明确的产权界定、机构和制度支持、安全保障等条件都十分缺乏，进一步降低了外部投资者的积极性。第四，历届俄罗斯政府都没有能制定和实施足以将企业引向生产性活动的配套政策和制度，例如硬预算约束、合理的税收和服务、允许和鼓励新企业进入的机制。

后来的情况更糟糕。在捐款人带领下，人们曾试图劝说俄罗斯政府至少在出售少数大企业时采取更透明、更可信的"个案处理"的办法，但毫无结果。第二轮私有化的很大部分最后变成了一场乱七八糟的舞弊，特别是所谓"贷款换股权"计划，按这一计划，俄罗斯的主要银行得到了那些有强大潜力的企业的股份，作为他们贷款给国家的抵押。第二轮私有化遭到了许多人的批评，其中包括第一轮私有化或大众私有化的支持者。

另外一些人则得出结论说，不仅第二轮私有化，整个的思路就是错误的；私有化应当在制度建设之后，而不是同时进行；正确的前进道路本应是集中力量加强国家的结构，特别是管理公共企业的机制。

二、捷克共和国的经历

到 1995 年，捷克政府已经通过两轮发行认股权证，对 1800 家企业进行了私有化，并把一批发展潜力大的企业出售给了战略性投资者，把一大批其他资产转移给了以前的所有者或市政当局。1996 年，当时的总理瓦克列夫·克劳斯宣称，转轨基本上已经完成，从此以后，捷克共和国应当被视作一个面对普通的经济和政治问题的普通欧洲国家。当时，几乎所有的经济指标都支持这一判断。

然而，1998 年，GDP 下降了 2.5%，捷克经济进入了衰退，与邻国 4%—5% 的年增长率形成了对照。造成衰退的原因很多，但私有化的方法被认为是主要的原因。

经济合作与发展组织 1998 年的一份报告认为，捷克的认股权证私有化方法导致了一种"妨碍有效率的公司治理和重组"的所有权结构。所出现的问题是，由于公民们为了减少风险而把他们的认股权证投入了各家投资基金，以换得这些基金的股份，私有化结束后，并没有受到充分监管的这些私有化投资基金在私有化后的企业中持有大部分或控制性股份。但是最大的投资基金许多是由主要的国内银行所拥有的，在这些银行中国家仍拥有控制性或多数股份。其结果——批评者说——可想而知。

投资基金没有停止对那些业绩不佳的企业的资源供应，因为那样就会迫使拥有这些基金的银行冲销其以前发放给这些企业的贷款。受国家影响、管理薄弱并且缺乏经验的银行倾向于对高风险的、没有前景的私有化后的企业（无论是否归其下属投资基金所有）继续提供信贷支持，屡次延长还款期限，而不是把这些企业推向破产。薄弱的破产法规和冗长的程序进一步弱化了金融市场的约束。资本市场上审慎监管和执行机制的缺乏为种种高度可疑的和一些严重违法的行为开了方便之门，这些行为使基金管理人致富，少数股东的利益和企业的财务健康则受到了损害。

尽管导致企业重组不充分的最显而易见的原因是资本市场和金融市场的种种弱点，但认股权证私有化方法本身被认为是深层次的原因，这种方法强调私有化的速度，推迟了许多法律和制度方面建设的考虑，导致了初始所有权的原子化。

三、其他国家的经历

其他尝试过大众私有化计划的国家，如阿尔巴尼亚、哈萨克斯坦、摩尔多瓦、蒙古，还没有得到多少好处。在缺乏经验的人口中高度分散的所有权看来没有导致对企业经理有效的约束，这些经理在绝大多数场合都还是原来的经理，没有对企业进行重组，也基本上无需对其行为负责。这些经历和因素正在被用来证明所有制转换应当走一条速度更慢、更小心、更渐进、更多政府引导的道路。

四、批评意见综述

在许多转轨国家，快速的大众私有化把平庸的资产分配给了为数众多的既没有足够的技能也没有足够的金融资源来很好地使用这些资产的个人。多数高质量的资产已经通过这种或那种方式（有时是通过正式私有化之前的"自发私有化"，有时是通过操纵认股权证计划，可能最经常和最严重的是发生在不使用认股权证的第二阶段）流入到了那些富有的、捷足先登的、政治上有背景的少数人手中，这些人并没有推动企业重组，若他们这样做，本可以证明他们获得资产的合理性。在许多场合，即使普通公民得到并持有一些高质量企业的少数股份，他们也已经被诱使将这些股份以中等的价格卖给了他人，或者在没有得到警告的情况下发现自己的少数股份已经变成了废纸，事后也没有得到多少解释。

这些结果在那些转轨之后的国家结构软弱、残缺的地方最为严重，在这些地方，政府的一部分为一些利益集团所俘虏，这些利益集团的主要目标就是利用国家来掩盖他们攫取财富的行为并使之合法化（当强势政府没有能为金融和资本市场建立一套审慎监管制度时，差的结果也会出现）。

那些国际金融机构也必须为这些不佳的结果承担一些责任，因为他们主张并要求转轨国家政府快速地、大面积地私有化，他们以为私人所有权自身就会给股东提供足够的激励，使之监督管理层行为，鼓励企业的良好业绩。虽然这些国际金融机构也认识到了竞争政策和制度保障的重要性，但他们相信这些事情可以以后再做。首先要做的是建立一个基本的财产所有者的阶层：要建立资本主义，就需要资本家——要很多，而且要快。

但是资本主义所要求的东西远不止私有财产。资本主义能够运行是因为在一个经济中有一些根本性的规则和保障为人们广泛接受并得到了执行，这些规则和保障使得交易的后果有保证、可预料并且使多方受益。在这种规则和保障不存在的地方，受到损害的不仅仅是公平和平等，而且还有企业的业绩。在一个制度真空中，极其容易出现的情况是，那些在私有化企业之中或周围的人（工人、经理、债权人、作为股东的投资基金，或管理剩余的国家股权的政府官员）都没有兴趣或没有能力维护企业资产的长期健康。在这种情况下，私有化既可以引致财务状况改善和效率提高，也同样可以引致停滞和资本损失。

五、问题能得到纠正吗？

在许多制度比较薄弱的转轨国家，私有化时的许诺没有实现。因此，有人认为，对这些国家来说最好的办法是，等到竞争力量和一个有效的制度/政府框架到位之后再推行进一步的私有化。至于已经进行的私有化，有人提出应当将有些或很多私有化企业重新国有化，以便消除已经强加于这些企业的损害，通过更多的国家参与，使这些资产的管理更符合公共利益，也可能在以后某个时间对这些企业实行"再私有化"。

重新国有化看上去不大可能成为一种选择，但已经有人为俄罗斯和乌克兰提出了这种建议，这些国家国内也有人提出这种主张，甚至捷克共和国现政府的一些官员也建议实行重新国有化。尽管表面上看起来很有吸引力，但这是一种绝望的措施，极可能失败，特别是在那些主张实行这种措施呼声最高的前苏联国家。实行重新国有化将需要选择部分或全部私有化进行得极其糟糕的企业，将它们重新纳入国有资产的范围并妥善地加以管理，最终将它们重新出售——这次要采取正确的方法。

面临的问题是显而易见的。在中东欧国家之外（或者甚至也包括这些国家），有几个转轨国家政府可以被合理地期望能很好地完成这一过程？有几个政府能够防止国有企业中的资产流失，并证明自己有能力以一种公开和透明的、与既有国际惯例相一致的方式对企业进行私有化？很遗憾，为数甚少。具有讽刺意味的是，那些有足够的技巧和愿望对国有企业进行有效力、有效率的管理的国家通常也有能力把私有化搞得很好。相反，那些使政府把私有化搞得一团糟的力量和条件同时阻碍政府很好地管理国有企业。结论：重新国有化不是一个办法；出路在于正确地私有化，并对那些已经私有化的企业确立和推行业绩标准。当然，关键的问题是，这些怎么可以做到。

一种观点是，在那些制度薄弱、政治上不统一、长期远离或从未融入西方商业传统的转轨国家，剩下的国有股份（多数或少数）的私有化应当暂停，重点应当转向加强那些对市场提供支持的制度。这样做的目的是将现在"东方式的野性的"商业活动引向一种对社会来说生产性的、可接受的形式，并对剩下的国有企业施加约束、引入竞争。与这些措施同时或在此之后，应当像中国那样以一种比较渐进的方式对所有权格局进行分阶段的、逐步的转换。人们提出的这种解决办法看上去也有吸引力。但是，它也同样假定它所要达到的目标——一个有效率的政府机制和制度框架——已经存在。

现在看来，总体的评估结果是令人沮丧的：不正确的私有化的结果是既不能增加生产，也不能多创造工作岗位或增加收入，相反会导致停滞和资本损失。但让企业继续保留在软弱和腐败的政府手中，结果也差不多。无论在哪种场合，显而易见的中长期解决方案都是加强政府在行政管理、政策制定和执行方面的能力。

短期之内可以做什么事情吗？有几个转轨国家的政府曾经将私有化的部分或全部过程承包给了私人机构和顾问，以此来弥补管理和制度方面的缺陷及政治上缺乏共识引起的问题。亚美尼亚、保加利亚、爱沙尼亚、波兰和乌兹别克斯坦都是已经或准备采取这种办法的国家，其中爱沙尼亚做得很成功。这些努力试图通过将相当部分的责任和决策权转给所聘用的机构，绕开政治上的制约，为政治的和制度的困难找到技术性的解决办法。这种委托或承包是一种很值得考虑的办法，但远不是一种通行的——的确也不是一种快速的——解决方案（波兰可以证明）。这些努力的有效性和通常一样高度依赖于政府的能力。

根据波兰、罗马尼亚、俄罗斯和乌兹别克斯坦进行私有化的经历，世界银行的依扎克—格尔德伯格提出了一种具体的再私有化的形式。他认为，在俄罗斯和其他国家的私有化企业中，阻碍深层次企业重组的主要因素是所有权过度集中于既没有手段又没有动因领导企业前进的内部人手中。他认为，重新国有化于事无补，可以采取的措施是增加私有化企业的资本，然后立刻将所增加的股份出售给外部投资者，以此稀释内部人的股权。

在这里，无论是政府愿意下决心采取再私有化措施的可能性，还是它能够成功推行该措施——即使它尽心尽力——的可能性，都还是要受到诸种政治和制度缺陷的深刻影响。由此引出的含义是，转轨政府中的改革者和支持改革的国际社会——国际金融组织、欧洲共同体和双边捐助者——应当放弃将企业尽快私有化的努力，转向以更缓慢的、个案拍卖的形式，按照已经建立的制度程序进行私有化。

六、结论

现在是应当对私有化进行反思了，但仅仅是在那些由于历史、地理和政治的原因而实行了值得称赞的经济政策，导致了明显次优结果的转轨国家。在俄罗斯和其他地方，对私有化的预期本来就过高了。

体制转轨和政府角色的改变[*]

[美] 维托·坦茨 著　　春　霖 译[**]

　　尽管已经有很多论著试图说明中央计划经济国家为了成为市场经济必须做些什么事情，但没有很多人来研究政府的经济角色必须作何种改变。转轨之初一些经济学家主张的"休克疗法"假定，取得成功的关键是价格自由化、宏观稳定化、企业私有化。至于在新的环境中政府的角色，则很少提及。实际上，经济、制度和经济过程的完全转换还要求：

- 营利性成为多数投资决策的准绳；
- 政府为那些对社会来说合意的活动筹集资金；
- 政府有效地行使其在经济中的核心职能，并从很多次要的领域退出或大规模地减少参与。

　　但承认失误也不能过分。只要能正确地推行，私有化显然是正确的出路。在一系列中东欧国家，私有化政策的成功是没有疑问的，比起把企业继续留

---

　　[*]　本文原载于《经济社会体制比较》，1999 年第 7 期。

　　[**]　[美] 维托·坦茨（Vito Tanzi），国际货币基金组织财政事务部主任。春霖，世界银行东太区民营经济发展部首席专家。

在国家手中要优越得多。在转轨初期，人们并不清楚在制度建设比较薄弱的国家进行私有化会有多困难（那些声称对此早有认识的评论家也没有清楚地提出什么其他选择）；人们也没有认识到，可以用来推进改革的时间是相当充分的。

我们必须不断问一个问题，无论当时还是现在，除了私有化，还有什么更好的办法。如果俄罗斯不采取 1992—1994 年期间的大众私有化计划，情况很难说就比现在更好。有几个制度建设比较薄弱的转轨国家没有实行或推迟了私有化，或者采取了更为小心的方法，如白俄罗斯、保加利亚、罗马尼亚、乌克兰，但经济上进步甚微（当然，无论哪个国家，私有化或没有实行私有化都不是全部原因）。例如，亚美尼亚的官员激烈地争辩，尽管他们的私有化企业遇到了许多问题，但由于国内外的买者短缺，他们没有别的选择，只能推行认股权证私有化。他们坚持认为，即使是弱的私人所有者，也好过国家所有者。如果这些企业仍然在国家手中，它们将不可阻挡地要求占有已经不存在的公共资源，对亚美尼亚为发展市场经济而取得的所有来之不易的进步都会构成威胁。这样的论辩对其他转轨国家也同样存在。

所以，总的看来，私有化一般来说是比较合意的出路，但在短期内其经济有效性和社会可接受度依赖于前面提到过的资本主义的制度支持。如果这些支持不存在但政府正在努力建立或加强这些支持，那么在政府的努力取得成果之前先不要实行私有化，可能是一种最优的思路。匈牙利和波兰是这方面的两个例子。

问题的核心是，能否以及如何在政府不愿意或没有能力的地方实现私有化。必要的长期行动方案是支持一切能强化政府的愿望和能力的措施（假设人们知道这些措施是什么）。比较合理的短期行动方案可能是按照格尔德伯格主张的思路，一个一个企业地通过招标进行私有化和再私有化，以便创造一些可以效仿的成功典型。

一、市场经济的要素

市场经济的良好运行需要政府能够确立和实施"游戏规则"，促进广泛同意的社会目标的实现，为公共部门的活动筹集资金，生产性地使用政府收入，保证合同的执行，保护产权，生产公共物品。市场经济的运行还需要一套精炼的法规，这些法规应当清楚明了，留下极小的解释和酌情处理的余地。在中央计划经济中通行的原则是，除明确授权的之外，一切都是不允许的，市场经济中通行的规则则是，除明确禁止的之外，一切都是允许的。

没有良好运行的财政机构和制度，没有合理的和可承受的支出计划，包括为失业、患病和年老的人们提供的基本社会安全网，向市场经济的转换就是不完全的。支出计划所需资金必须来自通过税收而征集的公共收入，收入征集不应当给私人部门带来过重的负担。因为一个国家税收的水平依赖于多种因素，包括其经济发展的水平和税收征管体制的成熟程度，所以在讨论公共开支时必须考虑这些因素。

最后，因为政府的最优角色不仅来自经济考虑，而且来自经济和政治力量的互动，政府行政部门和立法部门的立场必须基本一致。如果双方在政府应当做什么的问题上所持观点相差十万八千里，如同在俄罗斯和其他一些国家那样，则不论是最优的政府角色还是理性的政策都不大可能形成。

二、市场经济中的机构

市场经济中的政府为了行使其职能，需要一些发育良好的、由称职的个人管理并有适当的激励机制所引导的机构。这些管理者的目标必须与机构的目标相一致，后者又必须与公共利益相一致。这样的机构不是从天上掉下来的。它们需要由人们来创造出来并需要不断地予以改革。在工业化国家，这些机构的发育用了几百年的时间。

当必要的公共机构尚不存在，或虽然存在但其管理者的激励机制不健全时，政府很容易因为被少数人用来谋私而成为经济活动的障碍。在一个腐败的体制中所发生的事情就是如此，在这种体制中，政府机器的某一部分被私有化，成为某些个人和利益集团谋取私利的工具。在这种体制中，社会目标很难实现，政府的行为可能表现得蛮横无理，例如，对那些需要得到政府批准什么的公民，政府雇员可能从他们那里索取贿赂。

三、转轨前的情况

转轨开始时，在所有的转轨国家，来自私人部门的 GDP 份额都很小，从前捷克斯洛伐克和俄罗斯的 1% 到波兰的近 20%，与美国的 80% 形成了对照。经济活动主要发生在公共部门，因为私人可以拥有的生产性资产很少，被允许的私人经济活动也很少。价格和真正的经济利润在资源配置中不起什么作用，因为决定资源使用的是计划机关做出的政治性决策。

转轨国家过去不需要用市场化的税收体制来筹集收入，因为决定如何使用总产出的是政府，因而政府只要简单地从总产出中扣出自己需要的部分就可以了。当时的税收多数属于从一些活动向另一些活动的收入转移。税收征管者的主要职能是保证资金进入政府的账户并且有账可查。当时没有预算办公室，没有预算法，也没有国库。

当时的税收收入有三个主要来源——营业税、企业税收和工资税——由此产生的收入数额甚大（有时达到 GDP 的 50%）。在这种体制下，多数税收都是隐性的，因而个人根本不知道他们间接地缴纳着很高的税。政府征税的基础是纳税人与政府官员的谈判。政府可以自由地改变税率，而且实际上也经常这样做。当政府需要更多收入时，它就与企业谈判提高税率；当企业处境困难时，政府也可能会降低其税负。

中央计划的一些特征使得征税变得相对简单：（1）政府从计划中知道所生产的物品的数量以及它们的出售价格；（2）中央银行负责处理支付并对结算过程加以限制；（3）经济活动集中于为数不多的大型企业。界定清晰或固定的、当个人和企业不同意政府行为时可以诉诸的法律规则并不存在。

四、改革的一般进展

前社会主义国家在转换其经济方面取得了多大进展？以休克疗法为基础

去进行评价，给人的印象是取得了可观的进展。一般而言，东欧和波罗的海国家进展较快，但其他国家在建立财政机构、控制财政不平衡、重新界定政府角色等方面并不很成功。即使同一类型的国家之间，差别也很大。一些国家的情况使人感到，老的体制已经基本上不复存在，但并没有什么东西取而代之，因而留下了一种制度真空。

私有化。私人部门在 GDP 中的份额十年前微不足道，现在在多数转轨国家已经大幅度上升，在阿尔巴尼亚、捷克共和国、爱沙尼亚、匈牙利、立陶宛、俄罗斯、斯洛伐克共和国达到了 70% 以上，在 30% 或以下的只有白俄罗斯、塔吉克斯坦和土库曼斯坦。这些百分比虽然引人注目，但它们反映的是所有权的私有化，而不一定是管理的私有化。在许多国家，或者改革前的经理仍然在管理企业，或者新的经理仍然像管理国有企业一样地管理私有化后的企业。

这些国家私有化过程中一个令人费解的现象是，来自私有化的财政收入并没有随国家所有权下降而同比例增加。虽然在转轨之前几乎所有的东西都归国家所有，国家从出售资产中获得的收益却微不足道。例如在俄罗斯，有报道说价值 500 亿—600 亿美元的资产只卖了 15 亿美元。

导致低收益的原因是多方面的。私有化被搞得像是火灾后的拍卖，只有少数特权阶层被邀请参加，他们利用自己的地位和关系攫取了大量财富。因此，虽然私有化是迈向市场经济的根本性的一步，但现在却成为保护私人产权——市场经济的另一先决条件——的一个障碍。权贵（nomenklatura）私有化——共产党的前高级官员购买国有企业——和其他类似情况，如国有企业优质资产被廉价出售，对这些国家收入分配格局的戏剧性变化起了重要作用。转轨之前，这些国家的收入分配在世界上是最平等的，这曾使其领导人感到骄傲。但几年之间，一些当今世界最富有的人——其中一些人还取得了相当的政治权力——就过上了令人瞩目的豪华生活。更令人担忧的是，不平等的加剧不是因为高收入的个人创造了更多的财富而是因为他们劫掠了政府的财富。

很容易想象这些国家的老百姓对导致这种结果的经济变化作何反应，也很容易理解他们对市场经济——这些变化被认为就是市场经济——的责难。许多为使市场经济灵活有效地运行所必需的措施将会被认为是对新生的上层阶级所获得的不义之财进行保护，因而会在政治上遇到困难。如果私有化并没有被普遍接受为进步的标志，人们不应当感到吃惊。

价格自由化。转轨国家作为一个整体在放开和稳定价格方面已经走了很远。虽然白俄罗斯、塔吉克斯坦、乌兹别克斯坦没有取得多少进展，但多数国家取得了一些进展，少数国家——匈牙利和波兰——还取得了很大进展。但是，如果一些大的要害部门如能源部门的价格仍在政府控制之下，放开部分产品的价格并不能保证提高效率。

财政改革。多数转轨国家都在 20 世纪 90 年代进行了大规模的财政改革，有的比较成功，有的则不很成功。因为在中央计划经济中从来没有一种税收文化，人们对引入显性的税收体制报以敌意。

在这些国家转轨的早期阶段发生的经济改革对当时存在的公共财政带来了很大的负面影响。

● 这些改革废除了计划，因而也就取消了关于所生产的物品的产量和价格的信息（不论信息质量如何）。政府于是只好依靠其他来源，包括纳税人的申报，来获得这些信息。结果是逃税增加。

● 由于私营部门开始存在，这些改革大幅度增加了生产者的数目，从而也增加了潜在的纳税人的数目。过去与数目很少的、比较友善的企业打交道的税收征管机关现在必须对付千上万甚至上百万的不很友善的纳税人。过去作为主要税收来源的国有大企业重要性下降，新出现的小型私营企业成为经济中最具活力的部门，而对这些企业课税十分困难。由于这些企业的逃税倾向，对这些企业征税首先要求税收部门密切注意它们的活动，另一方面，又必须保护它们免受行为不轨的税收官员的侵扰。

● 这些改革取消了过去中央计划经济中存在的对支付方式的限制，（过去所有的支付都必须通过中央银行）。不幸的是，欠税的增加和实物交易的增加都给新体制带来了巨大的困难。

由于包括以上因素在内的种种原因，改革旧的体制绝非易事。所需要的是一种全新的体制，不仅需要新的税法，而且需要新的财政机构，新的技能，新的技术知识，新的政治资本。没有几个转轨国家能够满足一个市场导向的体制的这些要求。

许多国家曾试图修补旧机构，以便使其像新机构一样运行。这些机构中那些在旧学校受教育、报酬很低的职工成为变革的主要障碍，而那些被任命来管理这些机构的人对于在市场经济中如何进行税收征管知之甚少。他们的意愿是保持旧体制。如果从头开始建立新机构，情况将会好得多。

许多国家的政府都拒绝接受或没有理解，在一个市场经济中，税收体制应当以法律为基础，通过法律来确立税率和税则，客观地界定税基，税收体制只应当有一个压倒一切的目标，那就是尽可能有效率、尽可能平等地筹集收入。相反，这些国家的政府把税收体制看作是可以服务于多种目的的工具，比如帮助那些经营失败的企业继续生存，通过允许亏损企业不交税而发工资来保持就业，刺激经济活动，等等。结果，税收体制以某种方式取代了计划，成为经济和社会政策的主要工具。因此，在某些这类国家，税收仍然是软的和随意的，主要的部长们仍然以更多的时间一个一个地解决纳税人的问题，而不是改革税收体制。这可能大大增加了经济中那些得不到优惠待遇的纳税人的实际税负。

在许多这类国家，尤其是比较大的国家，公共开支占 GDP 的比重仍然很高。支持计划一旦确定就很难改变，尤其是很难下调。对养老、医疗、公共就业等涉及长期承诺的开支，情况尤其如此。一些国家公共开支占 GDP 比重较高的原因之一是这些国家经历了产出下降。另一个原因是它们还没有制定出收缩国家职能的政策。政府仍然从事着太多的活动。

理解经济变迁的过程[*]

[美] 道格拉斯·C.诺斯　著　　胡志敏　译[**]

在这篇短文中，我将关注人类在控制自身环境中的审慎尝试，所以首先考虑制度变迁。但当我希望举例说明时，并不意指其他两个方面不如制度变迁重要。

人类活动的中心指向一直是而且仍将是通过人类的努力以开发能对人与环境的关系进行安排的制度结构来获得对自身生活的更多控制。实际上，降低外部环境不确定带来的风险是普遍目的。人类历史的大部分时间里的面临，主要不确定是自然环境的变化，但当人类逐渐获得了对自然环境的更大控制力时，随着科技的发展，由人类的相互作用以及由此造成的人文环境不确定获得了具有压倒优势的优先权。事实上，自然环境创造了极为复杂的人文环境，因此也增加了人类的不确定，而我们已经成功地征服了自然环境。我要花少许时间来谈一下这点。我在别处所称的第二次经济革命实际上是科学以某种方式在技术上的应用，它能够极大地增加人类对自然的控制。对于生活

---

[*]　本文原载于《经济社会体制比较》，2004 年第 1 期。本文的初版曾作为伦敦的 Wincot 演讲稿。

[**]　[美] 道格拉斯·C.诺斯（Douglass C. North），华盛顿大学经济系卢斯讲座教授，1993 年获诺贝尔经济学奖。胡志敏，时为中国人民大学公共管理学院国民经济学专业在读博士研究生。译文经陆平校译。

在本世纪的人来说，这毫不奇怪。不过，我们还没有完全理解的是，在科学应用于技术的过程中我们已根本改变了人文环境。我们生活在彼此相互依赖的世界中。处理迥异环境时的复杂性是解决我所关心的问题的中心。我们加于自身生活的结构是规章制度的逐渐累积，这种禁止累积产生了语言、人造物和信仰中所嵌有的正式与非正式约束的复杂混合体。连接"现实"与制度的是信仰。

没有人真正了解政治经济体制的现实，不过人们的确构建了关于这一现实的精致信仰：体制运作方式的实证模型和体制应该如何运作的规范模型。社会可能会广泛持有信仰体系，反映出信仰的一致；也可能广泛持有根本不同的信仰体系，反映出社会观念的基本分歧。也就是说，随着时间的流逝，处于制定政策位置的政治和经济创业者们的主流信仰会导致制度的精致结构的增大，包括正式规则和非正式标准，它们共同决定了经济和政治行为。当创业者们开始建立新的制度或是修改制度以提升自身的经济或政治地位时，结果产生的制度矩阵会对他们的选择强行施加苛刻的约束。路径依赖通常会使得变迁逐渐增加，尽管偶然的极端和突然的制度变迁暗示了在经济变迁中也会发生与进化生物学中不时被打断的均衡变迁相类似的某种事情。虽然变迁的速度要取决于组织及其创业者竞争的程度，但变迁是持续发生的。创业者们制定政策来提高自身的竞争地位，从而产生了制度矩阵的多样性。接着产生了对现实的被修正过的观念，因此创业者们要做出新的努力来提高自身的地位——在永无休止的变迁过程中。我以苏联繁荣和衰退的简要事例来说明这一过程。

马克思和恩格斯提供了成为列宁灵感的信仰体系，解释了世界存在的方式和未来的道路，俄罗斯1917年饱受战争折磨的境况则为突然的制度变迁提供了不寻常的机会。虽然马克思没有提供成功实现的社会主义社会转变或建设的蓝图，但他提供了意识形态领域的基本框架，特别是关于所有权变革的理论基础。1921年，严峻的形势迫使列宁及俄共远离了那些原理并推行了新经济政策，之后，1928年的第一个五年计划又回到了正统的意识形态。苏联早期关于建设社会主义的多样化战略乃至制度的讨论十分丰富由此形成了复杂的制度矩阵，这种制度结构逐步增长导致了重工业建设的成功，同时也导致了农业发展的失败，还有为纠正马克思主义正统中的错误所作的各种尝试。伴随着经济增长、遭受纳粹入侵的毁灭性折磨、然后是长期的重建等过程，在从马克思主义意识形态约束内演化而来的信仰体系的引导下，制度矩阵被战争等外部刺激或是必须有制度更迭的内部观点不断地修改。结果是从20世纪50年代一直到20世纪70年代早期，物质产出快速增长，特别是重工业、军事技术、科学知识的某些领域和超级大国地位的出现。在这一时期，几乎一半人是社会主义者或共产主义者，社会主义或共产主义被广泛认为是未来的潮流。但是，接着增长开始减缓。交易成本极大增加，不断增长的农业问题史无前例地尖锐，用以纠正问题的制度改革的努力也一直不能解决问题，这些最终导致了经济增长的衰退。1985年戈尔巴乔夫上台，之后6年的政策导致了完全衰退以及1991年苏联的解体——这也许是人类历史上一个国家在没有任何外部干预下如此快速解体的最惊人的例子。

这是一个可认识到的现实的事例，先诱发一套信仰，信仰引发形成社会的一系列制度，制度在社会空白领域引入越来越多的政策，政策改变了现实，现实又返回去修正信仰。事例的关键是信仰被反馈改变的方式，作为运行着的政策、制度矩阵的适应效率——即如何对改变作出反应——以及正式规则（可感知政策的矫正物）中变迁的限制等的结果，人们从可感知的现实中得到了这些反馈。现在，能够提供经济变迁过程的简要描述是一回事；能够提供足够的描述内容以便让我们理解这一过程则是另一回事。现实指的是什么？信仰体系和观念如何形成？它们变化的轨迹如何描述？信仰与制度的关系是什么？制度变迁吗？制度如何影响行为？什么能够说明短期和长期内经济和政策表现的迥异模式呢？而且，最基本的是，制度变迁过程本身的根本性质是什么？

对于"什么是现实？"这一古老的哲学问题我没什么要补充。不过，对于在我们的理论、信仰和意识形态中我们尽力建构的东西是什么，我恰好有实际兴趣。实际关心的就是我们的信仰与现实有多大程度的一致。到它们实现一致的程度时，我们制定的政策才会有一些希望能产生想要的结果，虽然在人类历史上，我们对这种变化以及现实情况误解的时候要比真正理解的时候多得多。重要的是我们得对现实的本性有充分的自信，而且更重要的是知晓现实是如何变化的。

信仰及其演化的方式是本文的核心。除了少数几个重要的像哈耶克那样的经济学家外，大多数经济学家都忽视了决策中思想观念和信仰的作用。在宏观经济理论问题的有限范围内理性假设为经济学家和社会学家提供了很好的服务，但在处理社会学家和政策制定者面临的大多数主要问题时却成了破坏性的缺点，并且它还是未来经济发展道路上的主要绊脚石。我们认识世界的方式和构想解释世界的方式要求我们深入研究思想和大脑是如何工作的，即认知科学。认知科学还处于起步阶段，不过已经取得了长足的进步，可以为社会科学理论提供重要的启示。我们必须要解答的问题是人类如何对外部环境的不确定作出反应——特别是起因于改变人类前景的不确定。我们经济学家长期保持一致意见，并且像肯尼思·阿罗和罗伯特·卢卡斯那样杰出的理论家也非常强调的困境之一是：你不能在面对真正的不确定时建立学说，因为在不确定的环境中人们不了解将会发生什么情况，从而无法统计得到的结果或分配。但事实上，人类一直在力图为不确定的世界建立学说。我们在面对纯粹的不确定时以宗教、信仰或意识形态为基础作出决策。现在，我们需要知道的是人类怎样在面对纯粹不确定时实际作出选择。整个历史中人类都在真的不理解他们要往哪里去的情况下被迫作出选择，本文的主题对于这种方式来说是重要的。

缺乏理解从没有阻止人类的复杂信仰或意识形态的演化。我刚刚为大家描述的马克思主义是不断演化的最精致的信仰体系之一，在20世纪的大部分时期里，它支配着半个世界的信仰和选择。但马克思主义者并不孤单；我们都有信仰体系，到了我们都是政策制定者并不断颁布政策的程度，每天我们都按照信仰、意识形态或是我们所称的任何东西——说得婉转些，考虑到其成果，它们有时是不完整的、有缺欠的和不确定的——制定政策。目前，我们在认知科学领域做的绝大部分工作是逐渐远离"思想像计算机一样工作"的观点，这种观点实际上是思想如何工作的早期看法。今天，我们已越来越多地得出结论：思想工作的方式以模式推理为基础。思想的神经网络逐渐建立起它们解释世界的模式，就像实际的许多信仰体系和意识形态那样，模式变得十分复杂和精致。模式之所以重要是因为到了我们面对异常情况或是以前没有面对过的情况时，出现的问题就是我们怎样才能把它们搞清楚。

如果异常情况与我们从过去的经验中得出的保存在思想中的模式较为相似，那么实际上，我们可以或多或少地解决问题，并制定改善我们生活的政策和规则。如果到了情况真的十分异常的程度，那它们就给我们造成了如何解决它们的基本难题。

现在，人们试图利用自身对世界的认识来设计人文环境以降低人们交往时的不确定。由此产生的制度结构是正式规则、非正式约束和它们的实施特征的混合物。正式规则是指宪法、法律；非正式约束是指行为规则、惯例和行为规范。显而易见，正式规则和非正式约束二者均被实施的程度决定了它们影响我们行为的有效程度。制度约束随着时间不断累积，我们从过去继承而来、决定现在并影响未来的那些规则、标准、信仰的累积结构就是社会文化。制度在变迁着，通常是逐渐增多的，当政治创业者和经济创业者们觉察到新的机会或者对新的威胁做出反应时，制度决定了他们的幸福。制度变迁可源于正式规则、非正式标准或其中任何一者的实施。

但谁的认识是紧要的呢？当然不是每个人的；我们需要深入研究社会规则的结构来回答这个问题。许多政治经济工作涉及为我们做出选择和聚合选择时的方式进行建模，这些选择决定了逐渐增多的制度变迁。对于谁的选择重要和它们如何被聚集以决定政策，社会的政治或经济结构及其发展方式是很关键的。

现在让我们考虑是否我们能开始把这些片段放在一起，不完全地探索一下变迁过程。可以想象这个过程就像环形流那样，我们可以从中得出现实构成了什么的最初认识。那些认识反过来导致了一系列信仰和意识形态的构建，以解释那个现实和我们应该的行为方式。这又导致了后来形成我们的“世界”的制度结构或者说制度矩阵。并且，因为我们对现实的信仰不断变化，所以我们颁布了能逐渐修改制度结构的政策。逐渐增多的变迁总是受到路径依赖的制约。也就是说，现存的制度制约着我们的选择。当我们作出那些不断改变政策的选择时，我们正在改变现实。在变化着的现实中，我们接连地改变着我们拥有的信仰体系。从人类开始试图决定自己的命运时起，该环形流就在不断地继续着。

现在，我稍作停顿以指出我对该问题的观点与大多数经济学家有怎样的不同。

我给大家讲述的事例与我所知道的大多数经济学家讲述的差异在于他们认为，你们可以以过去，实际上是以贝叶斯更新调整模型（Bayesian updating of model）为基础得到模型，通过这些，你们可以在现在和未来制定出正确的政策。如果未来与过去相似，那么这一观点是正确的。如果未来与过去一样的话，那么就真的可以更有力地声明说接下来将发生什么。即使我们犯了错误并制定了错误的政策，反馈也会使我们纠正政策，更改它们；最终，我们将到达信仰体系与现实一致的世界。但那只是如果世界是不变的。它实际上是经济学家们特有的内含模型。然而，世界不会保持不变；我们不断通过制定的政策改变现实，我们一直这么做已经有一万年之久了。这点很重要，因为如果未来真的是不同的，并且与过去在许多方面都有极大的不同，那么我们的理解是正确还是错误将成为关键问题。如果世界是不断变化着的，如果我们正在创造着不那么容易对付的全新环境，并且我们不能运用先前用过的手段或者不能不加鉴别地利用它们，那么实际上无论是现在还是将来我们都会出错，认识到这一点是重要的。

除了还没有完整答案的问题，我们应该可以回答的一些问题包括：变迁过程与从进化生物学中得到的模型是类似的吗？参与者的意图有什么不同？作为制度变迁直接来源的人的意图的本性是什么？人类的不确定是来源于人类前景的固有不稳定或是我们对人类前景的认识和信仰吗？我曾多次到访过桑塔菲学院，它们的经济学家花了大量时间为我们所称的复杂性事物建立模型。许多复杂性涉及的是开发世界无秩序模型的尝试。它们代表了我们试图面对的世界吗？或者，世界真的会更有秩序吗？存在会使我们弄错的信仰吗？

或者，我们误解了现实吗？什么是间断（即突然的进化变迁）的来源？什么是路径依赖的潜在根源，路径依赖怎样影响行为？我们对路径依赖也是知之不多的。我们知道它是真正存在的；历史学家了解我们几乎没有突然地改变过前进的方向。在限制人们对现状和未来做出改变的能力方面，往昔的制度和信仰有极大的影响。但确切地说，当那些约束较为宽松因而我们能够做彻底改变时，当它们不再是我们应该大量了解的东西时，它们是如何发挥作用的呢？

最后，什么导致了适应效率？

适应效率指某些社会面对存量进行弹性调整的能力和演化制度以有效处理改变了的现实的能力。现在，我要为转型经济和第三世界经济提个建议。我观察到当人们看到一个国家持续增长了十年就会很兴奋，他们说"这个国家正处于通向发展的道路上"，或者"我们最后会克服拉丁美洲式的不稳定"，或者"我们最终会成功实现经济的转轨"。对经济史学家来说，这的确是谬见。我认为要是在 50 年或 100 年的时期内，那么我会考虑你们是否已经发展到了这样一个社会：有抵挡冲击的能力，有战胜频繁出现的问题的能力。这与 10 年或 20 年的连续增长是非常不同的。西欧和美国已熟练掌握了适应效率。它们的经济和社会能够抵挡各种冲击、战争和彻底的基本变化，并通过始终成功地改变自身的制度结构实现长期持续增长。那是我们真正想让现在的社会所实现的，包括第三世界或是像拉丁美洲经济那样过去 300 年来停滞和增长交替而不是稳定增长。稳定增长是完全不同的事，我们还不知道怎样在短期内实现它。我们知道的是在英国、欧洲和美国，已经演化出一种制度结构，非正式行为标准和更重要的正式规则为国家嵌入了这种适应性。这一制度结构提供了一系列引导原理，制约着我们的发展方式和形成适应效率的方式。建立这种政策的主要障碍是适应私有化交换的非正式标准，它们抑制了下面将要谈到的非私人交换的增长。我们是多么成功地控制了自己的命运呢？按照赫伯特·西蒙观点，我们想知道如果行为者缺乏实质理性的行为会有什么不同，这种理性行为需要了解详尽的关于所有可能性和偶然性的知识、彻底地探索决策树，并正确地区分行为、事件和结果。简要的回答就是会产生很多不同。经济史是无尽而又沉闷的关于误算的故事，导致了饥荒、饥饿、欺骗、战争、死亡、经济停滞与衰退，以及实际上整个文明的消失。甚至对现今新闻最偶然的调查也暗示出这绝不单纯是一种历史现象。当然，既然见证过西方世界过去四五百年惊人的增长，所以我们有时可以做得对。但我们还是误解比理解的时候要多。

我们来查看一下会误解的三个方面——也是我们过去误解了、现在也在误解、将来仍会误解的方面。第一个方面比较简单，到现在应该明确了：我们从没真正地理解现实。我们所拥有的理论、信仰和模型是非常不完整的，它们是这个错综复杂的世界的过度单纯化，通常是静态过度单纯化。只要我们掌握了它们的基本特征也就是使其发生作用的引导原理，并把它们融入我们的理论，那么过度单纯化也没什么坏处。并且，与及时获得准确的瞬间影像相比，使它们持续发挥作用是一件相当困难的事。所以，我们理解现实的程度显然处于首要地位，我们从没透彻地理解，而且有时还会完全地误解。

第二个方面是信仰体系。显然，对于世界我们是完全不确定的，如果我们的信仰试图弄懂这个世界，那它们就不可能非常令人满意或准确。无论信仰是否像它们在绝大部分人类历史中那样得自宗教，也无论它们是否得自精致的模型（马克思主义当然是曾经创建的最精致、最复杂和给人最深印象的体系），或者无论它们是否是某些信仰（这些信仰代表着包括绝大部分政治家在内的我们大多数人每天做出选择的方式的特征）的特定片段，它们意味着我们很多时候会误解现实，特别是当我试图立刻提出例证时，因为世界正因我们而改变。

第三个我们容易误解的方面对于今天我们生活的世界和试图改善过渡经济与第三世界经济的经济学家们所面对的问题特别敏感。那就是我们利用非常迟钝的手段来控制世界。使得我们可以影响世界的我们仅有的手段是博弈的正式规则。但是，支配着我们操作方式的结构是由正式规则、行为的非正式标准以及它们的实施特征所组成的。所有我们能快速改变的东西是正式规则。我们不能改变非正式约束，至少在短期内如此；甚至我们控制实施的能力也是十分有限的。1990 年，应苏联科学家学会的邀请，我作为四名美国人之一前往莫斯科为苏联经济提供建议。第一位美国人说，你们所要做的就是私有化，然后一切都会变好。第二位美国人说，你们所要做的就是淘汰政府，然后一切都会变好。第三位美国人说，你们所要做的就是拥有计算机，然后一切都会变好。我是第四位美国人，我说，别理会前三个人的话；问题是相当复杂的。我以第一个人的万能药——私有化为例来说明。

私有化正趋向于成为医治一个国家疾病的万能药。但不用说，任何密切观察苏联——或现在的俄罗斯——的人都能注意到，私有化没有法律规则和实施机制的基本结构相配合并不会产生预期结果。拉丁美洲也实行了私有化，但在政府鼓励垄断背景下的私有化形成了一个完全不同于理想预期的世界。当你努力提高经济绩效的时候，你所能改变的只有正式规则，这是一个非常真实的问题。实际上，你还必须改变非正式约束。19 世纪早期，拉丁美洲国家获得了独立，当他们独立的时候，绝大多数国家效仿了美国，包括宪法和所颁布的作为宪法组成部分的许多正式财产权规则。结果是那些规则起作用的方式与美国有极大的差别。这毫不奇怪，美国的规则是从作为许多殖民地议会组成部分的一系列规则发展而来的，它们是英国提供的规则，既为了自治和议会，也为了一系列基本有效的财产权。这些规则被继承下来，融入美国宪法，并与行为标准和我们先前发展而来的实施特性相一致，因而能够运行正常。但是，当拉丁美洲国家采纳了它们时，它们却与那里的情况极度不符。拉丁美洲受控于马德里（或者里斯本），由总督实施规则，目的是为马德里聚集财富；没有自治；只能由马德里实施的财产权赋予商人垄断权。当独立到来并强行施加了一系列政策（出自对美国逐渐演化而来的经验的继承）后，产生极为不同的结果是并不令人奇怪的。我现正以拉丁美洲为例来说明这个问题，但我也可以同样地谈论俄罗斯或者东欧国家的经济。我们正试图解决的是我们如何能够调整和改变政策以使它们对社会和经济产生更有效的行为特性。

历史上发生的对人类来说最富有戏剧性和最痛苦而令人难忘的改变是从私人交换变为非私人交换。私人交换指经济、政治和社会行为在有限的空间范围内一再地相互交换，大家彼此熟悉，在这种情况下，合作有益于各方。

在这样的社会里，交易成本低，但生产成本高，因为生产规模小，没有规模经济，也不能采用我所说的作为第二次经济革命组成部分的现代技术。这场革命从 19 世纪后半叶德国的化学工业开始，现在已经遍布发达国家。它所带来的世界以非私人交换为特征。我们得依赖于全社会并不认识的人，没有重复交换；并涉及大量的参与者。因此，这是一个没有重复博弈的社会。在博弈论中，我们称之为背叛有益的社会。也就是说，如果你不认识另一方，那么你再也不会看到他（或她）了，而且没有哪方会对另一方拥有特别深入的控制，在这个社会里，携款溜走是有利的。很多经济史学家花大量时间去思考过去六七个世纪西方社会演化出一系列制度的方式，这些制度使得非私人交换的合作有利可图。即，这些制度改变了报酬以至于非私人交换会赢利，以至于拥有大规模生产的规模经济使我们现在看到的相对充裕的社会成为可能。

但从私人交换到非私人交换的转变意味着必须建立将会产生低成本交换的经济制度，也要建立将会强化这种交换的政治制度。实际上，这是个两难的问题。我们知道如何建立会有助于非私人交换的经济制度，并且实际上已经建立了许多；但是我们不知道如何建立也有助于非私人交换的政治制度。因为当市场规模超出个人信誉约束的范围时，那么必须有第三方保证交易的正常进行，这意味着需要政府和国家。我们还不知道如何建立这样的政治体系——即使有大量令人兴奋的从事于关注这些问题的政治研究和经济研究。

中国是令人非常感兴趣的，因为它似乎并没有直接地做任何我们认为是应该做的。它没有适应转轨的法律规则，没有确定明确的产权——而这种产权是美国和西方世界发展的根基。但请注意中国的成就。中央政府立下契约将自治权授予地方政府，自治地区由海外华人提供资本。地方的乡镇企业既不是公司也不是合作社，而是二者不可思议的混合，不过，是基本自治的二者的混合，由当地的政府和干部为其提供确定的财产权。从非正规意义上来看，结果形成的这种经济发展了一系列制度和博弈规则，并创造了世界上最高的经济增长率。所以，有许多不同的道路可以实现经济增长。组织博弈以及提供恰当的激励（即制度，激励结构）使得做正确的事也有很多方法可供选择。但关键是提供一种能够对生产力增长有酬劳的激励结构。

我来做一些非常概括的综合推断以得出结论。第一点非常简单明了，我相信即使你不同意也不会感到奇怪：无法对长期变迁做出明智的预测。我想除了占卜者没有人能告诉我们今后社会和经济会发生什么。我们可以了解明天、后天以及未来几年，但对于更遥远的未来我们今天无法确切知道的。

第二点，没有放任主义那样的事。我是米尔顿·弗里德曼的主要追随者，但放任主义使我们完全在错误的基础上开始。任何运行良好的市场都需要制度设计，通过深思熟虑的努力来进行设计，使参与者通过价格和质量进行竞争，而不是通过相互残杀或其他手段进行竞争。现在，我想强调一下这点，因为无论在历史上还是当今世界，关于放任主义或是摒弃政府的谈论太多了。你不能摒弃政府。你努力让政府做的就是规划博弈，这样你才会使参与者通过价格和质量而不是其他手段进行竞争，可以直接地通过规则、规制和财产权手段，也可以通过间接方式，也就是说你必须对要素、产品和市场做出不同的设计；必须设计一个劳动力市场和一个资本市场。对这点我很自信，因为过去六年我是世界银行一系列政策的顾问，我们试图考虑如何设计各种市场使其更好地运行。我们查看了电信业；最近，又研究了水资源；还有教育。

我想它对我们今天生活的世界有众多的启示，因为我认为过去运行良好的金融市场和资本市场的结构方式当前实在是未必如此。例如，我正观察着日本发生的一切：过去40年金融市场和资本市场都运行良好，但日本财政部和日本官僚政治的逐渐发展所形成的资本市场和金融结构现在运行得并不好。事实是你不能假定市场将完美地持续运行。所以我们不仅需要为每个市场设计不同的制度结构，而且也许最重要的是我们必须认识到技术变革以及信息成本和政府结构的变化将不断改变市场的行为特征。20世纪90年代末，美国发生了安然公司和其他公司的丑闻，这反映了正在变迁中的结构，该结构使得反社会目标比亚当·斯密假定的市场有效发挥作用的生产性目标更有利可图得多。

上述实在是经济变迁过程的太简短概述。我真的希望它能激发学术热情，使研究议程继续下去，我相信这些研究是提高经济绩效始终必需的。

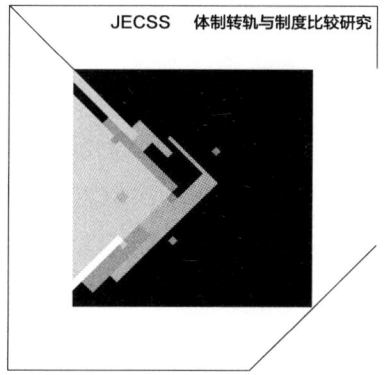

JECSS　体制转轨与制度比较研究

第二辑

国外体制转轨比较

中东欧经济转轨争论中的谬误[*]

［波兰］莱谢克·巴塞罗维奇　王燕燕　译^{**}

中东欧国家从计划经济向市场经济的转轨过程中经历了前所未有的转变，也面临了一些巨大的经济和社会问题。然而，人们在分析和评价这些地区的转轨经历和问题时却存在着一些谬误，本文就是要指出这些谬误所在。有一些自认为是或被认为是经济学家的人至少也曾对其中的一些谬误进行了解释；当然，绝不仅仅在那些后社会主义国家里（这些国家以前的经济学教育水平较低）才有这样的经济学家。西方国家也有一些这样的经济学家，虽然人数少些。很少有人会犯我所指出的全部谬误，当然也有很多人和我一样认识到了这些谬误。不过，仍有一些人依然固守着一些错误的观点，因此有必要对上述的谬误进行探讨。

在下文里我将有选择地挑出一些谬误进行论述，并相应提出一些我认为是正确的观点。我把本文将要讨论的谬误分成四个方面：（1）讨论一些普通

---

* 本文原载于《经济社会体制比较》，2004 年第 6 期。本译文略有删减，有需要的读者可与编辑部联系。——编者注

** ［波兰］莱谢克·巴塞罗维奇（Leszek Balcerowicz），波兰前副总理兼财政部长，波兰中央银行行长。王燕燕，中央编译局比较政治与经济研究中心副编审。

的概念或逻辑错误，即在经济转轨论战以及其他一些经济讨论中经常误用的术语。（2）论述与经济转型密切相关的一些谬误。（3）指出学术界在争论一些观点（如渐进主义对大爆炸）时，常误用一些经验模式（如中国模式）证实自己的观点。（4）指出一些学者常不加批判地用统计数据来分析中东欧国家的经济转型。

一、一般的概念或逻辑错误

（一）带有感情色彩的术语和观点

一个常见的问题是，在公众的讨论和一些学术领域里经常使用带有感情色彩的术语。一个典型的例子就是"休克疗法"——从精神病学借用的术语，出于纯粹的感情因素，这个术语很可能使公众对激进措施产生反感（对这一表述方式的批判详见 Islam，1993）。

"社会的"这个词也带有很强的感情色彩，但是该词具有积极的意义。这或许就是"社会市场经济"能在波兰最近关于理想经济模式的讨论中赢得广泛赞誉的原因。很少有人能理解其确切的含义，但是几乎每个人都兴奋地确信"社会市场经济"就是某种更好的市场经济。这个术语是德国的一些信奉自由主义的经济学家在 20 世纪 40 年代提出来的，用以描绘有一定社会保障的自由竞争的资本主义经济，不过和瑞士相比，该经济的社会保障程度和范围要小得多。从 20 世纪 70 年代开始，德国的"社会市场经济"似乎就已经过于社会化了，这种状况影响了该国的发展速度，也是造成其公共财政危机的主要原因。因此，对那些想奋力发展经济的国家来说，"社会市场经济"（soziale marktwirschaft）似乎并不是最佳的经济模式。

在对农业及农业政策的讨论中，也常常出现一些带有大量感情色彩的术语和观点。这或许可以部分解释为什么城市居民极易受到一些观点的影响（如用非理性的反市场手段保护农业的必要性），而且可以解释为什么这些保护措施在西方是如此盛行。当然，在后社会主义国家的内部讨论中，常常视西方的这些消极措施为积极模式。① 对农业在感情上的偏向常常基于一种错误的认识。农业通常被宣传成是应该受到特殊保护的行业，因为其独特的产出：粮食，粮食之所以特殊是因为它能维持生命，所以农业、粮食就等于是生命。当然，这个观点是误导性的——农业可以产出很多产品，不是所有的产品都同样有益于人类健康，因此上述观点是错误的。

带有感情色彩的术语本身并没有错，但是它却容易导致错误的判断。数学的优势之一就在于其语言是中性的，不带有任何感情色彩。在讨论社会问题时，数学语言的中性和其逻辑上的严密性有着同样重要的意义。

（二）有失偏颇的评价

在评价某个现象时，人们总是有意无意地把它与某个标准进行比较。对事物的评价取决于其选择的参考标准，因此除非其在方法上是正确的，否则将导致一个轻率的或带有偏见的错误结论。一个常见的错误就是在评价一项经济政策时，人们把可能是该政策引发的现象与政策实施前的状况相比；然而，造成某个经济现象出现的原因有很多，并不仅仅缘于某个特殊政策。例如，那些与前苏联经济联系密切的国家，其产出在 1991 年骤然下降了，这在很大程度上是由于这些国家对前苏联的贸易剧降，而不是某项政策引致的结果。

但是，人们总是习惯于把现在和过去进行比较，然后得出对政策的评价，这在方法上就是错误的。因此，在评价某项特定政策时，应该针对该政策产生的结果与另一种政策（在相同的初始条件和环境下）可能产生的结果进行比较。很显然，我们不能因为一项政策损害了某个特殊部门的利益就否定该

---

① 这就是波兰最具攻击性的农民组织（主要是破坏高速公路）的一位领导人对西方经济政策的看法：孟加拉国的市场才是自由市场。市场经济应该是欧共体国家模式或美国模式的，那里的市场经济是有计划的市场经济，没有政府信息的指导一切都无法运转。政府知道每个工厂的位置及家庭农场的状况，计算机记录了所有这些信息。在交换过程中，政府确保每种要素或产品的购买或出售价格，政府对农业进行了 100% 的干预。

政策。这就好比是某些治疗措施会给人带来痛苦从而就要排斥这些措施。在经济转轨国家的经济论战中，这样的错误认识尤其多，因为转轨国家里改革往往给人带来很大的痛苦。

（三）带有偏见的归纳

在公开的经济讨论中随处可见另一种谬误，这类谬误可能广泛存在于那些经历着激进和困难变革的国家，因为与已经确立市场经济的国家相比，这些国家里日益改变的现实与人们对现实的理解之间的差距要大得多。

常见的错误归纳就是以西方国家一些与私人企业运营同样好的国有企业（这类企业通常较少）为例证，断定所有权的形式是无关紧要的。这个推理过程极其荒谬，就像以妇女掷铅球为例证明女性体质并不比男性差。把所有的私人企业与在同样条件下的国有企业进行比较，可以发现私人企业大体上还是比国有企业更有效（进一步的论证参见 Jasinski，1992）。

在公众领域里之所以存在错误归纳，是因为在一个自由社会里，消极事件通常比积极事件更能引起媒体的关注。在野党也经常对一些消极事件大肆渲染，尤其是当其踌躇满志地想要掌权的时候。所有这一切都会歪曲公众对一些于国家有重大意义的事件的看法。私有化就是如此，一些人仅仅从波兰电视上了解私有化从而就断定私有化不好，这好比是某个人看见了一匹老马就理所当然地认为所有的马都是衰弱不堪的。

媒体在现实报道中常常过于追逐消极事件，这或许是舆论自由的必然结果，就好像在专制统治下媒体总是报道生活中的积极事件一样。我不去强调政治自由和新闻自由是何等重要。但是，承认这些自由并不意味着自动接受利用舆论自由的种种行径。

媒体负面报道的影响力取决于记者的才能，当然，首先取决于他们的知识层次。人们需要知识和智慧去理解重大事件的复杂性，鉴别某个消极现象其实只是重大积极事件的副效应（side-effects），而不是某个阴谋的结果。其次，媒体负面报道的影响力还取决于记者的性格，取决于他们是否能抵制误导公众或迎合公众的诱惑。迎合公众是自由国度里的一种典型的机会主义行为。在专制统治下，新闻媒体常常要迎合取悦现任政府。如果一个国家已经建立起一个良好的、民主的政治框架和正确的资本主义经济制度，那么过多报道该国现实的阴暗面也没什么大不了。但是在转轨国家，媒体的这种报道可能会是一个严重的危险，它会影响公众的选举决策，从而进一步阻碍转轨进程。如 1992 年 12 月，乌拉圭的公民投票否决了私有化。

　　一些刚刚向资本主义民主过渡的国家常面临上述问题，这里我仅想指出一个相当普遍的错误，即没有把转轨国家里对消极现象报道的增多（如犯罪、贫困、不平等）与这些现象的实质增加区别开来。政治自由及相关的言论自由暴露了一些早已存在的问题，只是这些问题以前没有对公众公开罢了。一些学者由于没有正确认识到这一现象，所以断然认为一切社会不良问题都是在旧体制崩溃后产生的。

（四）错误的常识

　　生活中，人们经常会碰到一些常识问题。例如，数学就是建立在常识的基础上，只不过在数学领域里把常识称之为公理。然而，数学公理仅仅是推理的一个基础，由它可以推出一些隐含的理论；另一方面，任何推理都不能基于错误的常识，否则将导致错误的结论。但是在经济改革的讨论中却存在很多诸如此类的错误常识。

　　有关这种错误常识的第一个例子是"改革的道路（方式）不止一条"或"改革有各种各样的选择"——这些观点近年来经常出现在波兰经济改革的论战中。这些观点表面上似乎都是不言而喻的，因此也被认为是个常识。问题是这些观点通常贯穿于整个讨论中，并使接受该论点的人相信有更好的方法。然而，事实是方法的多样性并不意味着没有尝试过的方法一定会更好。

　　另一个错误常识的例子是"私有化本身不应该是目的"的论调，在私有化的讨论中常常会提及这种说法，并隐含一个错误的观点，即私有化其实已经成了一个目的。因此，这个常识其实是在含沙射影地批评私有化。

私有化和资本主义市场经济的反对者常指出"所有制度都是混合型的制度",即没有完全的私有化。这个观点错误地暗示着私有与非私有部门的比重大小是无关紧要的。

还有一种错误的常识是把所有可能的经济转轨方式都称为"渐进式",理由是每一种改革都需要时间。这个观点使变革的时间及制度选择问题变得毫无意义。

(五) 不完善的解释原则

在后社会主义国家经济转轨的公开讨论中经常出现一些错误观点,而且西方国家里的讨论中也常常出现这种错误,这些错误观点通常是由不完善的解释原则和教义得出的。其中一个就是,认定资本主义国家采取的措施就是正确的,因此后社会主义国家也应该效仿。比如,如果西方国家对某个领域进行干预,那么东方国家也更应该如是做。

但是,不能因为西方国家实行了某个特定的措施从而就断定该措施是正确的,就不再对其进行适当的分析。在西方国家,由于错误理论和势力集团的影响,很多已推行的错误政策以后也难以变更,农业政策或贸易保护主义尤其如此。其实,后来者的有利机会之一就是能够从别人犯下的错误中汲取教训,不再重蹈覆辙。与西方国家相比,转轨国家是否应该进行更少的政府干预呢?对此仍存在很大的争议。

另一个流行却又错误的观点是确信在经济生活或普遍文明化过程中,任何后来采取的措施都优于先前的措施,因为前者是后来实施的。对 19 世纪资本主义与 21 世纪现代资本主义进行的歧视性比较,足以反映上述错误观点。一些人似乎认为只要某事物具有 19 世纪资本主义的特征就应该拒绝它。我不认为那些进行粗略比较的人真的了解两种资本主义间的基本制度差异,或能理解它们所带来的影响。我认为很多持上述观点的人犯了一个基本错误,即把 19 世纪资本主义社会较低的平均生活水平(相对现代而言)归因于当时的制度,而没有意识到一个简单的事实——西方国家的经济在那时尚处于史无前例高速发展①（归功于资本主义制度）的起步阶段。然而，至关重要的是，认为所有后期方法都绝对优于前期方法的观点，其实是流行于 19 世纪的大部分马克思主义历史哲学观的一种表述方式。这是一种认为后续时期相对以往都是进步的历史观。然而相对于部分现实而言这种观点才是正确的，即在某些严密的自然学科及相关的技术领域内是正确的。在这些领域里，积累过程有着重大的意义。然而，就社会科学和相关的制度安排而言，线性历史进程理论并不是完全正确的。

二、经济转型争论中的七大谬误

（一）过于宽泛的"转轨"概念

一些分析家动不动就用"转轨"或"转型"的概念，这些宽泛的概念对分析并无益处。因此，有必要把这些概念分解为一些更具体的概念以描述转轨的各个进程。可以根据不同的特定目的对转轨进程进行划分。我认为整个转轨过程可以分为以下几个方面：

宏观经济的稳定（S），主要依靠宏观经济政策实现这一目的。

微观经济的自由化（L），解除对开办和发展私人公司的限制，取消价格管制和对贸易的行政及实质性限制，允许货币自由兑换等等以拓宽经济自由的范围。自由化包括改变整体法律框架（使产权机制自由化）和取消一些特殊管制（如取消对利率的限制），在西方，通常把后一种方法称作"取消管制"。

基本制度的重建（I），包括改变现行制度，如使国有企业私有化，重组政府机构或改革税收体制，及创立新的制度，如证券交易制度等。

微观经济自由化与制度重建可统称为"体制转型"，而宏观经济稳定则属

---

① 现在的经合组织国家在 1820—1889 年的人均 GDP 增幅是每年 1.6%，大约是前资本主义时期的 8 倍。

于另一个范畴。

（二） 忽视对经济与制度变迁速度的限制

人们通常没有意识到任何经济或制度的变迁都可能有一个最快的速度，这个速度大小可以根据变革开始到最后实现某个形式或水平的结果所经历的时间来确定。最快速度并不像自然规律那样容易定义（如某个动物的妊娠期），但是它确实存在。

在我看来，忽略变革速度会使一些人对中东欧的转轨进行毫无根据的批评并得出错误判断，这是有失偏颇评价的一个特殊例子。正如上文指出的，每个评价都要依据某个特殊标准对真实过程或事态进行衡量。当对所谓的改革进程缓慢存在争议时，那么应该选择最大可能速度作为评判该问题的标准。也就是说，如果有人批评转型过程太慢，那么他应该指出他是以什么样的最大速度为标准的。① 当然，对某个过程最大速度的评价取决于对最终结果的定义。然而，事实（也通常被忽略）是对任何一个假定的结果来说，确实存在对实现它的速度的限制。

一个应该单独进行讨论的有趣问题是，对任何一种假定的结果而言，究竟什么决定了制度或经济变革的最快速度。我在此所能指出的最主要限制还是人类信息处理和掌握知识的固有局限性。一些学者确定了所谓的最终的改革可能性边界——根据生产可能性边界类推出来的概念。各国的实际改革速度或许都会不同程度地偏离各自的最大可能速度（即改革可能性边界）。之所以产生这种结果，是因为处于关键职位的人所占有的相关知识不同或者存在不同的法律约束。由于各国所选择的转型战略或政治上的复杂因素，任何一个国家的实际变革速度都比该国应有的速度慢。

中东欧国家的银行业由于没有表明改革的最大可能速度，故经常受到无

---

① 应该注意的是，最大速度并非最优速度，例如，对国有银行的草率私有化导致后来不得不对这些银行重新收归国有。

端指责，这个行业已成为国内民粹主义政治家与一些东西方经济学家的替罪羊。这个情况从某种程度上反映了一个事实，即各地的银行都受到各种相互抵触的压力的影响。如果他们开始对借款管理很宽松从而导致大量呆账，然后不得已又采取更加严厉的政策，那么他们会失去最初的声誉。如果他们小心谨慎地发放贷款并且对贷款对象进行一定的筛选，维持真实高利率，那么他们又总是受到指责。批评家们声称整个银行业存在改革普遍不足或改革力度不够的问题。然而，只有清楚指明改革的最大可能速度才能真正断定银行业的改革是否真的普遍不足或力度不够。我们应该记住银行业和金融服务业是知识密集型的行业，与简单的农业是截然不同的。这意味着仅仅改变形式上的规则和激励结构并不足以彻底改变这些行业的行为。此外，该行业需要加强培训（或变更银行人事），这些都需要时间。总的说来，所需学习知识或技能的多少是决定某一特定变革快慢的因素之一。

在谈到后社会主义国家里的金融改革时，我们应该回忆一下这些国家改革前的状况：没有一个真正的中央银行或商业银行——有的只是一个庞大机构，即从属于中央计划机构的垄断银行。贷款的发放不是基于商业银行运作的规则，而是看其是否符合中央计划的要求。每个企业的信贷都由垄断银行的某个分行进行管理，禁止在企业间进行贸易信贷，国内没有私人银行也没有外国银行。整个银行业在技术上都很落后。经过三年的改革后，银行和金融服务业都发生了重大变化，至少在中欧那些改革力度最大的国家里，这些行业的变化很大。在双重银行体制下，新建银行正日益独立而且商业银行也在不断地学习。私有银行也如雨后春笋般大量增加，此外，很多银行正为实现电算化和改善通讯进行大量投资。虽然银行业有很多问题尚待解决，比如对呆账的处理，但是通过试错法，改革已经向好的方向发展。

总的说来，现代制度经济学和相关的转型经济学更应该注意确认（尽量准确）什么才是转轨过程中最大可能的速度，以及决定这个速度的因素。否则，那些声称改革太慢的人会不知不觉地陷入对自然规律的批判中。

最大可能速度的问题使经济改革中各个进程的速度差异问题也变得愈发

突出了。例如，S 和 L 的最大速度远大于 I 的最大速度，S 的改革主要包括宏观经济政策的改革，如提高利率或取消补贴等。这些变革不需要去学习什么，由一小部分人就可以实现。L 的改革主要是取消各种限制，这些限制也是一个简单的技术问题，不需要付出太大努力。① 相反，I 的改革则需要耗费大量时间，其改革包括变革现有的组织机构或建立新的机构，而且如果这场改革是全国范围内的，那么人们必须更好地学习各种技能。

鉴于 S、L 和 I 改革速度的差异，如果 S、L 和 I 在庞大社会主义经济体系下同时实施变革，而且改革的速度都接近于最大可能速度，那么必须在 S 和 L 改革完成之后再实施 I 的改革，这时的经济基本上还是一个社会主义经济体系。② 这种改革战略引起两个阶段的转型：第一阶段，由 S 和 L 的改革成果（"小"型私有化的结果）主导，并且形成社会主义市场经济（不完全的市场和非资本主义所有制结构相并存）的经济；第二阶段，人们希望改革以 I 为主导并且最终确立资本主义市场经济。也许会有人说在一个社会主义经济占主导的经济里完成 S-L 改革是有风险的，但是这些风险远小于那些选择其他策略带来的危险，特别是如果一开始宏观经济就处于极不稳定的状态（对这一点的更多阐述，详见 Balcerowicz，1993）。

在实际生活中，涉及不同的改革最大速度的领域包括私人企业与外贸自由化（L）、税收和关税管理体系（I 改革的一部分）的建立。前一个目标可以比后面的更快得以实现。因此，如果所有改革都同时进行，那么鉴于前社会主义国家里落后的税收管理体系，日益增加的更倾向于逃避利润所得税的潜在私人纳税者（数目将大于国企）与缓慢增强的税收征管力度之间的差距将越来越大；逃税的人越来越多，而国家相应的税收却越来越少。③ 二者间的差距将会增加以逃税形式出现的第二经济（灰色经济）。然而，仅仅因为全面而激进的自由化会带来负面影响就拒绝它，改为选择渐进的、迟缓的自由化，

———————————

① 然而，L 阶段推行了更广泛的改革，如取消对私人部门的法律、财政和行政的歧视，从而有更多的私人公司得以组建和发展；取消价格管制可以迅速消除广为存在的商品短缺。

② 当 I 的改革速度比其应有的最大速度慢时，情形就更是如此。

③ 如果在税收征管力度得到增强前就实施自由化，这种差距就更大了。

我认为这样做是错误的。因为与其他策略相比，激进策略可以确保快速消除另一种形式的第二经济（大量短缺所造成的），而且最重要的是，或许可以大大促进私有经济的发展。因此，用现代化的和强有力的税收管理（当然首先要简化税收体制），配合激进的自由化会带来更好的改革结果。

用最大可能速度来比较分析各转型进程的快慢，可以把各种转型策略划分为更激进的或较激进的。相应地，当改革速度已接近最大时，根据定义我们可以说这就是一种激进的改革。我在文中所指的激进改革也正是这层意思。

最后，不能因为改革需要时间就把所有的改革策略都称为是渐进式的，否则经济变革的时间和速度选择将变得毫无意义。

（三）缺少"适当的环境"

一些经济学家批评东欧国家的改革，正如他们所指出的，这些国家在推行一些改革方案时没有考虑到改革所必需的或适当的环境，如自由定价所需的高度竞争环境，市场机制运行所必需的产权保护。应该有"必要"环境的观点不是不对，但是这些批评家只提到了最优方法，而忽略了有关国家在改革之初却只面临着次优或更差的选择。例如，转轨国家通常面临引发商品短缺和资源扭曲配置的价格管制与在初始不完善的市场结构下放开价格的两难选择。只有在完全竞争情况下价格机制才能充分发挥作用决不意味着在不完善的市场下应该对价格进行管制。然而，颇有争议的是在全面放开价格时是否应该推动外贸自由化，即取消数量限制，允许所有公司从事外贸经营业务（废除外贸的国家垄断）。

类似地，私有制下市场将运作最好也并不意味着我们应该一直保持中央计划直到经济实现了全面私有化——这是非常荒唐的。但是如果在大部分经济（鉴于上述改革的速度差异）私有化之前实行市场化，那么必然会出现一个不成熟的社会主义市场经济。很难理解一些人是如何以此为据（像一些批评家那样），反对激进的转型。

（四）缺少退出机制导致破产缺位

很多观察家抨击中东欧国家的大型国企缺少破产机制。基于这些现象，他们就武断地认为在国企部门没有所谓的重建或退出机制。这是一个谬误，因为破产仅仅是大型国企重组进程中的一部分（尽管是很重要的部分）。比如，在波兰，大型企业一次性破产的例子极为罕见，因为很多企业都是通过出售或出租大部分资产来实现激进的资产剥离，这种做法大大推动了私有化进程。

有人认为波兰全面推行私有化的进度之所以太慢是因为大型国企的私有化进度太慢，这个断言在逻辑上就是错误的。的确，波兰的私有化进度是较慢，但是与其他国家相比，波兰经济的私有化进程已经快多了，这主要归因于私人部门的快速发展和大部分国企资产的私有化。除了合作社和农业外，在私人部门就业的人数（不包括在"灰色经济"领域就业的人）占总就业人口的比重已从 1989 年的 13.2% 上升到 1992 年的 34.4%。

总的说来，研究转轨问题的学者更应该关注以下事实，即从某种特定职能或目的来看，某些特殊事件可能属于某个更大范围改革的一部分，这样才会少犯错误。此外，切记改革进程中面临着一些权衡和利害关系，即某一改革进程缓慢与别的改革进程快或许有关。

（五）私有化讨论中的错误与遗漏

上述论述表明，我们应区分广义上的私有化，即导致私有部门大量增加的经济私有化，和狭义的私有化，即国企的私有化。我们不能仅根据现有国企的数目来推测狭义私有化的进度。很多企业把资产转移到私人部门，从而隐匿了其私有化行为。资产转移的范围在激进的稳定措施下——强迫或引导国企摆脱多余资产的自由化方案比在宽松的宏观经济政策和有限自由化——允许国企保留许多不用的资产，要大得多。因此过激的稳定化和自由化是影响后社会主义国家私有化进程的一个重要的因素（Rostowski，1993）。

经常有人，尤其是统计学家和有社会主义倾向的学者们断言，私有化其实是没有必要的，因为通过适当改变国企的生存发展环境（或者改变国企的组织机构和管理机构）同样能提高国企的效率。这个论调再次出现在世界银行对波兰国企的研究中——该研究证明了对国企的调整很多都是成功的（Pinto et al.，1992；Hume & Pinto，1993）。然而，我依然认为这个论断是错误的。因为它没有意识到企业的效率一方面取决于价格或贸易体制所决定的企业生存环境，另一方面，取决于企业内部的结构，包括其所有权形式（当然，一些企业的机构变革改变了企业的经营方式，而且以这种方式影响了其他企业所处的环境）。企业的环境和结构并非是依存的关系：的确，即使所有权结构保持不变，硬化和自由化企业环境可以带来生产率的些许增长。然而，不能以此反对私有化，因为如果环境改变的同时私有经济也发展了，那么鉴于私有企业在相同环境下会比国企更有效，因此整体效率将得到更大的提高。

但是，应该承认的是，现有理论并没有确切解释与产权和所有权结构有关的重要问题。这些问题之一就是私有——非私有企业的效率差异明显地取决于企业所属的经济部门。比如，农业和制造业中的上述效率差异远大于电力行业。因此，既定部门的规模、在经济中的比重、分布等都是影响私有——非私有企业效率差异大小的重要因素。目前对银行业的研究也存在一些理论的缺失，在我看来，现有理论并没有对这些部门的私有产权进行清楚的解释，很多产权方面的理论几乎都集中在制造业。更重要的是，现有理论没有详细解释现代企业（经理管理型的私人企业，与传统的所有者管理型的私人企业是不同的）的影响（Muller，1992），而且也没有认识到公司治理形式的重要性（Frydman et al.，1993）。公司治理是对企业经营管理进行的各种形式的监督，所有者—监督者只是众多形式中的一种。在我看来，从规模较小的所有者管理型或自我监督型企业到规模较大的经理管理型或外部人监督型企业的转变能否提高整体经济效率还不得而知。有迹象表明，一个经济如果中小型的传统资本主义企业占有很大的比重，那么该经济就相当成功（如意大利、西德、中国台湾）。这就是为什么在转轨国家及地区里，通过实行全面自由化和稳定方案来发展一些中小企业是可行的。最后，现有理论并没有解释二战后西方国家机构投资者基金份额快速增长的影响，尤其是养老基金投资份额快速增长的影响。我对此深感吃惊，因为资金管理者或许有着各不相同的经营特色，这对由机构投资者资金控股的企业的运转和绩效是至关重要的。

重新考虑私有化问题，我注意到很多分析家理所当然地认为快速的私有化比缓慢的私有化会导致更多（至少在短期内是如此）的显性失业。结果或许如此，但是理所当然地这样认为就是错误的，因为与私有化进度有关的两个相反结果同时影响显性失业。首先，与非私有公司相比，私人公司在利润驱使下更可能想方设法解除一些他们认为永远也不需要的工人。其次，平均说来，追求利润的私人公司比非私有企业会更有效地利用现有劳动力，更有激励进行必要的投资以维持和扩展劳动力，因为培训过的劳动力能创造更多的利润。因此，我们不该断定激进私有化一定会导致更多失业。要记住在很多情况下，面临外部冲击但仍不愿重组或进行私有化的企业会累积起隐性失业，那么当私有化最终不可避免时，隐性失业将变为显性失业，把显性失业增长全部归结为私有化无疑没有把某一现象的实质增长与其透明度的提高正确区分开。

（六）特殊国情与特殊方法

一个普遍的错误就是一些人以特殊国情为由认为即便是相同的基本经济问题，也必须用完全不同的、针对各国的方法来解决。这个观点在讨论超速通货膨胀时尤为盛行，比如坚持把俄罗斯的超速通货膨胀看作一个特例，要求采取一些完全不同于标准的宏观经济稳定措施来消除通胀，巴西的情况也是如此①。

---

① 巴西政策制定者同样在闭门讨论问题，并坚持说："你们不了解情况，巴西的物价很稳定，没有超速通货膨胀"（Dornbush，1991：175）。

每个国家在某些方面都有自己的独特之处，但是一国的特殊性并不意味着一定要由特殊的策略来解决一些基本的经济问题。中俄两国在很多方面都是不同的，但是如果两国都流行肺结核的话，那么最好的治疗方法无疑是一样的。因此，解决某一经济问题的最好方法并不能反映各国的特殊性，而同一种方法在各国不同的负面影响才能真正地反映其各自的特殊国情。例如，稳定社会主义经济会比稳定资本主义经济所带来的不利影响更大。比较一下1948 年后西德经济的奇迹与 1989 年后东德经济的崩溃，我们就可以看出这一点。当然，除了社会主义所有制结构外，在东德还有其他一些导致经济崩溃的原因。

以上还指出了这样一个错误，即由国家特殊性推出解决基本问题需要特殊方法的结论。这并不是否认一些国家确实存在需要特别解决的问题，例如，不能无视俄罗斯和乌克兰庞大的军工产业。

这种把国家特殊性与特殊方法的混淆意味着，经济理论最重要的任务之一就是明确指出一系列经济问题和不因国家而异的最好的解决办法。在我看来，这一系列经济问题包括应对超速通货膨胀的激进的宏观经济稳定措施、解决商品短缺（包括国内和外贸商品）的价格自由化和商品的自由供给、简化税收体制和取消行政管制以减少腐败。

（七）转轨政府的职能与政府职能

有关的一些错误观点有：由市场失灵推出要政府干预，对人类问题的关注造成在感情上希望由政府解决一切问题，把日本及"东亚虎"奇迹归结为政府干预的结果，而没有去考察这些地区基本经济要素的积累。这些错误思想其实是各种利益集团推动政府进行种种干预的结果。

要正确看待政府职能就要考虑一些基本的前提：（1）政府只有有限的时间、管理能力和财产等资源；（2）政府解决各类问题的能力是不断变化的，因为政府获得的信息也在不断变化之中。这两个前提足以证明应该建立一个有限政府。

　　转轨国家比市场经济国家更需要一个职能明确的政府，因为相对于发达的市场经济国家，转轨国家的资源更有限，而要解决的体制转型和货币稳定等基本问题却更艰巨。

三、经济转轨讨论中经验模式的误用

（一）以"中国模式"为由支持"渐进主义"

　　人们普遍认为"中国模式"优于中东欧国家的经济转型模式，尤其是优于大爆炸式。这个论断的错误之一就是"中国模式"这个概念有些含糊，使人无法进行充分地比较分析。一些人看到了"中国模式"的市场改革先于政治民主化的优越性。他们故而断定先资本主义、后民主的改革模式比中东欧国家模式——即相反的顺序，这个问题涉及可以更好地实现这两个目标。当然，涉及民主与集权在经济发展中的职能的大讨论。实证结果表明政治民主本身并不是促进经济发展的因素（对实证研究的分析，参见 Sirowy & Inkeles，1990）。但是，集权统治也不能保证经济成功发展，最简单的原因就是集权政府有各种各样的模式。除了台湾或韩国式的前资本主义集权外，还有一些民粹主义集权政府，如在庇隆（peron）统治下的阿根廷，民粹主义集权和弱民主（weak democracy）对经济发展都没有太大促进作用。因此，通过制定减少政党分裂的完善的宪法和选举法，显然更能增进民主。在处理人民与国家的关系中，民主对维持人民的尊严是重要的（至少现今社会如此），而且现代民主还是使政府实施合法控制的最有效方式，至少在具有西方文化传统的社会里是如此。起源于欧洲的民主作为一个模式伴随文化传播到了其他社会。

　　然而，即使集权政体更可能实现经济转型，而且这种模式在中国比在中东欧更有可能推动转型，我们也不能从这些假定中得出实际结论，哪怕集权的一些结果已初露端倪。东欧国家的民主演进是一个自发的（无计划的）历史发展进程。一旦这个进程开始了，先民主后资本主义（所希望的）的顺序就是必然的，因为组织选举和组建政党比推行经济全面自由化需要的时间更少。这有力地证明了重大变革潜在的速度差异能产生不同的重要结果。

有些学者以"中国模式"为由支持"渐进主义"，反对"激进主义"模式。我认为这显然扭曲了事实。首先，宏观经济的初始状况不同。中国在20世纪70年代末开始改革时仅面临相对温和的宏观经济失衡；而1989年中期的波兰及以后的许多后社会主义国家则被严重的宏观经济灾难所困扰。激进的稳定化对波兰是必需的，对其他后社会主义国家也是如此，但是对中国却未必。第二，中国有80%的人口是农民，推动的是农业的私有化。这无疑将会大大推动非农私有经济和混合经济的发展。产权和所有制结构如此大的变革与"渐进主义"其实是矛盾的。第三，也是最主要的，中国经济改革的成功主要与中国改革时的特殊初始条件有关——80%的农业人口和农业耕作的可分性更容易推动私有化进程。

对俄罗斯而言，尽管可能需要对农业实行私有化，但是私有化却不能给俄罗斯经济带来非凡的成就。因为俄罗斯的农业在经济中所占比重较小，而且农业的耕作方式也不具可分性。最后，大量外国资本流入中国南方（主要是海外华人对中国内地的投资）也是一个独特因素，而中东欧的大多数国家不可能有如此大规模的外资流入。

总之，在渐进主义对大爆炸改革的论战中，以中国经济改革的成功作为论据支持渐进主义，其实犯了严重的方法论错误。尤其暴露了他们没有真正理解特殊初始条件和转轨中特殊因素在经济发展中所起的重要作用。

（二）以东德经济崩溃为据反对激进改革

一些经济评论家在渐进改革对大爆炸改革的讨论时，常以东德经济崩溃为例证明后一种改革的失败。我认为这种论断也是错误的，因为前东德的主要问题是产出的意外下降，但不能把产出下降归结为改革方法的错误，而应归因于德国经济的统一这个特殊因素，当时东德与西德马克兑换比率是1∶1，同时产出下降与统一后工资的暴涨也有很大关系。实际上，在东德，很多企业面临的主要问题是工人的工资涨幅超过了生产率的增幅。这种状况摧毁了企业的经济价值，也影响了企业的未来利润流，这对经济的负面影响和工人摧毁机器和厂房同样具有破坏性。弥补上述任何一种破坏的损失都需要大规模的投资。对波兰（备受激进式改革反对派批判）而言，上述因素并不存在（稳定化方案之一就是强制控制工资，只有当企业实行私有化后才取消工资控制）。在 1990—1992 年间，在所有后社会主义国家中波兰的 GDP 下降幅度是最小的，而且也是经济复苏最快的。

四、不加批判地使用统计数据

即使在市场经济国家里，统计指标也无法准确无误地反映真实的经济情况。众所周知，统计指标反映不出产品质量的变化也无法对各国的失业数据进行恰当地比较。甚至在一些市场经济国家里，对统计数据进行拙劣解释的例子也不胜枚举。经济学家倾向于强调经济的总时间序列变化是不容置疑的经济信息，过于注重这类信息的细枝末节，忽略了其他的信息。民众则错误地认为 GDP 的变化与福利的变化密切相关。甚至官方统计指标的小小变化也可能产生很大的政治反响，尤其在竞选期间。在现代民主国家里，政治上对立的集团常利用一些统计数据维护本集团的利益，而专制国家则完全乱用统计数字。

统计数据无法准确反映真实经济这个问题在中东欧国家注定更严重，因为这些国家经历了激烈的转型，而且受到外部冲击的强烈影响；可以肯定地说，统计准确性将随结构性改革的范围扩大而降低。然而，在讨论上述国家的经济转型时，很多人不加批判地或错误地使用一些统计指标。很多错误理论（如认为渐进主义优于大爆炸）的根源就在于不恰当地使用一些数据。在政治争论中也常常有意选取 GDP 或产量下降方面的数据。[①]

---

① 例如，一些反对激进改革的学者常常引述波兰官方统计的 1990 年产出下降 30% 和所谓的真实工资下降 30% 等数据，来证实他们的观点。某学者在其 1992 年出版的《谁是肇事者?》一书中大量引用诸如此类的数据。

因此，要密切关注以下问题：（1）官方统计数据受到（或许是不可避免地）系统性的负面倾向（negtive bias）的影响。（2）在激进和全面改革的国家里负面倾向的影响比安于现状的国家要大得多。

官方报道的产量或GDP增长会首当其冲受到负面倾向的影响，这主要是由以下原因造成：（1）经济体制的激烈变革意味着体制的转轨，即从一个夸大报告产量和附加值的体制转变到为减少纳税而瞒报真实数据。例如，在向市场经济的快速过渡时，承包制消除了过去常虚报销量增加额的旧激励。（2）市场化改革缩小了公共部门的范围，扩大了私人部门，但是旧的统计体制还集中统计公共部门的相关数据，无法全面反映私人部门的增长。因此，报告的总产量和GDP数据比真实数据要小。由于日益强大的私人部门比公共部门更倾向于低报其产量、销量和利润，因此真实数据与报告数据之间的差距更大了。（3）市场化改革包括产品质量提高、品种增加及产出构成的优化，但这些变化在传统的统计中都反映不出来。消除商品短缺及有关的"强制替代"（即由于没有别的可供选择的商品，消费者只好购买垄断利润很大的替代品），这些变化同样都无法在旧统计数据中反映出来。由以上分析可知，新的产品结构比旧的产品结构更有利于增进消费者福利，但是传统的统计方法却忽略了这个变化，即计算某项指标所使用的福利权重在改革中或改革后与改革前是一样的。

统计数据的扭曲范围会随着经济变革速度的加快而扩大。统计的负面倾向在进行激进改革的国家里更大的原因就在于此。

中东欧经济转型的成就与挑战 [*]

孔田平 [**]

自 20 世纪 80 年代末开始，世界进入了大转型时代，其中苏联和东欧地区的转型是人类社会经济史上最重大的事件之一，而且其影响仍在持续。这些国家的转型涉及政治、经济、社会以及对外关系诸方面，其变革的深度、广度和速度在人类社会经济史中实属罕见。匈牙利经济学家科尔奈就曾指出，中东欧的转型是全面的转型，涉及经济、政治结构、政治意识形态、法律体系和社会的分层化（Kornai，2006）。在东欧剧变后，中东欧国家面临的首要问题是如何建立可行的经济体制，实现经济体制从中央计划经济向市场经济的过渡。本文首先对中东欧的经济转型进行回顾，然后，在此基础上对中东欧经济转型的成就与挑战进行探讨。

一、中东欧经济转型的回顾

在东欧剧变后，建立何种经济体制被提上了中东欧国家决策者的议事日程。1989 年 6 月，在波兰议会选举后不久，哈佛大学教授萨克斯来到华沙，

---

    * 本文原载于《经济社会体制比较》，2012 年第 2 期。

    ** 孔田平，中国社会科学院俄罗斯东欧中亚研究所研究员。

团结工会活动家库伦要求萨克斯一夜之间拿出一个经济改革方案，变革的急切性可见一斑。因为经济体制转型必须首先解决经济体制向何处去的问题，所以，政策制定者必须在头脑中有一个初步的蓝图即经济转型后经济体制具有何种特点，以使经济转型有目标地向这一终结状态推进，这就涉及经济转型的目标模式的选择问题。最终，中东欧国家纷纷将市场经济作为经济转型的目标模式。一些国家在其经济改革纲领中开宗明义地指出，经济转型的目标在于建立在发达国家经过考验的行之有效的市场经济体制。针对关于"第三条道路"的说法，捷克经济转型的设计师克劳斯加以拒绝，他在1990年1月明确指出"第三条道路是走向第三世界最快的道路"（Klaus，1999）。萨克斯直接参与了许多东欧国家经济体制改革的设计。他在1990年年初就指出，东欧国家为经济改革的目标而争吵不休是没有什么意义的。经济改革的主要争论应是转变的方式，而不是转变的目标（Sachs，1990）。在他看来，对东欧而言，可供选择的西欧模式是相同的。确实，各种不同的市场经济模式都有其共通的东西。市场经济的主要特征是产权的私有化、决策的分散化和资源配置的市场化。此外，市场经济不仅需要一套法律制度，以界定和实施产权，同时还需要一个能够有效监督市场活动、规定可接受的市场行为标准、阻止不正当竞争与促进竞争、提供公共品的政府。

事实上，在东欧剧变之前的经济改革中就曾出现过"目的论"与"发生论"之争，亦即激进改革与渐进改革的争论。现任捷克共和国总统克劳斯早在剧变之前就撰文分析了经济体制转型的两种方式，一种是小步改革的方式，其优点在于可以避免付出较大的社会代价，缺点在于渐进的改革只会延续现存的结构危机。另外一种是休克疗法，许多经济学家认为长痛不如短痛，主张实行激进的改革，并提到了第二次世界大战之后德国很快过渡到所谓的社会市场经济的成功范例（Klaus，1990）。剧变之前一些东欧国家曾进行过不同程度的市场取向的经济改革，但经济改革战略基本上是渐进式的。唯一的例外是1987年波兰政府试图实行激进的价格改革，但由于该计划缺乏必要的社会支持，被全民公决所否决。东欧剧变以来休克疗法在该地区大获青睐，除匈牙利、罗马尼亚外，大部分中东欧国家都先后选择了休克疗法。

按照萨克斯的看法，东欧国家从中央计划经济向市场经济过渡的三个要素是宏观经济的稳定化、价格及国际贸易的自由化和国有经济的私有化，简称稳定化、自由化和私有化（Lipton & Sachs, 1990）。同时，经济转型也是一个制度重建的过程。应运而生的市场经济需要指导经济交易乃至经济运行的新的机构、新的规范和新的法律，这涉及国家作用的重新界定。因此，经济转型是一个制度化的过程。因此，东欧经济转型包括四个要素：稳定化、自由化、私有化和制度化。

1. 稳定化是东欧国家过渡经济面临的首要议程，因为没有宏观经济的稳定，其他领域的改革很难取得实质性进展

人们很难设想在恶性通货膨胀居高不下、货币严重过量以及对外经济存在严重不均衡的条件下，不对宏观经济的不稳定进行治理便能成功地进行其他领域的改革。稳定化的主要内容如下：政府不再奉行扩张性的货币和财政政策，而是实行限制性的货币和财政政策。紧缩政策是经济转型初期宏观经济政策的核心。其内容包括本国货币进行贬值，调整汇率，以纠正本国货币定值过高的偏差；政府大幅度削减补贴，不再通过预算赤字向经营不佳的国有企业提供补贴；大幅度提高利率，改变长期存在的名义正利率、实际负利率的状况，以使利率反映资本的稀缺水平；在过渡初期限制工资的过快增长，控制通货膨胀。

2. 自由化包括价格的自由化与外贸的自由化，旨在解决资源的合理配置问题

价格自由化是与以价格改革为核心的市场改革相联系的，商品市场、劳动力市场及金融市场的市场化是改革的方向。价格自由化的主要内容如下：放开绝大多数商品和劳务的价格，使价格由市场根据供给与需求进行调节；放开劳动力市场，使劳动力市场的价格即工资根据劳动力市场的供给与需求进行调节；放开金融市场，使资本市场的价格即利率根据资本的供给与需求进行调节。外贸自由化的主要内容如下：取消中央计划经济中长期实行的外贸垄断，使企业、个人可以自由从事进出口贸易；实现本国货币的国内可兑换性；为使本国货币成为国际可兑换货币做准备；减少乃至取消进口配额，取消出口许可证制度；确立合理的关税水平。

3. 私有化的主要目的在于通过国有企业的私有化提高经济效益

从更广泛的意义上看，国有企业的私有化与私人部门的发展是该领域并行不悖的两个方面。私有化的主要内容如下：以内部私有化、外部私有化、无偿分配实行国有企业的私有化；界定和分配国有产权包括农业用地、工业资产、住房，以及商用房地产等；对未出售的国有企业进行改造，强化企业的公司治理，把国有企业置于真正的硬预算约束之下；国有企业的非垄断化；促进私人部门的发展。

4. 制度化的目的在于为新的经济体制有效运行提供适当的制度框架

制度化首先涉及法律改革。法律改革的范围较广，它包括宪法对私人产权的确认，有关财产、契约等法律的制定，以及公司法、私有化法、反不正当竞争法、银行法、合资法、破产法等法律的制定。制度化也包括适合于市场经济的信息体系的建立，这涉及统计、会计、审计等制度的更新。制度化还包括国家作用的重新界定。国家对经济的管理将从过去的直接管理转向间接管理，因此需要新的政策手段。国家需要改革税制，建立以增值税和所得税为核心的税制。国家也需要进行预算改革，建立预算和支出控制的机制。国家还需要间接的货币管理制度，建立两级银行体系，确保中央银行的真正独立性。制度化也涉及社会领域，如建立适当的社会保障网，以减少经济转型给人们带来的阵痛。

匈牙利经济学家科尔奈曾区分了代价低廉的制度改革和代价高昂的制度改革，认为中东欧的改革属于后者，属于难以实施、牺牲较多、抵制较强的改革。东欧经济转型确实付出了很大的代价，在经济转型后出现了转型性衰退、失业的剧增、贫困的扩大以及收入分配差异扩大等现象，这在 20 世纪 90 年代表现得非常明显。到 2000 年后尤其是欧盟扩大后转型的代价下降，收益扩大，中东欧国家进入了享受改革成果的时期。

在经济转型之初，不同学科的学者围绕休克疗法与渐进改革的争论波澜起伏。1995 年市场经济在中东欧国家初步得到确立，1996 年世界银行发展报告《从计划到市场》就试图对苏联和东欧的经济转型进行初步的总结。20 世纪 90 年代末围绕"华盛顿共识"和"后华盛顿共识"的讨论更是促进了对转型十年经验教训的反思。然而，对"华盛顿共识"的过于简化的理解以及失之偏颇地将"华盛顿共识"视为中东欧转型政策的主流从事实上夸大了"华盛顿共识"对中东欧的影响，使"华盛顿共识"在一定程度上成为了休克疗法或新自由主义的代名词。"华盛顿共识"的提出者威廉姆森曾经强调"华盛顿共识"是为拉美改革提出的政策框架，"如果要为其他地区的政策改革提供一份具有可比性的计划，那么该计划将与'华盛顿共识'有重叠之处，但也会有所不同，如果我一定要为转型国家提供与'华盛顿共识'相似的计划，我将把建立市场经济的制度基础写入"（Williamson，2005）。

今天，在转型 20 年的讨论中，"华盛顿共识"仍占有一席之地，赫尔舍尔教授将激进和渐进两种转型战略概括为"华盛顿共识"与制度演进方式（参见表 1）（Hölscher，2009）。围绕经济转型的两分法的讨论如休克疗法与渐进主义、激进与渐进等在转型之初确实具有现实意义，在转型 20 年后这些问题的讨论虽然已无现实意义，但仍具有永恒的学术意义，有助于增进对转型进程的了解。

表 1　不同经济转型战略的比较

	"华盛顿共识"	制度演进方式
形象比喻	"一跃跳过深不可测的河流"：休克式的自由化，宏观经济的稳定化和减少国家的规模	"在河两岸建桥"：渐进和有序的行动包括建立制度、竞争、支持私营企业和解决公司治理的问题
初始条件	遗产是负担，代表旧的和无效率的联系，更多的特权阶层而非市场；选择不受初始条件扭曲的最优的社会工程的解决方案	遗产有价值，应当得到保护，否则会摧毁社会的社会资，将特权阶层变异为黑手党
对国有企业的态度	加快实行私有化，以避免资产剥夺和寻租；关闭无效率的企业	依赖私营部门的发展，逐步缩小规模
价格	自由市场灵活的价格导致效率与增长；价格传导预期的信号，确保合理的行为	制度确保稳定的预期，价格只是制度中的一个；转型期灵活的价格是不公平的

续表

	"华盛顿共识"	制度演进方式
宏观经济政策	通过控制货币应稳定价格，消减政府支出，引入名义工资和汇率稳定器	产出的稳定化；控制稳定化对实体经济的影响，首先是失业
主要的问题	个人当事人即生产者和消费者如何合理行动	人类如何通过形成符合与环境关系的结构来控制自己的生活
预见性	由于合理的行为，并处在一定的法律环境下，个人行动的结果和转型的结果是可预见的	由于市场的自由进入和退出以及技术进步，制度环境得到改变，因此个人和集体行动的结果是难以预测的
市场经济中的交易	只有市场交易是有效率的	市场和非市场交易都有助于效率，不忽视社会关系，包括公司治理
产权	资产的有形所有权	所有权+契约权+契约履行权
国家与政府	最小限度的国家；降低国家在国内生产总值和就业中的比重	对国家进行改革，利用国家执行法律，保护产权；支持穷人和危机预防政策，以支持中产阶级

资料来源：Hölscher, Jens, 2009. 20 Years of Economic Transition, Successes and Failures. http://www.euijte.ore/news/events_2007/20090223/Holscher.pdf。

　　纵观中东欧的经济转型进程，我们可以发现中东欧经济转型具有如下特点：首先，经济转型的初始条件相当不利。中东欧是在市场经济制度遭到摧毁的基础上进行经济转型的，而德国在第二次世界大战后的经济改革面临的条件是市场经济制度被"冻结"，拉美国家经济改革面临的是扭曲的市场经济制度。其次，经济转型是全面转型的重要组成部分。中东欧的转型涉及政治、经济、社会和法律体系等诸多方面，经济转型面临的挑战要比正常情况下的经济改革大得多。再次，经济转型是以难以置信的速度进行的。中东欧国家用了不到10年的时间就奠定了市场经济制度的基础。最后，中东欧国家加入了经济全球化和欧洲一体化进程，而全球化和一体化也在塑造中东欧的经济体制上发挥了重要作用。

二、中东欧经济转型的成就

　　中东欧国家自2008年10月以来遭受了金融危机的严重冲击，一些学者称中东欧经济转型的整个进程是失败的。但是从中东欧转型 20 多年的实践看，这一看法并不符合现实。尽管中东欧国家之间在经济转型进展上存在很大差异，中欧国家显然要领先于巴尔干国家，但是无论从经济体制看还是从转型后的经济实绩看，中东欧国家都取得了不俗的成果。

（一）经济体制的变化

中东欧经济转型最大的成就是彻底摆脱了运行不良的无效率的中央计划经济，建立了市场经济体制。在 1990 年之前，东欧国家有许多一流的经济学家，但是却没有一流的经济。一些国家拒绝改革，保持僵化的计划经济体制。实行市场取向经济改革的国家由于改革目标的模糊和政治的约束举步维艰，产生了"非计划非市场的体制"，并最终导致了经济的严重危机。转型之初，新上台的执政力量担心经济转型会逆转，但是到了 20 世纪 90 年代中期向市场经济的转型已不可逆转。在转型 20 年后，中东欧国家市场经济体制的基础已经得到了巩固。

1. 私有经济已居主导地位

在转型之前，除波兰保留了私营农业外，其他东欧国家的私营部门在经济中的地位微不足道，国有部门在经济中居主导地位。剧变后中东欧国家加快了国有企业私有化的步伐，同时新生的私营部门在自由的经济环境下迅速成长。到 1996 年私有化取得了重大进展，波兰、捷克、匈牙利、斯洛伐克和阿尔巴尼亚的私营部门占国内生产总值的比重为 60%—75%，其他国家私营部门也占到了半壁江山。与发达国家和发展中国家的私有化速度相比，中东欧国家私有化速度超出了人们的预期。到 2008 年，捷克、斯洛伐克和匈牙利私营部门占国内生产总值的比重为 80%，波兰、保加利亚和阿尔巴尼亚私营部门占国内生产总值的比重为 75%，其他国家私营部门的比重也在 60%—70% 之间（表 2）。

表2 私营部门占国内生产总值的比重（%）

国家	1989 年	1996 年	1999 年	2004 年	2008 年
捷克	5	75	80	80	80
波兰	30	60	65	75	75
匈牙利	5	70	80	80	80
斯洛伐克	5	70	75	80	80
斯洛文尼亚	10	55	60	65	70
保加利亚	10	55	70	75	75
罗马尼亚	15	55	60	70	70
阿尔巴尼亚	5	75	75	75	75
塞尔维亚	—	—	—	—	60
克罗地亚	15	50	60	65	70
马其顿	15	50	55	65	70
波黑	—	—	35	50	60
黑山	—	—	—	—	65

资料来源：EBRD，2007. Life in Transition：A Survey of People's Experiences and Attitudes. http://www.ebrd. com/pubs/econo/lits. pdf。

2. 经济决策的分散化

经济决策的集中化是计划经济的特征之一。在经济转型过程中，中东欧国家解散中央计划当局，加快国有企业改造步伐，促进私营经济的发展，经济决策日益分散化。在中东欧，主要的经济决策是由成千上万的企业自主做出的。1990 年之后，中东欧各国开始进行经济转型，长期压抑的经济活动自由得到恢复。中东欧国家取消了非国有经济进入市场的行政壁垒，各种所有制的企业可自由进入市场，个人或企业从事经济活动的自由因而得以扩大。与之相联系，中东欧国家还采取了如下举措：承诺要缩小政府规模，减少政府对经济的过多干预；形成有助于企业经营的良好的法律环境，保护产权；企业可获得外汇，并可自由从事外贸；减少繁文缛节，为新企业的建立创造便利条件。经济活动自由的恢复促进了遭到长期压抑的企业家精神的复苏，中小企业获得了前所未有的发展机遇。到 1992 年 10 月，捷克斯洛伐克共有中小企业 120 万家，波兰有 120 万家，保加利亚和罗马尼亚有 20 万家。到

2003 年，欧盟新成员国中小企业的数量为 596 万家，大型企业仅有 1 万家。

3. 资源配置实现了市场化

中东欧国家经济转型的目标模式是市场经济，而市场经济是一种由价格调节社会生产和经济活动的自组织经济，价格则是一种资源配置机制。在市场经济中价格具有信息、激励和分配的功能。在剧变前，价格并非不存在。但价格在资源配置中所起的作用微乎其微。一些东欧国家就曾进行过价格改革，但是改革并未产生一个合理的价格体系。1990 年之后，中东欧国家纷纷实行价格自由化，放开了绝大多数商品和劳务的价格。在其他配套措施的配合下，价格自由化取得了成效，价格的功能很快得到了恢复。中东欧的经验表明，价格自由化有助于恢复价格在资源配置中的主导作用，促进资源的合理配置，为经济运行提供适当的价格信号。

4. 市场经济的制度框架得以建立

中东欧国家建立了适应市场经济的法律体系，尤其是欧盟的中东欧新成员国在法律改革上取得了长足的进步，实现了司法独立，其法律体系与欧盟国家完全一致，具备了现代的法律制度（科尔奈，2005）。中东欧国家建立了适应市场经济的统计、会计和审计制度，建立了现代的税制、银行体系和股票交易所，市场经济的基础设施趋于完备。

（二）转型后的经济实绩

1. 经济增长

中东欧国家在转型后经历了科尔奈所称的"转型性衰退"，国内生产总值持续下降的时间为 2—6 年，到 2000 年，中东欧国家才实现了经济的普遍增长。因此，转型后的第一个 10 年中东欧国家的经济增长纪录除波兰外都比转型前 10 年差。2000 年之后，应当说中东欧国家走上了持续的经济增长之路。由表 3 可见，2000—2007 年 6 个中东欧国家平均的经济增长率大大超过了转型前十年的水平。中东欧国家入盟后的经济发展速度加快，其经济增长率大大高于欧盟 15 国的平均水平。由表 4 可见，从实际国内生产总值看，到 2007 年中东欧国家已经超过了 1989 年的水平。如果 1989 年实际国内生产总值为 100，到 2007 年波兰的国内生产总值为 167，斯洛伐克为 151，斯洛文尼亚为 146，捷克为 135，匈牙利为 132。

表 3　中东欧国家平均的实际增长率（％）

国家	1980—1989 年	1990—1999 年	2000—2007 年
阿尔巴尼亚	2. 61	0. 44	5. 81
保加利亚	3. 65	− 5. 25	5. 54
匈牙利	1. 53	0. 23	4. 00
罗马尼亚	1. 61	− 2. 28	5. 58
捷克	2. 25	− 0. 18	4. 41
波兰	0. 11	2. 69	4. 06
六国平均增长率	1. 96	− 0. 72	4. 90

资料来源：IMF：World Economic Outlook 1980 – 2007。

表 4　中东欧国家实际国内生产总值的变化

国家	实际国内生产总值增长率				2007 年实际国内生产总值指数	
	实际年平均增长率（％）	年增长率（％）				
	1990—2007 年	2005 年	2006 年	2007 年	1989 年 = 100	2000 年 = 100
捷克	1. 7	6. 4	6. 4	5. 8	135	133
爱沙尼亚	2. 1	10. 2	11. 2	7. 8	144	172
匈牙利	1. 5	4. 1	3. 9	1. 4	132	129
立陶宛	0. 6	7. 9	7. 7	8. 5	112	168
拉脱维亚	1. 2	10. 6	11. 9	10. 5	124	181
波兰	2. 9	3. 6	6. 2	6. 5	167	130
斯洛伐克	2. 3	6. 6	8. 5	8. 7	151	149
斯洛文尼亚	2. 1	4. 1	5. 7	6. 0	146	131
保加利亚	0. 3	6. 2	6. 1	6. 3	106	145
罗马尼亚	0. 9	4. 2	7. 9	6. 0	118	151
欧盟 15 国	2. 2	1. 7	2. 8	2. 6	147	114

资料来源：Ryszard Rapacki（2008）。

2. 生活水平

进行生活水平的国际比较，面临选择何种汇率的问题。官方汇率计算人均的国内生产总值可以反映国家间价格差异，但是不能反映实际的购买力。以官方汇率计算的国内生产总值有可能低估实际的生活水平。因此，以购买力平价计算就可处理实际生活水平的差别于反映实际生活水平的变化。表5和表6反映了以汇率计算和以购买力平价计算之间的差异。中东欧国家在转型后实际生活水平有很大提高，2008年按购买力平价计算的人均国内生产总值高于1991年和2000年的水平。2008年，捷克人均国内生产总值为欧盟27国平均水平的80%，斯洛文尼亚为欧盟27国平均水平的92%，匈牙利为62%，波兰为55%（表6）。

表5　2008年中东欧国家人均国内生产总值（欧元）

	A：以汇率计算	B：以购买力平价计算	B/A：汇率偏差系数
保加利亚	4400	10000	2.27
捷克	14300	20200	1.41
匈牙利	10600	15700	1.48
波兰	9500	11400	1.46
罗马尼亚	6500	11400	1.75
斯洛伐克	11800	17300	1.47
斯洛文尼亚	18600	23300	1.25
爱沙尼亚	12200	16700	1.37
拉脱维亚	9800	13300	1.36
立陶宛	9600	15200	1.58
奥地利		31400	
欧盟27国平均		25200	

资料来源：WIIW。

表6　按现行购买力平价计算的人均国内生产总值的比较

（欧盟27国平均人均国内生产总值＝100）

	1991 年	2000 年	2008 年
保加利亚	32	28	40
捷克	64	68	80
爱沙尼亚	40	45	66
匈牙利	50	56	62
拉脱维亚	47	37	53
立陶宛	52	39	60
波兰	33	48	55
罗马尼亚	29	26	45
斯洛伐克	42	51	69
斯洛文尼亚	62	80	92
克罗地亚	44	43	54
马其顿	31	27	35
俄罗斯	55	35	54
葡萄牙	77	78	76

资料来源：WIIW。

注：2008 年按不变购买力平价计算。

东西欧差距由来已久，1500年东欧的人均国内生产总值相当于西欧水平的60%，此后东欧与西欧的差距不断扩大。1600年、1700年、1820年、1870和1913年东欧的人均国内生产总值分别为西欧的58%、55%、52%、44%和44%。1950年东欧的人均国内生产总值为西欧的46%，1973年再次下降到43%，1998年东欧的人均国内生产总值仅相对于西欧水平的30%。2008年新欧洲（中东欧新成员国）的人均国内生产总值相对于西欧水平的近60%。假如东欧在第一个千年其人均收入并不比西欧高，那么，2008年新欧洲达到了有史以来最高的物质福利水平（Piatkowski，2009）。

3. 劳动生产率

转型后中东欧国家劳动生产率得到了提高，尤其是欧盟新成员国劳动力的使用更有效率，其增长为内涵式的增长。转型有助于劳动生产率的提高。如果 1990 年劳动生产率的水平为 100，那么，1999 年捷克的劳动生产率为 159.5，匈牙利为 172.4，波兰为 195.7。从表 7 可见，即使是在转型性衰退时期，中欧国家的劳动生产率不仅没有下降，反而还有所提高。

表 7　1991—2006 年劳动生产率的变化 （%）

	1991—1995 年	1996—2000 年	2001—2006 年
中欧	2.3	4.1	3.6
东南欧	−3.6	5.4	4.6
波罗的海国家	−4.8	6.9	6.6

资料来源：**Garbis Iradian**（2007）。

注：中欧包括捷克、匈牙利、波兰、斯洛伐克和斯洛文尼亚。东南欧包括阿尔巴尼亚、保加利亚、克罗地亚、马其顿和罗马尼亚。波罗的海国家为爱沙尼亚、拉脱维亚和立陶宛。

4. 赶超进程

1989 年东欧剧变的一个口号是回归欧洲。中东欧经济转型的目的就是要建立可行的经济体制，缩短与西欧发达国家的经济差距，实现经济的赶超。在转型后第一个 10 年间，由于经济衰退，中东欧国家与西欧国家间的差距事实上扩大了。根据国际货币基金组织官员的估计，转型后东欧国家生产平均下降了 28%，到 1998 年东欧国家的生产平均已恢复到转型前一年水平的 90%。中欧国家的国内生产总值超过了 1989 年的水平，而巴尔干国家的国内生产总值仍低于 1989 年的水平。从 1990—1999 年，只有波兰和斯洛文尼亚与欧盟的差距没有扩大。从 1997—2007 年，绝大多数中东欧国家与欧盟 15 国的差距在缩小（表 8）。波兰 1989 年为欧盟 15 国水平的 38%，2007 年达到了欧盟 15 国水平的 49%。斯洛文尼亚 1989 年为欧盟水平的 74%，2007 年为欧盟 15 国水平的 82%。转型之初，在维谢格拉德集团四国中，匈牙利人均国内生产总值仅次于捷克，而到了 2010 年斯洛伐克和波兰均已超过匈牙利。匈牙利成为了赶超进程的最大输家。

表 8 1989—2007 年中东欧欧盟新成员国与欧盟 15 国的发展差距
（以购买力平价计算的人均国内生产总值，欧盟 15 国 = 100）

国家	1989 年	1997 年	2003 年	2007 年
捷克	75	63	65	73
爱沙尼亚	54	36	48	65
匈牙利	56	45	56	57
拉脱维亚	52	33	43	54
立陶宛	52	33	43	54
波兰	38	41	43	49
斯洛伐克	59	45	49	61
斯洛文尼亚	74	67	71	82
保加利亚	46	23	29	34
罗马尼亚	34	23[1]	28	36

资料来源：**Ryszard Rapacki**（2008）。

注：[1] 为 1999 年。

5. 福利改进

福利的改进并不仅仅体现在收入的提高上，如在转型 20 年后，波兰人的平均收入比 1989 年高几乎 80%。短缺经济的消失是转型取得的重大成就。中东欧国家告别了短缺经济，超级市场和大型超市的发展不仅为消费者带来了便利，而且也改变了消费者的购物习惯。中东欧国家已进入了成熟的消费社会。2006 年欧洲复兴与开发银行与世界银行联合举行的"转型中的生活"调查结果表明，中欧和波罗的海国家 18—34 岁的人群中超过 50% 的人认为经济形势要好于 1989 年，而在 65 岁及 65 岁以上的人群中只有 35% 的人对此表示认同。中欧和波罗的海国家对生活满意的年轻人占 65%，而东南欧年轻人对生活满意的只有 40% 多（EBRD，2007）。伊斯特林对中东欧欧盟新成员国的研究表明，从 20 世纪 90 年代初到 2005 年，除保加利亚和斯洛伐克外，其他国家平均的幸福满足感都有所提高（Easterlin，2008）。

中东欧的经济转型也改变了中东欧在世界经济中的地位。中欧国家告别了封闭经济，走向开放经济，积极参与欧洲经济一体化和经济全球化进程。

中东欧国家在经互会解散后，积极扩大与西欧的经济联系。目前，中东欧国家的贸易主要是与欧盟国家进行的。中东欧国家在欧洲一体化上取得了重大进展，2004 年 5 月，8 个中东欧国家正式成为了欧盟成员国。2007 年 1 月，保加利亚和罗马尼亚正式加入欧盟。中东欧国家积极参与国际经济组织的活动，捷克（1995 年 12 月）、匈牙利（1996 年 5 月）、波兰（1996 年 11 月）和斯洛伐克（2000 年 12 月）、斯洛文尼亚（2010 年 6 月）和爱沙尼亚（2010 年 12 月）先后加入了作为富国俱乐部的经济合作与发展组织。2008 年 1 月，斯洛文尼亚加入欧元区，斯洛伐克 2009 年 1 月已加入欧元区。2004 年以来，斯洛文尼亚、捷克、匈牙利和斯洛伐克相继从世界银行的受援国行列"毕业"，成为捐助国。自 2008 年起，应捷克的请求，欧洲复兴与开发银行结束了对捷克的借贷活动。2007 年 4 月，国际货币基金组织世界经济前景资料库将斯洛文尼亚列入发达国家行列，2009 年 4 月，斯洛伐克和捷克也被列入发达国家行列。作为欧洲新兴市场的中东欧地区在国际经济中的地位已经得到了提升。

三、中东欧国家面临的挑战

中东欧国家经济转型取得了重大进展，一些中东欧国家在加入欧盟后自认为转型已经结束，在外部约束减弱的条件下出现了"改革疲乏症"。虽然欧盟最近几年出现了"扩大疲乏症"，不再热心于欧盟的进一步扩大，但其他未入盟的中东欧国家为加入欧盟仍在进行艰苦的努力。在 2008 年前的 10 年里，中东欧经济的高速增长使中东欧决策者充满了乐观情绪，似乎经济的繁荣会持续下去。然而，从 2008 年下半年开始，中东欧经济感受到国际金融危机带来的阵阵寒意，强劲的经济开始走弱，本币大幅度贬值，股市大跌，房市走低，融资成本大幅度提高，生气勃勃的中欧小虎俨然成为了不堪一击的纸老虎，匈牙利和罗马尼亚等国不得不寻求国际货币基金组织的救助。在转型 20 年后，中东欧再次成为国际关注的焦点，媒体充斥着"危机"、"崩溃"、"欧洲的次贷"和"金融危机第二波"等负面辞藻。2009 年中东欧经济陷入衰退，这是中东欧国家在摆脱转型性衰退后最为困难的一年。2009 年中东欧国家除波兰和阿尔巴尼亚外都陷入了衰退。匈牙利、拉脱维亚和罗马尼亚不得不接受国际货币基金组织和欧盟的救助。2010年中东欧经济开始缓慢复苏，不幸的是欧洲又爆发了主权债务危机。欧洲债务危机在2011年愈演愈烈，不仅对中东欧国家经济产生冲击，而且直接影响到中东欧国家政局。由于欧元区经济不确定性的增加，中东欧经济下行的可能性增加。为应对危机而采取的紧缩政策迫使民众勒紧裤带，减少支出。斯洛文尼亚经济警讯频发，有从欧盟的模范生滑向差等生的危险。斯洛文尼亚总统图尔克批评腐败和任人唯亲、悲观主义、政治上的破坏以及缺乏变革的意愿。中左政府希望减少政府债务的社会改革被全民公决否决，改革遭遇挫折。匈牙利欧尔班政府自2010年4月上台后利用其获得议会2/3议席的优势，大肆修改法律，削弱独立机构如宪法法院、法院、中央银行以及媒体的独立性，这使匈牙利成为了法律上不确定、不可靠和不可预测的范例。政治操作不当和经济政策失当导致了投资者对匈牙利经济信心的丧失，政府债务增加、福利大幅度贬值以及融资成本大幅度增加使匈牙利面临陷入新一轮危机的危险。2011年11月穆迪下调匈牙利经济评级，匈牙利不得不再次向国际货币基金组织和欧盟求救。欧盟委员会就匈牙利违反欧盟法律发起了针对匈牙利政府的诉讼，这进一步增加了匈牙利获得国际救助的难度。2011年10月，由于执政联盟的内斗，斯洛伐克被推向了国际关注的焦点。由于执政伙伴自由与团结党反对欧元区救助计划，欧元区救助计划一度未获批准。在在野党社会民主—方向党的支持下，救助计划10月13日获得批准，但是付出了提前举行大选的代价。此外，面对危机，中东欧国家内部的政治分裂加剧，政治共识不复存在。如捷克公民民主党领导人托波拉内克指出，由于经济危机，捷克社会的沮丧和幻灭感增加。许多捷克人的共识是必须再次进行变革，但问题是对于如何改革每个人都有不同的看法。捷克宪法法院院长巴维尔·里赫茨基认为，捷克共和国正在走向贝鲁斯科尼式的有缺陷的民主制度。中东欧国家面临着不利的情况，从内部看国内围绕改革的政治共识正在消失，从外部看欧元区债务危机短期内不可能得到根本解决。当然，危机也为中东欧国家反思20年来转型与发展的经验教训，筹划进一步的改革提供了独特的机会。

总体上，中东欧国家在转型和发展上面临如下一些挑战：

1. 重新界定政府作用

经济转型后国家对经济的全能干预已不复存在，但是国家并没有完全退出，国家对经济干预的数量减少了，但对干预质量的要求提高了。而全球性金融危机的一个潜在影响是增强政府在经济中的作用。在危机时期，国家对经济干预的力度将增加。出于反危机的需要，政府会出台临时性的干预措施，当经济走出危机后需要对干预政策进行调整，临时性措施的永久化将对经济有不利影响。虽然中东欧国家为应对危机出台了反危机措施，但中东欧国家政府在提供公共服务、减少行政壁垒、投资基础设施等方面仍有很大的改进空间。作为经济转型领先者的波兰政府面临着提高公共服务的质量、加大基础设施投资以及政府从非竞争领域退出等挑战。

2. 加强法治

建立法治是经济转型成功的先决条件，因为市场经济是基于法治的经济，法律应保护个人自由、经济权利及公民自由。中东欧国家在建立法治上取得了长足的进步，中欧国家的进展要快于东南欧国家。但是与西欧发达国家相比，即使是欧盟的中东欧新成员国仍存在很大差距。除匈牙利外，中东欧的欧盟新成员国对法律体系的信任度低于欧盟的平均水平。中东欧国家在人力资源和资金上的制约上影响到司法体系的效率，法院积案过多成为严重的问题，司法体系的效率有待提高。因此，中东欧国家需要从人力资源和资金上支持法院，解决法律积案过多的问题。已加入欧盟的保加利亚和罗马尼亚在反腐败和打击有组织犯罪上尚不能让欧盟满意，其他东南欧国家的腐败和有组织犯罪仍相当严重。

3. 国有企业的改造

虽然中东欧国家在产权制度变革取得了巨大成就，私有经济已在经济中占主导地位，但是国有企业改造的任务尚未完成。波兰重工业、矿业、造船、能源、石化和保险部门仍面临私有化的任务。斯洛文尼亚银行、保险、电讯、铝业和钢铁部门的私有化仍面临阻力。罗马尼亚政府持有多数股的 26 家国有企业还处在私有化的不同阶段。匈牙利国有企业已为数不多，政府不排除未来出售的可能性，但必须符合严格的条件。

4. 金融改革的深化

对于目前中东欧危机的原因有不同的解读。有学者认为中东欧的危机类似于 1997—1998 年的东亚危机，根本的问题是在固定汇率的诱惑下短期银行信贷的过度流动，这导致了私人外债的剧增（Aslund，2009）。但实行浮动汇率的国家也遭到了严重冲击。中东欧的问题并不在于金融业的过度开放，而在于金融业开放后外币贷款的非理性扩展，忽视了汇率变动的风险。中东欧国家需要在金融业开放的过程中加强金融监管，防范金融系统的潜在风险。中东欧国家需要促进非银行金融机构的发展，特别是要引进创新性的金融产品，使养老基金和保险公司的资产组合多元化。

5. 社会领域的改革

中东欧的经济转型具有社会后果。中东欧国家在转型后出现了收入差距扩大的问题。根据世界银行的资料，到 2000 年代初中东欧国家的基尼系数在 0.27—0.37 之间，而转型之前在 0.19—0.24 之间。2007 年在社会转移后有陷入贫困风险的人口占总人口的比率，保加利亚为 14%，捷克为 10%，匈牙利为 16%，波兰为 19%，罗马尼亚为 19%，斯洛伐克和斯洛文尼亚均为 12%。因此，中东欧国家需要高度重视社会领域的改革，关注经济转型对人的影响。在未竟社会领域改革中，中东欧国家需要进行养老体制、医疗体制、教育体制的改革。由于人口老龄化和不利的人口趋势，中东欧国家现有养老体系的可持续性成为了问题。斯洛文尼亚、匈牙利、罗马尼亚和保加利亚需要进行养老体制的进一步改革。中东欧欧盟新成员国医疗支出低于欧盟平均水平，斯洛伐克医疗支出有所下降，波兰和斯洛文尼亚保持着七年前的水平。医生和护士收入低微不仅导致人才流失，而且直接影响到医疗质量的提高。中东欧国家需要进行医疗改革。医疗改革可能包括增加私营医疗机构的作用，与国有医疗机构公平竞争；改革拨款体制，确定国家医疗保险覆盖的医疗服务范围，引进自愿的私人医疗保险；重新确定医疗服务的价格；使患者付费合法化。教育体制的改革也刻不容缓。中东欧国家对教育投入不足以及教师社会地位的下降直接影响到教育的质量。教育的产出不符合劳动力市场的需要。中东欧国家需要进行教育体制改革，以提高教育的质量。此外，中东欧国家需要增强劳动力市场的灵活性，鼓励终身教育，将劳动力政策的重点从直接创造就业机会转向支持就业和就业再培训，减少结构性失业。

目前的危机事实上对"改革疲乏症"敲响了警钟，迫使中东欧国家深化改革。达博罗夫斯基强调"必须回到在经济繁荣时期被忘却的结构和制度改革"（Dabrowski，2009）。匈牙利经济学家拉什罗·乔鲍在转型20年提出的下列问题更是值得进行深入思索：如何实现体制变革？如何衡量转型的成功？如何使转型持续？如何使转型欧洲化？如何在转型中利用全球化？转型是否已结束？（Csaba，2009）有经济学家认为，危机表明目前的基于外资银行作为中介引进储蓄所刺激的快速的金融深化的发展模式已丧失信用。中东欧国家需要新的发展模式，减少对金融深化的依赖，重视生产率的增长、采纳欧元、向移民开放边界和进一步的欧盟一体化等因素（Piatkowski，2009）。塞尔维亚中央银行行长耶拉希奇强调，中东欧国家需要新的增长模式，要解决的关键问题是匈牙利经济学家科尔奈所称的"早熟的福利国家"。许多国家扩大支出，特别是社会领域的支出，大大超出了其支付能力（Jelasic，2009）。中东欧国家需要对过去20多年的转型进行反思，需要进行持续的制度改革，以为实现经济的持续增长和赶超西欧发达国家奠定良好的制度基础。

参考文献

［匈］雅诺什·科尔奈，2005："大转型"，见《比较》第17辑，北京：中信出版社。

Aslund，Anders，2009. "Implications of the Global Financial Crisis for Eastern Europe." *Development and Transition*.（13）.

Csaba, László, 2009. "On the Future of Transition /Studies." *Paper presented to the International Conference 1989 – 2029: 20 Years of Transition and Perspectives for Development of Postsocialist Economies April 3 – 4 2009.* TIGER, Warsaw.

Dabrowski, Marek, 2009. "Responding to Crisis: Core and Periphery." *Development and Transition.* (13).

Easterlin, A., Richard 2008. "Lost in Transition: Life Satisfaction on the Road to Capitalism." http://www. diw. de/documents/publikationen/73/diw_01. c. 81744. de/diw_sp0094. pdf.

EBRD, 2007. "Life in Transition: A Survey of People's Experiences and Attitudes." http://www. ebrd. com/pubs/econo/lits. pdf.

Hölscher, Jens, 2009. "20 Years of Economic Transition, Successes and Failures." http: news/events_2007/20090223/Holscher. pdf.

Jelasic, Radovan, 2009. "A New Growth Model in Eastern Europe." http: //online. SB10001424052970203946904574299990240864378. html.

Klaus, Vaclav, 1990. "The Imperatives of Long-term Prognosis and Dominant Characteristics Economy." Eastern European Economics. Volume 28 (4): 39 – 52.

——1999. "Transition from Communism: A Decade After." www. pioneerinstitute. org/pdf/pdialg_29. pdf.

Kornai, Janos, 2006. "The Great Transformation in Central Eastern Europe: Success and Disappointment." *Economics of Transition.* Volume 14 (2) : 207 – 244.

Sachs, Jeffrey, 1990. "Eastern European Economies: What is to be done?" *Economist.* January 13, 1990.

Lipton, David and Sachs Jeffrey, 1990. "Creating a Market Economy in Eastern Europe: The Case of Poland." *Brookings Papers on Economic Policy.* 1990 (1): 75 – 147.

Piatkowski, Marcin, 2009. "The Coming Golden Age of New Europe?" http://www. tiger. edu. piatkowski/Piatkowski_ENG. pdf.

Williamson, John, 2005. "Differing Interpretations of the Washington Consensus, Leon Koźminski Entrepreneurship and Management (WSPiZ) and TIGER. " *Distinguished Lectures Series.* (17).

计划经济国家转轨异同及其绩效[*]

程　伟[**]

20世纪90年代以来，计划经济国家纷纷走上体制转轨之路。这是一场前所未有的历史实践，完全处在探索、开拓的过程之中。在各国策划、实施和推进转轨大业的实践中，已经显现出不少共性的做法，看来在体制转轨的某些方面存在规律性的客观要求。同时也不难发现，转轨国家从理论到实践存在着诸多差异。国内外学术界针对转轨经济的研究正在不断深入，但是由于计划经济国家体制转轨的实践毕竟时间不长，便决定了，无论理论研究还是实证分析，只能说尚处在起步阶段。本文仅就几个主要问题，试图做些尝试性的探讨。

一、起点的同步性与政治选择的分野

计划经济国家的体制转轨，直接涉及制度的概念。传统的西方主流经济学视制度为外生条件，认为制度是既定的。在这个前提之下，经济学的基本任务是研究稀缺资源的最佳配置和福利最大化的问题。与之不同，传统的马

---

[*]　本文原载于《经济社会体制比较》，2004年第5期。

[**]　程伟，辽宁大学转型国家经济政治研究中心主任，教授、博士生导师。

104

克思主义政治经济学历来重视制度作为生产关系范畴对生产力发展的作用，但却是将制度仅仅归结为上层建筑，具有明显的政治色彩，把制度变革看成是一个政治演进的过程。由此，在对待制度的问题上，一方面它游离于经济理论研究的视野之外，另一方面，受到资本主义和社会主义"两个主义"划分的严重障碍。大体上从 20 世纪 60 年代起，一些学者开始主张突破"主义"的政治限制，并强调应该从生产力内生要素的层面研究制度问题。从此，经济学视角的制度研究开启了它的国际化进程。以西方学者为主导的制度变迁理论发展迅速，分析框架及其体系构建得以初步形成。但是它不能系统阐释和全面指导计划经济国家的体制转轨，因为它的主要研究对象是市场经济国家的经济运行机制。在战后以来计划经济国家理论与实践演进的过程中出现了我们熟悉的三个术语，即"改良"、"改革"和"转轨"。关于"改良"的理论内涵，用今天的语言可以概括为，是在原有制度或者体制的框架内进行细枝末节的修修补补。从实践来看，原苏东国家从战后开始一直到 20 世纪 80 年代末期的所有举动均具有这一属性。关于"改革"，简单地说，是对原有制度或者体制进行局部性的重大突破。显然，"改革"较比"改良"极大地向前推进了一步，因为它存在"重大突破"的内涵界定。但它又与"转轨"截然有别，这不仅体现为"重大突破"是局部性的而并非是全面的。问题的焦点是，"改革的目的在于现有制度的完善，并通过使之完善而得以维系而不是完全抛弃该制度。转轨则意味着实质性地改变和引入全新的制度安排。这是一个以新制度代替旧制度的过程，而不是仅仅通过改进运行方式来完善旧制度的另一次尝试"（科勒德克，2000）。中国 20 世纪 80 年代的实践属于改革。20 世纪 90 年代以来东欧国家，包括俄罗斯在内的独联体国家、中国以及越南等计划经济国家的实践属于转轨。

从我们的这一结论中可以派生出另外两个对以后的分析有意义的观点。一个是，中国没有改良，是从改革进入转轨的。而东欧、俄罗斯等国家没有改革，是从改良一下子跳跃到转轨的。这可能是导致中国与东欧、俄罗斯之间转轨以来出现某些重大差异的一个重要原因，而这个原因在以往相关的比较分析中常常被人们所忽视。另一个是，如果中国 20 世纪 80 年代的实践不是转轨而是改革，那么，计划经济国家体制转轨的起点则大体上具有同步性。对此，有必要做一点展开性的论证。

我们认为，从 1978 年党的十一届三中全会起到 1992 年邓小平同志南方谈话及以此精神为指导召开的党的十四大之前，是中国的改革阶段而不是转轨阶段。主要理由如下：

第一，从改革领域的推进层面看。从 1978 年党的十一届三中全会，到 1984 年党的十二届三中全会之前，中国的改革主要在农村领域进行；这以后到 1991 年年底，改革从农村进入城市，但城市中的改革主要限定在流通领域和启动非国有经济的发展；1992 年党的十四大以后，改革走向深入，把搞活国有经济提到日程，这标志着中国进入到转轨阶段。

第二，从改革主攻方向的选择层面看。1978—1991 年，中国实施的主攻策略是增量改革。一方面大力发展混合、集体乃至私人等非国有经济，另一方面搞特区，搞沿海、沿江、沿边城市的开放；1992 年以后，主攻方向转为存量改革。在经济成分上，强调国有经济的两个转变，即运行机制和增长方式的转变。在地域上，改革的重点转向内地。从增量到存量的转变，很大程度上意味着从改革到转轨的转变。

第三，从改革动力源的演进层面看。1978—1991 年，中国主要以政策倾斜机制提供制度供给，促进改革事业的发展。例如，在农村领域，试验并快速推广家庭联产承包责任制；在流通领域，模拟市场机制进行运作，减政放权；在所有制方面，通过放松政策启动非国有经济的发展；还出台了一系列优惠政策搞特区建设，带动沿海、沿江、沿边地区的繁荣；等等。相应地，对没有或者较少得到政策好处的区域、行业和群体，则以不同的方式给予一定程度的补偿。例如，农产品价格提高以后，对消费者价格实行补贴机制；在三资企业、集体经济、乡镇企业等非国有经济迅猛发展的情况下，对国有企业以拨改贷等新的方式注入资金；对边远落后地区适当增加财政补贴；等等。1992 年党的十四大以后，作为改革的动力源，政策倾斜机制的功能在弱化，开始转向制度创新。随之，中国开始从市场化改革阶段向市场经济的转轨阶段提升。

第四，从改革目标模式的确立过程看。1978—1991 年间，中国在确定改革的目标模式方面做了大量有益的探索，如提出"计划经济为主、市场调节为辅"，"有计划的商品经济"，"计划与市场内在统一的体制"，"计划经济与市场调节相结合的经济体制"，等等。不难看出，这一阶段的理论进步虽然在不断地深化，但却没有彻底地跳出计划经济的框架。1992 年党的十四大第一次明确提出，改革的目标模式是建立"具有中国特色的社会主义市场经济体制"。这是根本告别计划经济的标志，是由改革进入转轨的集中体现。

20 世纪 80 年代末 90 年代初发生了东欧剧变和苏联解体，从此，这些国家彻底抛弃了计划经济体制，开始全面地转向市场经济。此时，中国恰好由改革阶段步入转轨阶段。由此可见，计划经济国家的体制转轨在起点上具有同步性。然而，计划经济国家在体制转轨的政治选择层面却大相径庭。

东欧剧变、苏联解体之后，西方的官方乃至许多知名学者一度喜形于色，发表了一系列有失公正的偏激言论。具有代表性的观点是：第一，东欧剧变、苏联解体既是计划经济体制的失败，更是社会主义基本制度的失败，实行计划经济体制的国家必然走向毁灭；第二，计划经济模式是共产党政权赖以推行集权统治的工具，不可能自我完善，只有在政治、经济等各个方面完全采纳西方的模式，才能够摆脱危机；第三，东欧剧变、苏联解体仅仅是社会主义制度失败的开始，接下来必然发生的是其他社会主义国家的剧变，必然出现社会主义垮台的"多米诺骨牌效应"。东欧、俄罗斯等国家基本上接受了西方的思想，在转轨过程中既抛弃了计划经济体制，同时也抛弃了社会主义，抛弃了党的领导，选择了西化的政治取向。

与东欧、俄罗斯等国家完全不同的是，中国无论是在改革阶段还是在转轨阶段，始终坚定不移地坚持走社会主义道路，坚持党的领导，在这个大前提之下实行改革开放，实行由计划经济体制向市场经济体制的根本性转变。

实践是检验真理的标准。东欧、俄罗斯转轨以来经历了 10 多年的经济衰退，而中国改革开放以来却实现了 20 余年经济的高速成长。事实雄辩地证明，西化并不意味着强大。实际上西方国家希望转轨国家西化，但并不希望转轨国家强大。事实还证明，西方国家所预言的"多米诺骨牌效应"并没有出现。在中国共产党的领导之下，中国正在社会主义道路上朝着全面建设小康社会的宏伟目标胜利挺进。

二、方向的一致性与道路选择的差异性

计划经济国家在转轨方向上具有一致性，这首先在总体上表现为这些国家的转轨，其实质共同在于用新制度取代旧制度，或者说，彻底抛弃传统的中央集权的计划经济体制，构建以市场经济为基础的全新的制度安排。这种一致性集中地反映在三个方面：第一，价格形成机制的根本变革。在转轨的过程中，计划经济国家无一例外地把价格自由化（亦称"价格市场化"）放在重要的位置，政府退出市场干预，供给与需求成为价格形成的基础性机制。第二，产权制度的根本变革。如果说计划经济国家在对传统体制进行完善或者改革的阶段已经关注价格自由化问题的话，那么，产权制度的变革则是转轨阶段的一个新课题。一个时期以来，尽管提法不同，如东欧、俄罗斯等国家提"财产私有化"，中国提"产权明晰"、"产权制度重构"等，但共同之处在于，计划经济国家对于产权制度的变革愈加重视，在理论上积极探索，在实践中大力推进。一些学者这样认为："转轨的过程同时也就是私有化的过程。如果仅仅是价格自由化而没有产权制度的根本变革，那就不成其为转轨，至多称其为改革。"（科勒德克，2000）第三，政府实施较为严厉的财政政策，力求平衡预算，严格控制货币的发放量，以实现宏观经济的稳定。以上三点通常被经济文献概括为价格自由化、财产私有化和宏观经济稳定化。

计划经济国家的转轨方向是一致的，但观察从传统计划经济向市场经济的过渡却不难发现，俄罗斯、东欧国家走的是一条激进的道路，被西方学者称为"大爆炸"，而中国以及越南等国家走的则是一条渐进的道路。

关于转轨道路"激进"与"渐进"的划分，20 世纪 90 年代中期曾经是理论界争论的一个焦点。少数学者不大同意这样一种划分的标准，主要理由是，虽然中国的转轨总体上看"渐进"占据主导地位，但也存在"重点突破、全面推进"的"激进"的制度安排和步骤；俄罗斯以及波兰等东欧国家的转

轨也不是"休克疗法"贯穿始终，不过只是转轨过程中的一个阶段而不是它的全部。更多的学者认为，既然公众普遍承认俄罗斯、东欧国家与中国在转轨道路的选择上存在重大的差异，那么，"激进"与则"渐进"是旨在排除枝节而抓住问题的本质；况且，相对于其他一些划分转轨道路选择差异的方案，如"经济主导"与"政治主导"等，"激进"与"渐进"之分显然更为科学，更贴近实际，更具说服力。最近几年来，此类争论在降温，"激进"与"渐进"之说愈来愈得到中外学术界的广泛认同。

接下来值得重点讨论的是，应该以怎样的内涵或者方式来界定"激进"与"渐进"的区别。如果说学术界已经普遍接受"激进"与"渐进"为划分转轨国家道路选择差异的话，然而对其内涵或者方式的看法却迄今众说纷纭，角度不同。例如：

有的学者认为，"激进"与"渐进"的差异首先不是经济上的，而是集中体现在政治和意识形态方面。东欧、俄罗斯在经济上搞私有化，在政治和意识形态领域从多元化入手，全面推进向西方式的社会形态的过渡。而中国、越南等传统上的计划经济国家，却是在坚持社会主义基本制度的前提下实施经济体制以及政治体制的重大变革。从这个意义上讲，"激进"与"渐进"被视为首先是宪法秩序的差异，即激进转轨是对原有宪法秩序的根本否定，而渐进转轨则是继续维护原有宪法秩序的基本框架，同时大力推动经济市场化的进程。与之相联系，激进条件下政治转轨在先而经济转轨在后，渐进条件下的这一转轨顺序恰好相反。

有的学者认为，激进转轨强调理性设计，俄罗斯、东欧国家在转轨之初就心悦诚服地接受了来自"华盛顿共识"的方案，进而推行强制性的制度变迁。中国、越南等实行渐进转轨的国家，虽然理念上彻底地告别了已知的"坏处"，基本上认可了未知的"好处"，但实践中一段时期内不急于制定和出台转轨的系统方案，而是"摸着石头过河"，以选点试验、总结经验、逐步推广的诱致性方式平稳展开。

有的学者认为，激进转轨主张全面出击，整体推进，一步到位。俄罗斯、东欧国家正是在这种指导思想下一揽子实行价格自由化、财产私有化和经济的稳定化。渐进转轨则主张采取非均衡推进的策略，先易后难，各个击破。中国的具体做法有的时候被表述为"部门渐进主义"和"区域渐进主义"。即从部门来看，转轨先从农业入手，再逐步地从农村转向城市，进入工业部门。从区域来看，转轨先是指定在特区的范围内，之后扩大到沿海开放城市，再循序深入到内地。有的时候被表述为"双轨制"，最初主要指"价格双轨制"，后来这一概念又被应用于所有制结构、外贸体制、劳动就业制度、社会保障体系等其他诸多领域。

不可否认，以上看法都有一定的道理，甚至还可以列举出另外一些颇有见地的观点。如果就此把来自不同角度的分析汇总起来，综合地作为区分"激进"与"渐进"的依据，倒是比较容易，从表面看似乎也较为全面。然而，科学研究的一个基本要求在于去伪存真，由表及里。对于划分"激进"与"渐进"的讨论，有必要也有余地进一步深入。

在此项研究步入深化的阶段，"存量"与"增量"的概念在学术书刊中脱颖而出。我们认为，"存量启动"和"增量先行"，是俄罗斯、东欧国家与中国在转轨道路抉择问题上的本质区别。如果选择了"存量启动"，就必然走上激进式转轨之路；如果选择的是"增量先行"，就必然体现为渐进式转轨。至于我们业已提及的划分"激进"与"渐进"的其他内涵或者方式，如强制性与诱致性，整体推进与部门、区域渐进主义，一步到位与双轨制，政治优先与经济优先等等，深层次上均是原发于"存量"与"增量"的区别，不过是其具体的实现途径，是其外在的表现形式，是因和果的关系。

简单说，俄罗斯、东欧国家激进转轨的基本特征是，它们从一开始就紧紧瞄准旧体制的存量，不惜代价地打破既有的坛坛罐罐，试图首先打造出一个"白板"状态，以此为新体制的成长铺平道路。从一定意义上讲，激进转轨就是先破旧，再立新。而中国等实行渐进转轨的国家则是先立新，后破旧。鉴于对旧体制动大手术其难度和风险很大，先是把存量冻结起来，集中力量在它的外围构建新体制，迅速地发展增量，为最终打破存量创造条件。

首先以价格形成机制变革方式的不同为例。传统体制之下，尽管计划经济国家对物价管制的松紧程度有所差异，但从总体看，市场价格的比重很小，在资源配置中只起辅助作用。面对这样一种价格形成的体制存量，转轨之初匈牙利、波兰等东欧国家率先一次性全面放开物价，立即启动了价格自由化。俄罗斯紧步后尘，从 1992 年 1 月 2 日起，一下子解除了 90% 的零售商品和 85% 的工业品批发价格的官方控制，改由市场供求关系决定。

中国的做法与其大有不同，先是在计划轨道上将既存的生产和价格冻结，按兵不动。从 1984 年起，政府开始实行价格的边际放开，如钢材等生产资料超计划产品的价格全部放开，同时放开了生猪与蔬菜的价格，粮、棉等主要农产品也改统购为合同定购。生产者既是市场轨道上价格水平的决定者，又是市场轨道上剩余利润的索取者。实行增量价格边际放开以后便出现了双轨制，由于市场价充满生机活力，越做越大，不断地挤压计划价。鉴于此，1992 年下半年政府修订并颁布新的《价格管理目录》，将中央直接管制的商品由 737 种减到 89 种。1993 年进一步放开了成品油和绝大部分钢材、煤炭、水泥的出厂价格，在全国范围内基本放开了粮食和食用油的价格。至此，基本上实现了价格并轨。

另一个最有说服力的例子是产权制度的变革。计划经济体制之下，国有企业是整个国民经济的基本载体，是微观经济组织的基本形式，为计划经济国家的发展壮大做出过重要的历史贡献。然而，这种企业制度的要害是产权虚置，引发治理机制缺失、信息不对称、预算约束软化、缺乏激励等一系列尖锐的矛盾，综合作用的结果是低效率。因此，针对国有企业实行产权制度的变革，是所有转轨国家不能回避的一项最为核心也最为艰巨的任务。

东欧国家和俄罗斯无一例外地采取了存量启动的激进主义对策，以为"要保持持续的经济增长，就必须进行国家资产的私有化，而且越快越好。沿着这条思路，私有化，加上彻底的自由化和严厉的财政限制，将会带来迅速的经济复苏和持续快速的经济增长"。[①] 东欧国家 1989 年剧变之后，竞相快速出台了各自的私有化纲领，直截了当地打响了国有资产私有化的战役。俄罗斯不甘示弱，1991 年 12 月 29 日叶利钦总统签署法令，批准《俄罗斯国有和

---

① 世界银行，1996。

市有企业私有化纲领基本原则》，于 1992 年 1 月 1 日起正式付诸实施。不仅私有化政策的出台十分迅速，而且推进的速度也相当快，时值 20 世纪 90 年代中期，俄罗斯、东欧国家基本上实现了国有企业私有化的目标。至于国有企业私有化的具体措施，在东欧国家和俄罗斯是有差异的。理论上讲，私有化一是可以按市场出清的价格将国有资产出售给战略投资者，这有利于贯彻效率的原则但有失公平；二是将国有资产平均地分配给每一个合格的公民，这样做显然有利于公平却不利于提高效率。现实中这两种极端的做法都很难行得通，需要折中或者兼顾。总体上看，由于国家较小、西方支持较大等诸多因素，东欧国家大多在折中方案中偏重前者；相反，俄罗斯偏重于后者。

中国产权制度的变革走的是一条增量先行的渐进主义道路。整个 20 世纪 80 年代以及 90 年代初，国家政策的重心是以市场为导向，大力发展个体劳动、私人企业、集体经济、三资企业等多种形式的非国有经济，而对国有企业这一传统体制遗留下来的"老牛破车"则不急于大拆大卸，只搞些属于防御性重组的应急措施，如中止过时的生产线、压缩不营利的企业活动、裁减冗员、剥离非生产性资产等，以继续维持它的生计。1993 年年底召开的党的十四届三中全会，针对政治、经济、社会舆论等各方面条件的基本成熟，尤其是非国有经济已经初具规模，第一次明确提出了对国有企业进行现代企业制度改组的任务。从此，增量继续发展与存量转制，开始齐头并进。

中国的国企转制不是一下子全面铺开，而是同样采取了渐进主义的策略，具体地表现为"抓大放小"。在"抓大"方面，十四届三中全会后中央政府在全国范围内选择了 100 户不同类型的国有大中型企业搞试点，地方政府也选择了 2343 户企业进行试点。经过 3 年的努力，试点中的绝大多数企业完成了公司化改造。"放小"的进展更为顺利，世纪之交小企业的改制工作已基本完成。在"抓大放小"取得明显成效的同时，非国有经济继续走强。截止 1998 年年底，非国有经济部门创造出了 63% 的 GDP、73% 的工业总产值和 80% 的经济增长。① 这意味着，无论国有企业的低效率多么严重，已经不大影

---

① 《中国统计年鉴 1999》，中国统计出版社，1999 年。

响把"蛋糕"做大，也为加大国企转制的力度进一步提供了便利。于是，1999 年党的十五届四中全会将国企转制升格，提出了基于根本改变存量资产的配置、目标在于强化企业经营绩效的创新和投资活动的战略性重组。此举表明，中国的国有企业以及国有经济的转制进入到攻坚阶段，将逐步地从大部分竞争性行业中退出。俄罗斯、东欧国家的激进转轨还表现为在全国范围内的同时启动，而中国走的却是部门、区域渐进主义之路；在外贸体制、财税体制、金融体制、汇率制度中，我们也看到了激进与渐进的存在，等等。对此，同样可以从"存量"和"增量"的角度作出合理的解释，不再一一赘述。还值得一提的是，政治变革优先与否，不失为俄罗斯、东欧与中国转轨当中的又一个重大差异。然而，政治变革事实上不过是经济变革的一个组成部分，是经济变革的内生要素，因此，没有必要另开蹊径作专门的讨论。进行以"存量启动"为基本特征的激进转轨，说明社会经济矛盾已经相当尖锐，政治变革优先在所难免，是必然结果而不是先决条件；相反，"增量先行"的渐进转轨，是在社会经济矛盾不很激化条件下的一种选择，同时也就必然选择较为温和的政治变革与之相伴。

三、绩效的时点考察与动态的综合分析

对转轨绩效的考察可以从两个方面进行：一是看转轨进程开启之后至某一时点市场经济制度的构建程度以及新制度可能产生的行为能力。这类指标比较软，容易引起争议；二是看到达某一时点的转轨所创造出来的经济增长与社会进步的业绩。这类指标比较硬，容易达成共识。我们的考察先从第二个方面入手：俄罗斯、东欧国家的产量下降与中国经济的高速增长。

1989 年，通常被看作转轨比较的基准年。从这往后的大体 10 年中，虽然俄罗斯、东欧国家（也包括前苏联地区其他转轨国家）的经济业绩有所不同，但总体看留下的是失败的记录（见下页表1）。其中，波兰、匈牙利的业绩稍好，罗马尼亚、保加利亚（也含爱沙尼亚和白俄罗斯）位居其后，而最大的转轨国家俄罗斯（也含乌克兰和哈萨克斯坦）则最差。就比较而言业绩最好

的波兰和匈牙利，10 年过后不过是 GDP 总量达到或接近转轨前水平，俄罗斯的这一指标只为 57%。如果将东欧、独联体 27 个国家加权平均，这一时点的 GDP 总量为转轨基准年的 3/4（科勒德克，2000）。西方一些学者将 20 世纪 90 年代称为俄罗斯、东欧转轨国家"产量下降"的年代，这种说法不无道理。

表 1　俄罗斯及部分转轨国家 GDP 增长率和经济总量变动指标

	1980—1990 年均增长率（%）	1990 年	1991 年	1992 年	1993 年	1994 年	1995 年	1996 年	1997 年	1997 年 GDP 总量 1989 年 =100
		（与上年相比，%）								
俄罗斯	3.8	−4.0	−5.0	−14.2	−8.7	−12.6	−4.0	−4.9	0.4	57
波兰	1.8	−11.6	−7.0	2.6	3.8	5.2	7.0	6.1	6.9	111
匈牙利	1.6	−3.5	−11.9	−3.1	−0.6	2.9	1.5	1.3	4.3	90
罗马尼亚	0.5	−5.6	−12.9	−8.7	1.5	3.9	7.1	4.1	−6.6	84
保加利亚	4.0	−9.1	−11.7	−7.3	−1.5	1.8	2.1	−10.9	−7.4	63
爱沙尼亚	2.1	−8.1	−7.9	−14.2	−8.5	−1.8	4.3	4.0	11.0	79
白俄罗斯	—	−3.0	−1.2	−9.6	−7.6	−12.6	−10.4	2.6	10.0	71
乌克兰	—	−3.4	−11.6	−13.7	−14.2	−23.0	−12.2	−10.0	−3.2	37
哈萨克斯坦	—	−0.4	−13.0	−2.9	−10.4	−17.8	−8.9	1.1	1.8	58

资料来源：根据（1）欧洲复兴开发银行：Economics of Transition，Volume 6（1），1998，p.251；（2）世界银行《1998/1999 年世界发展报告》，《1996 年世界发展报告》的有关数据整理。"—"表示没有相关数据。

进一步考察可发现，俄罗斯、东欧转轨国家 GDP 总量的下降主要源于工业产量的下降。以俄罗斯为例，1997 年的工业总产值只为 1989 年水平的 40.9%，其中主要部门的相关比值是：电力 78.9%，燃料 57.2%，黑金冶金 52.3%，有色金属 45.6%，化学及石化 35.8%，机器制造 19.9%，森林、木材加工和造纸 28.9%，建材 27.3%，轻工业 11.9%，食品 41.8%。[①] 这说明，俄罗斯以及东欧国家的产量下降，主要是由"存量启动"这一激进式转轨所导致的结果，因为这些国家，尤其俄罗斯，计划经济时代的"存量"主要集中在工业领域。

---

① ［俄］《统计问题》，1997 年第 1 期，第 47 页。

转轨之初，俄罗斯、东欧国家共同关注宏观经济的稳定，是其在转轨过程中竭力追求的重要的中间性目标。但从通货膨胀率这一衡量宏观经济稳定状况的基本指标看，各国都没有达到预期的设想，不少国家的情况甚至相当糟糕。表2显示：匈牙利和捷克的通胀率最低，但也一直没有实现降低到一位数的理想状态；波兰为其次，1989年和1990年曾被奔腾式通胀所困扰，之后采取了强硬的紧缩措施控制了局面，从此开始走低；俄罗斯、保加利亚、罗马尼亚等转轨国家最差，三位数的通胀率占了许多年份，俄罗斯1992年的通胀率甚至高达四位数。不过，1996年以后俄罗斯的趋势明显好转。

表2　俄罗斯及部分东欧国家通货膨胀率的变动

	1989年	1990年	1991年	1992年	1993年	1994年	1995年	1996年	1997年	1998年
俄罗斯	—	—	143.9	2508.8	840.1	204.7	131.3	21.8	11.0	27.7
匈牙利	16.9	29.0	32.3	21.6	21.1	21.2	28.3	19.8	18.4	14.4
捷克	—	—	52.0	12.7	18.2	9.7	7.9	8.6	10.0	11.5
波兰	251.1	585.8	60.4	44.3	37.6	29.4	21.6	18.5	13.2	11.7
保加利亚	—	—	339.0	79.4	63.8	121.9	32.8	310.8	578.6	17.0
罗马尼亚	—	—	223.0	199.2	295.5	61.7	27.8	56.9	151.6	47.0

资料来源：（1）1989—1990年数据来源于IMF的《世界经济展望》1996年10月号；（2）1991—1997年数据根据欧洲复兴开发银行《Economics of Transition》1998年6月号第1册第252页和第2册第545页资料整理；（3）1998年数据根据IMF《国际金融统计》1999年12月号（英文版）的资料整理。"—"表示没有相关数据。

体制转轨的终极目的是提高人民生活水平，增加全民福利，促进社会健康和谐发展。俄罗斯、东欧国家距此要求相差甚远。第一，失业严重。不可否认，计划经济时代表面上的充分就业掩盖了实际存在的隐性失业，从这一点看，转轨初期出现失业是正常的。但问题在于，俄罗斯以及东欧国家的失业率在整个20世纪90年代居高不下，如1998年俄罗斯的失业率仍高达11.9，波兰为10，匈牙利好一些，为7.8。这些国家较高的失业率既内源于一般意义上的体制转轨，而更大程度上是与推行"存量"私有化（排斥就业）而忽视发展"增量"（吸纳就业）相关联。第二，实际工资普遍下降，贫困化现象大量存在。20世纪90年代波兰、匈牙利等少数转轨业绩稍好的国家，其名义工资有所提高，年均增幅在 25% 左右。而俄罗斯以及更多的转轨国家，其名义工资为负增长的年份都司空见惯（如俄罗斯，1991 年为 –3%，1992 年为 –34%，1994 年为 –9%，1995 年为 –26%）。不难想象，不要说名义工资负增长，即使增长为正，但在高水平的通胀率之下，实际工资的增长也经常为负。此种情况下，这些转轨国家广泛存在着贫困化的现象。20 世纪 90 年代匈牙利大约有 20% 的居民生活在贫困线以下，波兰为 25% 左右，俄罗斯不低于 1/3。第三，居民健康急剧恶化。俄罗斯 1981 年的千名新生儿死亡率为 10.4，1994 年上升为 18.7。20 世纪 90 年代人口死亡率不断攀升，平均每年递增三至四个百分点。人均寿命在下降，1981 年为 68.8 岁，1994 年下降为 64 岁，1996 年进一步下降为 61 岁（近期有所升高，2002 年为 64 岁）。同期，波兰、匈牙利等东欧国家的相应指标好于俄罗斯，但也没有在积极的方向上出现大的改观。① 第四，两极分化构成尖锐的社会问题。转轨以前计划经济国家实行平均主义的分配制度，贫富差距不大。转轨以后，价格自由化、财产私有化等使得俄罗斯、东欧各国极少部分人因享有特权或者通过种种手段暴富起来，而一般的工薪阶层相当贫困，退休者、领抚恤金者和失业者的处境更为艰难，两极分化极其严重。以俄罗斯为例，10%；最富有阶层与 10% 最贫困阶层的收入差距 1991 年为 4.5 倍，1992 年为 8 倍，1993 年为 11 倍，1996 年为 14 倍。20 世纪 90 年代中期，10% 高收入阶层占居民收入总额的 26%，而 10% 贫困阶层的所占比例仅为 2.3%（张树华，2001）。如果说俄罗斯、东欧转轨国家的时点绩效集中地表现为产量下降，且矛盾重重，中国的转轨却是实现了经济的高速增长和各项事业的欣欣向荣。同样以 1990—1997 年 ABC 的增长率为例，分别为 3.8%、9.2%、14.2%、13.5%、12.6%、10.5%、9.6%、8.8%，年均高达 10.3%。② 1997 年 GDP 总量为 1989 年的 202 倍。2000 年突破了 1 万亿美元大关，成为世界第六大国。20 世纪 90 年代，通胀率以及失业率始终保持在一位数的水平上。在前期改革开放的基础

---

① 世界银行：《世界发展报告 1996：从计划到市场》，中国财政经济出版社。

② 《中国统计年鉴》，1989—1997 年。

上，人民生活水平继续大幅度提高，城镇居民人均可支配收入年均增长 6.5%
以上，银行储蓄存款余额超过 7 万亿元人民币，社会保障体系建设成效明显，
科技、教育、文化、卫生、体育等事业全面进步，总体上实现了建设小康社
会的预期目标。

接下来我们的考察转入第一个方面：俄罗斯、东欧国家与中国的市场制
度建设，宁可说各有千秋，不好说谁绝对占优。

价格制度与市场环境方面。波、匈等东欧国家和俄罗斯已经基本完成了
包括大部分公共设施价格在内的市场化，并且基本上实现了国内商品的价格
国际化。波、匈等国的市场环境要好于俄罗斯，反垄断法规与政策发挥积极
作用，竞争较为公平有序。俄罗斯仍存在操纵性垄断集团，某些领域存在市
场进入的障碍。中国的市场价格在社会消费品零售总额中的比重已达 90% 以
上，在生产资料销售收入总额和农副产品收购总额中占 80% 左右。但要素市
场价格的放开还远没有到位，市场竞争环境建设的任务还很重。产权与企业
制度方面。俄罗斯、东欧国家的产权变革速度较快，力度较大，公有制的一
统天下已经是历史遗迹。国有企业的转制基本完成，非国有经济成为整个国
民经济的主体力量。波、匈等东欧国家的资产重组成效明显，资本运营效率
不断提高。相比之下，俄罗斯基本解决了企业的产权虚置问题之后，内部人
控制的状况却一直比较严重，公司治理机制的缺失仍然较为普遍。中国国有
经济的转制总体上顺利推进，但存在着区域与行业发展不平衡的矛盾。

转变政府职能与法制建设方面。俄罗斯、东欧国家的政府退出普遍过急、
过快，经历了一个由放任自流到有限回归的过程。近几年来东欧国家的法制
建设进展较快，法律法规的系统性不断加强，司法活动的效率不断提高。在
俄罗斯，行政、司法系统的官僚腐败比较严重，普京执行后加大了整治的力
度，局面正在明显好转。中国在渐进主义的道路上稳步推进政府职能的转变，
入世后加快了法制建设的步伐，加大了法律支持的力度。经济转轨的深度发
展，要求进一步加大政治改革的力度，进一步转变政府职能。

无论如何，转轨国家时点绩效的差异是显而易见的，即中国成就巨大，
俄罗斯、东欧国家困难重重；其中，波兰、匈牙利等东欧国家的情况稍好，

俄罗斯最差。做出这样的结论并不意味我们的分析到此结束，以下的讨论着重在中国和俄罗斯之间进行，因为理解转轨，"最好去观察大国的经验，大国必须在没有很多外部帮助的条件下靠自己的力量完成转轨的过程。在这里，对俄罗斯与中国加以比较才是最有意义的"（罗兰，2000）。

中外学者及其公众舆论普遍认为，中俄两国转轨绩效的强烈反差主要源于转轨道路选择的不同，本文基本同意这种观点。中外许多学者又认为，俄罗斯实行激进转轨没有基础，如没有市场环境基础，没有市场要素基础，没有市场主体基础，没有市场规制基础，没有市场理念基础，等等。所以，激进道路的选择是一个错误。直观地看，这种看法似乎有道理。但问题在于，当时的俄罗斯有没有可能做出渐进转轨的选择？我们的看法是否定的，主要依据有二：

第一，俄罗斯转轨的初始条件是，数十年的改良导致经济状况的极度恶化和社会矛盾的严重激化。这种背景之下，不再是愿意不愿意搞激进，而是已经丧失了渐进的条件，错过了渐进的机会。笔者若干年前就曾有过这样的结论，"俄罗斯经济转轨启用激进方式，即使是不合适的，但却是不可避免的"（程伟，1996）。中国则不然，是在改革开放促进经济发展和社会进步的前提下进入转轨阶段的，存在激进或者渐进道路选择的余地。中国没有仿效东欧和俄罗斯走激进转轨之路，而是选择了后者，这是明智之举，成功之举。

第二，转轨经济学理论研究的最新成果表明，转轨道路的选择主要受制于政治约束，而不是新古典经济学框架内一般意义上的成本——收入分析或者社会福利的最大化。由于转轨存在"总和不确定性"，转轨道路的选择既要考虑事前可接受，又要考虑事后不可逆转。在东欧国家和俄罗斯，"大爆炸"不仅最终成为公共选择中唯一可以接受的方案，同时也是为了事后的不可逆转。"克罗斯在捷克共和国，阿纳托里·丘拜斯在俄罗斯设计的大规模私有化计划，都是为了克服对转轨的政治约束和防止产生不可逆转性而设计的。在早期的关于转轨的争论中，私有化的政治层面多少有些被忽视，但现实证明它们是非常重要的。"中国的国情决定了渐进主义转轨方案的事前可接受性，它的成功推行又保证了转轨进程的不可逆转，从而避免走上不得已而为之的激进道路。

计划经济国家的体制转轨仅仅是开始，今后的道路还很长。展望未来的转轨态势，那么，时点又成为新的初始条件。中国的转轨业绩斐然，但万不可因此而掉以轻心。除发展中存在的如地区差距、城乡差距拉大等结构性问题以外，市场经济体制的建立也是初步的，尚存在许多深层次的矛盾。

从新的初始条件的视角看问题，现在的俄罗斯同 20 世纪 90 年代初期比较已有明显改观（波、匈等东欧国家更为如此），目前，国内政局基本稳定，已经进入稳定的经济增长期，市场经济的制度环境大有起色，同时所面临的国际形势空前有利。计划经济国家的体制转轨，既诉求效率，又诉求制度重构。昔日的初始条件使俄罗斯的转轨实践偏重于制度重构。然而，基于今天的初始条件，以普京第二届总统任期的开始为标志，俄罗斯体制转轨的重点正在转向诉求效率。俄罗斯体制转轨的经济绩效有无后发优势，现在作出肯定或者否定的回答都为时尚早。但提出这一问题，有助于我们保持清楚的头脑，审时度势，自觉增强深化转轨的紧迫感和历史责任感。

参考文献

科勒德克：《从休克到治疗》，上海远东出版社 2000 年版，第 2 页，第 34 页。

科勒德克：《从休克到治疗》，上海远东出版社 2000 年版，第 134 页。

科勒德克：《从休克到治疗》，上海远东出版社 2000 年版，第 5 页。

张树华：《过渡时期的俄罗斯社会》，新华出版社 2001 年版，第 111—112 页。

［比］热若尔·罗兰：《转型与经济学》，北京大学出版社 2000 年版，第 314 页。

程伟："俄罗斯经济转轨成效审视"，见《世界经济与政治》，1996 年第 7 期。

休克疗法与渐进改革[*]
——波兰与匈牙利经济转轨战略之比较

孔田平[**]

剧变之后的东欧开始了从中央计划经济向市场经济的艰难转轨。引人注目的是，在东欧各国所选择的经济转轨战略中，休克疗法占了上风。1990 年 1 月 1 日，波兰、南斯拉夫实行了休克疗法，1991 年捷克斯洛伐克和保加利亚也实行了类似的转轨战略。1990 年世界银行、国际货币基金组织、欧洲重建和开发银行的一份研究报告建议苏联实行激进的经济改革。1991 年苏联解体之前公布的短命的哈佛计划，其核心也是休克疗法。1992 年俄罗斯在经济陷入极度混乱的条件下也选择了休克疗法。两年之前匈牙利曾收到许多实行激进的经济改革的建议，其中最为著名的是匈国内外专家、企业家和政府官员组成的蓝条委员会公布的研究报告。然而，匈牙利却独树一帜地选择了渐进式的经济转轨战略。本文将对波、匈实行的不同的经济转轨战略及其成因进行比较。

---

  * 本文原载于《经济社会体制比较》，1992 年第 4 期。

 ** 孔田平，中国社会科学院俄罗斯东欧中亚研究所研究员。

一

东欧剧变之前围绕经济改革实行何种战略的争论从来没有越出学术讨论的范围。东欧经济改革中曾出现过的"目的论"和"发生论"之争，亦即我们所称的"一揽子式"和"渐进式"的争论，引起了学者们的广泛关注。捷克斯洛伐克现任财政部长克劳斯早在东欧剧变之前就撰文分析了经济体制转轨的两种方式。一种是小步改革的方式，其优点在于可以避免较大的社会代价，缺点在于渐进的改革只会延续现存的结构危机。而另外一种方式是休克疗法。剧变之前的东欧国家曾不同程度地进行过市场取向的经济改革，但经济改革的战略基本上是渐进式的。唯一的例外是 1987 年波兰政府试图实行激进的价格改革，但由于该计划缺乏必要的社会支持，被全民公决否决。剧变之后的东欧，经济体制转轨实行何种战略的问题由纯学术问题演化为经济政策问题。波、匈是在这种背景下实行不同的经济转轨战略的。

早在 1989 年波兰议会选举结果刚刚揭晓之时，时年 34 岁的美国经济学家、哈佛大学教授 J.赛克斯便怀揣锦囊妙计，来到华沙，向团结工会参议员推销其经济政策建议。他建议波兰实施"激进的经济纲领"。马佐维耶茨基政府组成后，他被聘为波兰政府经济顾间。他提出了如下经济政策建议：取消补贴，放开价格；外贸自由化；兹罗提自由兑换；创办企业完全自由；停付外债；争取外援等。由当时的波兰政府副总理兼财政部长巴尔采罗维奇制定的波兰政府经济纲领，基本上采纳了赛克斯的政策建议。由于体制转轨采取了激进的、一步到位的方式，因此这一方式又称为休克疗法。1990 年年初，赛克斯在评论波兰的经济转轨计划时指出，其他东欧国家也应当实行与本国情况相适应的激进的转变纲领。匈牙利并未接受西方专家实行休克疗法的游说，实行了渐进式的转轨战略。匈牙利政府 1990 年 5 月通过的国家复兴三年计划以及 1991 通过的四年经济改革纲要集中反映了匈牙利渐进改革的设想。四年经济改革纲要指出，1992 年匈牙利将采用竞争性的利率，以鼓励储蓄。

同时匈将完全放开进口。1993 年匈牙利人可无限制地持有外汇，1994 年福林在国际外汇市场上实地自由兑换。

二

　　波、匈都有过有限的市场取向经济改革的经验。波兰 20 世纪 50 年代、70 年代及 80 年代的经济改革使经济体制偏离了传统的苏联模式，但经济体制并未发生实质性的变化。20 世纪 80 年代的经济改革使中央计划逐渐减少，市场的作用有所扩大。匈牙利自 1968 年以来一直在进行不肆声张的经济改革，其间曾在 20 世纪 70 年代出现了停滞和经济的重新集中，但在 20 世纪 80 年代经济改革逐步恢复了活力。20 世纪 80 年代下半期银行体制和税制的变化标志着经济改革的进一步深化。20 世纪 80 年代末匈牙利的中央计划逐渐停止了活动，但这并不意味着已确立了有效的市场型控制。匈牙利著名经济学家亚诺什·科尔奈卓有见地地评述了波、匈经济体制的变化。他认为，中央计划在波、匈的收缩和企业日益扩大的自主权并不意味着出现了通常的竞争性的市场关系。相反，在共产党领导的经济改革中，中央计划被市场型的控制所取代，部分被企业与财政当局特定的讨价还价所取代。从名义上看，企业受价格、利率、税率而不是实物分配的调节，但在实际上，价格、利率、税收仍是持续的讨价还价的对象。[①] 这表明波、匈经过改革的经济体制仍是一种经过修正的中央计划经济体制。剧变之后的波、匈都开始了从中央计划经济向市场经济的转变，因此在经济转轨战略中不可避免有一定的相似性。

　　从中央计划经济向市场经济的转变都涉及宏观经济的稳定、资源配置机制的转化和所有制的改造。宏观经济的稳定化、价格与国际贸易的自由化以及国有企业的私有化是东欧经济体制转轨中三个必不可少的要素。赛克斯将其简称为稳定化、自由化和私有化（赛克斯、利普顿，1990）。波、匈经济转轨战略的区别并不在于经济战略的要素不同，而在于实施这些改革的顺序性

---

　　① 参见雅诺什·科尔奈《矛盾与困境》、《理想与现实》。

和力度的差异。在我看来，波、匈经济转轨战略有以下区别：

1. 宏观经济政策紧缩的力度不同

波、匈在经济转轨时期为了实现宏观经济的稳定，都实行了紧缩的货币和财政政策，试图通过减少补贴、削减开支、提高利率、抑制需求、取消税收优惠等措施实现宏观经济的均衡。紧缩的货币和财政政策是经济转轨时期宏观经济政策的核心。比较起来，波兰的紧缩政策比匈牙利的紧缩政策更为严格、更为严厉。匈牙利在紧缩政策的运用上则有一定的回旋余地，政策运用更为灵活。这种差别或许反映了波、匈经济转轨前不同的宏观经济状况。两国都存在宏观经济的不平衡，但匈牙利从未出现波兰那样的恶性通货膨胀。

2. 价格自由化和外贸自由化的步骤不同

波兰于 1990 年 1 月 1 日一步到位，全面放开了 90% 的商品的价格，解除了进口的数量限制，实行了统一的 20% 的关税（除对奢侈品加征附加税和对一些商品免税外），同时取消了出口的绝大部分数量限制，降低了出口税收。贸易自由化将竞争引入经济之中，被看作是行之有效的反垄断政策。匈牙利则逐步实现价格自由化和贸易自由化。匈牙利自 1988 年以来逐步放开价格。据参加 1990 年世界银行和国际货币基金组织年会的匈牙利财政部长费伦茨·拉巴尔介绍，78% 的进口已放开，80% 的价格已放开。目前匈牙利 90% 的价格已放开，90% 的进口不受任何限制。匈牙利拟于今年完全放开进口。

3. 实行货币可兑换性的步骤不同

波兰 1990 年兹罗提一次性大幅度贬值，实现了兹罗提的国内可兑换性，使官方汇率接近于平行市场的汇率，而且官方汇率基本上保持了稳定。匈牙利逐步将福林贬值，使之具有可兑换性。自 1989 年以来，福林已贬值近 27% 左右。现在官方汇率（1 美元兑换 75 福林）已接近于黑市汇率（1 美元兑换 80 福林），使福林成为国内可兑换货币的条件正趋于成熟。按照政府的经改计划，1994 年福林将在国际外汇市场上自由兑换。

4. 私有化方式的差别

波兰国有企业的私有化一般以免费分配和直接出售为主。在匈牙利，围绕国有企业以何种方式实行私有化进行过激烈的争论。蒂博尔·里斯卡赞成免费分配国有企业的股份，科尔奈则对此持有异议。他认为，为了产生有效的所有制，企业应当审慎地以逐一进行的方式出售，而不是免费分配。（赛克斯、利普顿，1990）匈牙利政府在私有化中明确拒绝了类似波、捷以凭证方式免费分配国有资产的建议，而以直接向匈国内外的出价者出售国有企业的方式来实行私有化。匈牙利政府拒绝免费分配方式是基于两个原因：一是担心免费分配会导致国有资产的流失，使国家财政蒙受损失；二是匈牙利政府对子这种方式行政上的可行性抱有疑虑。

5. 经济转轨战略的经济后果不同

波兰实行休克疗法之后，产生了一定的成效。这主要表现为：恶性通货膨胀得到控制，通货膨胀率从 1989 年的 2000% 降到 1990 年的 250% 、1991 年的 80%；兹罗提实现了国内可兑换性；外贸发展迅速；经济生活中司空见惯的短缺的消除。但是休克疗法也产生了严重的负效应，这突出表现为失业的直线上升和经济的持续衰退。失业人数 1990 年年底为 110 万人，1991 年年底上升到了 220 万，失业率为 13%，据估计，失业人数在 1992 年将达 300 万—350 万人。波兰自实行经济转轨以来工业生产下降了近 40%，1991 年在 1990 年减产 24% 的基础上又减产 14% 以上。财政状况急剧恶化，1990 年财政略有结余，1991 年则出现了 28 亿美元的赤字。根据设在伦敦的研究机构牛津分析的报告，波兰 1992 年产量的小规模增长也不能实现。匈牙利渐进式转轨的经济后果远没有波兰那么严峻。失业和经济衰退也是困扰匈牙利的经济问题。1990 年匈牙利失业人数为 8 万，1991 年底上升到了近 40 万，失业率为约 8%。工业生产 1990 年下降了近 7%，1991 年下降了 13%。预算赤字从 10 亿福林上升到 90 亿福林。

在波兰学者看来，波、匈实行的不同的经济转轨战略有不同的理论渊源。休克疗法来源于新自由主义，渐进改革则来源于凯恩斯主义。①

三

波兰和匈牙利实行的不同的经济转轨战略的原因何在呢？以下三个方面或许有助于说明波、匈为何选择了不同的经济转轨战略。

1. 波兰实行休克疗法是基于以下看法

经济体制是一个相互关联的系统，牵一发而动全身，零敲碎击的变化不会起作用。国有部门预算约束的硬化需要积极的市场竞争，而市场竞争又有赖于自由贸易和自由取得外汇。稳定的货币可兑换性需要限制性的货币和财政政策。人们很难设想在不改所有制的条件下，价格改革会发挥作用，反之亦然。而匈牙利则认为，虽然经济体制是一个相互关联的系统，但只要经济改革有明确的目标和适当的顺序，渐进式改革同样会起作用。这里重要的是在渐进改革中不要淡忘了经济改革的目标。

2. 与波兰相比，匈牙利有 20 年经济改革的历史

经济改革虽未建立有效运行的经济体制，但却使经济体制更为面向市场，虽然间接的行政协调仍是经济的主要特征。非国有部门的成长也是匈牙利经济改革的一个重要成果。漫长的经济改革使匈牙利积累了丰富的改革经验，促进了政府官员、企业家和普通居民观念的革新和思维方式的变化，推动了商业文化的复兴。特别是 20 世纪 80 年代末开始建立两级银行体系，实行所得税和增值税，这表明建立市场经济的经济改革目标日趋明确。上述情况使得匈牙利的经济改革不可逆转，因而有利于实行渐进式的改革。波兰的情况则不同。波曾进行过几次改革，但每次时间较短，而且缺乏连贯性。20 世纪

---

① 波兰《政治》周刊，1992 年 1 月 4 日。

80 年代的经济改革使其经济体制开始从直接的行政协调向间接的行政协调转化。农业之外的非国有经济发展不足，少量的非国有经济仍是社会主义经济的"丑小鸭"。波兰 20 世纪 80 年代经济改革的目标远不如匈牙利明确，整个社会以及行政系统对于经济改革的抵触情绪比较强烈。在上述情况下实行休克疗法无疑是减少行政系统阻力的有效之举。立即让市场力量充分发挥作用可以绕开行政系统对于经济的不适当干预。在经济转轨中，往往有一些产业部门面临收缩的命运。收缩部门的既得利益者不会善罢甘休，往往会以各种方式阻碍、抵制变革，因此在改革初期确立自由贸易、自由经营、货币可兑换性是至关重要的。休克疗法有助于减少经济转轨面临的各种阻力。

3. 尽管波、匈两国存在严重的宏观经济不平衡，但经济转轨时的宏观经济条件有很大差异

波兰在 1989 年出现了恶性通货膨胀，通货膨胀率为 2000%，而且面临 40 亿美元的外债。匈牙利 20 世纪 80 年代末外债近 200 亿美元，通货膨胀率一直徘徊在 35% 左右，从来没有发展为恶性通货膨胀。波兰如果不采取有力措施遏制恶性通货膨胀，就将使国家预算过程和国家的基本职能受到削弱。基于拉美国家以渐进方式制止恶性通货膨胀失败的教训，波兰实行休克疗法是必要的。匈牙利的通货膨胀不很严重，不必为此大下猛药。

四

耐人寻味的是，波兰的休克疗法在去年大选之后遭到了重挫，新上台的奥尔谢夫斯基总理被西方视为自由市场的批评者，正打算对两任政府实行两年的休克疗法经改计划改弦更张。一些学者对休克疗法提出了批评。美国经济学家加尔布雷思认为，休克疗法是"经济领域中的剖腹自杀"。联合国欧洲经济委员会的梅·弗拉金把休克疗法看成是错误的选择。赛克斯将休克疗法的不成功归咎于波兰人"缺乏耐心和承受力"。一些学者认为，波兰实行休克疗法是正确之举，但问题在于对休克程度的把握上。是否应当在休克疗法奏效之后适当放松紧缩政策，仍是一个可以讨论的问题。捷克斯洛伐克财政部长克劳斯去年曾撰文指出，休克疗法是一个"伪概念"，因为稳定化和自由化可立即实现，私有化则不可能一蹴而就。现在其他已实行休克疗法的东欧国家仍在继续其休克式的经改。1992 年 1 月俄罗斯冒险实行休克疗法，赛克斯又担任了俄罗斯政府经济顾问。曾负责波兰经改计划的前政府副总理兼财政部长巴尔采罗维奇指出，休克疗法在波兰出师未捷，俄罗斯"不妨一试"。维也纳比较经济研究所的波兰问题专家哈伯特·加里布施指出，俄罗斯的头号错误是实行波兰及捷克斯洛伐克采取的休克疗法。[①] 虽然人们对于休克疗法提出了种种批评，但俄罗斯仍在继续其雄心勃勃的经济改革计划。与休克疗法在波兰命运多并形成鲜明对照的是，匈牙利仍在一如既往地进行渐进式的经济改革。匈牙利国家银行行长彼德·鲍德 1992 年 1 月 27 日在国际货币基金组织指出，匈牙利独有的特点为渐进、成功地从中央计划经济向市场经济转变提供了基础。他认为，即使对那些不具备这样有利条件的国家，只要可能，就应以渐进方式进行改革。[②] 美国乔治·华盛顿大学经济学和国际关系学教授、乌克兰政府经济顾问奥列赫·哈夫莱雷申在其制定的乌克兰三年经济改革计划中，将渐进改革视为经济转轨的主要方式。目前在东欧和独联体成员国之中休克疗法与渐进改革的试验仍在继续，休克疗法与渐进改革孰优孰劣尚难判断。然而，最重要的是每个国家应当寻求适合本国特点的经济转轨战略。

参考文献

J. 赛克斯、戴卫·利普顿：《在东欧建立市场经济：波兰案例》，载《布鲁金斯关于经济活动的论文集》，1990 年第 1 期。

J. 赛克斯、戴卫·利普顿：《东欧私有化：波兰案例》，载《布鲁金斯关于经济活动的论文集》，1990 年第 2 期。

---

① 《独立报》，1991 年 1 月 27 日。

② 《国际货币基金组织概览》，1992 年 2 月 25 日。

捷克和斯洛伐克经济体制的转换：
方案、问题和前景[*]

J.考斯塔 著　　柴 野 译[**]

本文着重介绍捷克斯洛伐克经济体制转换的战略、问题和前景。

一、体制转换战略

　　主管经济的政治家和他们的顾问一致认为，进行有效的市场调节必须放开价格、在商品和金融领域实行自由外贸政策、建立竞争机制，也就是说要彻底打破供给的垄断局面。对于在通货膨胀的压力下首先要实行紧缩的货币金融政策也没有异议。大家一致认为，规模过大的重工业和军事工业必须加以控制，扩大基础工业和基础设施的建设并使之现代化。最后大家还认为，要采取适当的社会和劳动政策，以减少社会的不公正。

　　在改革战略的两个关键问题上存在重要的分歧。第一，在外贸方面，特别是在外汇政策方面。第二，在私有化的规模和进程方面。

　　* 本文原载于《经济社会体制比较》，1992 年第 2 期。柴野译自《年季度报告》第 125 期。本译文略有删减，有需要的读者可与编辑部联系。——编者注
　　** 柴野，《光明日报》驻柏林记者。

　　一方以财政部长克劳斯为首，主张进行"激进"的改革，另一方是以斯洛伐克共和国政府专家委员会考伯教授为代表，他们主张循序渐进的改革。激进派主张外贸自由化，特别是要取消克朗的"内部"汇率，取消无限制的收购外汇和强制购买国内企业所得的外汇。采取这种步骤，必须首先放开国内市场价格，国内自由兑换外汇，克朗必须大幅度贬值。汇率必须反映外汇市场的均衡价格，因而会高于购买力的平价。温和派同意克朗部分可以兑换，但对其大幅度贬值十分担忧，因为这会引起严重的经济衰退，从而导致不堪设想的社会问题。他们强调，汇率绝不能过分超过购买力平价。一些温和派的代表甚至反对立即实行外贸自由化，主张逐渐对外开放，并积极鼓励吸引国外投资。最后采纳了政治上占上风的克劳斯的激进派的主张。

　　在私有化的战略上，一开始大家的看法是一致的，即把大型联合企业的非国家化作为所有权过渡的第一步。非国家化指的是单个的企业与中央计划机构和国家预算完全脱钩，它们将成为商业性的企业，虽然它们仍然属于国家所有，但却作为股份公司、作为独立的市场主体参与活动。然后在第二步再考虑股份的转让问题。

　　激进派认为，除了一些公共服务行业（如铁路、邮局和提供公共产品的企业）以外，所有企业都要实现真正的私有化。而温和派的主张则不同。他们认为除了私有部门外，还应该有公共企业、职工所有的企业、集体企业、租赁企业以及其他公私合营企业。争论的焦点主要围绕财政部长及其拥护者主张实行私有化的"发券办法"。其做法是，所有公民都无偿或交纳少量费用得到投资券，凭借这张投资券有权获得部分股票。当时最流行的口号是"每个人都应获得占有资本的同等机会"。其主要论据是，在国内私人资本稀缺的情况下，用这种办法能最快形成私人资本，从而奠定资本市场的基础。温和派的观点则截然相反，他们认为，采取这个方法所产生的绝不是作为企业家行为基础的真正的所有制关系。所有制关系的特点将如俗语所说，"来得容易，用得快"。很多人会马上卖掉自己手里的部分股票，从而提高自己的消费水平。这无非是对通货膨胀火上浇油。温和派强调首先要吸引外资。尽管后来通过了发券私有化的法律，但是并未起到它的拥护者最初设想得那么大的作用。

二、1990 年 8 月的改革方案及其实施情况

1990 年 8 月政府通过决议确定了改革战略的发展方向。

1. 私有化

对国营企业私有化的两种做法：

第一是"小私有化"，即大约有 17 万个从事零售、饮食业、手工业、服务业的小企业以拍卖形式卖给私人。第二是"大私有化"，这涉及几千个重工业、建筑业和第三产业中的大中型企业。1991 年 2 月开始拍卖第一批小企业。在个别地区每个周末都举行拍卖活动，但这样的拍卖速度显然不能在预计的一年内完成小私有化过程。还有一点值得注意，即原来财产的占有者只要对原属于他的财产提出要求，就能比别的购买者享有优先权。1990 年 10 月 2 日的一条法律规定，退还 1959 年国有化没收的财产（主要指小企业），1991 年 2 月 21 日颁布的法律将退还的财产延伸到 1948 年至 1959 年。由于各方意见分歧较大，联邦会议在 1991 年 2 月 26 日才通过关于大私有化的法律。这里对外国人参与大小企业的资本占有作了不同的规定。在拍卖小企业时，外国人只能在第一轮拍卖委员会出的最低价无人问津的情况下参与第二轮购买。几年来，特别是通过了 1990 年 4 月有利于外国人投资的法律后，合资企业（不论其规模大小）发展较快，尽管一开始是一些小型企业，但如与大众汽车公司合资的斯考达汽车厂这样的大项目也越来越多。

随着有关大私有化的二月法律的频布，发券股份的问题提上日程。私有化方案有两种办法：标准方法和发券方法。第一种标准方法是直接向国内外人士出售企业，而且尽量做到以最高价格出售。每人发一份的股票价格最便宜，除此以外再想获得更多股份，就要支付较高的价格。

如果人们考虑到捷克和斯洛伐克是一个工业高度发达的国家，再加上要赔偿原来财产占有者的问题上可能产生的矛盾等一系列问题，那么我们就会现实地看到，国家所有权向私人企业主的转换的复杂性，这种转变也绝不是几年能完成的。

2. 放开价格

早在 1990 年时，一小部分消费品和其他产品就已放开价格，根据改革方案，市场化的决定性步骤要在年底全面展开。而实际上从 1991 年 1 月 1 日起主要产品和服务行业已经由市场来决定价格．通常提供产品和服务的企业根据产品的市场销售制定价格，但在通货膨胀的条件下，在典型的短缺经济现象下，对一些产品的价格必须进行调节，即规定最高限价、最低限价和设立监督机制。

改革方案的设计者们试图首先摧毁市场垄断结构，但由于触及切身利益的企业领导的抵抗和企业上级管理机关的抵抗，没有取得明显成效。

3. 克朗自由兑换，外贸自由化

1991 年年初，首先实现了克朗的国内自由兑换。1990 年年底汇率是 28 克朗兑换 1 美元。这样就等于采用了以克劳斯为首主张的、温和派极力反对的外汇政策。国际货币基金组织提供的一笔 17 亿美元的贷款（该贷款是以实行市场经济为前提的），使政府有了充分的外汇储备。由于企业资金严重短缺，不可能有更大规模的外汇需求，所以在近期内并不存在克朗继续贬值的危险。此外，政府实行的外汇限制政策也起到很大作用，1991 年年初每人可购 200 克朗，在"稳定的一周"后又提高到 500 克朗（仅用于出国旅游的少量外汇）。由于国内生产的商品竞争条件较差，他们采取了一系列鼓励出口限制进口的措施。如对可能出口商品实行免税，提供信贷方便，对进口产品加重税收等。同时准备逐步取消进口商品配额的批准制度。在改革方案上的争论虽然使人们感到，激进派主张全面放开，而他的对手拥护暂时实行某种贸易保护，但前者从实际的困难出发也不可能一下子实现外贸自由化。

4. 稳定政策

我们必须承认，1989 年以前的旧的行政管理机构执行的是比较适度的货币、财政和收入政策。那时的捷克斯洛伐克在消费品和资本市场上货币过量的情况比起其他东欧国家并不明显，外汇负债也不严重。改革政治家和他们的顾问们为了避免在向市场经济转变中产生通货膨胀倾向，在货币和金融领域采取了更为紧缩的政策。

但是，价格不至于迅速上涨显然与克朗的大幅度贬值是矛盾的。一些原料的进口价格突然提高，大大增加了企业的成本，这就必须尽快改善出口的竞争能力。此外，波兰的事实告诉我们，治理通货膨胀，不管它多么有成效，都会导致生产下降，大量的失业。而实际收入的降低将引起严重的社会问题。

5. 结构政策

捷克和斯洛伐克的经济学家一致认为，应该减少规模过大的重工业和军事工业，扩大并完善服务行业（包括银行、保险、修理、外贸和旅游业）和设施建设（住宅、能源开发、交通、通讯、城市建设等）；同时实行保证生态平衡的工业、能源和地区政策。但实现这个目标是一个长期而又艰巨的任务，加之为完成这一任务所需的大量资金的缺乏，在各个领域都需要外国资本的大力帮助。尽管为完成结构调整所需的资金是通过市场经济的杠杆获得的，但这里不可能没有行政手段的干预。

在外贸的结构调整上遇到了更多的困难。鉴于从苏联进口的石油和其他原材料减少，海湾战争也影响石油的进口，从而迫使人们重新考虑一条解决原料等问题的出路。在出口方面由于苏联、东德和波兰出现的结构和增长危机，撤销了订购捷克斯洛伐克的机器和其他工业产品的订单。总之，国内外经济贸易方面的结构转变使许多问题变得更加复杂、困难重重，它与政府实施的结构政策发生了矛盾。

三、1990 年和 1991 年初经济发展结果

1990 年经济出现负增长（见下页表 1），1991 年衰退更加明显。这一发展与原东欧经互会国家的情景一样。他们在实施一系列体制改革中必然要付出很大的代价，以便为将来的恢复过程创造必要的条件。这里最难以回答的问题是，在过渡时期是否或者说什么时候人们才能从不可避免的、正常的衰退中恢复到经济高效率并完成必要的结构转变。

1990 年严重的负增长使建筑业、即最敏感的住房建筑受到沉重打击。工业生产的衰退特别影响了矿业、冶金、能源经济和化学工业。在改革的推动下某些方面的结构调整最初看来取得一些成效。由于压缩了重工业生产，使几十年忽视生产的消费品行业如玻璃、陶瓷、木材加工、纸张生产等有了较大的发展。苏联减少原材料供应，原来的合作伙伴如东德、波兰和苏联撤销合同对机器制造业和其他行业有极大的影响，斯洛伐克地区尤为严重，因为所有军事工业和重工业都集中在这里。此外，库存的严重积压和机器设备交货期限一再推迟等现象说明，企业与过去伙伴的经济行为依然没有改变。而在一些小型私人企业方面却呈现出可喜的成果，当然这在目前还不十分普遍。

1990 年的失业数字并没有引起人们的关注，全国失业率平均 1%。由于各地区结构不同，斯洛伐克地区达到 1.2%，而捷克是 0.7%。但这里需要补充的是，所有工作岗位一直超员、许多生产项目"人为"地维持着，其原因是企业领导害怕发生社会问题而容忍这一事实。另一个使市场压力有所减轻的原因是不断增加的个体企业。在 1990 年中只有 20 万个个体经营者，而目前已增加到 50 万个个体经营者，占全体就业职工的 6%。但我们不能过高地评价私人企业分量，因为有 3/4 的私人企业只是作为第二职业。

由于 1990 年物价并没有全面放开，物价上涨趋势不明显，到下半年零售物价上涨指数已达到 10%，呈直线上升趋势。前 6 个月物价上涨指数仅有 4%，第三季度就达 14.1%，第四季度竟高达 18.4%。这里面有政府减少一些食品的物价补贴和中央政府统一提高汽油和其他产品价格的原因。

表1　1990年经济增长数据（与1989年相比,%）

生产性国民收入（纯物质产品）	– 3.1
工业总产值	– 3.7
农业总产值	– 3.7
建筑业总产值	– 6.6
失业率	1.0
零售物价指数	10.0
（实际）工资	– 6.6
全民工资收入	– 1.4
零售额	0.8
整个出口额	– 10.9
其中向西方出口	– 3.1
整个进口	– 2.8
从西方进口	9.7
总债务（以美元计算）	8.1

人们的名义工资收入下降了6.5%，而实际收入减少了1.4%，这主要是由于工资以外的其他收入有所增加。商品零售额在消费者工资减少的情况下略有增长，这主要是由于国外汇款、旅游增长。如果我们看一下过去一年里人民生活水平的状况，还没有感到他们对经济发展有极大的不满情绪，而实际上人们比目前工资下降更为担忧的是未来的经济发展。

捷的外贸依赖性极强，其外贸经济在整个经济发展中占有十分重要的意义。由于东欧集团的解体，而国内产品能打入西方市场的有限，捷的外贸额比1989年下降7.6%，其中对西方的出口减少3.1%。而对东方的出口下降了1/5，其中东德下降53%、波兰下降21%，工业产品最大进口国苏联下降幅度超过11%。

从1990年起，捷合资企业的数字急剧上升。根据欧洲经济委员会的统计，到1990年1月1日止，捷仅有60家合资企业（匈牙利100家，波兰361家），而到了这个年度的10月份就有500家以上合资企业注册成立（此时匈牙利已有 160 家，波兰 1550 家）。捷统计局宣称，已有 200 家以上合资企业，其中有 1/4 以上的企业外国资本超过 50%。这种合资企业大多是中小企业。引人注意的是，越来越多的捷克和斯洛伐克的工业、建筑企业、银行、旅馆以及服务行业的企业开始寻找各种与西方同伴合资的可能性。仅从年前两个月的情况看，今后的发展必然会取得可喜的成果。

捷的政治家和经济专家对 1991 年年初实行的改革措施抱有希望。这些改革措施是放开价格、克朗部分自由兑换和国营小企业私有化（同激进改革的初期的想法相反），但是，采取这些改革措施必须同时实行紧缩的货币和财政政策，建立弹性的社会保险制度。让我们看一下最初两个月的情况，消费品价格 1 月比同时期上涨了 145.6%，大大超出了预计的上涨幅度，2 月份比前一年同期上涨 155.6%。仅食品的价格就上涨了 16 5.%，这主要是取消了许多补贴和一些商品短缺造成的。工人和一般职工的生活费用比 1990 年 12 月的费用在 1 月份上升 24.1%，2 月份上升到 31%。

工业生产在 1991 年前两个月也呈下降趋势，统计数字表明，年初的产量是 1990 年同期的 96.3%。除了人们对东欧市场减少需求的原因外，企业的能力也变得越来越成问题，这一方面是过去错误的信贷决策造成的，另一方面与政府目前实施的紧缩政策有关。因为还没有产生相应的破产法，许多企业面临着关闭的危险，他们的生产项目不是已经中断，就是必须大幅度消减生产，商品货架上的东西虽然没有被抢购一空，但消费品的供应没有得到根本的改善。

四、经济发展的前景

根据捷克和斯洛伐克的专家预测，国民生产的一些最重要的产品以及工业生产 1991 年将减少 5%—10%，通货膨胀达 30%—50%，人们的实际收入有可能下降 10%—15%。外债将上升到 110 亿—120 亿美元。

就目前的几个简单的预测数据足以证明，捷经济将面临着衰退，它必然导致严重的社会冲突。在外贸经济条件还不十分严峻的条件下，特别是如果能继续维持与苏联及其他东欧国家这种低水平的货物交换，如果西方能向捷提供一定数量的贷款，西方企业进行大量投资以及欧共体国家在商业领域给予帮助，那么就可能为在 1991 年下半年捷经济走出低谷创造条件。但以下三个方面对改革进程会产生重大影响并对今后几个月的发展具有重要意义。

捷克与斯洛伐克必须在一个自由、民主的联合政体内找到一个双方都能够接受的解决问题的方式，使社会经济变革不受民族宿怨和其他因素的影响与制约。

必须在所有决策部门即在行政管理部门、在地方自治区域特别是在工厂甚至车间的领导部门中实行个人负责制，尽快结束那种以权谋私，有损经济决策的各种行为。

改变命令经济中形成的一些行为方式如不负责任、消极等待、不愿承担风险等，真正把收益同贡献相结合，鼓励创新。这是一个难度最大，时间最长的任务。

如果外部条件较好，可望在 1991 年年底 1992 年年初经济开始复苏。但如出现一些不可预料的制约因素，如还不牢固的联盟的垮台，苏联在原料供应上发生灾难性中断，那么衰退周期就将进一步延伸。

但也有人认为，如果在改革进程中措施适当，捷在今后 10 年中有可能成为欧洲经济高度发达的国家。

经济改革设想和现实的对照[*]

[匈牙利] 雅诺什·科尔奈　著　　荣敬本　高新军　译^{**}

　　编者按：这是匈牙利经济学家雅诺什·科尔奈将在 12 月出版的美国《经济文献》杂志第 XXIV 期上发表的一篇论文的最后一部分。这篇论文的题目是《匈牙利的改革道路设想、希望和现实》。在论文中，科尔奈详细回顾了匈牙利以及整个社会主义世界改革所走过的道路，批判地介绍和评述了各种改革派的思想和政策建议，并提出了自己的独到见解。从这篇论文中，我们可以窥见这位社会主义改革理论家的最新思想发展，并触摸到整个社会主义国家经济体制改革的时代脉搏。

　　在我们叙述了匈牙利的经济改革以后，将谈谈关于市场社会主义的种种设想。第 1 节和第 2 节讨论过去的设想，第 3 节和第 4 节讨论匈牙利现在的设想。① 有的设想是兰格模式这类纯理论的形式，有些设想则是规范理论和实际建议的混合物。

＊ 本文原载于《经济社会体制比较》，1986 年第 6 期。

＊＊ [匈牙利] 雅诺什·科尔奈（János Kornai），哈佛大学经济学教授。荣敬本，中央编译局研究员；高新军，中央编译局研究员。

① 市场社会主义的种种设想仅仅是关于社会主义形式的大量设想的很小一部分。

一、奥斯卡·兰格的市场社会主义

20世纪30年代关于社会主义争论的文献（包括原著和以后的评论）可以说是汗牛充栋。① 本文不可能涉及所有这些文献，只能集中谈谈作为争论中心的兰格的经典论文（1936—1937）。

第一个问题是匈牙利的经济改革现实是否是"兰格经济"或接近"兰格经济"，根据以上所说，读者已经可以肯定回答："否。"

更详细的回答需要谨慎。兰格在他的论文中只是提供了一个"模式"。模式自然要把同主要论点无关的复杂的现实细节抽象掉。因此，仅仅指出现实比模式更丰富，是对理论模式廉价和不公正的批评。我们只是根据同匈牙利现实的对照和以后对这种理论的批评，简要地谈谈这种理论的最实质性的假说和特点。

兰格认为具有可能性的是社会主义将是一种由公有部门和私有部门所组成的二重经济。但是他只对公有制部门系统地阐述了他的有争议的建议。因此，把兰格模式同匈牙利国有经济加以比较是合理的。

兰格的经济具有瓦尔拉斯的信息结构。依靠价格体系和观察过度需求来提供充足的信息，并通过试错法来建立瓦尔拉斯的均衡价格，或至少接近于这种价格。当事人对价格作出反应。与此相对照，匈牙利企业的产品价格即使在改革以来也并不是瓦尔拉斯价格，或接近这种价格。官方文件甚至没有显示出在经济的任何地方去建立市场清算价格的意图。国营经济产品和服务的价格并没有反映稀缺性。非国营部门的产品和服务的价格可能接近于瓦尔拉斯均衡价格，但有很大的变形。国家部门的非市场清算价格波及价格体系的其余部分。撇开价格能否给予正确信号不说，主要的问题是国有企业对价

---

① 在这场大论战中最杰出的著作是文诺克·巴诺［1908］（1935）、鲁德威格·冯·米塞斯［1920］（1935）、福雷德·M.泰勒（1929）、弗里德里希·哈耶克（1935）的著作，当然还有兰格的论文。经典的概括是艾伯罗姆·柏格森的观点（1948）。柏格森（1967）、艾莱斯·拿乌（1983）、D.莱乌耶（1985）又增加了一些新的重要观点。

格反映很弱。在许多场合，它们更加注意其他信号。

在兰格经济中，企业的目标是利润最大化，相反，匈牙利的企业有多重目的。谋取更大的利润，只是目标之一，而且不是最主要的目的。利润刺激由于软预算约束综合症而弱化。企业对上级行政机关的纵向依赖高于它们对市场的横向依赖。

在兰格经济中，中央机构将其活动限制于确定价格上，而在匈牙利经济中，行政机关忙于干预经济生活的各个方面。干预价格的形成只是它庞大活动的一小部分。

问题还不止于此：兰格经济的建立是可行的和合乎需要的吗？前一个问题是根本的，因为在不可能的情况下，第二个问题也就没有意义了。当然，一个国家的经验不可能提供令人信服的答案，但是，它有助于对所提出的论据进行再思索。

兰格模式是建立在对"计划者"的错误假设之上的。① 他设想的中央计划工作者是柏拉图式哲学家的再现，是大公无私和聪明智慧的化身。他们没有非分的要求，而是严格地执行"规则"，对超过需求的价格进行调整，这种超自然的行政机构无论过去或将来都绝不可能存在。政府官员反映社会的分工，受到不同利益集团的压力，他们内部也有矛盾。他们追求个人或集团的利益，包括追求他们所代表的集体的利益。权力本身就会产生不可抵抗的诱惑使人们去使用权力。行政机构由于他在社会中的作用必定是干涉主义者。这是由他的地位所决定的。在匈牙利，至今微观干预很多，这绝非偶然。这是存在着一个强有力的官僚机构的必然的产物。因此，重新集中化的固有倾向总是占据优势。

兰格模式同时是建立在对企业行为的错误假设之上的。他期望企业会遵守体制设计者制定的规则。但是，社会并不是一种娱乐性的客厅，在那里发

---

① 当兰格写他的论文时，其头脑中对中央计划委员会的作用和市场的作用是有争论的。在给哈耶克的私人信件中，他指出了在真正的竞争占优势的部门中，市场力量在直接决定价格方面的重要性。（塔都茨·科瓦利科，1984）。本文没有讨论兰格 20 世纪 30 年代的思想，但是所谓兰格模式从发表时直到今天已为同行们（在涉及兰格的教科书和论文中）所理解。

明者能够随意地发明规则。组织及其有切身利益关系的领导人有着各种深刻的动机：生存、发展、组织的扩大、组织内部的和平、权力和声誉，追求容易达到这些目标的环境。上级可以推行一种人为的奖惩刺激制度。这种制度可以支持上面提到的不公开宣布的动机。但是，一旦这种制度同上面这些动机发生冲突，对这种制度的贯彻执行就会犹豫不决，或对它作出模棱两可的解释。组织的领导人就会去影响贯彻制度者，或者试图违反制度。

在现代社会学，经济学，行政官员机构、等级制和组织的社会心理学中对这些方面的论述是众所周知的。20 世纪 30 年代的兰格是一个令人信服的社会主义者，但是，他生活在瓦尔拉斯纯理论的贫瘠的世界中，并没有考虑到他的基本假设的社会政治基础。

兰格希望用行政机构的工作程序来模拟市场。这种希望在匈牙利的现代著作（例如，贝拉西科斯—纳吉 1985 年的著作）中一再出现。在这种思想的逻辑中存在着内在的矛盾。行政官员大军几乎要随时随地调整成百万种产品的价格。兰格的现代信奉者可能说，用电子计算机只决定总量的价格指数，同时给当事人规定分解这些总数的计算原则。在匈牙利或多或少地采用过这种做法。但是，我们上面已经说过，如果这些原则同企业的利益有矛盾，企业就能够逃避计算原则。行政当局作为反措施，就会增加各种细节的指令、限制和禁令。兰格认为行政程序可以模拟市场，实际上却是调节者和被调节者之间的冲突。

兰格模式的另一个缺点是忽视竞争问题。拉伏伊（1985）正确地指出，关于社会主义的新古典讨论片面地把重点放在计算正确的价格信号上，而忽视了米塞斯—哈耶克—熊彼特关于"竞争"的有决定性意义的思想。在一个名符其实的市场过程中，当事人都想使用并且能够使用他们的特殊知识和机会。他们彼此是竞争对手。在这个意义上，市场总是处在动态不均衡的状态。各种竞赛造成的总的潜力总是超过实际的需求。有些人胜利，有些人失败。胜利带来了报酬：生存、发展、更多的利润、更多的收入。失败带来了惩罚：失去利润，收入减少，在极端的场合下破产。使用本论文的术语，米塞斯—哈耶克—熊彼特的市场包含硬预算约束和买方市场。只要体制和政策不能保证这两个条件，就没有真正的市场。兰格模式的最大弱点是没有仔细考虑这些条件，许多兰格的追随者也犯了同样的错误。

兰格所想象的是具有瓦尔拉斯反馈机制、能平衡供求的市场。但是，以国家所有制为基础的中央控制系统固有的倾向是在第 VI 部分所描述的经济的不同领域内产生长期的过度需求。

二、天真的改革家

这是指一批曾经是改革先驱者的经济学家。在匈牙利，首先应该提到的是格奥尔基·彼得（1954）。其次，是山道尔·巴拉萨（1954），彼得·埃杜士（1956），托马斯·纳吉（1957）和伊思特凡·瓦尔加（1957）。在我写《过分集中》一书（1955—1956）时，也可以被列入这类改革家。波兰的布鲁斯（1962），苏联的利别尔曼（1962）和捷克斯洛伐克的奥塔·锡克（1967）也属于这类改革家。这是一个随意列举、人数很少的名单，只是用以说明天真的改革家的观念。括号中的年代是我引用的他们著作出版的时期。除了彼得和瓦尔加外，他们都活着，其中大部人或多或少地已经改变了他们早期的理论观点。

这些经济学家彼此之间有不同意见。我们只将指出他们的一些共同点。这是更有意义的，因为正是这些共同点清楚地反映在匈牙利 1968 年改革的正式决议和文件中。[①] 特别重要的是，类似的思想也出现在今天中国的正式文件中，许多匈牙利经济学家经过长期的、有时是痛苦的经验，已经失去了这种天真。但是，由于其他社会主义国家的同行们急切地希望改革起步，但缺少第一手的经验，所以今天同样显示了这种天真，甚至因匈牙利人的批判态度而感到激怒。

---

① 最有意义的文件能够在哈诺克·艾斯（1968h）收集的文献中找到。也可以看拿勒斯的书以及其他地方（1969）。拿勒斯是 1968 年措施时期负责经济事务的党的书记，因此能够被认为是一个 1968 年蓝图的主要设计师。

在进行批评以前，应该说一些赞扬的话。即使作者因其早期著作也被列入上述名单，但我们不能由于虚伪的谦虚而不去承认这些先驱著作所表现的智力上和政治上的勇敢。这些著作的描述部分包含着深刻的、并且至今仍有价值的对改革前的体制的批判性分析。这些著作的建设性部分指出了匈牙利和中国以后实际改革以及捷克斯洛伐克和波兰改革尝试的方向：企业自治权，正确的价格信号，利润刺激，利用市场力量，过渡到买方市场，等等。但是，先驱者没有预见到许多复杂情况。事实表明，这些情况已经成为妨碍贯彻他们建议的障碍。

天真的改革家没有认识到间接行政控制和市场之间的冲突。他认为，在废除了命令体制，从直接控制转到间接控制以后，就具备了市场顺利运行的充分条件。他的思路可以概括如下：我们应该具有谋取利润最大化，几乎自治的企业。它将根据供求的变化对相对价格、利息率、税收、贷款额度的信号作出反应。如果是这样，那么中央调节和市场之间就没有矛盾。事实正好相反，市场只是中央决策者手中的"工具"。只要中央权力机构的官员抓住各种间接控制的绳子，谋取利润最大化的当事人就会像顺从的木偶一样行动。匈牙利的经验已经说明，这种基本的假设是错误的。

这种假设的哲学基础是乐观地相信可以达到或至少接近完全的和谐。市场尽管是好的，但不能完全成为自发的。市场的不完善可以用中央干涉来纠正，因为中央可以比盲目的市场力量更好了地解社会利益。天真的改革家认为中央计划工作者不是不会犯错误的。于是计划的不完善可以依靠市场的帮助来消除，这样，可以自动地消除错误。相信"计划"和"市场"（用本文的语言来说，就是行政机构和市场）和谐一致、它们具有相互校正的双重功能，这是先驱者天真性的主要表现。

行政机构协调和市场协调的并存并不能保证我们得到"两个世界的最好部分"，这也并不是说不可避免地得到"两个世界的最坏部分"。这是极端的简单化。某种互相的校正是可能的。如果市场力量引起了从社会的角度来看不公平的收入分配，或者引起了破坏环境的外部因素，等等，行政机构可以而且应该采取校正的措施（在这方面，匈牙利并没有采取充分的校正措施），如果政府的干预措施产生不良影响，市场的不均衡状态就会发出信号，计划者就应当根据这种信号进行调整。但是，不要对这种有益的互相补充指望太多，实际上，行政机构的干预愈多，这种干预就会削弱第一种干预的作用。每一条绳子似乎都可以控制企业，但是，企业被上百条绳子牵着，它就开始麻木了。它对行政机构的调节没有明确的反映，对市场信号也不反映。拉斯洛·安塔尔很贴切地称之为"调节的幻想"。

天真的改革家在寻求划分行政机构作用和市场作用的合理范围。许多人设想合理的范围是："简单再生产"（马克思的用语）由市场调节，"扩大再生产"由计划者调节。换句话说，现行生产由市场调节，投资由计划者调节。事实上，这种划分是不可能的。一方面，行政机关不准备把它的活动仅限于投资，另一方面，如果企业的成长和技术的发展同企业的利润和财政状况无关，而仅仅依靠上级行政部门的意志的话，那么企业自主权和利润刺激也变成了一句空话。

先驱的改革家想消除行政机构的一切成员的疑虑，告诉他们在改革后会有充分的活动余地。他们的顾虑是可以理解的。改革是"自上而下"的运动，是控制者自觉地改变行为，而不是被控制者"自下而上"的运动。因此，在整个过程中存在着棘手的内在矛盾：即使改革是成功的，怎样才能使那些失去部分权力的人积极参加改革。在匈牙利，消除疑虑的工作做得很好，但是，官僚机构没有触动。经济行政机关的工作人员很难一下子都改变。毫不奇怪，在匈牙利，不是"计划"和"市场"的和谐并存，而是行政机构有决定影响的双重依赖体制。一旦行政干涉达到一定的临界点，市场将或多或少地失去活力。

天真的改革家关心国有企业的问题，但很少考虑非国有部门作用的重新认识问题。事实表明，迄今为止，只有非国有部门对经济生活带来最明显的变化。

三、加尔布雷思社会主义

很难简单地对目前匈牙利的经济学派加以分类。从一定意义上说，每个经济学家和政府官员都是改革的拥护者：改革是政治领导和政府正式宣布的政策。但是，真正重要的不是一般看法，而是对现有体制的具体评价和对未来体制的可行建议。在这些方面，观点是有差别的，围绕许许多多的问题的争论将继续进行。两个在第一个问题上取得一致意见的经济学家，可能在第二个问题上存在着分歧。每一个人都有自己的批评和建议。但是，为了使文章更易于理解，我将把本节和下节的内容描绘为两个"学派"。需要指出的是，我在分类时可能有些随意性，而那些确实属于这个或那个学派的人们则可以仍旧保留着他们个人的观点和疑义。我们无非是把两个具有某种不定型的现行思想加以典型化。

我们称第一个学派为"加尔布雷思社会主义"。这是笔者所创造的名词。很可能这个学派的成员和加尔布雷思本人都不欢迎这个名词。然而，加尔布雷思的著作是这个学派著作中最有特点的参考书。一场有时甚至相当激烈的争论在他们和"激进的改革者"学派之间进行着。而通过这场争论，我们可以很好地了解第一个学派的观点，后一个学派的观点将在下一节阐述。

加尔布雷思主义者明确地指出，激进派拥护的是一种具有时代错误的体制。他们说，激进派想把19世纪初曼彻斯特的资本主义的机制引入社会主义经济。这种机制是：市场不受政府干预，小企业占统治地位。激进派被指责为社会主义的弗利德曼主义者。而当代资本主义的实际情况是完全不同的。这涉及加尔布雷思（1967）和其他作者对现代私人市场经济的描述。当代资本主义是一种二重经济：一方面是少数权力集中的大公司，它们处于垄断和寡头地位，同政府结合在一起并受到政府的保护。这部分经济在一种由政府以庞大权力继续实行凯恩斯主义的需求管理所造成的环境中运行。例如，实行价格和工资的调节、推行保护主义措施，等等。另一部分经济由小生产者、小商人和家庭组成，它们的活动受市场支配。虽然经济中存在着两个部分，但前者具有强大力量并占据统治地位，后者则处于辅助和从属的地位。加尔布雷思学派认为，即使在现代资本主义下，这种状况是真实的，那么也完全没有理由在社会主义条件下要求更大程度的分散化。相反，社会主义体制有可能并有义务更彻底地实行集中计划和协调，建立中央计划机关和大企业之间更紧密的联系。中央计划的决定性作用不必躲躲闪闪地隐藏着，而必须公开化和大胆地公布出来，当然，应该比以前组织得更好。那种大的垄断者、寡头以及同它们发生联系的国家必须变成"企业家"，"企业家身份"将不再是小企业的特权。

加尔布雷思学派的思想受到希望回到改革前命令经济的一些著作的批评。但是，就这个学派公开出版的著作来说，他们并没有提出要回到包罗万象的命令经济去。他们所提出的不过是说原先的状态具有合理性。他们证明，假若国营经济与私营经济、行政与市场、大企业与小企业这些因素中第一种因素居于无可争辩的优势地位，那么现存体制中的两重性就可以和平共处。在一些著作中，他们指出，他们对市场或私有经济并没有信心，而宁愿看到它们的作用被削弱。他们希望保持现状，只进行一些小的改良，但是拒绝改变现状太多的激进改革。为此，该学派提出要利用当代资本主义的所有理论结论和实际经验：卡莱茨基和凯恩斯的宏观经济学，西方管理学院的教科书，从对工业化国家政府部门、大银行和大公司的实际考察中得出的教训。以上所列各点中的每一点经验都应受到欢迎。

"你看，现在的体制在许多方面与现代资本主义并没有很大的差别。"当然，这种说法是对匈牙利的现状的古怪的"意识形态"的支持。问题是夸大了两者相似的部分。诚然，现代资本主义完全不同于原子化的瓦尔拉斯完全竞争世界。即便是那样，在今天匈牙利的经济机制和高度发达的资本主义经济体制之间仍然存在着决定性的差别。我们只列举同本文有关的一些特点。

虽然两种体制在农业、工业和商业中，都存在着国有企业和非国有企业，但是比重相差悬殊。在匈牙利，国有企业占统治地位；而在西方，国有部门虽然重要但却比重很小。

两种体制都存在许多实力雄厚的大企业，但它们的规模分布又很不同。匈牙利的集中程度远远高于西方。

"软预算约束"两种体制下都会出现。在匈牙利是生活中的正常现象，同样的现象在西方几乎是例外。与此有关的是对价格的反映，匈牙利国有企业的反应相当迟钝，在西方的经济生活中，包括大公司在内对价格的反应非常灵敏。

两种体制同样都存在着政府的行政干预。在匈牙利，这种行政干预贯穿于整个经济过程，事无巨细的行政干预使得国有企业高度依附于政府。在西方，虽然政府行政干预的影响并非微不足道，但是经常性的强烈的行政干预则很少。而且就程度来说，并没有超出使市场活力削弱的临界点。

短缺和过剩在两种体制中都同样存在。在匈牙利，短缺相当普遍，有利于买方的卖方激烈竞争只是一种例外。而在西方，恰恰相反。短缺也偶尔出现，但典型的状况是竞争者为吸引买者展开的激烈角逐。不仅小企业是如此，而且那些大公司也是如此。它们都同样感到，在同一部门或不同部门的企业中，新的企业和新的产品或多或少地把一种实际的威胁和潜在的竞争带到了市场上来，当然同外国企业的竞争也是如此。

然而，争论的辩证法告诉我们，"加尔布雷思"学派的追随者们的思想应该受到充分的注意，因为他们在同其他学派，尤其是激进的改革者的争论中指出了他们的一些弱点。

四、激进改革者

这不是一个有着可接受的共同改革纲领的集团。我们这里所指的是一些在不同的研究机构工作或在一些高级政府机关任职、其或多或少持有相同改革思想的经济学家。虽然涅尔什、托多、鲍尔、安塔尔等人的著述是最具代表性的，但是有同样精神的文章不可胜数。①

激进的改革者们对目前的状况进行了深刻的批判分析。本文主要使用了这些研究材料。这里我们把注意力集中于他们提出的规范的建议。除了一些细节外，他们已描绘出市场社会主义的蓝图。他们提出的许多慎重的建议也

---

① 激进改革的先驱者是梯勒·李斯卡（1963h、1969h），后来他精心设计了一个建立在出租国有资本给个人基础上的社会主义蓝图。他的观点明显地区别于以上所列的其他激进改革者的建议。本文的容量不允许我去评论他的建议和他们的批评。李斯卡的计划在 J. 巴索诺（1982）、诺曼·曼卡尔（1983）和 I. 斯卡拉卡（1985h）著作中做了讨论。

远胜过二三十年前天真的改革家。其主要思想可以简单地概括如下：

需要建立一种市场清算的价格制度，只有这种定价原则，而且只有这种定价原则是可以接受的。要由市场来决定价格。只有例外的场合才会允许违背这些原则。必须强化利润刺激，以使企业对价格信号有敏感的反应。除外，还要实行新的刺激结构，激励企业把不断增加净产值作为主要目标。①

应当校正规模分布的歪曲。较好的办法是用各种政策鼓励中小型企业的发展，支持新的企业自由进入，解散高度垄断、过度集中、过于庞大的企业。只有在能够发挥规模经济并能够在世界范围的竞争中成功地活动时，大企业才是需要的。

必须消除竞争的障碍。应当推动各种不同形式的竞争：不同社会部门之间的竞争，大中小企业之间的竞争，国内产品和进口产品之间的竞争，等等。

为实现这种目标不断进行的体制改革要与适当的宏观政策相结合，应最大限度地扩大买方市场的范围。

必须清除阻碍建立自由的劳动市场的障碍。相对于经济的其他部门而言，在获得劳动力方面，国营部门不能处于不利的地位。工资的确定应具有更大的灵活性。

严格的财政纪律和硬化预算约束必须得到保证。这种努力还必须与更大程度的资金分配权力的分散化和灵活的资本市场的建立相结合。破产的可能性应成为一种最终的威胁。与此同时，那些赢利的企业必须获得利用自有资本、贷款或在资金市场筹集的资金的方式迅速扩张的机会。这些改革的先决条件是政府预算在总收入中所占的份额必须减少。

商业银行系统必须获得充分的发展，并根据商业原则进行活动。

在进出口活动中，必须允许更大规模的竞争。必须让实际的汇率发挥更大的作用。必须创造进口自由化和外汇全部自由兑换的条件。

需要保护私人经营的法律，明确私人活动的合法范围和界限。

---

①　这是一种合理的最大化。不幸的是，在前面部分中反对人为的"规则"的可行性和利用活的组织所固有的新陈代谢动力的"刺激结构"中，怀疑增加了，这种怀疑也应用于这个建议。

必须创造经济体制改革的政治条件，各种不同的社会和经济集团必须有自己适当的政治代表。国家必须在经济中继续发挥积极的作用。它的主要任务是对需求进行宏观管理，限制垄断，发展基础设施，保护社会安全，反对外来侵略，进行个人收入的再分配以实现社会公平。

上述变化或许一些更重要的措施必须"一揽子"行动，孤立地完成一种改革而没有其他必须的改革所创造的适当条件相配合，都是具有风险、或者是有害的。

笔者认为，实现这些建议是完全必要的。但是，仍有相当多的实质性问题未解决。例如，所有制和产权的问题在激进改革者的著作中就没有清晰详尽的阐述。这个问题又可以分成两个方面：

第一，非国有制的前景如何？特别是在社会主义体制改革的蓝图中私有制的未来怎样？它们的比重可以不断地扩大吗？在社会主义国家，拥有 7 个雇工的小企业是可接受的上限吗？

第二，国家所有制的传统形式能够同以上建议的改革措施，包括强化利润动机、自由进入市场、硬化预算约束、灵活的工资决定、有效的资本市场没有矛盾吗？① 许多作者提出了把企业经营从政府的行政干预下分离出来的各种方案。一些经济学家主张实行工人自治，因为这可以确保企业摆脱行政干预而保持独立性［巴尔（1984）、艾斯特温·卡斯莱格（1983h）］。② 反对者认为，南斯拉夫工人自治的历史和工人参加选拔和任命经理的最初的经验证明，它并不能得到充分的保证。另外一些人例如塔都斯则建议经理应当同被宣布为"所有者利益"的代表的机构相分离。像资本主义合股公司的董事会一样，由后者来任命和监督经理。但是批评者们怀疑：这种被委任（由谁委任，由行政机关吗？）作为"所有者"代表社会的人为产生的团体能模拟所有者的利益吗？

本文前几部分论述的许多争论很发人深省。在匈牙利现有的政治结构条

---

① 这是那些建议改变的反对者反复提出的一个缺点。

② 理论的概括在泰曼斯·斯格茨（1982）的著作中表达了。

件下，国有企业真正的自主权可以得到保证吗？同样，行政部门自觉地限制它们的活动范围而不超出以上概括的建议所划定的界限吗？

这又引出另一个更为基本的问题：社会主义国家的改革进程能够大大超越匈牙利已经完成的那些部分而继续前进吗？或者说，目前匈牙利的改革已或多或少显示出改革的最终界限了吗？体制上的其他一些次要方面的改革，不论它们如何必需，并没有触及这个问题的实质。

笔者必须坦率地承认自己的矛盾心理。作为一个匈牙利公民，真诚地希望以上所提出的一系列问题将获得积极的答案。作为一个顾问，努力帮助改革的过程顺着以上列举的方面前进。而作为一个研究者，保留着怀疑的权力。

从对社会主义经济的研究中能够有把握地吸取的一个教训是，更深刻全面的体制改革有更大程度的不可预见性。回答以上提出的问题，不能依靠推测，而只能依靠历史的经验。到目前为止，匈牙利并没有提供一种结论性的答案。我们必须等待并观察匈牙利、南斯拉夫、中国的经验，或者其他可能走改革之路的社会主义国家的历史所可能揭示的东西。

转型经济的货币深化与货币挤出：
中国和俄罗斯的不同[*]

徐坡岭　韩　爽　王志远[**]

一、引言

在经济转型过程中，控制价格水平的剧烈波动，有效抑制通货膨胀是每个转型经济都必须面对的考验。货币控制对于经济转型和经济增长至关重要，中俄两国在这方面的做法和效果有着明显的不同。有学者（拉迪，1999：1）曾经认为这是决定两个国家转型成功与否的重要指标，俄罗斯的转轨时期伴随着严重的通货膨胀，而中国自改革以来，尽管曾经出现过两次峰值，但年均通货膨胀率一直控制在个位数水平。激进式的转型方案给俄罗斯带来了持续的通货膨胀，直接导致了俄罗斯经济发展停滞、居民生活水平下降，决定了俄罗斯经济转型的绩效。反观中国的渐进式改革历程，虽然流通现金和广义货币都高于 GDP 的增长速度，但是官方价格指

---

 * 本文原载于《经济社会体制比较》，2012 年第 4 期。

 ** 徐坡岭，经济学博士，辽宁大学转型国家经济政治研究中心副主任、教授、博士生导师。韩爽，经济学博士，辽宁大学转型国家经济政治研究中心研究员，国际关系学院副教授。王志远，经济学博士，中国社会科学院俄罗斯东欧中亚研究所副研究员。

数上涨幅度始终处于可控的范围之内。有学者（周其仁，2010）将中国的这一现象称之为"货币深化"，即官方发行的货币能够被经济发展所消化，而不会直接反映到通货膨胀上来。借用此概念，我们将不引起通货膨胀的货币超量发行称之为"货币深化"，即货币被经济增长和资产价格的上涨所吸收。而引起通货膨胀的货币超量发行，既没有被经济吸收，也没有被金融系统所吸收，反而助长了价格指数的上升，我们则称之为"货币挤出"。本文将结合中国改革开放和俄罗斯转型历程中的经验，分析这两种不同货币现象的深层次因素及其影响，并尝试建立一个较为新颖的分析框架。

二、转型初期的存量货币释放：挤出还是深化

在从计划经济体制向市场经济体制过渡的经济转型初期，转型国家首先面临的一个问题就是存量货币的释放。这是因为在计划经济时期，经济中已经积存了大量的过剩货币，这些货币并不是正常的货币储蓄，而是由于计划经济时期消费品短缺所形成的货币过剩，事实上相当于被强制推迟的居民消费，也相应地形成了强制性储蓄（科尔奈，2007：221）。在这样的"短缺经济"中，一方面是经济中积存了大量的货币，但由于商品短缺而无法消费；另一方面，商品短缺也促使居民改变消费预期，他们认为未来将更难买到生活用品，因此容易保存的商品总是被超量购买、储存。在这种情况下，大多数转型经济都面临着潜在的通货膨胀。当经济转型启动时，这些过剩的货币必然会随着价格管制的消除而释放出来，货币对商品的追逐，使货币总量与商品总量之间重新的对接，结果往往是价格的大幅度波动。这种价格波动是否会演化成为剧烈的通货膨胀，取决于相关国家在转型初期和转型过程中的转型策略和经济发展模式。简言之，就是取决于这些国家是存在货币挤出还是货币深化。

回顾中国和俄罗斯的改革和经济转型，存量货币的释放过程，往往是价格改革和经济产出波动相结合的过程。为了更加清晰地刻画和描述这一过程，

并从中分离出货币深化和货币挤出的相关条件，有必要对经济转型进行阶段性划分。

从金融经济的角度看，转型国家中央银行获得独立性和市场经济制度基本确立，是转型国家经济转型从初期的启动阶段向转型深化阶段过渡的主要标志。结合中俄两国经济转型的实践，可以从经济转型整个过程中分离出"转型初期"这一阶段。本文界定转型初期主要依据的两个标准：一是市场经济制度的架构基本确立；二是中央银行的独立性。前者对于经济转型的决定性意义不言而喻，后者的作用在于中央银行独立性的确立，意味着中央银行不再为弥补财政赤字而超量发行货币，既货币发行将主要依据总产出增长、通货膨胀等宏观指标。

运用上述两个标准来衡量中俄两国的经济转型实践，可以发现：俄罗斯1992年以"休克疗法"启动经济转型，快速展开以"自由化、私有化、稳定化"为核心的市场制度建设，并于1995年颁布《俄罗斯联邦中央银行法》，规定俄中央银行不得为财政赤字增发货币。因此本文认为，1992—1995年俄罗斯处于"转型初期"。在这一阶段，存量货币如何释放是俄罗斯经济转型的主要问题，同时，在这一时期中央银行存在为财政赤字埋单的倾向。1995年之后俄罗斯经济转型进入新的阶段；中国"转型初期"阶段的确立比较复杂。1978年改革开放政策开始为经济注入非计划经济元素，1978—1992年间的改革可以看做是为市场化经济转型做准备的阶段。1992年党的十四大确立建立社会主义市场经济，标志着改革进程发生了质的变化，经济转型进程正式确立。所以，可以认为，从1992年决定建立市场经济制度到1995年中央银行独立性基本确立，中国处于转型的初期阶段。1995年之后，中俄两国的经济转型均进入深化发展阶段。

中俄两国计划经济时期积累的存量货币释放是具有货币挤出的性质，还是具有货币深化的性质，与两国这一时期的产出波动、价格波动的性质密切相关，更深层次的原因是转型的政策、策略和路径的不同。

（一）激进改革、卢布经济区与俄罗斯转型初期的存量货币挤出

作为激进式改革的设计者，萨克斯显然认识到货币的重要性，他依据波兰转型的成功经验，在俄罗斯启动了"休克疗法"（Sachs, 2000）。控制通货膨胀是波兰经济转型的重要成就，物价水平一次性大幅度上涨，随之稳定下来，存量货币的一次性释放为波兰转型提供了良好的宏观经济环境。事实上，波兰在"休克疗法"之前曾经实行过渐进式改革，但通货膨胀始终无法解决，这也是波兰不得不选择"休克疗法"的一个重要因素（孔田平，2005）。萨克斯在波兰的经验，让他坚信在俄罗斯同样能够治理通货膨胀，但他的设想并没有实现。为什么同样的制度设计，波兰的经验没有转化为俄罗斯的成功？

在苏联时期，尽管货币超量发行，但官方价格指数依然稳定：1976—1980 年间价格指数为 0.6；1981—1985 年间为 1.0；1986—1989 年间为 2.1（科尔奈，2007）。显然，价格稳定主要依靠对市场功能的限制，如果经济转型，必然面临过剩货币对商品价格的强烈冲击。从货币因素看，在苏联解体前一年，经济中就已经存在了相当数量的货币。为了消化这些货币，政府曾经以防范黑市交易的名义，宣布禁止 50 卢布和 100 卢布的大额现金流通，并冻结居民储蓄账户（富景筠，2010a）。但是这并没有取得预期的效果，1991年初苏联放开对商品价格的管制后，恶性的通货膨胀就随之而来，货币挤出的效应已经相当明显。1991 年 12 月，苏联解体后，俄罗斯继承了日益恶化的货币形势。如果以此为时点对俄罗斯和波兰启动休克疗法的初始条件进行对比，两个国家所面临的情况大体相似，仍然不能解释在治理通货膨胀方面，为什么一个成功一个失败？事实上，俄罗斯在转型初期，之所以无法消化过剩的存量货币，是因为承受着来自卢布区的巨大负担。

在苏联时期，俄罗斯中央银行拥有发行卢布的权力，卢布的超量发行相当于俄罗斯在向其他国家征收铸币税，因此以爱沙尼亚为代表的国家纷纷对俄罗斯联邦设置海关，防止商品被零成本发行的卢布购买（富景筠，2010b）。苏联解体后，卢布作为苏联时期货币，并没有立即退出历史舞台，而是以卢

布区的形式继续存在。原加盟共和国在独立初期，并没有立即发行本国货币，仍然属于卢布区成员。但此时的新独立国家，都拥有了各自的中央银行，拥有了独立的卢布发行权。毫无疑问，这些国家选择货币联盟是为了相互之间的贸易更加便利。在苏联时期，按照计划经济的工业布局，每个国家都相对专业地发展各自的特色产业，然后再由指令性计划进行调配。苏联解体后，这些原本在一个国家内部的贸易变成了国际贸易，由于贸易规模非常巨大，使用同一种货币进行交易，确实对所有国家都有利。但是这种为了国际贸易便利化而保留的货币联盟，却成为俄罗斯释放过剩存量货币的羁绊。不仅仅是俄罗斯，卢布区内的国家，都面临着释放过剩货币的压力。对于每个国家来说，在货币冲击造成商品价格上涨时，为了降低公众的通货膨胀预期，应当在两个方面着手：控制货币发行、增加商品供给。但是在卢布区存在的条件下，这两者之间存在着巨大的矛盾。一些国家在短期内难以确保产出增长的情况下，为了增加商品供给，期待以进口商品来满足国内需求。由于卢布在整个卢布区内都具有购买力，并且各国都拥有独立的中央银行发行卢布，因此存在巨大的货币超发动力。他们认为，这些货币不会恶化本国的通货膨胀，货币能通过进口商品来向其他国家释放。俄罗斯作为维护卢布区的核心国家，显然不能通过这种途径来进口商品，大量的卢布通过贸易渠道涌入，对俄罗斯卢布汇率和商品价格都造成了巨大的冲击。因此，释放存量货币对于俄罗斯来说，成为了不可能完成的任务。萨克斯等"休克疗法"设计者显然没有预料到这种被动局面，因此波兰的成功经验没能在俄罗斯取得成功。也正是由于卢布区内各成员国之间缺乏健全的利益协调机制，很快就面临着解体的困境。1993 年 7 月，俄罗斯放弃维护卢布区的承诺，率先发行新的本国货币。从这个逻辑看，既能解释"休克疗法"与俄罗斯经济现实之间的矛盾性，也与转型初期俄罗斯经济现实情况相符。

（二）渐进改革与中国转型初期的存量货币深化

中国的渐进式改革，从 1978 年实行改革开放开始，曾经提出过"有计划的商品经济体制（1978—1984 年）"、"国家调节市场、市场引导企业（1984—1987 年）"等改革目标，1992 年党的十四大宣布改革目标是建立社会主义市场经济体制，标志着中国市场经济体制框架基本建立。在这十多年的时间里，中国积累了相当规模的存量货币。计划体制和市场体制的"双轨制"使过剩货币一直没有得到充分的释放，1988 年当中国宣布两种价格并轨时，国内也出现了抢购商品、通货膨胀蔓延等现象。在这一时期，农业发展受阻、市场体系混乱，价格指数持续上升，市场取向的改革方向甚至受到了置疑。直到 1992 年邓小平南方谈话提出，"计划多一点还是市场多一点，不是社会主义与资本主义的本质区别。计划经济不等于社会主义，资本主义也有计划；市场经济不等于资本主义，社会主义也有市场。计划和市场都是经济手段"。（邓小平，1993：373）此后，市场取向的改革才得以继续实施，由此可见释放存量货币对于中国改革顺利推行的重要性。

　　如果从中国渐进式改革释放存量货币的经验看，最重要的就是存量货币是逐步积累的，同时中国也通过体制外的增量改革创造了相当规模的商品。正是由于有大量需要货币作为媒介的商品交易，超量的货币发行才得以深化，而没有造成持久的恶性通货膨胀。在改革之初，中国的货币化程度很低，此时的商品交易规模也比较小，随着改革的进程推进，由于商品需要凭票购买，因此居民的货币收入开始逐渐积累。但由于农村改革取得成功，粮食生产能力大大提高，乡镇企业异军突起，中国的小商品生产能力大大增强，因此中国在消费品领域的供应能力也在提高。政府先是放开了农产品的价格管制，随后在 20 世纪 80 年代中期对多数工业品实施了价格双轨制的策略。此时，如果从商品相对货币的"短缺经济"视角看，存量货币的势能并不像俄罗斯在转型初期所面临的那样大，因此中国在"价格闯关"之后的几年中，成功地治理了通货膨胀，实现了经济的软着陆。

　　既然中国以渐进式改革的方法释放存量货币取得了成功，那么是否意味着俄罗斯也能采取同样的方式来避免恶性的通货膨胀？答案是否定的。这恰恰说明俄罗斯经济的约束条件决定了转型的时机选择、路径选择和政策设计（徐坡岭，2003）。中国是在一个货币化程度很低的起点上推行改革开放战略的，而俄罗斯在转型初期货币化程度已经很高，因此中国可以有相对充分的时间来补充生产能力，使商品供应能力提高到不再"相对短缺"的水平，而俄罗斯显然不具备这样的转型初始条件。

三、转型进程中的货币深化与货币挤出

在怎样的条件下能够实现货币深化？古典的货币数量论认为，货币是面纱，因此货币超发都会反映到商品价格上来。用古典货币数量论代表人物大卫·休谟（1752）的话说就是："很明显，货币的多少没有影响，因为商品价格总是与货币的充足程度成正比。"但是这种货币数量论观点很快就受到了斯图亚特·穆勒的批判（伊藤·诚、考斯达斯·拉帕维查斯，2001：11）。对于这一问题，现代货币主义的奠基人米尔顿·弗里德曼提出新货币数量论，并给出了最为直接的答案："一切通货膨胀都是货币现象。"但这句话的含义并非如字面一般简单，而且也经常被误读，认为货币超发就会导致通货膨胀，或者管住货币就一定能抑制通货膨胀。其真实含义在于，管住货币是抑制通货膨胀的必要条件之一，即货币超发是通货膨胀的必要条件，而非充分条件。他在对货币数量论的补充中非常准确地说明（弗里德曼，2001：425—445），"当且仅当人们能够阻止单位产量的货币量明显地增长，才能够防止通货膨胀；当且仅当能够阻止单位产量的货币量明显地下降，才能够防止通货紧缩"。这意味着货币超发会产生两种可能：一种是无通货膨胀的情况，就是本文提出的货币深化；另外一种是有通货膨胀的情况，即本文提出的货币挤出。

为什么货币超发会产生两种截然不同的效果，这需要从货币更加本质的特征来分析。商品交换的发展推动了货币的出现，并起到商品交换的媒介作用。"充当一般等价物就成为被分离出来的商品的特殊社会职能。这种商品就成为货币。"（马克思，1972a：105—106）这种货币的政治经济学定义显然是基于商品交换关系。事实上，货币除了发挥一般等价物的交换功能，还作为货币资本发挥着生产功能。马克思在分析货币资本时指出："资本主义商品生产，——无论是社会地考察还是个别地考察，——要求货币形式的资本或货

币资本作为每一个新开办的企业的第一推动力和持续推动力。"（马克思，1972b：393）这意味着作为交易媒介的货币如果不断地转化为货币资本，就不会进入消费领域，也不会形成现实的购买能力，这种情况下即使货币超发也不会产生通货膨胀。因此，货币的流向非常重要，分析这一问题，也是解释货币深化与货币挤出的关键所在。

货币与货币资本之间的关系极其复杂，如果二者的转化通过金融媒介来实现，那么在不考虑货币实际价值变化的情况下，持有货币相当于零收益，而持有转化为货币资本的金融资产则能够获得利息收入。因此，凯恩斯货币理论认为货币与投资之间是此消彼长的替代关系。在凯恩斯看来，货币的需求由交易动机、预防动机和投资动机组成，货币的投资需求与持有现金都构成了对货币的需求，经济中的货币与投资资金之间存在着替代关系。持有货币能够获得流动性，利息率越高持有货币的机会成本就越大，"由于利息率是放弃流动性的报酬，所以在任何时期的利息率都能衡量持有货币的人不愿意放弃流动性的程度"（凯恩斯，1999：170）。而货币的投资需求则与利息率负相关，凯恩斯以债券市场为例，当利息率处于高位，人们预期未来利息率会下降，人们对债券会有升值预期，因此更愿意用手中货币购买债券，投资需求的货币也就转化为实实在在的投资，因此高利率有利于投资资金的积累和形成。在凯恩斯的理论中，均衡利息率则是由货币供给和货币需求决定的，货币供应量提高，均衡利率下降，货币需求下降，均衡利率则上升。可见，凯恩斯认为在既定货币存量的情况下，货币与投资之间是替代关系，即使货币供应量增长，也是通过降低利率水平，进而促进投资提高的。

但是对于转型国家而言，货币与货币资本之间的关系并非如凯恩斯的理论那样，因为在他的理论中金融体制是健全的，企业能够通过金融市场或金融机构获得资金支持，进而形成货币资本。而在转型进程中，由于从计划经济体制向市场经济体制转变，金融体制很难在短期内完善，企业也经常难于获得金融支持，它们往往通过自身的货币积累，或民间的货币借贷，实现货币资本的形成。为此，麦金农在金融抑制的假设前提下提出，经济中的货币与货币资本之间是互补关系，经济中货币存量与资本形成二者之间的关系是相互促进，并非此消彼长的替代关系（麦金农，1997a）。此外，他还提出与凯恩斯的利率理论截然相反的观点，认为并非如传统凯恩斯理论所说，低利率有利于投资。他认为，"较高的实际利率能有效吸引储蓄，而且有利于提高投资效率。"（麦金农，1997b：31）如果将麦金农这两个观点结合起来，可以发现，在金融抑制的情况下，一个国家应当先保证货币体系的稳定，只有经济中能够有效的积累货币，才能使其和资本积累形成互补。而较高的实际利率则有利于货币积累，这自然也有利于货币资本的形成。

至此，我们已经分析了动态的货币深化与货币挤出之间的深层次区别。在货币深化的过程中，即使中央银行超发货币，这部分货币也不一定会涌入到消费领域，经济中货币的积累，事实上就是交易货币向资本货币不断转化的前提条件，因此不会推高通货膨胀率，反而会为实体经济提供足够的货币资本。因此，货币深化与货币挤出的关键在于货币的流向，如果货币能够在实体经济中不断积累，就不会冲进消费品领域。在这个过程当中，金融体系扮演了相当重要的角色，无论是银行机构还是金融市场，都是吸收货币并输送到实体经济的纽带。而利息率作为影响货币流向的重要宏观经济指标，对于货币深化具有重要的影响作用。并且，金融体系本身也会吸收相当数量的货币，这些货币同样不会推高物价指数，仍然属于货币深化的情况。

中俄两国转型进程中的一些货币现象可以对上面的理论分析提供经验验证。

（一）转型过程中俄罗斯的货币挤出

俄罗斯在转型过程中一直持续着通货膨胀，货币供应量非但没有促进货币资本的积累，反而不断地进入交易环节。同时，通货膨胀预期也使卢布成为了不断贬值的资产，反而加强了货币挤出的倾向。具体有以下几个方面的特征。

第一，经济美元化问题严重。俄罗斯在经济转型历程中，由于卢布兑美元汇率持续贬值，以及国内通货膨胀蔓延，这种本国货币的对内对外贬值使居民、企业和金融机构都倾向于追求美元货币和美元资产，以实现货币资产保值。在商品交易环节，美元和卢布几乎同时作为结算货币和支付手段存在。尽管买方更愿意使用卢布，而卖方更愿意接受美元，但在"劣币驱逐良币"的内在驱动下，卢布大量涌向交易环节，美元货币更多地被用于存款货币贮藏起来。为了抑制美元化，俄罗斯从1995年7月开始实行"外汇走廊"制度，但是1998年金融危机使俄罗斯被迫放弃这种能够稳定卢布汇率的制度安排，卢布兑美元汇率再次大幅度贬值，这又强化了经济中"美元化"的倾向。美元对卢布的挤出效应，使卢布不再是货币贮藏的第一选择，大量的卢布涌入消费领域，因此通货膨胀也变得无法控制。

第二，缺乏健康有效的资本市场吸收卢布。俄罗斯在资本市场构建方面，实际上是强制性的制度设计，因为大量企业实行私有化改革，俄罗斯必须设立股票交易所。另一方面，联邦政府大量发行国债，也需要一个国债流通的二级市场。这种被动性的制度设计，事实上造就了一个不成熟的市场，内幕交易、虚假信息泛滥，证券市场成了金融资本篡取国民财富的场所，一些企业股票被廉价收购，同时又有相当数量的低级债券和股票发行出来。这种状态直接决定了俄罗斯资本市场投资主要以短期投机为主，缺乏长期的价值投资，资本市场自然就失去了吸收货币的功能。由于缺少了能够大量容纳卢布的资本市场，俄罗斯每次货币超发都挤出到交易环节这一现象也就不足为奇了。

第三，俄罗斯银行体系储蓄动员能力弱化。在俄罗斯的转型历程中，国内储蓄率一直低下，超量的货币无法通过银行机构流向实体经济，形成货币资本，因此生产性货币始终处于稀缺状态。这种现象与俄罗斯私有化的商业银行体制密不可分，由于银行业对私人资本和外国资本开放，大量私有化的商业银行开立，外资银行的数量和规模也不断增大。但由于银行体系的市场准入标准偏低，资产规模小，抗风险能力差，国内居民对银行的信任程度很低。尽管俄罗斯保留了联邦储蓄银行这样一个相对安全的储蓄机构，但是由于整个金融机构的抗风险能力弱化，国内储蓄率一直处于很低的水平，1998年金融危机爆发后，这种现象变得愈发明显。

综上所述，俄罗斯在转型过程中发生的货币挤出现象主要表现为：美元化造成的货币替代、缺乏容纳卢布的资本市场、商业银行无法动员储蓄。从更深层次看，这些特征实际上由俄罗斯转型的自身特征、金融制度安排、宏观经济环境等因素决定，因此货币挤出现象是俄罗斯转型过程中多种因素的集中体现。

（二）中国改革历程中的货币深化

中国的金融改革开始于1993年年底，国务院发出的《关于金融体制改革的决定》，提出金融改革的重点是强化中央银行的职能，在中央银行监管下的国家政策银行、国有商业银行、各种金融机构共同组成中国的金融体系。在这一时期，中国的证券市场得到了空前的发展，吸引了大量的货币投资，这对于消化经济中的过剩货币起到了重要作用。并且国有商业银行在动员储蓄方面体现出了明显的优势，由于国家屡次对四大国有商业银行注资，这相当于国家在为商业银行提供存款保险，有国家信用作为支撑，中国居民对商业银行的信任程度相当高，基本没有出现银行信用弱化的现象，居民储蓄率一直保持在较高水平。如果将中国的金融特征与俄罗斯相比较，可以发现中国证券市场容纳货币的能力较强，并且商业银行集中了大量的居民储蓄，因此同样是货币超发，但中国表现出的现象是货币的逐步深化。俄罗斯所出现的美元化现象在中国更是缺乏生存的土壤，在1994年中国第一次启动外汇体制改革之后，由于实行国家外汇管制，国内不可能出现美元化现象。2005年第二次汇率改革后，尽管放松了居民使用人民币与外币兑换的条件，但是由于人民币一直处于缓慢升值的状态，美元也没有成为居民和企业首选的投资货币，并没有形成对人民币的挤压和替代。

以上是从金融体制对中国改革历程中货币深化的解读，如果从整个市场化改革历程来看，中国的渐进式改革本身就具有不断吸收货币的功能，因此能够实现货币深化，而俄罗斯激进式的转型则不具备这一条件。从商品和要素两方面看，中国的渐进式改革实际上分为两个阶段：第一阶段是商品市场化阶段，这一阶段在1992年之前已经实现；第二阶段的特征是要素市场化，这也恰恰发生在本文所界定的过程性货币深化时期，在这一阶段，土地、资本、劳动、技术逐渐成为交易的对象，因此在商品交易以外，又出现了新的交易对象，这些要素的交换实际上成为了吸收货币的重要场所，尤其是土地市场和资本市场，吸收了相当数量的超发货币，因此在决定物价指数变化的交易环节中，货币的数量并没有大规模的提高，自然也就不可能出现通货膨胀问题。

四、中国和俄罗斯的货币深化与货币挤出：一个实证的检验

通过对货币深化与货币挤出的理论阐释，并结合中国和俄罗斯在经济转型过程中所出现的货币现象进行深层次分析，可以发现这两种不同的货币现象所产生的内在原因，也是对中国在货币超发条件下，却始终能够控制通货膨胀的合理解释。为了更好地论证货币深化与货币挤出的不同，下面将对中国和俄罗斯的货币流向进行实证的测算和计量，以更加准确地反映本文所提出的观点。

（一）基于交易方程式 $MV = PY$ 的测算

费雪的交易方程式仍然秉承古典货币数量论的观点，认为在短期内国民收入 Y 和货币流通速度 V 是不变的，因此货币数量 M 与名义价格 P 之间成正比例关系。但是在本文应用交易方程式所进行的测算中，由于具有一定的时间跨度，因此货币流通速度非但不是固定的，而且是变化幅度相当大的一个变量，这也是能够证明货币深化和货币挤出之间差异的一个重要指标。因此，交易方程式中的所有变量，实际上都是时间的函数。如果对交易方程式两边取自然对数，再对时间 t 求导，可得下式：

$$\frac{\mathrm{d}M/\mathrm{d}t}{M} + \frac{\mathrm{d}V/\mathrm{d}t}{V} = \frac{\mathrm{d}P/\mathrm{d}t}{P} + \frac{\mathrm{d}Y/\mathrm{d}t}{Y}$$

即

$$\frac{\dot{M}}{M} + \frac{\dot{V}}{V} = \frac{\dot{P}}{P} + \frac{\dot{Y}}{Y}$$

此式的含义事实上就是货币供应量与货币流通速度的变化幅度之和应当等于物价指数和国民收入的变化幅度之和，但此时 V 的含义已经不仅仅是货币流通速度，应当还包括货币的深化，即货币在交易环节以外的流向也会反映在 V 的变化上，这样就可以用 V 量值的变化幅度来实证分析货币深化和货币挤出。

通过下页表1的测算可以发现，中国货币存在明显的深化现象。现金 M_0 流通速度在大多数年中都呈现加快的现象，这与近年来信息技术、电子技术在金融领域的应用，以及金融支付功能创新的发展密切相关，因此现金 M_0 在广义货币 M_2 中所占比重持续下降，从 1992 年的 17.1%，下降为 2009 年的 6.3%。这说明在广义货币 M_2 中，能够对商品价格形成影响的购买力比重越来越低，更多的货币是以各种储蓄存款的状态存在的，这些货币再通过金融渠道输送到实体经济中，形成货币资本，因此尽管广义货币 M_2 增长速度很快，甚至是 GDP 增长速度的 2—3 倍，但是中国发生通货膨胀的年份并不是很多。这就印证了本文提出的观点，在货币深化的条件下，经济转型进程中不会发生持续的通货膨胀，因为大量的货币转化为货币资本，而不是形成现实的购买力。如果从广义货币 M_2 的结构来分析，那么货币供应量本身就是一个货币创造过程，在这个过程中不断有各种存款发生，无论是存在商业银行，还是存在其他金融机构，存款越多则表明货币的深化程度越高，这也是衡量货币深化的重要标准。按照这一观点，如表1所示，可以发现中国在 1992—1994 年间，通货膨胀水平一直很高，而这一时期也恰恰是现金 M_0 增速最快的时期。如果从货币深化的渠道分析，这一时期中国货币的可投资渠道也非常狭窄：证券市场刚刚起步，还无法吸收大量货币；住房市场也没有建立，无偿配给制度实际上基本脱离了货币媒介；1988 年物价的大幅度上涨使居民储蓄意愿下降。在这种情况下，货币被更多的用于交易，而不是储蓄或投资，因此经济中现金比重很高。1995 年中国紧缩的货币政策使 M_0 增速降为 8.2%，尽管当年广义货币 M_2 增速仍然高达 29.5%，但还是有效地控制了通货膨胀，1996 年通货膨胀率降为 8.3%。可见，对于控制通货膨胀而言，关键在于控制 M_0 增速，而中国广义货币的增长并没有带来现金 M_0 的过快上升，因此很好地控制了通货膨胀，即在货币深化的条件下，能够在广义货币超量增长的情况下避免通货膨胀发生。

表1　中国和俄罗斯的各项货币指标及其测算（％）

年份	中国						俄罗斯					
	$\frac{\dot{Y}}{Y}$	$\frac{\dot{P}}{P}$	$\frac{\dot{M_0}}{M_0}$	$\frac{\dot{V_0}}{V_0}$	$\frac{M_0}{M_2}$	$\frac{\dot{M_2}}{M_2}$	$\frac{\dot{Y}}{Y}$	$\frac{\dot{P}}{P}$	$\frac{\dot{M_0}}{M_0}$	$\frac{\dot{V_0}}{V_0}$	$\frac{M_0}{M_2}$	$\frac{\dot{M_2}}{M_2}$
1992	14.1	6.4	36.4	−15.9	17.1	31.3	—	—	—	—	—	—
1993	13.7	14.7	35.2	−6.80	16.8	37.3	—	—	—	—	—	—
1994	13.1	24.1	24.3	12.90	15.5	34.5	—	—	—	—	—	—
1995	9.3	17.1	8.2	18.20	13.0	29.5	−4.1	131.3	174.4	−47.2	37.3	194.6
1996	10.2	8.3	11.6	6.90	11.6	25.3	−3.4	21.8	121.4	−103	36.6	125.8
1997	9.6	2.8	15.6	−3.20	11.2	17.3	0.9	11.0	28.5	−16.6	36.0	30.6
1998	7.3	−0.8	10.1	−3.60	10.7	14.8	−4.9	84.4	25.6	53.9	34.9	29.8
1999	7.9	−1.4	20.1	−13.6	11.2	14.7	5.4	36.5	44.0	−2.1	41.9	19.8
2000	8.6	0.4	8.9	0.10	10.9	12.3	10.0	20.2	42.0	−11.8	37.8	57.2
2001	8.1	0.7	7.1	1.70	9.9	14.4	5.1	18.6	57.1	−33.4	36.3	63.8
2002	9.5	−0.8	10.1	−1.40	9.3	16.8	4.7	15.1	39.4	−19.6	36.2	39.7
2003	10.6	1.2	14.3	−2.50	8.9	19.6	7.3	12.0	30.7	−11.4	35.8	32.4
2004	10.4	3.9	8.7	5.60	8.4	14.7	7.2	11.7	50.3	−31.4	35.7	50.5
2005	12.0	1.8	11.9	1.90	8.0	17.6	6.4	10.9	33.8	−16.5	35.2	35.8
2006	12.8	1.5	12.7	1.60	7.8	17.0	8.2	9.0	30.9	−13.7	33.2	38.5
2007	14.4	4.8	12.2	7.0	7.5	16.7	8.5	11.9	38.6	−18.2	31.0	48.8
2008	9.6	5.9	12.7	2.80	7.2	17.8	5.2	13.3	32.9	−14.4	27.9	47.5
2009	9.3	−0.7	11.8	−3.20	6.3	27.7	−7.9	8.8	2.5	−1.6	28.1	1.7

注：中国数据资料来源：《中国统计年鉴》（2010），736页、307页、41页。俄罗斯数据资料来源：российский статистический ежегодник（2001）．p.536，（2010）．p.606，（2001）．p.37，（2003）．p.32，（2010）．p.34，（2001）．p.38，（2010）．p.36。

反观俄罗斯的货币情况，货币挤出的现象也非常明显，其中最为显著的标志就是现金 M_0 流通速度持续下降，这不仅与中国的情况截然相反，甚至不符合现代电子金融技术发展这一基本事实。这说明大量现金滞留在交易领域，没有形成储蓄，并且这些货币事实上对商品价格，尤其是消费品价格产生巨大的影响，因此在经济转型过程中，俄罗斯通货膨胀率一直保持在两位数以上的水平，在 1995 年和 1998 年甚至还发生了非常恶性的通货膨胀。为什么 M_0 流通速度下降？如前文所述，由于"美元化"的影响，并且这种"美元化"主要表现为资产美元化，即居民、企业和金融机构都倾向于贮藏美元资产，因此卢布被挤出到交易领域，这样的表现就是现金规模的持续扩大，而这些现金则形成了通货膨胀的货币源泉。因此，在俄罗斯广义货币 M_2 中，现金 M_0 所占比重一直保持在 1/3 左右的水平，这说明这部分货币并没有通过金融渠道形成货币资本。在这种货币挤出的条件下，俄罗斯在控制通货膨胀和刺激经济增长方面则面临着两难问题，为了确保经济增长，必须保证广义货币 M_2 有一定的增速，但是由于 M_2 和 M_0 之间的比例相对固定，M_0 也必然会以同样的速度增长，这种局面必然造成持续的恶性通货膨胀。反之，如果为了控制通货膨胀，降低 M_0 的增长速度，又会造成广义货币 M_2 供应量的下降，这将阻碍经济增长。显然，对于俄罗斯这样一个转型国家而言，保证经济持续的增长更加重要，因此货币政策在大多数时期都倾向于扩张，在货币挤出的条件下，必然导致通货膨胀的持续。

（二）基于鲍莫尔—托宾模型的计量

鲍莫尔和托宾以每个家庭都会持有的最优货币数量为假设，按照每个月持有的货币数量，计算经济中的现金货币需求为：

$$\frac{M^D}{P} = \frac{1}{2}\left(\frac{2bY}{i}\right)^{\frac{1}{2}}$$

其中 P 为通货膨胀率，i 为利息率，Y 为国民总产出，b 为往返银行的成本（杰弗里·萨克斯、费利普·拉雷恩，2004：207—212）。将这一方程两边取自然对数可得：

$$\ln M = \ln\frac{1}{2} + \frac{1}{2}\ln 2b + \frac{1}{2}\ln Y - \frac{1}{2}\ln i + \ln P$$

这个方程表明现金需求量是 b、Y、i、P 的函数，其中 b 为常数，但假设条件过于严格，现实中的家庭很难对持有最优的货币规模作出计算，因此系数需要重新计算，调整的计量方程为：

$$\ln M = \alpha + \beta_1 \ln Y + \beta_2 \ln P - \beta_3 \ln i + \varepsilon$$

根据表 2 中国和俄罗斯的 M_0、GDP、通货膨胀、利率指标，利用 EViews 5.0 软件分别进行计量分析，可得表 3 数据，测算数据中除带 * 号数据外，所有均能通过 T 检验，两个方程样本决定系数 R^2 均大于 0.99，表明回归分析的拟合效果非常好。

表 2　中国和俄罗斯现金货币及相关经济指标

年份	中国				俄罗斯			
	M_0	Y	P	i	M_0	Y	P	i
1992	4336	26923.5	106.4%	7.56	—	—	—	—
1993	5864.7	35333.9	114.7%	10.98	—	—	—	—
1994	7288.6	48197.9	124.1%	10.98	—	—	—	—
1995	7885.3	60793.7	117.1%	10.98	36.5	1428.5	231.3	30
1996	8802	71176.6	108.3%	7.47	80.8	2007.8	121.8	11.8
1997	10177.6	78973.0	102.8%	5.67	103.8	2342.5	111	25.7
1998	11204.2	84402.3	99.2%	3.78	130.4	2629.6	184.4	8.5
1999	13455.5	89677.1	98.6%	2.25	187.8	4823.2	136.5	4.2
2000	14652.7	99214.6	100.4%	2.25	266.6	7306	120.2	5.2
2001	15688.8	109655.2	100.7%	2.25	418.9	9039.4	118.6	4.3
2002	17278	120332.7	99.2%	1.98	583.8	10863.4	115.1	4.4
2003	19746	135822.8	101.2%	1.98	763.2	13208	112	3.8
2004	21468.3	159878.3	103.9%	2.25	1147	17027	111.7	3.6
2005	24031.7	184937.4	101.8%	2.25	1534.8	21610	110.9	4
2006	27072.6	216314.4	101.5%	2.52	2009.2	26917	109	5.2
2007	30375.2	265810.3	104.8%	4.14	2785.7	33248	111.9	7
2008	34219	314045.4	105.9%	2.25	3702.2	41429	113.3	8.2
2009	38246	340506.9	99.3%	2.25	3794.8	39101	108.8	30

注：中国数据资料来源：《中国统计年鉴》2010 年，736 页、38 页、307 页；一年期存款利率为年底数据，来自中国人民银行网站。俄罗斯数据资料来源：*российский статистический ежегоднιк*（2001）. p. 536（2010）. p. 606，（2003）. p. 30，（2010）. p. 32，（2001）. p. 37，（2003）. p. 32，（2010）. p. 34；一年期存款利率为年底数据，来自俄罗斯中央银行网站，**http：//www. cbr. ru/statistics/? Prtid = cdps**。

表3　中国和俄罗斯现金货币需求数量的计量

	α	β_1	β_2	β_3	R^2
中国	0.905140	0.768797	0.798245	− 0.201671	0.995596
T 检验	2.915238	32.08083	2.368309	− 4.859076	
俄罗斯	− 4.641559	1.292275	− 0.234883	0.096147	0.990367
T 检验	− 2.750019	24.35193	− 0.839533 *	1.532269	

数据来源：根据表2的数据测算。

以中国的各项统计数据进行计量的结果显示，现金 M_0 与 GDP、通货膨胀两项指标正相关，与利率负相关，这与鲍莫尔—托宾模型的经济思想十分吻合。这表明当 GDP、通货膨胀增长时，居民和企业倾向于更多的持有现金，当利率提高时，居民和企业又愿意将现金转为存款，因此中国的货币存在着一个深化的路径。即使现金 M_0 增长速度明显大于 GDP 增长率和通货膨胀率，中国也可以通过提高利率的方式来消化经济中的超量货币，而不会形成恶性的、持久的通货膨胀。

俄罗斯的情况则与鲍莫尔—托宾模型中的预期符号不符，其中最为关键的就是现金 M_0 与利率正相关，这表明利率的提高不能使现金转化为存款，因此俄罗斯中央银行的利率政策基本对控制现金数量无效，这也是中国和俄罗斯货币经济最大的不同之处，中国可以通过储蓄来引导现金，而俄罗斯的现金始终徘徊在交易环节，对物价上涨形成巨大的压力。俄罗斯的通货膨胀与现金 M_0 负相关，即当物价上涨时居民和企业不仅不会增加其手持现金的余额，反而倾向于减少现金数量，一种方法是尽快地消费；另外一种方法就是将其美元化。无论哪种方法，实际上现金都会在交易环节中淤积，形成推动物价上涨的货币力量。

通过鲍莫尔—托宾模型计算可以发现，在现金数量方面，中国的货币深化与俄罗斯的货币挤出存在非常明显的不同，这也印证了本文的观点，即中国能够通过引导货币流向的方法来控制通货膨胀，而储蓄是引导货币流向的主要途径。

五、结语

俄罗斯在转型历程中始终存在着严重的通货膨胀，如果从货币视角来分析，可以发现，货币不断被挤出到交易环节是导致严重通货膨胀问题的关键。如果俄罗斯要有效控制通货膨胀，必须从根本上改变居民和企业的预期，强化卢布的储蓄功能，引导货币通过金融机构和金融市场向货币资本聚集。在中国的改革历程中，尽管发生了几次较为严重的通货膨胀，但由于经济中存在货币深化，因此货币没有成为物价上涨的持续推动力，并且货币数量对利率较为敏感，每次中央银行提高利率对治理通货膨胀都较为有效。2008 年金融危机之后，中国启动了适度宽松的货币政策，随着货币供应量的增长，近年来通货膨胀问题成为困扰中国的难题。如果从本文的分析框架来看待这一问题，除了采取提高存款准备金、提高利率等措施外，还应当尽量拓展投资渠道，吸收超量货币，尽量管理好居民的通货膨胀预期，使货币现金逐渐向货币资本转化，尤其要防止储蓄搬家的情况。只要中国能够保证货币逐渐深化，而不是挤出到交易和流通环节，就能从根本上防范和治理通货膨胀。从这个意义上看，管理好货币的流向，对货币政策进行微观管理，其效果要比单纯的总量控制更加有效。

参考文献

邓小平，1993："在武汉、深圳、珠海、上海等地的谈话要点"，《邓小平文选》第 3 卷，北京：人民出版社。

孔田平，2005："从中央计划经济到市场经济——波兰的案例"，《俄罗斯中亚东欧研究》，2005，1：8—14。

富景筠，2010a："苏联末期卢布信用危机原因探析"，《俄罗斯中亚东欧研究》，2010，3：69—74。

——2010b："苏联末期的货币战——透视苏联解体的新视角"，《俄罗斯研究》，2010，2：118—129。

徐坡岭，2003："俄罗斯经济转轨的路径选择与转型性经济危机"，《俄罗斯研究》，2003，3：11—18。

周其仁："'货币深化'与改革的风风雨雨"，《经济观察报》，2010 年 9 月 20 日。

杰弗里·萨克斯、费利普·拉雷恩，2004：《全球视角的宏观经济学》，费方域等译，上海：上海三联书店、上海人民出版社。

罗纳德·麦金农，1997a：《经济发展中的货币与资本》，卢骢译，上海：上海三联书店、上海三联出版社。

——1997b：《经济市场化的次序——向市场经济过渡时期的金融控制（第二版）》，周庭煜等译，上海：上海三联书店、上海人民出版社。

马克思，1972a："资本论"第 1 卷，载《马克思恩格斯全集》第 23 卷，北京：人民出版社。

——1972b："资本论"第 2 卷，载《马克思恩格斯全集》第 24 卷，北京：人民出版社。

米尔顿·弗里德曼，2001："对货币数量论的几点说明"，载《弗里德曼文萃（上册)》，胡雪峰、武玉宁译，北京：首都经济贸易大学出版社。

尼古拉斯·R. 拉迪，1999：《中国未完成的经济改革》，隆国强等译，北京：中国发展出版社。

雅诺什·科尔奈，2007：《社会主义体制———共产主义政治经济学》，张安译，北京：中央编译出版社。

伊藤·诚、考斯达斯·拉帕维查斯，2001：《货币金融政治经济学》，孙刚、戴淑艳译，北京：经济科学出版社。

约翰·梅纳德·凯恩斯，1999：《就业、利息和货币通论》，高鸿业译，北京：商务印书馆。

Sachs, Jeffrey, Clifford Zinnes, Yair Eilat, 2000. *Patterns and Determinants of Economic Reform in Transition Economies*: *1990 – 1998*. CAER Ⅱ Discussion Paper 6.

JECSS   体制转轨与制度比较研究

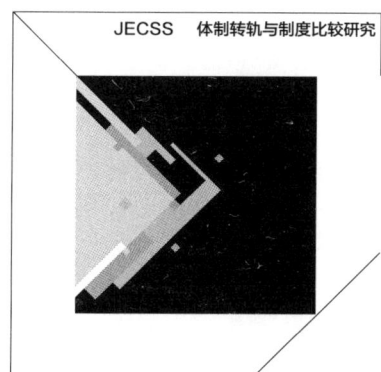

第三辑

中国体制转轨整体设计

借鉴和改造"分权制"

——政治经济体制综合改革思路探索[*]

楼继伟[**]

政治体制可分为政党体制、政权体制、政府体制三个组成部分。其中,政府体制的主要内容是中央、地方、企业之间权力如何划分。它与经济体制关系最为密切,对于一个大国来说,尤其是这样。本文着重讨论政府体制和与之紧密联系的财政税收体制问题。

一、传统体制的弊病应归因于"整体制"

在传统的政治体制下,中央、地方、企业各层次之间的关系表现为行政隶属关系,处于每一层次中的各个机构,都对所管辖范围内的政治、经济生活负有整体责任,采取整套直接行政控制手段。这种政治体制,被政治学家称为"整体制"。

具体地说来,除了国防、外交两项权力难以分割外,其他政治、经济权力,不是按照各层的功能,实行垂直性分工,而是把各项权力捆在一起,

---

　　* 本文原载于《经济社会体制比较》,1987 年第 1 期。

　** 楼继伟,财政部部长,党组书记。

按各单位在层次结构中的地位，实行水平性分工。每个单位的组织形式和权力都是极为类似的，只有量的差别，没有质的差别。从各方面看，省都像一个小国。国家像企业调度生产那样行使职权，很像一个大企业。企业有与政府机构相对应的机构设置，企业办社会，又很像一级政府。总之，中央、地方、企业，面貌都像国家，管理手段都像企业。整体制还深入到个人。个人依附于固定的单位，并要根据单位的利益甚至国家的利益来决定自己的行动。

这样的政府体制要求相应的政党、政权体制与之相适应。要保证指令性计划有法律效力，需靠层层的行政隶属关系去维持。需各种政治工作手段同指令性计划按同一行政隶属关系向下逐级传递。因此，与政府体制上的整体制相适应的是党政不分，实行"一元化"领导的体制。因而政治工作的重点，是教育下级要"小道理服从大道理"、"局部利益服从全局利益"、"当前利益服从长远利益"、"个人的事再大也是小事"，等等。与政府体制上的整体制相适应的政权体制，是从中央、地方直到个人，层层向上的负责制，民主成为上级机构可以发扬或者不发扬的一种精神，而不是一种制度。

从逻辑上看，整体制应从最高层行政机构为主体，山中央发出计划指令，通过条条向下贯彻。这样，为了削弱各级在利益上的不一致，就需要全国统负盈亏。因此，与整体制相适应的经济体制必然是以财政统收统支为核心的生产调配体系。随着经济发展，工业分工越来越细，对应的政府机构也就越设置越多，越来越复杂，越来越调度不灵。单靠条条分配资源不行，单靠块块也不行，于是就逐步形成条块分割的体制。

政府体制的整体制同政治经济体制的其他方面综合在一起，就构成了家长式的国家管理体制——一种基础更广泛，也更加僵化的整体制。这就是我国改革前政治经济体制的基本形态。它尽管在形式上保证了公有制和按劳分配，但由于排斥了商品经济，其弊病十分明显。公有制实际上成了部门所有制，按劳分配成了平均主义的代名词，企业失去了应有的活力，政府机构的官僚主义日益加剧。

二、市场经济国家的政治体制是"分权制"

在市场经济中，市场是经济活动的主要协调器。事实上，整个社会经济目标的实现，仅靠市场协调是不够的，还需要辅之以政府调节。政府的调节职能大体上分为三类。第一，提供公共服务。如市政道路、通讯、水利、治安等。第二，收入再分配。如失业、退休和医疗的保障、普及教育、平衡地区间收入差距等。第三，调整和稳定经济。如制定中长期发展战略、货币和财政政策、外贸政策、调节对外收支平衡等。全部的经济决策权被分为四类，这就是政府的三项权力加生产和消费的决策权。总的分权原则是，生产和消费的决策权山企业和消费者掌握，前三项权力分别不同的情况由中央和地方政府分享。西方各国和各发展中的市场经济国家，它们的政体千差万别，但政府权力的分配格局都很相似。这样的职能分工体制通常被称为"分权制"。它符合商品经济规律，保证了市场统一和经济政策的贯彻，有利于实现社会经济发展的大部分目标。但若以私有制为基础，则以按资分配、个人收入悬殊、社会不公正为代价。与分权政体相适应的经济体制是具有充分自主权的企业、发达的市场体系和宏观间接控制体系的统一体。就适应于分权制要求的财政体制来看，中央、地方财政划分收支的原则是，围绕着各级政府职能确立与各自收支对应和实行自我约束的机制。地方主要职责是公共服务，相应地，地方的收入来源主要是财产和资源税及公共设施收费。这样，公共服务搞得越好，财产和土地、森林等资源的增值就越大，地方税和公共设施收入就越多。地方的建设支出绝大部分投向基础设施。对于跨地方的基础设施投资，由中央支出或中央补助并组织各地方共同承担。中央的重要职能是调整和稳定经济，相应地，间接税收入主要归中央。如关税全部是中央税，西欧国家的增值税大多都是国税，或中央分成占绝大部分。这样，结构调整的政策才有保证。中央稳定经济的手段主要是金融政策，辅之以财政政策。中央调整经济的手段主要是财政政策，通过增税、补贴、减税、财政信用直至直接投资，调整国内经济结构和外贸结构。地方不掌握这些手段，一般也不进行工业投资。若地方跨越支出范围大搞工业项目，因间接税大部分归中央，就不如在支出范围内搞好公共服务吸引企业投资更合算。所得税是中央、地方分成税利，用以保证各级行政支出和中央的收入再分配职能。在收入分配职能中，调整地区之间收入差距和基础设施分布是中央的专有职能。社会保障和普及教育常常是在中央统筹指导下，委托地方兵体实施。在"整体制"与"分权制"两种体制下，"地方"这个概念有不同的含义。而概念的差异，实际上反映出体制的本质差别。在整体制下，"地方"主要指的是省。因为只有省一级才可能承担比较完整的整体责任，才可能建立"大而全"、"小而全"的经济体系。在分权制下，"地方"指的是城市和县镇。因为只有以城市为中心，才可能建立开放的经济，才便于搞公共服务。对应于整体制的"地方"，在分权制下称为"地区"。在不同的分权政体下，地区的权力差异较大。在联邦制下，地区有很大的政治立法权。在经济管理方面，有协助地方规划好公共服务、搞好跨地方基础设施的责任，并同中央分享一部分收入再分配权力。在中央集权色彩比较浓厚的分权制国家，如法、日、英等国，地区的权力要小得多。有的是有监察权，有的是有一定的规划调剂权。但无论何种分权政体，中央政府的两项职责都是必须保证的，公共服务职责落实到城市，地区的经济职权相比之下要虚一些；中央与地方都实行财政分税制，在绝大多数情况下中央分得较大的收入比例，再通过财政支出手段支持地方行使相应的职能。

整体制与分权制还有更为深刻的差别。在分权制下经济体制通过利益机制和调节机制，保证了分权的政府体制，它同政党体制的党政分开，同政权体制的政治民主化，互相作用、相辅相成。有了分权的经济制衡机制，无需通过党的组织来推行上级行政的政策意图，避免造成党政不分；各级政府职责分工明确，便于实行政治民主化。在整体制下，要求下级政府要考虑上级意图，而不是考虑与当地人民直接利益密切相关的局部政策，上级政府虽也通过政策和法规管理经济，但实际上起作用的主要是行政性的资源直接分配，这样，就不可能实行民选、代议等民主制度。可见，政治体制和经济体制的改革要配合进行。其中，政府体制和经济体制的综合改革具有更为基础的意义。在这方面，维持我国原来的整体制，或忽视公有制原则而简单地照搬分权制，都是不可取的。

三、两种基本的选择

摆在我们面前有两种基本选择。一种基本选择是在整体制的范围内寻求变化，把原来以中央为主体的整体制改为以地方为主体、中央来协调的整体制。另一种选择是借鉴和改造分权制，按照商品经济原则划分中央、地方、企业的职权。以地方为主体的整体制，有的学者称为"行政性分权"。

从经济学的角度看，以中央为主的整体制表现为宏观和微观大一统，宏观直接干预微观，以地方为主的整体制可概括为中观和微观大一统，中观直接干预微观。

从内容上看，以地方为主体的整体制是将隶属单位财政收支、产值、投资规模、消费基金总额、信贷规模、外贸规模、外汇平衡、物价指数等作为总额指标，分解到地方政府，以地方政府的自我平衡控制为基础，中央进行总额切块管理。这种以行政隶属关系为基础的综合包干办法，同七五规划建议规定的间接控制、统一市场体系、企业搞活三项改革的基本任务，同政企分开、横向联系、正确发挥地区优势等改革的要求，都有难以协调的矛盾。

首先，以地方为主体的整体制同间接控制矛盾很大。比如，调整汇率、利率、价格、税率，都会严重影响财政包干条件，不少地方认为是中央挖地方一块。地方已把支出打得很满了，中央政策一调整，受影响的地方就会要求调整包干基数，或认为中央政策多变，中央开口子地方花钱。中央推行一些改革措施，如取消外汇券，如果不想回到以往的行政审批办法，而是向运用经济杠杆的方向迈进一步，就立即同谁用汇谁平衡、同财政、投资等方面的包干体制发生矛盾，而无法前进。

其次，以地方为主的整体制同统一市场也不相容。因为商品和生产要素依价值规律在地区之间流动，会破坏综合包干条件，各地自然要搞封锁，要把企业限制在包干的范围之内。第三，企业的自主权没有保障。常常是中央放权，地方截留，出问题，中央再收权。地方的自主权也没有保障。缺乏统一市场条件，地方容易作出错误的地区优势判断。重复建设、盲目建设不断发展，中央只得一再追加基础设施投资。等到总规模和结构矛盾积累到一定程度，就需清理整顿，客观上又有复归条条统治的需要。

总之，在以地方为主的整体制下，企业与行政的隶属关系依然没有割断，企业仍不是一个自负盈亏的商品生产者；地区分割不可避免，统一市场很难形成，经济建设在膨胀和调整间振荡，我国目前的政治经济体制，明显具有滑向以地方为主体的整体制的倾向，这是十分危险的。

我们的另一种选择是借鉴和改造市场经济国家的分权制。既然同样是商品经济，就有共同的规律可循。主要有四点。第一，政治上权力合理划分。这是基本的规律。第二，建立市场体系的规律。不但要建立商品市场也要建立要素市场。第三，实行间接控制。通过调节市场，从而间接作用于企业。第四，对内对外开放，打破地区封锁，维护市场统一。

当然，作为社会主义商品经济，我国的分权制与其他市场经济国家相比，也有很大的不同。第一，以公有制为主体。这就是建立一种具体的公有制形式，代替目前以企业的行政隶属关系为基础的抽象的公有制。股份制是其中的一种形式。第二，政府行使三项职能的范围要大。调整和稳定经济的职能，不但要包括总量调节，而且也要管主要的比例结构，要尽力发挥产业政策的引导作用。收入再分配职能，不但要承担社会保障、调节地区收入差距等责任，而且还要调节级差收益，限制个人资本收入。公共服务职能，不但包括城市开发，而且还要承担繁重的基础设施建设任务。第三，市场体系各个组成部分的发育程度不同。商品市场自由化程度高，而对要素市场，要实行比较多的国家参与。如银行的国有程度比西方市场经济国家要高；在资源国有的基础上，国家通过收取占用费影响资源价格等。

在我国的分权制下，中央负有调整稳定经济和收入再分配职能。因此，制定产业政策、实行总需求管理、维护国际收支平衡、实施经济监督和再监督等权力，应充分集中到中央。地区政府主要是在中央指导下，分担一些区域性的产业结构规划和指导、基础设施建设任务，分担一些收入再分配职能。

地方政府主要负责公共服务。

四、价格、税收、财政的配套改革是较好的入手点

既然分权制是我国经济政治体制改革应当选择的正确方向，那么促成整体制解体和分权制实现的关键是从利益机制扭转原有的体制格局。出路只能是实行分阶段的配套改革。第一步，进行价格、税收和财政为中心的配套改革，重点是建立商品市场和形成以价格、税收、财政为主要手段的间接调控体系。在生产要素管理体制和企业所有制形式上先做局部改革和适应性调整，组建间接控制队伍，着手市场化准备。第二步，建立生产要素市场。这时，价格逐步退出经济杠杆的范畴，成为市场变量。税收对产业结构的调整职能要逐步减弱，主要行使收入分配职能。经济结构的变动，主要是在国家对生产要素市场比较强的干预调节下，由市场价格引导，通过生产要素的重组去实现。

我们对于两种价格改革思路持有疑问。首先是价格双轨制。一种产品，计划内部分价格调整或管住，计划外部分的价格放开。这种价格改革思路，很难进行财政税收体制比较规范的配套调改，促使分权制实现。另一种思路是，维持以地方为主体的整体制格局，价格做调整，财政去适应。通过调整比价关系校正价格扭曲和因价格变动造成的收入分配转移，通过增税或减税补贴和调整各地区财政包干基数，使财政税收做适应性变化。这种办法可以使比价关系合理一些，但仍未触动整体制的根基，费劲大、效果小。

我们认为，中央、地方、企业之间的权益合理划分是体制改革所需明确的基础性工作。通过价格、税收、财政的配套改革，才能从利益机制和调节机制上促成符合社会主义商品经济原则的权益划分和正常的经济运行。

五、结论

在政治体制改革的各个领域中，改革应有次序，应紧密同经济体制改革

相配合。党政分开、精简机构是必要的。但党政不分、机构臃肿是整体制的必然结果。改革政权体制也受整体制很大的牵制。

通常说，我国传统体制的弊端主要是集中过多，特别是中央统得过死。这只是说到了问题的一面。实际上，传统体制是以中央为主体的整体制。应指出，只要是整体制，宏观决策的权力就不会真正集中上来，微观决策的权力就不可能放下去。从通常的解释出发，就容易走向以地方为主体、中央来协调的整体制。但是这样一种整体制同"七五建议"提出的改革的二项主要任务是不相容的，出路在于借鉴和改造分权制。

单从微观入手进行改革，不大可能动摇整体制的根基，也不可能出现商品经济发展了、企业自负盈亏了、效益提高了，再理顺宏观关系的局面。应进行政治经济体制的综合改革，加快向分权制过渡。从当前看，把调整和稳定经济及收入再分配的职责集中到中央，是按商品经济原则分散权力的保证。要做到这一点，必须建立间接控制体系。

从价格、税收、财政配套改革入手，是比较好的选择。目的是从利益机制和调节机制上促使企业权力及政府三项权力的分离，创造起码的市场条件，建立初步的间接控制体系，把搞活企业落到实处。

向市场经济转换过程中的宏观控制[*]

刘国光[**]

20 世纪 80 年代末、90 年代初，中国经济出现了低增长。1989、1990 年，GNP 分别只增长 4.4% 和 4.1%。经过 1991 年的恢复性增长（7.7%）后，于 1992 年进人高速增长阶段。GNP 比上年增长 12.0% 以上，工业总产值增长 21.0% 以上，中国经济增长取得了相当好的成绩，发展速度超过了"经济过热"的 1988 年时 11.3% 的水平。

对目前我国经济形势的判断有两种观点。一种观点认为目前已经出现了像 1988 年那样的经济"过热"，主张控制需求，压低速度。另一种观点则认为目前没有"过热"，加快经济发展不会有什么危险，不应当限制刚刚到来的高速增长趋势。我们认为，1992 年的高速增长是建立在前几年（1989—1991）经济调整时期较低速度增长的基础上，即 1992 年处于经济周期的上升阶段，这与 1988 年的过热是建立在连续几年（1984—1988）高速增长，达到高涨期的峰顶不同。故不能将目前的高速增长与 1988 年经济过热简单类比，而要看社会总需求是否大大超过总供给；要看居民对物价的承受能力。1992 年我国经济高速增长中，伴生的一些矛盾和问题，应予足够的重视和警惕。

---

[*] 本文原载于《经济社会体制比较》，1993 年第 2 期。

[**] 刘国光，中国社会科学院经济研究所研究员。

主要问题：一是，在固定资产投资方面，新开工项目过多，占全部施工项目的比重超过40％，在建总规模过大，比上年同期增长1/5和1/4；投资结构不合理，基础产业投资比例下降，一般加工制造业的比例上升，这将使产业瓶颈制约加重，形成经济过热的一个源泉。二是，金融形势趋紧，信贷规模过大和货币投放量过大。三是，社会供求关系在一些方面由宽松趋向紧张，结构性矛盾更加突出，特别是铁路运输等基础设施与基础产业的支撑能力薄弱，目前铁路运输只能满足货运需要量的60％—70％，成为我国当前经济生活中最突出的"瓶颈"。这些问题任其发展，预计到1993年下半年和1994年上半年，市场供求总量平衡的格局有可能被打破，通货膨胀就会超过居民的承受能力。一旦高速增长不能维持时，就不得不全面紧缩，这势必再次造成强周期波动。上述问题的存在，反映了我国经济体制和结构同经济高速增长的要求还不适应，因此，如何在向市场经济转换过程中，改革和完善宏观调控体系，就成为十分重要的课题。

党的十四大明确提出了将社会主义市场经济作为我们经济体制改革的目标，那么在这个新的体制中，政府调控和国家计划究竟处于什么地位和应该起什么作用呢？我认为，市场经济中市场是资源配置的基础性方式或主要手段，这丝毫不意味贬低政府调控和国家计划的作用，认为它们不重要，甚至可有可无。相反地，对于现代市场经济来说，政府的调控是不可缺少的组成部分；尤其对于像我们这样一个发展中的社会主义国家来说，政府调控和国家计划更是建立和完善市场经济体系所必需的条件。

首先应该看到，市场作为资源配置的方式和手段不是万能的、无缺陷的。市场配置一般是由看不见的手，即价值规律、供求规律和竞争规律的作用来进行自发的调节，而且这种调节带有滞后性，就是说从价格形成到信号反馈再到产品产出效应，有一定的时滞。市场调节的这种自发性和滞后性特点，使得它不能处理好经济生活中许多事情，我以为至少有这么几件事情是不能交给或者不能完全交给市场或交给价值规律去自发调节的。第一件事情是经济总量的平衡，即总需求总供给的平衡，如果让价值规律自发去调节，其结果只能是造成周期震荡和频繁的经济危机。因此单靠市场机制本身的运作，难以保证经济发展的持续稳定。第二件事情是大的结构调整问题，包括农业、轻工业、重工业的关系，第一、二、三产业的关系；加工工业与基础工业、基础产业的关系以及积累与消费的关系等等大的结构调整问题。我们希望在一定时期内如 10 年、20 年、30 年，以比较少的代价，来实现我国产业结构的合理化、现代化，通过市场自发配置资源不是不能实现这种结构调整，如一些发达的市场经济国家的经济结构也是通过市场调节多年形成的，但这样是一个非常缓慢的过程，要经过多次大的反复，要付出极大的代价才能实现。我们是经不起这么长的时间拖延的，也花不起那么沉重的代价。第三件事情是公平竞争问题。有人认为市场能够保证完全竞争和合理竞争，这是一个神话。市场的规则造成大鱼吃小鱼，结果必然走向垄断或寡断，垄断反过来抑制市场机制的有效运作。所以除了自然垄断性部门和公益性部门外，对广泛的竞争性部门，包括不完全竞争部门，现在一些资本主义市场经济国家也在制定反垄断法，保护公平竞争，而何况社会主义国家？第四件事情是有关生态平衡、环境保护、资源保护以及经济学上讲的"外部不经济"问题。所谓"外部不经济"就是企业有些行为的后果，从企业内看，不计入成本，没有什么不利，但在企业外部却破坏了环境、资源、生态平衡，造成水、空气、废物污染等这些外部的不经济，危害社会，危害今后地球的持续发展，危害人类的生存条件。对这些问题，市场机制是无能力解决的，甚至一国政府也难以解决，要求国际性的共同行动。第五件事情，社会公正与经济效率的关系问题。市场机制本身不可能实现社会公正，它只能在等价交换意义上实现机会均等的平等精神，这有利于促进效率和社会进步，但在收入分配上，市场机制自身的作用，必然是导向贫富悬殊和社会两极分化；在我们实行市场取向的改革过程中，这些问题已有一些苗头，引起社会的不满，影响一些积极性，所以政府应当在这方面有所作为，防止这种现象的恶性发展。以上所列举的五个方面事情，都不可能完全交给市场，由那只看不见的手自发地去调节，而必须有看得见的手即用政府的宏观调控和计划指导来解决这些问题。由于市场机制自身存在的这些缺陷，现代市场经济不但不排除政府对经济的宏观调控和计划指导，而且必须借助和依靠政府来干预市场的运行，弥补市场的缺陷。因而政府的调控作用，构成现代市场经济的不可分割的部分。

可以说，当代市场经济国家没有一个政府不对经济进行干预和调控的，当然由于各国历史背景和市场发达的程度不同，政府干预和调控经济的程度也不一样，如英美等老牌市场经济国家的政府，对经济的干预调控比较少些，其市场经济比较自由放任；德、日等市场经济后起国家为了赶超，政府干预的作用就强一些；东亚新兴工业化国家的政府对经济干预和调控就更强一些，所以有人也把东亚一些国家的市场经济叫作是政府主导型的市场经济。

中国作为发展中的社会主义国家，市场经济体制的建立和运作，更离不开政府的自觉干预和调控。中国要建立的社会主义市场经济既具市场经济的共性，又具有社会主义制度的特性。市场经济的基础如企业的自主经营、自由的价格机制、优胜劣汰的竞争机制等等，这是不取决于社会制度的共性的东西。社会主义市场经济在共性基础上还有其特性，是由社会主义制度的基本特性决定的。这些基本特征最主要的，我以为就是在政治制度上的共产党的领导和在经济制度上的公有制为基础的共同富裕的目标。社会主义制度的这些基本特征，不能不对市场经济的运作产生重要的影响；使其能够在社会整体利益与局部利益相结合的基础上，更好地处理微观放活和宏观协调的关系，以及处理促进经济效益和实现社会公正的关系——在这些关系上社会主义市场经济应当也能够比资本主义市场经济更有成效，做得更好。这样，社会主义市场经济机制的运行将比资本主义市场经济显现出更多的自觉性和计划性。加上我国作为发展中国家，市场体系发育欠缺，市场法规制度不完善，特别是我国还面临着赶超先进工业国家的历史性战略任务，这就决定了我国要建立的社会主义市场经济体制必然是一种更加强调国家和政府调控作用的市场经济体制。当然，在市场经济基础上强调国家和政府的作用，与在传统计划经济体制下国家和政府无所不包的经济管理所起的作用不同，它不应是以直接的行政指令为主的调控。而主要是通过市场运用经济和法律手段，行间接的调控。

像任何事物都有两面性一样，我国社会主义市场经济运行中力度较强的国家行政调节，虽然有利于减少市场自身的缺陷，有利于实现社会主义基本制度的要求和有利于实现赶超的任务，但是也有可能由于计划指导的失误或者宏观调控力度的不当，产生新的问题（如重大的结构失调、"过热"与通货膨胀，"过冷"与市场疲软，等等），所以，社会主义市场经济中政府的调节力度较强的特点，既为发挥社会主义制度优越性提供了条件，又要求我们从我国国情出发，更加深入地认识和把握市场经济发展的规律，作好向市场经济体制过渡时期的宏观调控工作。

尽管我们进行以市场为取向的改革已经十多年了，现在又明确提出要建立社会主义市场经济新体制，但我国目前正在运转着的经济体制距离现代市场经济的要求还相当远，包括市场取向比较深入的沿海开放地区，也还不能说已经按照现代市场经济的要求来运转了。可以说，从全国来说，我们的经济体制还处在从计划经济向市场经济的过渡状态之中，这个过渡时期有许多既非典型的计划经济又非成熟的现代市场经济所具有的特点，对于宏观管理来说，我看以下几个特点是需要特别点出的：第一是新旧双重体制并存的局面依然存在；第二是卖方市场向买方市场的过渡没有完成；第三是融资来源由政府积累型向社会积累型的转换不可逆转。

第一点是说，经过十多年市场取向的改革，我国经济生活中市场调节的因素增长不少，但是同时旧体制中尚有未发生根本性改变的因素继续存在，尤其是掌握国家命脉部门的国有经济部门的基本行为特征，没有根本改变，依然是软的预算约束，负盈不负亏，投资行为和支出行为缺乏有效的自我约束。对与各级政府经济行为有关的经济单位来说，像利率这样一些间接调控手段的影响仍然是有限的。因此实行规模控制和额度管理这样一类直接的行政调控手段还是必要的。另一方面，国有经济部门这些年来经济决策权的下放，包括行政分权、财政分灶和某些自主权下放给企业；最近，投资审批权进一步下放，地方和企业债券股票发行实际在增加，各级政府和国营经济部门事实上获得更大的"融资自主权"。所有这些意味着以往多少有效的一些"直接的宏观控制手段"今后的有效性也会大大降低。在不存在十分有效的宏观调控手段的情况下，今后一个时期就必须加速经济改革，尽快完成从传统计划体制到新的以市场经济为基础的宏观调控体制的过渡。同时，综合运用间接调控和直接调控两种手段，使其协调配合，综合地发挥效果。

第二个特点是卖方市场向买方市场的过渡尚未完成的问题。这涉及对当前我国经济类型是属于需求约束型还是资源约束型的判断。这同宏观管理采取什么样的基本政策方针有关，因为需求约束型经济会经常出现社会总需求不足一，政府宏观管理的侧重点是在经济可能会出现疲软和萧条时，通过扩张的财政和金融政策手段的干预而刺激经济和增加就业；资源约束型经济则因为软预算约束而形成投资饥渴症，经常出现社会总需求过旺，经济发展过热，求大于供的短缺现象，政府干预的侧重点则是通过控制投资和信贷规模保持经济的稳定增长。这两种调节是不一样的。前几年治理整顿，我国经济曾有一段时期处于市场疲软的运行状态之中，有些人由此认为我国经济已不再是短缺经济，过去长期存在的卖方市场已转向买方市场，资源约束型经济已转向需求约束型经济。诚然，改革开放正在促成这样一种转换，但如果认为已经完成了这种转换，未免估计过高。这与前一点所说我国经济体制目前尚处于新旧双重体制并存状态是有联系的。尽管随着非国有成分的发展，软预算约束的范围在相对缩小，但国有经济至今仍然没有摆脱软预算约束和投资饥渴顽症，不论投资品的价格、资金成本是怎样高，也不论投资的预期利润是怎样低，都不会抑制地方、部门、企业的投资欲望，所以调整时期出现的部分买方市场并不牢固，一旦政府放松对总需求的调控，减弱干预力度，投资需求又会迅速升温，某些不牢固的买方市场就会回复到卖方市场的运行状态。去年我国经济进入高速增长之后，某些生产资料又出现货俏价涨、特别是交通运输紧张的局面再次显现，日趋突出，便是资源约束重现的证明。至于消费品市场目前供求形势虽然比较投资而相对缓和，但这与城市居民新的消费热点尚未形成，与农民收入和购买能力的增长相对滞后，这样一些临时性的因素有一定的关系，但城市商品零售价格指数以两位数的幅度上扬，将逐渐触动消费者的预期，从而可能影响消费品市场趋紧。所以对我国经济类型转换和市场形势变化的判断应该有一个清醒的认识，这对宏观经济调控的侧重方向做出正确的决策具有非常重要的现实意义。

第三个特点是，经济建设资金来源从政府积累型向社会积累型的转换，这是我国市场取向的改革过程中在宏观经济管理方面最重要的变化之一。改革之初，在一次关于社会主义生产目的问题的讨论影响之下，曾提出调整积累消费比例，把当时认为过高的积累率从 3% 左右降低到 25% 左右，实际执行结果，1981—1983 年这三年积累率分别降到 25.3%、28.8% 和 29.7%，相应增加了消费的份额。此后，随着居民收入继续增加，消费的绝对额也逐步增大，在居民消费水平提高的情况下，在吃穿用开支之后仍然有大量余钱，因而城乡居民储蓄增长得更快，占 GNP 的储蓄即由 6% 提高到 30% 以上。这使得积累率回升，1984—1991 年几年里维持在 34% 的水平，同过去的高积累率差不多。但国家财政资金在积累中所占份额大大降低，社会资金特别是居民储蓄所占份额却大大增加。这又是同居民收入水平和消费水平大大提高同时并行的。改革开放十多年来我国国民收入分配格局和经济建设资金来源格局的迅速变化，结束了改革开放以前旧体制下，国家财政主导型所导致的高积累和人民收入增长停滞和低消费的矛盾，促进了生产、分配、消费、积累转人良性循环。20 世纪 80 年代的经验证明，城乡居民收入和消费的增长是刺激了经济的发展而不是抑制了经济发展，而采用限制居民收入、消费增长和强化政府积累来发展经济的办法会与市场经济运行的要求相悖，因而难以获得成功。

因此，20 世纪 90 年代我国宏观经济管理在收入分配政策上是否要提出克服或纠正收入分配向个人倾斜的方针和口号，是一个需要慎重斟酌的问题。当然，为了适当加强国家财政的宏观调控的力度，对国民收入分配格局作某些合理的调整也是必要的，但是，从总体上看，政府积累型向社会积累型的转换在市场取向的改革进程中是不可逆转的，这就突出了金融体系改革在宏观管理体系改革中的地位。随着最强有力手段的直接计划管理的大大弱化，同时中央财力下降，地方和企业财力加强，个人收入在国民收入中的份额增大了许多，今后，金融政策对经济的影响会越来越举足轻重，金融部门在宏观管理中的地位和作用日益加强。如何适应向市场经济转换过渡的需要，清理和摆妥计划、财政和金融这三个部门之间的关系，协同搞好 20 世纪 90 年代我国经济发展的宏观调控和计划指导，是一个急待研究解决的课题。而金融体制改革又是 20 世纪 90 年代宏观管理体制乃至整个经济体制改革的突出重点，其成败关系我国经济能否健康发展，乃至社会能否稳定，更是需要经济学界和宏观管理部门同仁共同努力研究解决的课题。

社会主义向市场经济转轨中的宏观稳定：
财税体制改革[*]

［美］罗纳德·I.麦金农 著　　肖 梦 贾 康 译[**]

一、古典社会主义下的财税体制核心是税收以所有权为基础，通过扭曲价格实行隐蔽税收

从集中计划经济体制向市场经济转轨（transition），保证宏观经济的控制和稳定至关重要。否则就会发生非常严重的通货膨胀和可怕的经济崩溃！而要理解在过渡过程中如何有效保证宏观的稳定，就要回顾一下在传统体制下财政的控制是如何实施的。1985 年前的苏联，1979 年前的中国，1989 年前的越南，在财政体制上都令人吃惊地相似，即实行以国家所有制为基础的隐性税收为特征的，无论是银行的货币体制还是信贷体制都是一种被动的受抑制的体制。

由于在社会主义国家中，政府几乎拥有了所有工业与农业的资产，可以

---

　　* 本文原载于《经济社会体制比较》，1992 年第 6 期。

　　** ［美］罗纳德·I. 麦金农（Ronald I. Mckinnon），美国斯坦福大学教授，当代金融发展和金融抑制理论奠基人。肖梦，中信《比较》杂志副主编；贾康，财政部财政科学研究所研究员。

从拥有的所有权中得到其收入而不必依靠清晰的法律规定的税收。政府可以轻易地将国有企业作为其税源。另外由于政府控制所有最终产品的定价权，可以保证国营企业从中得到巨额的营利。在这种体制下，农产品以及原材料价格定得很低，而制成品价格相对于基本工资定得很高，从而保证国有企业产生足够多的营利。

对市场经济国家非常重要的税种如货物税、农业土地税、个人所得税和销售税，在社会主义国家均成为隐性的税收。正由于货物税、产品税的存在，因而可以人为把产品价格定得非常高。既然没有对农业土地征税的机制，它们不得不采取替代办法，即将农产品的收购价定得很低，来弥补土地税的缺失。由于没有实行个人所得税，采取的相应做法是故意把工业企业中工人的工资定得很低。而美国的个人所得税实际上是拿到工资来源时，将工资扣交一部分。由于没有实行普遍通用的增值税（VAT），只有用上缴利润或者是某种形式的流转税替代。由于实行中央计划体制并由政府控制定价，上述作法就是有效的税收办法。举例来说，假如你已经有了对最终产品的价格控制，就没有必要搞实际上把税收转嫁到消费者身上的增值税。同时，企业上缴利润也就都掌握在国家手中了。同样，由于实行了非常严格的中央计划，对企业和企业经理人员的反刺激不大。在古典的中央计划经济体制下，没有财政金融的联盟，相反，是统收统支的财税体制。因而省一级与地方一级就没有其独立的税收来源。实际上，由中央政府收缴税收，再由中央政府来决定将钱分给所需的政府或单位这样的一种体制，即使利用地方政府出面征税，全部税收也是由中央政府控制的。

现在，在我们对这样的体制进行批评之前，让我们来看看这一体制所取得的成绩。1952—1959 年中国中央财政收入是以非常快的速度递增的，同时从工业企业中征到了越来越高比例的税收。举例来说，在 1950 年，全部收入中有 34% 来自对工业企业的征税，而到了 1980 年这一数字上升到 88%。而且相对于税收的弹性比大于 1。1953—1978 年，国民收入年递增 6%；而税收竟有 7.4% 的上升。这种税收体制有两点优越性：一方面，可征集到巨额资金；另一方面，它可以按政府的意愿将资金指派到所需的部门或产业。但是，它有一个很大的不利之处，它对地方政府本身去寻找额外的收入来源和限制其支出方面提供的激励因素是非常差的。另外，由于政府控制了全部资金和现款流动，使企业必须通过国家银行将其现款存在银行，从而使这些款项成为受阻滞而无法使用的货币。因为政府实际上无法预测这些国有企业将会产生多大的营利，那么将其余额全部存在银行，使之受阻，显然是一种明智的做法。这种财政金融体制是非常消极的、受压抑的体制。表现在两个方面：第一从贷款方面来看，由于企业并没有得到任何的制约因素，一般来说不会感到缺少信贷，只要按照中央金融体制指示去做都会得到投资。但人们往往忘记另一方面即存款方而，金融体制仍然是消极的，所有企业存款在银行都处在一种受阻的情形，而且政府随时可把钱取走、征用，对企业不存在规定非常清楚的对货币的需求界限，任何可能缓解企业资金在银行受阻情况的发生，都会驱使企业将其资金用掉。一般来说，正常控制货币流通、控制银行存款、控制价格水平的办法，在这种情况下就不能起作用了。

二、转轨过程中宏观失控的原因是当价格放开时，国有企业的税收地位削弱，上缴国家的税收利润减少。办法是扩大税基、平等赋税。但这取决于建立一个"联邦制"的中央地方分税体制。从长远看，地方政府较大的税收权限有利于宏观经济的稳定

在经济自由化的转轨过程中，人们一般做两件事，一是放开价格，二是鼓励非国营企业比较快的发展。

从中国1978—1991年来看，改革造成总收入的变化很大，是什么原因？我首先的反应是非国营部们发展很快，这些部门一般不会被征税，政府只能从它所控制的国有企业中征税。后来，我发现情况并不完全如此，还有许多其他因素。对于国有企业来说，即使仍属国家所有，只要价格放开，制成品的价格相对于原材料和成本而降低了，那么过去它所能达成的高营利就消失

了。这当然使企业收入的地位大大削弱，而政府是靠这些企业的盈余作为自己税收来源的。所以我给大家介绍一个概念，在资本主义国家里什么叫作正常的资本流动，举例说，1990 年，美国公司的利润只占 GNP 的 5.4%，而中国 1978 年利润占 GNP 的大约 20%，要高得多了。而在美国的占 GNP 的 5.4% 的利润中，只有 2.3% 是公司向政府所交纳的税收。当然，两个数字并不完全可比，假如可比就会得出美国的税收比例是中国税收的 1/10。随着价格的放开，必然发生企业的税收地位削弱，向政府上交的收入会减少。

实际上，这是一个新的经济法则。这个新的经济法则可以这样概况，当社会主义国家的经济向市场经济自由化方向过渡时，向政府上交的税收利润也就下降。以越南为例，1986 年，越南政府征得的税收占 GNP 的 17.2%。1990 年下降为 7.1%。同样道理，在老挝 1986 年税收占 GNP 的 9.5%，但到了 1990 年这一比例急剧下降到占 GNP 的 1.7%。而在苏联土崩瓦解之前也存在同样的趋势。当然苏联同中国相比更加不如，不像中国同时还极力削减支出，所以通货膨胀的爆发显得更为激烈。过渡时期的现状就是如此，一方面，政府极力想从企业身上榨出尽可能多的税收，而另一方面，企业税收的地位却在不断地削弱，在这种情况下，每一单位、每一人都力图向银行借钱。由于旧体制下银行系统是被动的，不会对人人争夺贷款的情况进行抑制和约束，政府也就失去了对货币投放的控制，这种通胀性进程对整个生产力具有严重的破坏作用。在严重通胀环境中，企业不会力争掌握金融资产，实际上只是力求掌握库存来应付通胀。这种收入减少，通胀率不断上升的情况在整个东欧都看得很清楚。在这方面，从管制走向放开的自由化进程伴随严重通胀的唯一明显的例外是 1979—1984 年的中国。中国的秘诀在什么地方？尽管政府在这一期间收入下降，但通胀率却没有大幅度提高。我对这一现象的解释是，中国农业改革走向家庭联产承包责任制取得了非常大的成功。当每一家得到一小块土地的时候，中国实际上还处于货币化不足的境地。所以，中国农民多年来都愿意建立起他们的现金余额地位，能够在他们的农田上进行更多的投资。尽管这一阶段政府不断向银行系统借钱并不断增加货币供应，但这两者之间还是取得了平衡，这就解释了为什么价格水平比较稳定。但我总的感觉是中国比较幸运，而不是有意识地通过计划获此成功的。在英语中有这样一句谚语："你特别交好运。"

遗憾的是，中国政府却没有意识到它有如此绝妙的好运，在 1985 年大量增加了对工业企业的信贷和货币投放，这时农业却无法提供服务，通货膨胀的压力急剧增加了，虽然还没有像东欧那样糟糕。然后政府就清楚了它在税收上的困境，于是就与地方订立新的税收合同，每一级政府也都可以与企业分别订立合同。可能在座的都比我更清楚这种情况。我认为这种承包制办法在过渡时期可能暂时是有效的，仍可能通过所有权而达到税收目的。但是有一点大家一定要搞清楚，这种讨价还价定的承包办法只是过渡时期中的一种办法，并不是最终要定型的手段。中国现在面临的最根本的需要使成立中央国税机构（IRS），使其地位增强，这是一个庞大的集中的行政机构，对各级、各部门、个人、各种经济成分征收待遇相同的税。所以这就要同过去以所有权为基础征税的办法决裂，摒弃那种办法。今天，仍以所有权来征税，正是这一传统思维导致中央政府地位削弱。所以，应认真考虑这一问题。

与此同时，要认真考虑的是如何建立财政的"联邦制"（federalism）的"分级财政"的税收体制，即不同等级的政府订立不同的税收范围与税率。我们再举美国为例，中央政府的税收主要来自公司所得税和个人所得税。而州政府的税收主要是销售税。正是由于有了这样一种分税自主体制才构成美国的联邦制。当然对于中国来说，要达到这样一个境地，还有很长的路要走。比如这样一种分权体制的财税改革马上会遇到不可能建立零售销售税的问题，而美国州政府却相当依赖这一税收。在美国这样的成熟的市场经济国家，商业组织严密发达，零售商较规范，规模大，相对就容易多了。而中国到处存在千千万万的小商贩，要想征收零售税难度就大得多了。但是，中国目前如果要搞财税改革，至少要将这一前景记在心中。

正因为财税改革一下子达到"联邦制"目的并非易事，增值税才显得如此有吸引力，因为增值税是从批发环节与进口环节征收的，即便在销售环节没有收到也不会损失太多。但如果采用欧洲的目的地准则来征收，对地方政府来说难度就很大了。比较自然的是由中央政府来征收增值税，然后与地方分享。如果政府想以快捷的办法收到税，增值税不失为一种较好的选择。我了解到中国也有增值税，但是范围相当有限，而且是按 12 级税率征收的。中国所需要的是两条：一是税基要比口前更广泛；二是税率要统一。一系列国家成功地实施了金融货币的稳定，在这成功的背后，实际上增值税起了很大作用。举例来说，智利在 20 世纪 70 年代中期成功地利用了增值税，收到了占 GNP 9%的税收。更近一点的情况是墨西哥，它成功地利用增值税来帮助政府平衡预算。经济学家一般比较偏爱增值税的做法，认为实行增值税对有效使用资源的促进作用很大。中国过去实行较多的价格管制，故财政收入必然主要依赖流转税和企业上缴利润，价格问题也造成近年已实行的增值税覆盖面小和税率繁杂。为改进增值税，必须有价格改革。在中国现行价格体系下，转轨时期一种可能的选择是区分两类企业，先后推行增值税。对继续实行价格控制的传统企业继续征收流转税，但可计算"影子增值税"，这样至少可知真实亏损是多大，这类企业不能发行股票、债券。对市场定价的自由企业，则实行完整的增值税，取消补贴，可进入金融市场。

我也了解到中国在其他领域也在实行一些改革，比如试图征收财产税来帮助地方解决财政问题。由于农业收购价格已经提高，更有必要在这时候恢复征收土地税。理想的是把这项税收的任务放在乡、村一级政府身上。如果我们把目光放得更远一点，中国还可以做的一件事是恢复和开始实施征收个人所得税。但更重要的我认为应该使每一级政府都有较大自主权与独立性。加拿大是另一个联邦制国家，个人所得税与商品税均由中央财政收缴，而每一年中央财政部长都要与各州会晤，来磋商这钱如何分配。这种作法对加拿大政府十分不利，因为各州的利益不同，它们必然要向中央拼抢自己能获得的部分，这也是为什么这个国家目前面临要四分五裂的原因之一。所以从长远来看，不如要每一级政府有更大的权力来决定收多少税，收哪些税，这样更有利于一个国家的稳定。这样并不排斥中央与地方政府在某种税上分享。比如美国的加利福尼亚州，联邦政府替加州制定了税基，而税率由加州自己决定。尽管美国每一州大体实行的都是差不多的税基，但税率却都是由州政府自己决定的。同样，更低一级政府可以决定对财产税收多高税率。这一套制度之所以能够很好的运作，原因在于州和地方必须自主平衡收支，每一级地方政府既有很大的权利，可以降低税率来吸引新的产业，同时还会由于财产政状况不良而破产，因此降低税率不能过分。能够破产这一条是非常重要。当然联邦政府有所不同，它拥有银行，可以发票子，所以不大受约束。另外中央政府可以发行债券，而公众知道联邦政府的债券与州政府债券是不同的，因为联邦政府可发行货币，而州政府却不能。

这里我还想强调的是，平等税负原则的重要性。不要因为中国大，地区发展不平衡，就随意扭曲这一平等原则。地区发展不平衡实际上存在于每一个国家，中国由于特区的存在，这一问题被夸大了。对财政目标来说，似乎应该力争把中国都变成特区，这意思是每一地区、每一部门、每一个人都要平等税负，而且每一地区、每一部门、每一个人所得到的外汇留成对待也应该相同。因为由中央政府拿走一部分外汇，实际上也是税收。当然我讲的平等税负、统一待遇，并不是说忽视贫困地区和穷人，但是，这种补偿与补贴应该通过间接手段实现。正因为中国目前还没有完备的个人所得税制度，刚才我讲的建立增值税才显得尤其重要。在市场经济非常发达成熟的体制中，华人所得税的规定详尽而又繁杂，实际上是在贫富之间对财产进行再分配。这样做并不需要直接把税收从某一地区调到另一地区，只是从富人身上多收税补给了穷人。通过这种所得税的间接办法重新分配来补助贫困地区。个人所得税这一方法是将弥补贫富差距原则考虑进去了。中国由于比较落后，只好采用调拨办法，这种情况只适于目前的过渡时期，20年后要改变。

总之，为了增加财政收入，首先要在市场定价的基础上建立一个广泛、强大的税基，即实行增值税。同时，给地方各级政府更大的权力自己决定征税范围与税率，以保证国家在经济自由化过渡过程中的稳定。

中国向市场经济转轨中的财政控制[*]

[美] 罗纳德·I.麦金农 著   银温泉 译[**]

中国在 1978 年开始了引人注目的自由化之后，首先解散了人民公社体制，回到了小土地占有者的农业，然后在官方价格控制和国家计划构成的大网之外，发展了乡村工业，结果，农业产出和工业产出得到了迅速的增长。更引人注目的是、在改革的头几年里，通货膨胀压力微不足道。中国改革初期的成功鼓励了戈尔巴乔夫在 1985 年发动改革。到 1989 年，前集中型计划经济的迅速市场化成了整个东欧政治上当务之急的事情了。

但是，东欧的自由化尝试一直令人失望。与中国模式不同，在那里，产出一般是下降的，而且，自由化方案越是雄心勃勃，下降越是迅速。一些乐观的人士认为，东欧经济会沿着"J"型曲线走：在长期增长路径成为一个自由经济的特征之前，产出首先要下降。但是，虽然"J"型曲线仍有希望出现上仰或翻转，产出却仍然继续下降，同时存在着很高的、有时是爆炸性的通货膨胀，这在俄罗斯和乌克兰最为明显。

在解释东欧的产出下降和通货膨胀时，人们经常注意一些"外部"条件，

---

　　* 本文原载于《经济社会体制比较》，1993 年第 2 期。

　　** ［美］罗纳德·I.麦金农（Ronald I. Mckinnon），美国斯坦福大学教授，当代金融发展和金融抑制理论奠基人。银温泉，国家发改委经济体制与管理研究所所长，研究员。

如外贸的突然而剧烈的中断和政治混乱。我不否认政治解体对东欧经济具有非常重要的不利影响，但这里将集中分析中国维持宏观经济稳定的国内财政政策。都是从 1979 年前几乎相同的通过集中计划进行财政控制的斯大林体制开始改革，为什么在转轨期间中国维持财政控制的政策迥异于东欧的政策呢？更具体地说，在市场自由化过程中中国与东欧政府净岁入锐减的情况下，中国怎样成功地抑制住由此产生的通货膨胀压力呢？（当然，中国在 1985 年和 1988—1989 年都受到了价格大幅度上涨的冲击，但都借助于通货紧缩而成功地恢复过来了。）

一、具有硬预算约束的中国农民的自筹资金

众所周知，中国在 1978 年后迅速解散了人民公社，实行了小土地占有者的农业：家庭责任制建立在 10—15 年土地租赁的基础上。一个往往不太被重视但却同等重要的事实是，国家定价机关把强制性定额内的粮食与其他食品的收购价格（趋向于世界市场水平）大大提高了。交足定额后剩下来的部分随后可以在私人市场上自由出售。农民贸易的大大增加，加上产出的增长，使其现金流量大大增加了。在 20 世纪 80 年代初期，农民现金头寸的增加意味着他们能为农田投资（包括住房建筑）自筹资金，不用向国家银行或官方控制的农村信用合作社大量借款。农民在进入市场经济时，实际上已经被强加了非常硬的预算约束。

一旦价格水平相对稳定，就像 20 世纪 80 年代初那样，农民就发现自己用于农田投资的货币不足。出现这一问题的部分原因在于，农民缺乏得到银行贷款的途径，与其现期收入流相比，他们的理想的流动资产存量太小，因此，随着收入的增加，农民就开始大量建立自己的现金头寸，结果，M_2/GNP 的比率急剧上升。占总人口 3/4 的农民在 20 世纪 80 年代初成了向国家银行体系贷款的大户，这与其说是主动设计的结果，还不如说是出于偶然情况。

从 20 世纪 80 年代中期至今，由于在迅速增长的农村工业中找到工作

而增加了自己的纯农业收入，农户的这一引人注目的自愿储蓄仍在继续增加。由于中央政府继续拥有和控制着国家银行系统，所以，它能够通过借回来这些正在迅速增加的（主要是农村）家庭的财政结余，而弥补自己日益恶化的财政状况。中央政府的这种为赤字筹集资金、而不用高通货膨胀征税的方法，是中国 80 年代宏观经济稳定的不稳定因素，而且至今仍然如此。

二、工业部门中经济与财政的二元性质

中国不同于东欧之处还在于，中国没有对以集中计划加扭曲价格这一保护伞为基础的国有工业尝试过任何突然的"大爆炸"式的自由化。传统重工业（不管制造业、公共事业，还是自然资源工业）仍然牢牢地由中央政府负责。东欧目前正集中注意力，通过各种股权认购证（voucher）方案，把大型工业企业的财产转移到私有部门，中国却从未尝试过这种"私有化"。1978年后，中国采用了一种二元（通常是指国有和非国有部门）的工业结构，只是在非国有部门才全面放开市场。

首先来看国有部门中的重工业。中国政府认识到，一旦放开价格或实行价格合理化，部分原有的重工业部门必然变得没有赢利能力。但是，不能只是因为经济体制的变化，就让这些一般拥有几千名工人以上的无赢利能力的企业倒闭。因为这样一来，社会后果将非常悲惨，经济成本将极为高昂。中国中央政府在缓慢提高原材料价格（相对制成品而言），使之更好地与世界市场价格对接的同时，仍然继续用低成本的银行贷款和其他补偿来支撑大部分国有工业。由于这使预算软约束综合症持久存在，所以，有赢利能力和没有赢利能力的国有企业都仍然处于较紧的财政控制之下。

举例来说，在 20 世纪 80 年代初自由化伊始，国有工业企业就不许相互之间自由争夺国内稀缺资源，或在公开市场上不受限制地争夺外汇。国有企业之间交易的产品价格仍然处于集中控制之下——只能随着时间的推移而逐渐取消。不过，为了推进改革，中国政府允许两部分定价制度发展。一旦在

集中控制的价格上完成了相互间的交货承诺，国有企业就可以将余下来的过多产品以通常较高的市场价格出售给迅速增长的"非国有"企业。与此类似，中央政府开始也是在官方汇率上分配所有外汇，而后才逐渐地允许存在企业间的交换市场，产生超出官方汇率的、可变的但却只是中等程度的加价。到了90年代初，这一公开的交换市场才成为在企业分配外汇的主要方法。

谨慎的方法不同，俄罗斯在1992年1月1日实行了"大爆炸"式的价格放开。预算约束还非常软的国有企业之间突然自由地协商价格，相互争夺所有货物、服务和外汇（居民的工资与现金仍在某种程度上受到控制）。结果，生产资料价格在1992年爆炸性地上升了，外汇的卢布价格因此飞涨——从年初的一美元兑5卢布到年底的一美元兑500卢布左右。当然，消费品价格的上升幅度小得多，但这种抑制价格是不可行的，不可能长期存在下去。

与俄罗斯不同的是，中国政府正确地认识到，在企业的预算约束仍然很软的条件下，在改革的初始阶段单个原材料或较复杂的生产资料的供应很少有竞争的条件下，政府必须控制价格，固定生产资料的价格水平。即使政府成功地控制住了工资和具有"硬"预算约束的家庭在流通中的现金数量，也不足以限制住生产资料的价格水平。事实上，中国政府在将国有企业之间交易的货物与服务的名义价格加以固定，并由此仍然将生产资料价格水平固定住的同时，也开始将生产资料的相对价格合理化了。

在20世纪80年代期间，中国允许在价格控制、交货安排和命令式的限制这张大网之外，发展出一个全新的非国有的轻工业部门，这就制约了原国有重工业部门的行为。尽管到处都有一定数量的私人商人，但新的制造业却主要由地方政府（县、镇和村）拥有和负责。它们被称为乡镇工业。只是在一些沿海地区的经济特区，纯私人制造业才达到很大规模，而与乡镇工业旗鼓相当。广义的非国有部门中的乡镇工业和私人工业加起来能与原国有部门的工业总产出规模相当。因为这些具有硬预算约束的新企业现在有能力与原国有部门进行有力的竞争，所以，国有部门中的价格控制几乎能够全部取消，而不致打乱生产资料的价格水平——前提是流通中的现金数量仍然处于控制之中。

三、税收改革的必要性

与东欧政府一样，中国的中央政府没能建立起来用以在分散化的市场经济中征收政府岁入的有效的国内岁入征收机构。但与东欧不同的是，中国比较有效地求助于征收岁入的各种"次优"方案。1978 年后，中央政府仍然控制着传统的有赢利能力的工业企业，并据此直接为自己继续征收税入（流转税和利润剩余）。而到 20 世纪 80 年代中期来自国有企业的岁入下降时，中央政府就开始建立了一个精细的税收制度，与地方政府签约，让它向中央上缴岁入。

但是，这仍然使中国的中央政府面临严重的岁入不足，没有资金用于基础设施投资，无力对传统的亏损工业企业提供补贴，不能支付较高的农产品收购价格，等等。很明显，中央政府财政地位的这种下降既不能够维持下去，也不符合中国经济发展的长期利益。届时，除其他问题外，官员在薪金低时还很容易出现贪污行为。

幸运的是，中国的中央政府一直能够通过向繁荣的农村部门大量借款（主要以国有银行体系为中介）而弥补这一岁入差额，在较次要的意义上也为此而向居民直接出售政府债券与工业债券。居民用自己的收入建立自己的流动资产的意愿的确一直显著地、某种程度上也是幸运地将政府从其财政亏空中解救出来。

但是，这种情况不可能长久存在下去。政府不能无限期地依靠这种大量的借款，因为居民不再是"货币不足"了。一旦居民的流动资产与收入的比率迅速上升（或像过去发生过的情况一样），国有部门再继续借款就会因严重的通货膨胀威胁而出现财政危机。因此，中国经济在过去 15 年中所取得的一切重大成就都处于风险之中，不排除出现东欧式通货膨胀的可能。

解决问题的办法在经济上是明显可见的，但在政治上却很难实施。中央政府必须迅速组建国内岁入征收机构，从而能够对所有的工业（不管属于中央政府、地方政府，还是属于私人）和农业部门直接征税。国内贸易和国际贸易都要统一地纳入进来，从而把营业税率保持在中等程度——如用统一的增值税。在稍后的阶段，也把居民系统地纳入到个人所得税的行列，当然，这只能在人们富裕了以后才可行。

如何实施这种新的、类似"财政联邦制"的税制，我在不久前访华时已专文探讨了。在这篇短文里，我只能强调指出，尽管中国在过去 15 年间取得了令人瞩目的经济增长，但由于基本的税收问题一直没有解决，所以，宏观经济稳定仍然极为脆弱。

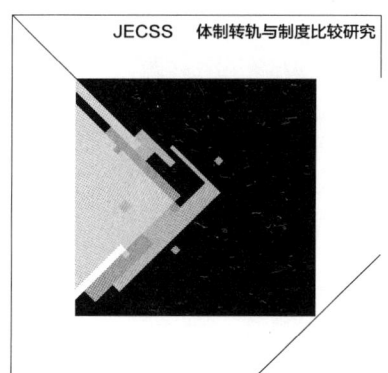

JECSS　体制转轨与制度比较研究

第四辑

比较制度分析研究

比较制度分析：起因和一些初步的结论[*]

[日] 青木昌彦 著　曹利 王信 译[**]

一、前言

仅仅是在近十年内，国际和国内的政策领域中才开始出现各种关键性的比较制度问题；经济学家也才逐步拓宽经济学理论的视野，积极探讨这些问题。这也许预示着一个崭新的领域——比较制度分析（Comparative Institutional Analysis，CIA）正孕育成熟。正如我将谈到的，比较制度分析是随着历史制度分析（Historical Institutional Analysis，HIA）和转轨经济学（Transition Economics）发展起来的。所有这些领域都涉及"制度"问题，在许多重要方面有着相同的方法论、分析取向与研究重点。通过本篇的前半部分，我希望能推动对比较制度分析的研究；后半部分，我将提出由比较制度分析导出的未成熟的、一般性的结论。[①]

---

[*]　本文原载于《经济社会体制比较》，1997 年第 1、2 期。本篇是根据作者 1995 年 9 月 23—24 日在东京 Gakushiun 大学举办的日本经济学与经济计量学联合会年会上所作的会长讲话修改而成。本译文略有删减，有需要的读者可与编辑部联系。——编者注

[**]　[日] 青木昌彦，原国际经济学会主席、斯坦福大学经济学教授。

[①]　关于历史制度分析和转轨经济，Avner Greif, John MeMillan, Mathias Dewatripont 以及 Gerald Roland 在第七届世界经济计量学会大会上都作了很好的综述。

以下是经济学家近来十分关注的有关比较制度分析的一些主要问题：

（1）越来越多的人意识到，在发达的市场经济体系中存在着各种制度安排，这些制度安排的差异在很大程度上决定了国家或地区间产业生产率和国际竞争力的优劣地位。由于贸易的不平衡，关于贸易伙伴间制度差异的争论变得更加激烈。不同经济中的制度安排是否、应该、或者能够趋同？或者，制度的多样性是否会导致一定的收益？如果是这样，怎样才能最好地获取这些收益？

（2）东欧中央计划经济的国家机构一夜之间崩溃了。然而，在最初的欢欣鼓舞之后，人们发现向市场经济的转轨并非是轻而易举的，或通过私有化就可以自动实现。另一方面，到目前为止，中国和越南的经济绩效似乎优于东欧国家，它们的转轨过程是渐进的，国家在制定新的市场取向的制度安排方面发挥着核心作用。转轨是否能不受共产主义遗产历史约束的影响？中国和越南经济增长较快是否仅仅因为它们相对落后？转轨应该采取"大爆炸"（Big－Bang）的模式还是渐进的方式？以何种顺序进行？如果市场经济中存在多种制度安排，哪一种是转轨经济应该选择的最终目标？

（3）世界银行出版的《东亚奇迹：经济增长和公共政策》标志着对一般性的制度（尤其是国家这种制度）在经济发展过程中作用的讨论进入了一个新阶段。这份报告指出了一些被认为是东亚经济共有的制度安排的特征，并讨论这些特征是如何使东亚取得了高于其他发展中地区的经济绩效。东亚经济中国家的作用是对普遍存在的市场失灵（market failure）作出反应，还是对激励个人的民间决策制度（private order institutions）进行补充？日本和其他东亚国家在总要素生产率（total factor institutions）上的显著差异能否归因于它们制度基础设施的不同？是否东亚国家的官僚在非生产性寻租（unproductive rent-seeking）行为方面有更强的抵抗力？如果是这样，为什么？是否东亚国家的制度安排只在发展阶段起作用，它们是否最终会被更先进的、具有普遍意义的西方模式所取代？[①]

---

① 关于当前问题的总结，参见 Aoki，Murdock 和 Okuno-Fujiwara（1995）

以上我引用了一部分有代表性的发达市场经济、转轨经济和发展中经济的制度问题，很显然，这些问题是部分重叠的，所以不能完全孤立地加以分析。下面我还指出，它们不能由新古典经济学的演绎法得到满意的解释，而必须通过新的、相互联系的比较制度分析来研究。这种方法一方面需要收集不同经济的比较信息，另一方面需要在近年来发展起来的博弈论、合同理论和信息经济学的基础上建立"内容特定的"（context-specific）微观模型。

二、制度及其相互依存

我在以上的几个例子中已经提到经济中的"制度安排"。什么是制度，它们如何制定出来，怎样相互关联？根据诺斯（North，1993：3）的定义，"制度是一个社会的博弈规则，更正式地说，是人们制定的、规范人们相互关系的约束条件。"他指出这些约束条件是追求自我利益的集团相互作用（政治上）而逐步演变形成的。格瑞夫（1994：943）认为诺斯关于制度的两个不同的定义——规则和约束条件——其内容并非完全一致，因为后者包含前者。他认为，"假定游戏的规则技术上是给定的，作为对人们相互关系的非技术性约束的制度包括两个相关的部分：文化观念（在不同情况下个体如何预期别人的行动）和组织（可以改变博弈规则的内生的人类架构。无论如何，组织应处于均衡态。）"。赫维茨（Hurwiez，1993）用函数形式给出制度的定义：制度的作用是"限制可以接受的机制的种类。它是关于规则的规则。这意味着指出哪一种选择域（choice domain）和结果函数（outcome function）是可接受……然而，不是所有的限制都可以成为制度"（第59—60页）。他指出限制应是自我实施的（并讨论与此相关的概念上的难题，这点下面我还将提到）。以上的定义在强调的重点和可能的分析推理方面存在微妙的差别。然而，制度被公认为人们制定的、对相互经济关系的约束，或是达到某种均衡的机制。现在我们无需深究，姑且接受这样的概念。在本篇的第二部分，我将利用博弈论给出关于制度的更正式的定义。

谈起人为制定的对经济关系的约束，我们可以想到以下的工具：

——市场和货币

——国家的法律和政治秩序

——合同和（私人规制的）组织

——文化观念和社会规范

市场允许经济活动的参与者自愿交换商品（以货币为媒介）。市场制度的演变和发挥作用，要求经济财产的产权是清晰界定的，并能得到执行。在许多情况下，产权是由法律规则界定的。然而，有时事实上的产权在没有国家干预的情况下也能创造出来。例如，工作的权力可由工厂的传统（组织形式）创造出来，但就是这样的事实上的权利也要通过法律规则加以强化，以支撑已存在的传统。

如果合同的内容较简单，违约能较容易地被查验出来，如同产权转移到实物的例子一样，则契约可通过国家来实施。然而，许多情况下，协议是否得到执行不能通过第三方（法庭）来验证，因而这样的协议必须是自我实施的。无名氏定理（the folk theorem）表明，如果背叛行为会引发这样一种机制，使得背叛者在未来将受到制裁，则有远见的代理人为了不丧失自己的声誉，就会约束自己不这样做。在代理人经常更换他们的合作伙伴的情况下，声誉机制被认为是构成了社会规范的基础。人们常常认为，未来的长期性足以保证（合作的）契约是自我实施的。然而，这种观点可能产生误导。社会网络扩大了，则创造一种正式的组织就是有效的，这种组织的作用是收集、保存和提供有关代理人异常行为的信息（Milgrom，North 和 Weingast，1990），或是在这样一些信息（会员资格、执照和信用卡，Kandori，1992）的基础上，随时显示每个人的身份。另外，可能的背叛者可获得的外部选择由一系列外部制度安排给出，它们包括对异常行为的后果的协调预期（coordinated expectations，亦即文化观念，Greif，1994），预期反映了过去的组织形式。外部选择由现有的不同契约来定义（如不同的就业契约），契约的选择非此即彼，但也不是没有关联。这样，不同的契约就有很强的互补性。

另外，契约不可能明确规定所有执行过程中将会出现的情况，它们只是提出应该遵循的一般性原则。例如，格罗斯曼和哈特（1986）认为，如果事实确是这样，通常最有效的做法是把决定资产在不明确的情况下，如何使用的权力（剩余控制权，residual rights of control）赋予资产的所有者。但是，如果用于合作的资产是多种多样的，资产所有权是分散的（如同包含工作权力的例子），这个原则就不能唯一地确定组织的模式。更进一步说，有必要制定明确的组织规则。最近转轨经济（例如波兰和中国）的经验表明，未经私有化的企业绩效的大幅度提高不是由于产权的变革，而是由于经济管理部门下放了权力（Mcmillan，1995）。组织设计（权力的分配）和产权配置不可能是一致的，虽然两者存在某种相关性（Aghion 和 Tirole，1994）。

以上的简要评论只是想说明各种制度之间存在着相互依存的关系，这些制度是指产权、法律规则、市场、组织、契约以及文化观念和社会规范等。到底相互依存关系的性质是什么？对这个问题的不同的理解和分析使得新兴的比较制度分析与新古典方法大异其趣，也部分地异于新制度经济学。不应该把比较制度分析仅仅理解为"制度问题"。

三、新古典经济学的市场中心主义

新古典经济学关注的中心是市场制度。简单地说，其他制度（例如文化因素）要么对经济体制来说是外生的，要么它们（例如国家和组织）只是在市场不完全或求得有效价格的成本太高时成为市场的替代物。

新古典经济学采用演绎的分析方法。它首先假定这样一种理想的、一般的状态：所有的原生资源和商品的产权已被外生地界定了。原生资源转化为最终商品的技术可能性由工程数据（engineering data）外生给定。文化因素可能隐含在个体的偏好（报酬）函数中。但偏好同样也被认为是一种数据。由这些假定可导出著名的福利经济学的基本定理：如果我们能够对所有的商品和原生资源的使用权进行自愿交易，由此创造出这些商品和资源的竞争性市场，则帕累托有效结果就会出现。这种瓦尔拉均衡的状态构成了资源配置的一般准则。

如果某种商品的市场不能形成或由于技术原因形成市场的成本太高，不同的制度就会作为替代物而出现。对一些人来说，市场的不完全为国家能动主义（state activism）提供了依据。国家通过税收和补贴干预经济的做法类似于创造"准市场"（quasi-markets）。"准市场"与现存的市场结合起来，发挥着类似于整个瓦尔拉市场的功能。①

只有科斯（Coase）洞察到另一种非市场制度——组织——是一种旨在使效率最大化的合同性安排，而不仅仅是工程数据。组织是当市场缺位（market absence）或存在缺陷时出现的。这个观点最终导致过去20年合同理论取得了引人注目的进展。正如下文谈到的，委托—代理理论的发展为比较制度分析提供了重要的分析工具。然而，我也想指出，如果把委托—代理理论看作是"制度的理论"，并为此自鸣得意，可能会出现错误。

四、委托—代理理论

委托—代理理论旨在把制度理解为信息不对称条件下委托人和代理人之间的一种合同安排。在设计合同时，委托人受到代理人激励相容条件（the agents' incentive compatibility condition）和参与约束（participation constraint）的限制。按照梅耶森（Myerson）的显示原理（revelation principle），合同设计者可以在不失一般性的基础上，把注意力集中在能最好地使代理人保持诚信的合同上（即加入激励相容条件）。这一原理看起来不失通常的逻辑。这里隐含的一个假定是不存在沟通成本，但是为了激励代理人披露内部信息，必须向代理人提供信息租金。另外，还假定不存在其他信息传递障碍。该理论的制度含义是，一个权力专断的组织的任何非合作均衡的结果同样都能在集中化的两层结构中出现，在这一结构中，代理人以获得信息租金为条件向委托人提供其全部内部信息，同时代理人之间不存在互补的关联（Melumad，Mookherjeeh 和 Reiehelstein，1991）。

---

① 有趣的是，新古典经济学家和他们的主要反对派——国家发展论的经济学家（例如 Wade）对政府在东亚经济发展中的作用，以及国家在市场失灵时作为市场的替代物方面并无异议。

　　但是现实中一个明显的事实是，绝大多数组织都有多层的层级制度，而且实际权力已被授予代理人。同时，代理人之间进行各种横向和纵向的交易（货币化的和非货币化的，显性的和隐性的），而委托人不能直接控制这些交易。实际中还存在着许多沟通障碍，这些障碍并非由对代理人的激励产生。代理人的内部信息可能表现为专业知识的形式，这使那些缺乏专业知识的人不能完全理解。一些信息可能不容易整理，难以保证信息传送无噪音、不降低信息价值和不出现延误等等。有限理性（bounded rationality）的委托人可能会发现，在组织中直接与所有的代理人沟通而不支付过高的信息成本是不可能的。另外，经济学家还探讨委托—代理理论框架下横向作用（lateral interactions）的有效性问题，他们假定有的代理人的内部信息不能传递给委托人（Varian，1990；Holmatrom & Milgrom，1990；Itoh，1992）。在这种情况下，允许代理人之间签订合同（side-contracting）可能对委托人有利。

　　委托—代理理论的发展表明，组织中最优激励机制的设计取决于组织的信息结构（即信息在代理人中的分布情况，以及信息如何能被有效地传递）。然而，一旦承认代理人是有限理性的，组织本身的信息结构可能就不是技术数据。又由于代理人会受到自身能力与信息处理范围的限制，组织设计就应同时包括信息结构（即信息类型、由谁来处理和处理量多大，青木昌彦，1995b）的设计和激励机制的设计。关于组织如何把这两个方面结合起来的理论在经济学中仍处于非常初级的阶段。

　　委托—代理理论中显然需要讨论的另一个方面是参与约束。然而，代理人的外部选择并不完全是由市场制度单独决定的。阿涅·格里夫（Avner Gerif，1994）对中世纪晚期的海外贸易进行历史制度分析，取得了开创性的成果。他研究了马格里布（Maghriib）商人和热那亚（Geonese）商人之间代理合同的差别。研究表明，两个群体在文化观念上的差别如何制约了最优合同的签订，特别是在市场扩张情况下，由于文化观念的区别成为随之而来的制度发展的很重要的条件。他所说的文化观念区别表现形式之一，是人们对有欺骗行为的代理人命运的看法，更正式一点说，是关于对越轨行为（off-the-path-of-play）的预期，这一预期成为对正道行为（on-the-path-of-play）的约束条件。马格里布人崇尚集体价值，对那些骗子的前途是希望不再被其他商人所雇佣；而热那亚人推崇个人主义价值，对骗子的命运采取的态度正好相反。最终，热那亚人的贸易组织占领了市场。但是格里夫指出，还不清楚这是否因为热那亚人订立的合同更有效。然而，面对市场扩张和不断出现的制度创新（如永久性家族企业），以个人价值为基础订立合同的适应能力更强。沿着霍姆斯特朗（Holmstorm，1982）的思路，我（1994）指出可以引入第三方来控制团队（组织）中的道德风险（moral hazard）。第三方须承诺将根据团队行为和随机事件共同造成的可观察的结果，利用以下手段，进行相机性干预：清算、救助、提取盈余或者不干预。在发生清算的场合，团队成员的外部选择价值（outside option value）越低，这种第三方干预在控制团队的道德风险方面就会越有效。这个结论暗含着，组织是由团队相互作用而组成的，只要工人的潜在价值没有受到损害，他们就不会在不同的团队之间流动，这对第三方监控机制构成了一个补充。另外，必须向第三方提供激励，使其承诺面对不同情况采取相机性措施。第三方应该掌握必要的制裁权，但它不能滥用惩罚的权力。

关于第三方监控机制理论构架的一个例子是日本的主银行体制。在这种体制下，主银行之间存在着一个相互承担监控责任的隐性合同安排，同时还有租金管理制度以确保主银行履行职责。这些安排提供了一个制度框架，使主银行的监控行为既不会太软弱，也不会太强硬（青木昌彦和 Patriek，1994）。

以上的几个例子表明，合同与组织的有效性需要一系列制度的支持。这些制度界定了组织参与人的外部选择范围，并对个人和组织的行为进行约束。组织（合同）环境可能不仅仅由各类市场所构成，它还包括其他与该组织平行或更高一级的组织，以及文化观念等。这些观察的一个必然结论是，为了更深地理解制度的功能，目前应该收集多个内容特定的模型。特别地，有必要在比较信息的基础上，进一步明晰对组织信息约束和外在参与约束的假设。合同理论的现状还远未达到可以创建一个总体制度理论的程度，即使存在这一可能。通过不断积累内容特定的模型和用比较性的资料来检验其预测能力，我们可以逐步加深对不同制度之间相互关系的理解，并由此从总体上理解各种经济制度。

五、新古典演绎法的失败

最近新古典经济学演绎法在分析转轨经济的公共政策时出现了明显的失败。在 20 世纪 90 年代早期东欧国家的共产主义政权土崩瓦解之际，人们普遍乐观地认为，东欧能通过对生产性资产的产权迅速私有化转到瓦尔拉式的市场经济。人们预期一切国有企业私有化，企业股份的交易市场就会作为企业管理的有效监督机制迅速出现。然而，欢欣鼓舞一消退，人们发现向市场经济的转轨并非轻而易举。

转轨包括三个方面的内容：初始局面或共产主义政权的遗产、最终目标——应以哪种市场体制为蓝本，以及由前者向后者推进的过程，即转轨的顺序、速度等等。新古典主义的拥护者把瓦尔拉范式作为最终目标，他们坚持认为要达到此目标，最佳的道路是采取大爆炸的方式，从而尽快摆脱这些国家的初始局面。但东欧遗产的政治现实使得这种方式站不住脚。当苏联和东欧政权陷入重重危机的时候，中央计划当局已经把许多经济管理的权力交给了国有企业的经理人员。工人在企业中拥有了既得利益，例如工作保障以及其他的经济和社会福利，包括住房、养老金、健康和子女保健、假期、娱乐设施、公用电话等等。如果不与拥有既得利益的"内部人"达成政治上的妥协，那么对国有企业实行私有化是不可能的，除非成立像前东德那样强有力的私有化机构。由于害怕正在私有化的企业产权落入前计划官僚手中，从事私有化的改革机构也愿意与"内部人"达成妥协（Boycko 等，1993）。妥协的结果是，出现了私有化企业中的"内部人控制"：前国有企业的厂长、经理与中层管理人员和工人合谋掌握了私有化后的企业的大部分控制权（青木昌彦和 Kim，1995）。他们实际上不受资本市场的控制，除非企业有可能破产。而破产的可能性也因国家以信贷这种隐蔽的方式不断向企业提供补贴而降低。

中国政府由于注意到东欧国家的"内部人控制"愈演愈烈，因而更加谨慎地推进向市场经济的转轨。它不是着眼于发展证券市场，以此作为控制企业的手段，而是通过改革过去的国有专业银行，逐步审批新的银行机构，有意识地培育商业银行体系。另一方面，中国政府还根据企业的大小，把国有企业的资产管理权下放给已经实现分权化的国有资产控制机构（包括企业，部一级的控股公司和省一级的控股公司）（中国政府—世界银行联合举办的会议，1995，特别是 Q. Jian 的论文）。这些措施的目的是逐步摆脱过去国家控制经济的局面，摸索出一条通向市场经济之路。但最终目标是什么，即使改革派官员也不清楚。[①]

也许有人批评中国的模式过于独特，是缓慢的、模棱两可的，等等。然而，中国用人均经济增长来衡量的经济绩效却优于东欧国家。东欧国家采用的是激进的、演绎式的模式，由于与其转轨的历史约束条件不一致，因此注定是要失败的；与此相反，中国采用渐进的、归纳式的模式，允许做各种试验，视其演变的结果，进行选择，例如，与外国公司组建合资企业，发展乡镇企业，把国有企业的子公司从其母公司中脱离出来，或对子公司逐步民营化。进行这些试验时，中国依然保持着初始约束。我们还不知道中国能否顺利实现转轨，但他们试验性的方式和已经取得的成就足以使我们对新古典演绎法用于政策制定的普遍有效性产生怀疑。

六、新制度经济学

如果像新古典经济学所假定的，市场外的制度只是作为效率最大化的市场的替代物而出现，那么竞争性选择就会使每一类经济都趋同于理想的瓦尔拉模式。然而，正如本文一开始就指出的，许多例子表明事实很可能并非如此。为什么每种经济中都会出现不同的制度安排，为什么无效的制度还会存在？这些正是以道·诺斯为学术领袖的新制度经济学派所热衷求

---

① 邓小平把这个过程称为"摸着石头过河"。

解的问题。

新古典经济学把非市场的制度，例如国家和组织，看作是市场的替代物；与此相反，新制度经济学认为国家既可能发挥增进市场制度的补充作用，又可能由于自身利益而阻碍市场的发展。随着贸易机会增多、技术进步和人口增长，通过改变与之相关的界定和执行产权的法律和规章，交易的收益能更好地被获取。产权可以通过国家和官僚机构以及各种组织的相互作用，亦即通过"政治市场"（political markets）来界定和重新界定。现存的产权配置规定了交易费用，因此也决定了经济活动的参与者进行交易、获取知识、进行创新、最终促进制度变迁的动力的大小。制度变迁的本质是产权界定和配置的改变，它可以通过在政治市场上取得均衡的过程内生地达到。然而，经济也会锁定在无效的制度安排中，其原因在于现存制度有积淀成本和制度间存在网络外部性（network externalities）。同样的理由也能解释为什么不同经济在制度发展和经济增长方面有着不同的历史轨迹。

我认为新制度经济学的主要贡献在于把制度问题推向了经济学的前沿，特别是它明确指出制度发展的路径依存（path-dependance），各种制度的相互依存关系（互补性），以及作为向市场制度提供基础的政治结构（并非是前者的替代物）的特征，等等。然而我暂时对新制度经济学关于制度安排根本上是由政治因素决定的说法持保留态度。这种说法好像和诺斯对制度和组织所作的区分有关。诺斯谈到，"制度和组织间存在很重要的区别……从概念上讲，必须把比赛规则和运动员明确地区分开来，规则的目的是界定所进行的比赛的性质，但是运动队的目的是在一定的规则约束下，通过技能、策略和合作来赢得比赛的胜利；它使用的手段有时是正当的，有时是不正当的。将运动队的策略和技能模型化是一个与将规则的创立、演变及其结果模型化不同的过程"（1990：4—5）。

下面我将提到组织形式也能作为一种限制和实施个体经济活动参与者可接受的策略域（strategty domain）的人为工具，也就是作为一种制度。然而，一旦组织演变成形，它们就会成为经济中实际进行的博弈的参与者集合的一部分。这样，组织作为制度和参与者的两重特征在概念上是一致的。（下面我还要正式谈到这个问题）然而，我还有其他的保留意见。我认为有例子表明私人规制的组织形式自发的演变是制度变迁，从而引起其他制度安排的性质发生变化的重要推动力量。萨克森宁（1994）做了一项著名的比较研究，分析了为什么硅谷经历了 20 世纪 80 年代早期的大滑坡后今天依然繁荣，而 128 公路却继续下滑。这可由我的观点来理解。在最近举办的关于当代日本制度安排特征的讨论会上，我也举了这个例子。这个例子可能显得特异，但是，比较制度分析的目的是收集足够的比较信息，即使做出的总括的、一般性的结论只适用于经济体制的一个子系统。因为这样，我的观点也可看作是对以瓦尔拉均衡状态为普遍性标准的新古典范式的批驳。

七、日本的制度安排是对新古典标准的偏离吗？

经济史学家对日本战时（1939—1945）的国家干预是如何影响以后的制度演变这一问题已经讨论了很多。最近日本的公共论坛形成了一项共识，即日本战后高增长时期以至今日依然流行的制度起源于战时 ［冈崎和奥野（藤原），1994；野口，1995］。① 在我看来，人们对战后制度发展的特征及其对目前公共政策讨论的影响仍存在着争议。是否如野口（1995）所说的，现在流行的制度安排只是沿用了战时的体制（他称之为"40 年代体制"），因而可以认为这 ·制度安排是对自由放任体制（新古典的标准）的偏离？

也许有人会赞同诺斯（North）的观点，即官方所采取的一系列政府行为，如在公司治理结构中用行政干预来替代公司股东的权力、按指定方案引入银行体系和组建作为计划引导媒介的行业管理协会等，其目的在于降低施行战时经济计划的成本。这些措施一开始与大资本家及其经理人员的产权发生严重冲突。只是由于依靠了军队和官僚机构两方面的政治高压，才使这些措施得以实施。然而，冈崎（1987）令人信服地指出，军队与官僚联手并没

---

① 我也指出战后日本"武断"的管理模式的一些方面起源于战前和战时。但是我更强调的是制度变迁的渐进演变性而非国家行为，下面我对这点还要加以扩充。

有实现降低推行战时经济计划的交易成本这一目的。这不仅仅是由于生产性资产的被破坏和资源的严重匮乏，而在很大程度上是因为向经理人员提供激励的成本过高。那么，为什么因集中控制而产生的制度安排一直存续到了今天？难道是简单地因为官僚放弃了对经理人员的激励？这是那些赞同"40年代体制"理论的人必须回答的疑问。

我个人的初步结论可以归纳为以下两点：在国家官僚机构继续其集中化做法的同时，民间组织内部也在自发地演化。所以，战后由政府在战时引入的制度安排在功能上变得更加顺应民间部门的发展（我在近期的一篇文章中探讨过这一问题）。

尽管人们越来越普遍地认为，本世纪20年代日本企业在商品市场、劳动力市场和资本市场上的行为符合新古典模式，但是我怀疑那时企业的内部组织仍未形成一种固定模式。许多公司保留着传统的权力层级制，即老板下命令，工人服从。有些政府经营的企业如钢厂和造船厂，聘请德国工程师培训工人，但是这种工程方法常常与土生土长的对工人进行行业传授的方式不一致。有的家长式的资本主义企业的行业层级制色彩较淡，允许较多的团队化的工作组织存在。由于多种工作组织并存，还未形成一种传统，所以可以说这种状况是远离均衡态的。美国同期的情形也大致如此，只是在公共事业和金融等高级行业中，在实施正式的职业分类计划的基础上，对科学管理劳动力的方法进行了更大规模的广泛试验。

在"二战"中，这两个国家才开始出现向固定模式转化的趋势，但具体的模式不同。在日本，劳动管理部门发现，由于劳动力奇缺，因而用解雇来惩罚工人是无效的，在这种情况下，权力层级制无助于生产效率的提高。为了提高具有重要战略地位的企业的士气，政府发起了"行业爱国集团"运动（Industrial Patriotic Society Movement）。这一运动要求缩小雇主与雇员、白领工人与蓝领工人之间社会地位的差异，同时要求工人尽最大努力工作。由于缺乏材料与工具，工厂的许多紧急情况需要工人集体解决。这样就产生了集体化的工作组织方式。

同样出于增加战时产量的目标，"二战"中美国劳动力管理部门发起了推广劳动力科学管理方法的运动，同时在制造业实行职业分类计划。这样，两国从远离均衡的情形转变为在组织的固定模式上出现分歧：日本是集体化机制，而美国是专业化分工机制。如同我在其他地方分析过的（青木昌彦，1995b），在战后各个发展时期，当两国意识到自己与对方相比，生产率上处于严重劣势时，它们就从对方的成就中学习经济管理方法。它们还通过组织上和工程上的创新，并依靠提高工人对信息的处理能力来改进各自的机制。然而，两国的模式似乎保留着各自的特点。

我认为，日本政府在战时引入的制度安排在战后随着民间工作组织的演进，经过民主化改造后仍然可行。取消股东的控制权使工人在其公司中可以得到部分产权，如工作的安全保障、退休金以及提升到管理职位的机会等。这种公司利益相关者的地位，使工人有动力进行投资，培养"团队取向"（team-oriented）的技能。因为存在银行对绩效差的团队进行相机性干预的可能性。由"内部人控制"引起的道德风险便可以有效地得到控制。行业协会对成员企业实行严格的纪律约束，不允许任何一家成员企业雇佣其他成员企业的雇员。这样，由于企业选择外来工人的可能性降低了，银行对绩效差的企业进行约束的有效性便得以提高。另一方面，行业协会还作为中介人保护成员企业利益相关者的产权，并使它们的利益能在政府制定的行业政策和预算拨款中得以体现。

我的观点与20世纪40年代体制演变理论的不同点在于：后一理论认为现行的制度安排是政府将其作为市场的替代物而创造出来的，是对以往新古典模式的偏离。这一观点暗含的一个明显的政策建议是转向市场至上（market supremacy）的新古典模式。与之相对应，我认为，团队取向的组织是随着政府在金融、公司治理结构和行业协会方面引入广泛的制度变革而出现的。政府最初想用行业协会来替代市场，但没有达到目的。原有的制度在战后依然存在的原因在于，它们逐步演变，对发端于战时，随后得到发展的民间组织创新起到了补充作用。尽管不是有意的安排，政府引入的制度和私人定价的组织制度一起形成了一个紧密的体系，在很多行业中显示出竞争优势。由于联结得紧密，即使该体系开始显得与技术和市场参数的构架不一致，它仍然很难零散地发生变化。从另一方面来说，适应性的制度变迁只能依据自身的路径演变而成，不可能一步跳跃到新古典的模式。

八、小结

小结一下已谈到的要点。运用归纳推理，我对新古典方法和新制度经济学都提出了批评。前者把非市场组织看作是市场的替代物，后者则较不重视私人规制的制度，例如组织形式。一个隐含的推论是，各种制度，例如产权和市场，合同和组织，文化规范和观念，是互相依存、相互替代或相互补充、影响和被影响的。它们整体上构成了一个对经济行为进行自我实施约束的连贯系统，然而，它要求外生的技术参数保持在可接受的范围内。

一旦一套紧密安排的制度被当作一个系统，就很容易看出它的多样性。比较制度分析是一个新兴的领域，它试图解答为什么不同经济间存在各种制度安排，制度多样性对公共政策的启示是什么。是否这种多样性只是暂时偏离了一般的形式？它仅仅是由于垄断、国家高压、"非理性"的文化因素等原因干扰了竞争性选择过程，使这个过程无效而引起的吗？或者只能认为它表明了某种多重均衡？如果是这样，经济是如何选择不同的均衡态的？是否制度安排应该变得一致，以使人们从同一领域的竞争中获益？或者制度的多样性蕴含着潜在的收益？

显然这些问题不可能一夜之间得到解答，它们只能通过逐步收集丰富的比较信息并对其进行分析这种办法来处理。为了避免演绎法得出关于制度的不成熟的一般性结论这种谬误，比较制度分析的方法是把比较信息与利用博弈论、信息经济学和合同理论建立"内容特定的微观模型"（context specific micro modelling）这两者结合起来。模型的假定应该基于比较和历史的信息，它们的预测应能得到比较的和历史的经验的检验。

九、比较制度分析和新古典方法的差异

比较制度分析是一个新生的领域，尚不能说它预示着将出现一个新的分析范式。然而，通过分析它和以市场为中心的新古典方法所可能有的差异，我试图列出一些由相互关联的比较制度分析方法导出的未成熟、一般性的结论，并准备接受可能出现的批评意见。

（一）作为均衡的制度

制度的根本特征是对经济活动参与者（其中包括人为设立的组织）可接受的策略选择类型的系统化、持续性的约束，相当于经济博弈中的均衡策略。制度可用来降低信息成本、执行和实施合同的成本，以及因突变导致不均衡的成本。由于制度相当于均衡策略，所以一个经济体制的制度安排是自我实施的。博弈是由一组参与者和明确每个参与者的策略集合（strategy set）和报酬函数（pay-off function）的规则来定义的，报酬函数表示所有参与者的策略集合的结果。我们把具有以下特性的博弈称为初始博弈（initial game）：参与者只由单个个体组成，策略集合和报酬函数包括了所有技术上可实现的可能性。初始博弈可能还缺乏社会架构，初始博弈的社会架构由限制每个参与者可接受的策略域的种类给出（现在假定这些限制是外生的）。而约束在初始参与者中可能是自我实施的，如果他们信奉同样的文化观念和社会规范。否则，约束必须通过"第三者"（例如法庭）来实施，或者通过创造可改变初始参与者技术上给定的报酬函数的"组织"来实现（例如，国家、金融机构、工会，等等）。在后一种情况下，初始博弈转变为扩展博弈（derivative game），它是由扩充了的包括单个个体和组织的参与者集合，以及内生地决定了每个参与者的策略域和报酬函数的规则这两者定义的。不管在哪一种情况下，只有当基础博弈（underlying games，包括初始博弈和扩展博弈）的均衡策略处于一定的限度内时，对初始博弈的限制才是自我实施的，因而是可行的。① 若是这样，我们就把这样的限制称为"制度"。

下一个问题是相对于外生的技术参数，均衡是不是唯一的。如果是，制度可被认为只由外生参数内生地决定，这样，我们就能得到关于制度的博弈理论，该理论排除其他因素的影响。然而，下一个命题表明情况可能不是这样。

（二）均衡的多重性

即使对同样的外生参数，博弈的均衡也可能是多重的，因此，可能存在不同的制度安排。在我（1993，1995a）提出的关于技能种类选择的 Darwinian 学习模型和松井与奥野（藤原）（1994）的协调博弈模型中，多重均衡之所以出现，是因为有限理性参与者进行的随机匹配博弈存在着策略的互补性（strategic complementarity）。不同的均衡可能由不同的组织形式（传统）或文化规范来支撑。在丁奇（1995）提出的金融合同重复博弈模型中，关系型银行和保持距离型银行之所以持续存在，是因为在一定的参数值范围内，企业家和投资者有着策略的互补性。格雷夫（1994）认为，集体主义的文化观念和个人主义的文化观念，如同对约束正道行为的越轨行为的预期，都是持续存在的，它们在中世纪贸易中，对贸易商及其海外代理商之间的两种不同的合同安排都起到支持的作用。

在 Kankori，梅拉斯和罗布（1993）以及杨（1994）的随机 Darwinian 动态模型中，以很小的概率在个体水平上发生的连续变化将保证重复协调博弈

---

① 这个关于制度的自我实施的概念把我们的方法和 Schotter 的方法区分开来。他认为，"社会制度是被所有社会成员认同的关于社会行为的规则，它明确了在重复出现的情况下应有的行为，是自我监督的或由某个外部的权威来监督"（1981）。他把社会制度与合作博弈中冯·诺依曼-摩根斯顿（von Neumann-Morgenstern）解的概念联系起来，因此，外部实施者的存在是外生的，并且何种机能能使实施者的承诺是可信的问题也未得到解决。另外，正如赫维茨所说的，合作博弈的解是部分由博弈规则决定的解集（部分由技术决定），而不是这些规则本身。

长期随机地收敛于风险占优均衡（risk-dominant equilibrium）。然而，在大型的社会博弈中，这些变化可能会受到作为内生博弈规则（或比已建立的行为模式更强的规则）的正在制度化（局部稳定）的均衡策略的控制。这样，形形色色的经济制度就不会消失。

（三）均衡选择、制度互补性和制度的路径依存

我们需要除了技术参数之外的其他外生因素来解释均衡的选择。作为制度的集合的经济体制难以零碎地发生变化，因为制度间存在互补性。另外由于沉淀成本，制度具有连续性，即使导致这一制度出现的因素后来消失了。

我认为单凭通常的技术性参数不能内生地决定制度安排的选择，还需要加上其他的结构因素（费尔德，1981）。[①] 在我（1993，1995a）提出的包括企业家间存在不完美预期协调这一因素的 Darwinian 动态模型中，动态调整的路径按照克鲁格曼-松山的模式分成两支，这两支都远离了均衡点。既然如此，动态路径不是趋向帕累托优均衡（Pareto superior equilibrium），就是趋向帕累托劣均衡（Pareto interior equilibrium）。除了归因于"纯粹偶然事件"外，模型中没有任何东西能解释路径是如何选择的。正是因为这个不确定性，演绎的新古典方法不能提供关于制度的全面理论；我们必须探讨制度是如何开始演变的。在这个意义上，比较制度分析和历史制度分析是互补的。一旦均衡点确定下来，制度化了，经济就很难跳跃到另一个均衡点。所运用的均衡策略已成为博弈的隐性或显性规则。维持均衡策略的信息渠道作为组织资本（organizational capital）沉淀下来（David，1992）。当制度安排反映了具有互

---

① 附带说一句，费尔德（1981）反对用博弈论均衡概念来表示制度的特性，他说唯独各种不同的关于制度的新古典理论徒劳地试图只用外生的技术参数来解释制度的选择。然而，正如已经指出的，由于有限理性（演变的博弈），对偶发的越轨行为的预期差异（Greif），报酬递增以及策略互补性等等，均衡可能是多重的。另外，这些均衡并非如我们将要看到的是帕累托可排序的（Patet orankable）。因此，制度的博弈理论与制度的新古典理论并无关联，后者把现存制度看作是对外生参数的有效反应。尼尔森（1995）明确地做出这样的区分。然而，作为一个传统的注重制度演变的理论家，他对制度的博弈论均衡概念不以为然（Nelson，1995：81）。

补性的均衡策略，制度也就具有互补性。我把这种现象称为"制度互补性"（institutional complementarity）。

我分析了日本体制中就业合同和金融合同的互补关系，前者的特征是隐性的长期就业，而后者存在一种相机治理结构，公司的控制权依据公司的财务状况自动地在公司的内部人和主银行之间进行转移。对一定的技术参数而言，即使是长期就业合同也是无效的，另一种类型的合同不一定可行，除非同时存在与其互补的金融合同。

与以上内容相关，丁奇（1995）的模型表明，如果债券市场融资由于监管等因素而受到压制，保持距离型的银行合同转变为关系型的银行合同的可能性就会增加。然而，一旦关系型银行建立起来，即使债券市场放松管制或本国经济与竞争性的国外债券市场一体化，至少一部分关系型银行也将继续存在，其原因在于这些银行的声誉已经作为一项成本沉淀下来，这使得新的关系型银行的设立较为困难。

弗里曼（1995）认为，北欧福利国家是由互补的制度安排构成的紧密的系统，这些制度安排包括较高的所得税制、公共福利计划、政府对市场的支持性监管，以及合伙人之间的讨价还价谈判。利用考夫曼有关"崎岖地形"模型（所谓的 NK 模型）作类比，他认为在制度安排有很强的互补性的情况下，进行单一的变动或局部的调整难以改善整体状况，但是，"在取得好结果方面，跳远更重要"（第 20 页）。

确实，要局部地改变一个连贯的系统是不容易的，然而，这样一个问题还没解决："跳远"是立刻进行呢，还是通过策略性的行动诱发出来。后者可能是局部的，但正是由于动态互补性，将会引起其他方面的连锁反应。转轨经济学中类似的关于"大爆炸"方式与渐进主义的深入讨论情况，已由德沃特里庞和罗兰（1995）作了简明的综述。

（四）制度安排的非最优性

既然外生参数不能确定均衡的选择是唯一的（因此不能确定制度安排的

选择是唯一的），那么就不能保证制度安排是有效的或收敛于有效的制度安排。不同制度的相对有效性取决于外生参数的值。我指出，由于代理人将要投资的技能种类不同，两类组织形式会在不同的经济中出现。如果大多数代理人保证投资于便于在组织中相互联系的具体技能，则依赖工人的集体努力的组织形式就变得更为可行。但工人只有当这种组织形式在经济中已经普遍化了之后，才会做出这样的承诺。另一方面，如果工人已经投资于专业化的技能，那些着重于按照任务的功能进行分工的重组形式就更加可行。同样，工人做出这样的投资选择只有当这种组织形式已经普遍化了。在前一类组织中，信息将要被同化；而在后一类组织中，信息将要被分化。两类组织的相对有效性取决于产业的技术参数，例如组织中任务的互补性和随机相关性；两类组织无一占据绝对优势地位（青木昌彦，1995b）。

更一般地，在某一具体时点，一些国家（或经济中的一些部门）经济上的相对成功并非由于它们的制度安排本质上就优越，而是因为在那个具体时点上，对于某一外生因素的结构来说，具有路径依存性的制度安排是有效的。例如，20 世纪 80 年代日本汽车企业的生产力提高很快并不意味着整个日本体制都是优越的，而 20 世纪 90 年代美国信息技术具有创新优势也不一定意味着美国体制在所有其他方面都是超乎寻常的（例如，美国还不得不保护劣势部门）。

（五）经济制度多样化的收益

由于具有普遍性，对任何外生参数的结构（configuration of exogenous parameters）都是最优的制度安排（例如新古典理论中的完备市场）是不存在的，制度安排的多样化就蕴含着同步的（synchronic）、历时的（diachronic）收益。

根据我（1993，1995a）所说的，两种组织形式的相对有效性、同化的和分化的信息结构，暗含着组织的固定模式（organizational conventions）将导致国家或地区形成自身的比较优势。然而，如果一个小国家的某个产业出现组织创新，使其占据绝对优势，则贸易收益就会作为"准租金"（quasi-rents）

完全由这个国家获得。如果两个相当规模的国家把体现在贸易中的不同模式内部化，则它们可以从多样化中获益，此时它们都专注于自身的优势产业。与每个国家都能把最优组织的多样性内部化的情形相比，这种收益是不完全的（偶然出现的外生参数结构除外）。然而，我们不容易看到经济中不同的组织模式是怎样被内部化的，因为每种模式都是由一套互补的制度（例如劳动力市场、金融体制、监管，等等）来支撑的。

正如已指出的，从一个均衡过渡到另一个均衡是不容易的；然而，如果能扩大两个均衡之间的生产力差距，则可降低转轨成本。转轨成本是用摆脱旧均衡所必需的最小变量来衡量的。这意味着如果意识到与相对先进的国外模式或创新存在较大的生产力差距，就能通过赶超诱发出成功的组织变迁。然而，实际上，目的在赶超和学习的尝试可能导致对旧模式的修正，而不是完全过渡到新模式。

观察过去 50 年美国和日本的组织动态演变的过程，可清楚地看到由外部冲击诱发的组织变迁（青木昌彦，1995b）。日本在 20 世纪 50 年代意识到生产力方面存在的差距，开始学习美国先进的科学管理手段，最终引发了一场具有集体主义和路径依存特征的存货和质量管理方面的创新。日本装配企业生产力提高了，反过来又刺激了 20 世纪 70 年代后期和 80 年代的美国产业界。美国人自己把日本的组织创新总结为"紧凑的生产方式"，并将它与自身在通讯和信息领域的技术创新结合起来，导致企业突破了界限，通过网络加强相互协调，因而在高技术领域获得了新的竞争优势。这回好像轮到日本人觉察到正在扩大的生产力差距，这个警报促使他们尽快彻底检讨现存的制度安排。然而，不管制度演变的结果如何，它仍被认为具有路径依存的特征。

（六）不同博弈的联系

当系统从（扩展）博弈的一个均衡点运动到另一个均衡点（也可能是不同的扩展博弈的均衡点）时，旧均衡中的预期是最重要的，它在选择新均衡或选择通向新均衡的动态调整过程的初始条件中发挥中心的作用（Greif,

1995)。制度变迁，即从一个（扩展的）博弈转变为另一个博弈，还未能通过博弈论加以分析，但这个结论可通过直觉得到，并由格雷夫本人的历史研究所验证。虽然并未明显地运用博弈论，钱颖一和许成钢（1993）分析了俄罗斯和中国计划体制协调方式上的差异是怎样影响它们向市场经济转轨的速度、有效性和转轨的模式的。在俄罗斯，计划是通过中央控制的按照不同功能（产业）的性质组建的部委层级机构来协调；而在中国，协调职能是根据地理区划，以局部一体化的方式分散给地方。毛泽东为了安然渡过外来进攻可能导致的灾难，经过深思熟虑采取了地方分权的战略决策。这似乎使渐进式的转轨方式在中国变得可行，同时促进了更加分权化的市场经济的发展。

十、结论

本篇中，制度分析的新古典演绎法受到了挑战。我们认为，为了理解不同国家各种制度安排的特征及其对公共政策的启示，应该采用比较的、相关联的方法：收集比较信息，建立内容特定的模型，用比较经验来检验研究得出的结论。

本篇回顾了最近按照这些方法进行的一些研究工作。从中我们得出一个结论：市场和其他制度，包括法律规则、合同与组织、文化观念和规范，不一定是简单的替代关系，它们都反映了基本的经济博弈的均衡策略。对于给定的参数值的架构，很可能存在多重均衡，导致不同国家出现各种各样的制度安排。由于均衡选择具有路径依赖的特性，不同的制度安排演变着，但它们不一定是帕累托可排序的。此外，制度安排的多样化可能蕴含着收益。然而，这些还只是初步的结论。比较制度分析还需要得到进一步的发展，才能为许多重要的公共政策问题提供可靠的分析指南。我希望本篇能引起年轻一代的经济学家对这个初生的，然而注定有着广阔前景的新领域产生兴趣。

国外经济体制比较研究前沿[*]

钱颖一[**]

在 1989 年以前，比较经济制度（Comparative Economics Systems）主要研究社会主义制度与资本主义制度，计划经济与市场经济的比较。随着东欧和苏联的变化，经济学的这一领域也随之改变。在我所执教的美国斯坦福大学经济系，自 1990 年起开设了一新的学科领域以取代比较经济制度，称之为"比较制度分析"（Comparative Institutional Analysis，缩写为 CIA）。值得一提的是，Institution（即体制、制度、机构）较之 System（制度）的含义广泛得多，因为后者限于特指资本主义与社会主义两种制度，而前者可指人类所制定的各种规则、约束，甚至是沿袭的习惯、文化，等等。

"比较制度分析"的研究对象是制度或体制，在这一点上与传统的制度学派一致。但是，现在的研究方法和工具都大不相同了。"比较制度分析"大量运用 20 世纪七八十年代发展起来的对策论（Game Theory）、不完全信息学（Economics of Imperfect Information）以及代理人理论（Agency Theory）。下面介绍几个主要的研究方面：

第一，计划经济向市场经济的过渡（Transition）。1989 年以来，东欧和

---

[*] 本文原载于《经济社会体制比较》，1992 年第 2 期。

[**] 钱颖一，清华大学经济管理学院院长，教授。

苏联向市场经济的过渡问题吸引了大批的经济学家，过渡是一个相当长期和复杂的问题，经济学家们主要研究以下三个问题：（1）稳定化（Stabilization），即控制通货膨胀，降低政府财政赤字以及缩小国家的外贸赤字；（2）自由化（Liberalization），即放开价格、汇率，开放市场，取消限制等等；（3）私有化（Privatization），即将原国有的企业、银行等卖给或分给个人。由于从计划经济到市场经济的过渡不单单是政府政策的改变，而是制度的变迁，所以研究深层次上建立使市场经济有效运转的一整套法律、规则、机构和制度就变得极为重要。比如，需要研究财产权利的重新分配，重建税收制度，养老金制，医疗保险，企业制度，金融体系，以及政府在市场经济中的重新定位。东欧及苏联在过渡中的经验、教训都会对中国的改革有重要启发。[1]

第二，市场经济国家中各种不同体制的比较。日本在经济上的成功，欧洲以德国为经济强国的共同体的形成，以及东南亚新兴工业国家及地区的崛起，使得经济学家们愈来愈意识到英美的体制并非是唯一的有效制度，因此，对其他各种不同的体制的研究便吸引了很多注意。比如，美国和英国在相当大的程度上依靠证券市场融资，这在过去被认为是金融市场发达、高效的表现。相比之下，日本、德国则很不同。以日本为例，它有独特的"主体银行"体制（The Main Bank system），一个企业的主银行对企业的财务状况负有主要责任，由于主银行与企业有着长期的关系，当企业财务发生困难时，主银行往往会出面营救。这显然同美国企业靠市场融资的情况不同。在退休养老医疗体制方面，东南亚诸国的体制与美国也不相同。美国的医疗费用占全国国民总产值的12%—13%，为发达国家之首，已成为严重的经济问题。对市场经济中不同的体制研究对中国的改革也很有益，因为，前人失败的体制，大可不学（Aoki，1990）。

第三，经济组织（Organization）的研究。这是"比较制度分析"中的基础理论研究。传统的新古典经济学研究市场和价格，而把企业简化为"利润

---

[1] 参看有关过渡的专题讨论，*The Journal of Economic Perspectives*，Fall，1991。

最大化"这一假设。人们熟知，在现代社会中，企业或其他组织，如银行、工会、政府机关、学校、医院等等，本身都具有复杂的等级结构。按照阿罗（Arrois）的说法，组织不同于市场在于前者主要不是靠价格来协调经济活动的。比如在组织中，提职可能比奖金更有刺激作用；在一定范围内，上级的指令必须执行，不允许像在市场中那样讨价还价（钱颖一，1989）。

第四，从历史的角度看经济体制的演变。经济史学家开始运用新的分析工具和概念，重新考察各种经济体制在历史进程中的变迁，比如，中世纪的商会；19 世纪美国债券市场的兴起；17 世纪英国政治分权对产权和经济增长的影响，等等。值得注意的是，资本主义现有的一整套经济体制是几百年逐渐演化而成的。在这个意义上，学习经济体制进化的历史对研究如何建立市场经济制度相当有益（North，1990）。

以上只是简略介绍目前"比较制度分析"研究的几个方向。应当指出，这一学科才刚刚开始，并不成熟，但可以看出，它很有发展前途。在我们系建立这一学科后，吸引了不少博士研究生。当前研究东欧、苏联的过渡，研究日本的体制，已成为很热门的题目。

参考文献

M. Aoki, "Towards An Economic Model of the Japanese Firm", *Journal of Economic Literature*, 1990, pp. 1 – 27.

钱颖一："企业理论"，见汤敏、茅于轼主编：《现代经济学前沿专题（第一集）》，商务印书馆，1989。

D. North, *Institutions*, *Institutional Changes and Economic Performance*, Cambridge University Press, 1990.

从国际比较看中国经济改革[*]

郭树清[**]

中国十年经济改革的是非功过或成败得失，日益成为国人议论思考的焦点之一。仁者见仁，智者见智，自不可免，一味肯定和全盘否定也不奇怪。寻求一个客观的、全面的公正评判似乎十分困难，而且也很可能有点为时尚早。但是将其放在世界范围来考察，至少会使我们更接近真理而不是沿着某种片面性越走越远。

一、成就与问题

如何衡量经济改革的成就实际上并不是一个简单问题。困难在于不能完全直接地评价改革的成就。通常人们都喜欢以经济运行的实绩或成长状况来测量改革的效果，可是按照事情的本质，这仍然属于一种间接的衡量办法，因而也存在着局限性。例如，当体制和政策处于剧烈转换的时候，经济运行常规被打乱，这段时期内的经济实绩很可能比以往还差一些，以此断言经济改革是失败的或无成效的，显然有点轻率。社会主义国家的经济改革是极其

---

[*] 本文原载于《经济社会体制比较》，1990 年第 3 期。
[**] 郭树清，山东省省委副书记、省长。

复杂艰巨的历史过程，要求立竿见影的效果是不合情理的。然而，另一方面，如果改革在一定时期之后仍然不能在经济运行结果上显示出其成就，那么这种改革就值得怀疑，而且客观上就不得不发生逆转，因为经济生活的长期动荡和混乱是社会所难以承受的。① 中国有句古话，"不以成败论英雄"，说的是一时一地一事不足以证明或否定英雄的本色，但是如果一个人总打败仗，那么恐怕很难说他是英雄。改革也正是这样。

幸运的是，今天我们评价中国改革事情要简单一些。这不仅因为改革已经进行了十年之久，而且还因为中国经济改革在经济发展方面见效最快，而且很可能也最大。固然，假使没有改革，中国经济大概也会有所增长，但是，很少有人能找到多少理由来证明，没有改革，中国经济会有如此巨大的飞跃。真正使人们难以做出明确判断的是这样一种看法：中国经济在过去十年中取得的良好实绩主要是由于对外开放而不是体制改革。这种观点如果能够严格区分开放和改革，也许不无道理。而问题的关键在于，这二者并不容易分开，在本文的概念逻辑中，对外开放就是改革总体的一部分。这样我们的讨论就又消除了一个可能的障碍。

在1979—1988年的十年时间里，中国经济的成长创造了世所罕见的记录。按照统计，国民生产总值（GNP）年平均增长9.5%。② 但是根据分析，目前的统计核算存在着若干低估和高估的因素，两相比较，可能低估的影响更严重。最容易造成高估的因素是通货膨胀影响剔除不尽，由于价格指数资料不完全，统计的GNP平均指数可能偏低一些，但是，迄今为止，这仍然是一种猜测。而有确实根据的低估因素至少有以下几大方面：（1）未纳入统计的分散隐蔽的产品和服务生产所创造的增加值；（2）个人投资性生产活动（包括私人住宅建设，农民土地、果园、奶牛等方面的改良和发展）所创造的增加值常常估算不足；（3）住宅服务的增加值统计与实际的差距越来越大，因为以严重歪曲的公房低租为基础来推算房地产业的增加值本来就少估十之

---

① 在不同国家，社会可以等待的特殊时期的长短是不一样的，因为各种条件和因素是不同的。

② 根据《中国统计年鉴（1989）》第28页的指数计算。

八九,而过去十年中每年新建的住宅从 6 亿平方米增加到 11 亿平方米,且质量水准不断提高;(4)社会服务部门的增加值历来低估,漏计部分越来越大。如果上述因素所造成的影响在过去十年中是相对稳定的,那么 GNP 的增长率不会低估。然而不可否认的事实是,两类最主要因素,即地下经济和第三产业的比重在过去十年中恰恰是不断扩大的。谨慎地推断,中国经济在十年改革期间的实质增长率大概不会低于 10%。同期只有极个别的国家和地区,例如博茨瓦纳可以与中国相比①,而在战后世界历史上,只有日本、韩国、新加坡和中国的香港、台湾的高速增长时期有过类似的记录。

在经济规模迅速扩大的同时,社会主义国家共同的在传统集中计划体制下的结构病疾在中国也得以较快治愈。首先重工业脱离轻工业和农业的盲目发展和自我循环倾向,急速扭转,这固然得益于 20 世纪 80 年代初的调整政策,但是只有经济改革才具有最终的保证作用。轻工业的长足进步无可怀疑,即使农业也获得了超常规的增长。虽然近几年内粮食产量出现徘徊,但是肉、禽、蛋、水果、水产品、蔬菜等等农产品却继续保持着稳定的上升势头。其次,三次产业的比例关系逐步转入正常的发展轨道,在农村工业化浪潮蓬勃兴起的同时,第三产业也急速恢复和发展,其增长之迅速连统计都跟不上变化以至出现了种种遗漏。第三,对外贸易额占国民收入或国民生产总值的比重增长了两倍左右,参与国际交换的产品和服务数量大大增加,国内经济结构从国际经济中得到了有益的补充和矫正。第四,各产业部门内部的专业化取得了前所未有的进展,尽管这方面仍然存在种种不如人愿的问题,其改善的速度是空前的。第五,产品的品种结构,从质量档次到花色款式,可以说发生了一场真正的革命。今天,来自世界各地的旅游者很少有人怀疑,将中国和苏联及东欧其他国家商店货架上的商品相比,其丰富程度名列前茅。

人民生活水平在十年期间获得了极大的提高,许多方面在世界历史上很可能都是创纪录的。在十年人口净增加 1.3 亿的情况下,城乡居民的住房面积都增长一倍多,城镇达到人均 8.8 平方米,农村达到人均 16.6 平方米。人

---

① 参看世界银行:《世界发展报告(1989)》,英文版,第 16 页。

均消费，粮食增加 0.27 倍，食油增加 2.7 倍，猪肉增加 1 倍，鲜蛋增加 1.95 倍，布匹增加 0.5 倍。居民每一百人拥有的电视机增长 43 倍，收音机增长 2 倍，录音机增长 40.5 倍，自行车增长近 3 倍。居民拥有的电冰箱增长了 200 多倍，摩托车和录像机几乎从零开始，增长了成千上万倍，到了无法比较的地步。

经济发展推动和引起了社会生活各个方面的深刻变化，社会总体进步所取得的成就是新中国成立以来任何一个十年都难以比拟的。在本文有限的篇幅里难以详细描述各个领域，但是可以肯定地说，中国人民的绝大多数从自身经历中深切体会到，十年改革在他们的生活中引起的变革仅次于民主革命的成功。

然而，正如中外观察家们众所周知的那样，中国十年改革过程中也发生了这样那样的问题。尽管这些问题并非是改革的目的甚至也不符合改革者的预期，但它们是伴随改革出现的或发展的或变形的，与改革总是存在着这样那样的联系，对此不该讳言。

最突出的问题是在商品货币关系迅速恢复和发展的条件下，出现了各种谋取不正当经济利益的腐败现象。在传统体制下，在政治和军事热情随着革命时期向建设时期的转移而必然逐步平缓的过程中，事实上已经出现了官僚主义和以权谋私现象持续增加的倾向，这正是所有社会主义国家实施改革的一个最重要的原因。但是改革前的不健康现象往往不是直接与金钱或利润相联系的，例如，中国最突出的是社会流动中的不平等干预（走后门就业、参军、入党、提干，等等）。改革以后，问题的集中点也随之转向直接的经济收益。旧有秩序的改变，个人机会的扩展，哪怕变化是多么有限或缓慢；贪污、行贿受贿、欺诈、走私等现象都是难以避免的。何况中国改革起步甚急，组织滞后，体制和政策所形成的漏洞或真空来得更多一些，事情急剧演变到较为严重的程度本身是合乎自然的。

社会范围内，在原有的平均主义收入分配机制很大范围内并未受到根本触动的情况下，新的因机会不均等而导致的收入分配不公平却迅速生长起来。虽然在不少时候，人们在观念上混淆了非平均主义与这种收入不公的界限，但是以既不完全合理又不完全合法或合法不合理的形式出现的分配不公，显然是违背商品经济原则的。从广义上说，前面谈到的腐败现象也属于收入分配不公平的范畴。在一个历史上长期崇尚平均主义的国度，这种收入分配不公可能引致的社会震荡很可能更为剧烈。或许正是在这种意义上，一个美国学者前几年即尖锐指出，中国的经济改革有可能因为收入不公而失败。①

与放松直接控制的东欧国家和苏联一样，中国也遇到了通货膨胀的困扰，个别年份甚至相当严重。通货膨胀常常是与传统体制时期隐蔽的供求失衡或"短缺"现象不可分割的，但是更重要的现实原因则是企业自主权扩大的同时普遍未承担起相应的风险和责任。个人最终收入像洪水般失去有效控制，连续地注入膨胀过程。消费迅速掀起高潮，在相当一段时期内超过了劳动生产率和供给增长水平。而投资的资金需求也在大多数年份保持了超过储蓄总水平的增长速度。

中国的经济结构比大多数东欧国家更快地走向另一个极端：消费品增长持续多年，超过投资品增长，加工制造业增长超过基础产业增长，在其背后的资金投入结构也自然发生了这种逆转。中国经济面临着能源不足、交通拥挤和原材料紧张以及重加工工业相对停滞的严重瓶颈制约。

此外，在社会生活的其他领域，根除多年的落后腐朽丑恶现象重新出现，商品和货币拜物教侵蚀到许多非经济活动之中。清贫和自然的理想图景受到损害，导致了不少中国人甚至还有一部分关心中国的外国人精神上迷茫和彷徨。

上述种种问题聚合起来，对中国的改革和现代化事业构成了严峻的挑战。

二、环境和条件

社会主义国家的经济改革，在最一般的意义上，是在相同的历史条件和现实环境下展开的。除了经济政治体制本身的相似性之外，中国与东欧、苏

---

① 马歇尔·格尔德曼在其 1987 年出版的著作《戈尔巴乔夫的挑战》一书中几次提到这一点。

联都包含着若干共同的非体制性基础因素。但是，中国经济改革的环境具有更多的特殊性。这些特殊性根源于中国的低发展水平、独一无二的历史文化传统、超级人口大国，以及与众不同的国际关系和国际地位。全面分析这些特殊性不是本文的目的，这里只能集中讨论某些最重要的方面。

中国的经济文化发展历史地落后于东欧国家和苏联，平均说来，存在着大体相当于半工业化与完全工业化之间的差距。由于基础差，发展潜力很大，更由于城乡之间工农之间以及工业行业部门之间的发展极不平衡，改变原有状况的压力和动力都比较大。特别是贫困的农村地区、农民温饱尚无保障，最基本的生存需要孕育了强烈的改善生活处境的愿望和力量。另一方面在社会福利保障方面，由于中国的管理薄弱，公有经济包揽的人口比例也相对低得多，这意味着改革的包袱要比苏东国家轻。这是中国经济改革，特别是农业改革迅速收到巨大成效的重要原因。

在苏联和大部分东欧国家缓慢而且温和地尝试改善集中计划经济体制的20世纪60年代，中国却独自走向了经济政治更为集中，更违背商品经济规律的道路，十年"文化大革命"使这一过程达到了最为极端之点。物极必反。饱尝极"左"路线和十年动乱之苦的中国人民，对恢复和发展商品经济的要求十分强烈，对原有体制和政策的弊端认识得更为深刻，发动改革的社会政治障碍比其他国家（特别是苏联）要小得多，起步要顺利得多。

中国传统的文化形态对于商品经济的发展具有特殊的矛盾的影响作用。一方面，正统的儒教鄙视商业活动，其他流派也有反对冒险主张"无为"等等观念，不利于商品经济的发展；另一方面，古代各家遗留下丰富的辩证法思想，崇尚节俭、反对奢侈、"守信用"等道德规范，这又是非常有利于发展商品经济的因素。包括其他东南亚国家和地区的近现代经济发展史表明，中国传统文化是有可能成为推动现代工业文明成长的一种非常特别的力量。在世界范围内事实上早已流传着一种看法：中国人和犹太人是最善于经商的两个民族。最近从苏联得到新的证明：犹太人和远东地区的华侨，在苏联改革中迅速成为承包和多种经营的典范，他们的活跃和富足甚至引起了其他居民的嫉妒和愤懑。

但是，中国文化在传统上就存在着法制观念淡薄的缺陷，近现代的民族民主革命也未能充分矫正这种差别。与欧美国家甚至日本和韩国相比，中国都缺乏以制度来组织协调社会的传统和习惯。以直感和悟性为特征的中国式思辨，常常被证明能够驾驭最高层次的目标和完美处理最具体的策略问题，但是在组织设计实施战略方面往往不具有优势。最使欧洲人诧异的是，中国文化传统造就了精神和观念最大限度集中的可能性，也遗留下个人在许多方面行动松散的极大余地。这些因素对于商品经济的恢复和发展势必发生矛盾的甚至是互相抵消的作用，因此，将其视为中性也许较为合适。

如果回到更现实的经济条件上来看，中国经济改革先天具有一个有利条件：国土辽阔，市场巨大。只有苏联可以和中国相比，其他东欧国家都是中小国家。在东欧各国，许多行业是由一两个企业垄断的，天然不利于竞争。由于资源和市场的有限性，这些国家对国外的依赖性很大，直接进入自由贸易区域的压力更大。中国由于资源丰富企业众多，垄断可能性大大缩小，同样是国营企业，也不得不争夺市场和原料。而经济体系的完整性和市场规模的无限性，使得中国企业在进入国际竞争之前在国内就经历一种锻炼和考验。

从国际条件来看，中国改革起步时处于难以比拟的有利环境。中国不是苏联集团的成员，因而不受东欧国家时刻提防的来自外国的干预和制约。和南斯拉夫一样，中国和西方发达国家的关系正常，经济技术合作迅速增多。中国与第三世界国家的关系历来很好，虽然对外援助的政策有所收缩，但对这种密切关系并无太大的影响。改革发展过程中，与苏联和东欧的关系逐步改善，对立日趋缓和。印度问题是一个不利因素，但是由于与越南的冲突在规模和时间上都有限，对总体上有利的国际环境影响很小。

最为特殊的外部优势在于，中国的香港、澳门和台湾地区经济发达，国际化程度高，而且世界各地居住着数以千万计的华侨和华裔。共同的内聚力极强的文化传统，使得港澳台同胞、海外侨胞以及取得外国国籍的华人及其后代对祖国大陆的发展和繁荣尤为关切，从商业营利的角度来看，祖国大陆也是他们当中的金融产业人士最有利的投资场所。他们构成了外来旅游者的绝对主体，是我国改革开放以来吸收外资的主要来源（例如广东省利用外资的80%以上与港台同胞、海外华人或华裔有关），也是提供国际市场信息和各种管理和技术经验的重要渠道。香港和澳门为中国对外贸易提供了一种难得的中间桥梁，对于吸引国际资金和技术也发挥了种种直接和间接的重要作用。这些因素不仅是苏联和东欧国家不具备的，而且在全世界范围内都是独一无二的。

总之，中国经济改革的环境和基本条件是较为有利的，这为改革的成功提供了最广泛意义上的现实可能性。

三、目标、战略和步骤

虽然中国在 20 世纪 70 年代末以前从未设想或发动类似东欧苏联 20 世纪六七十年代的经济改革，但是中国确曾数次变更其经济管理的行政权力结构，而且都没有收到预期的效果。这些不成功的经验为改革准备了条件。而苏联东欧的各种改革实验，对于中国来说也成为宝贵的参考和借鉴材料。在这样的基础上，中国改革目标的确定便得以避免许多虚幻和迷误，坚定地选择了发展和完善社会主义商品经济的总方向。最基本的设想是将计划与市场相结合，建立起有计划的商品经济。因此特别强调搞活企业和重新制定价格形成制度的重要性。[①] 随着改革进程的深入，在总结经验的基础上，不断深化对改革目标的认识。

中国改革的总目标和总战略中使国际社会印象尤为深刻的两项原则是：（1）在公有制占主导地位的同时，允许和鼓励其他各种所有制形式的存在和发展；（2）全面对外开放，包括允许外商直接租买土地独资建厂。这种更为彻底的求实主义方针使得中国经济改革迅速跨越到社会主义国家经济改革的最前沿。尽管实际过程中并非没有任何代价，但是中国经济由此获益匪浅。改革的战略重点首先放在农村，在农业取得巨大成功，食品供应根本改善的条件下，启动全面改革，战略重点转移到城市。这个最基本时序的安排，被后来的实践证明是十分正确的。虽然前期指导思想上未能充分估计到改革的

---

① 参见《中共中央关于经济体制改革的决定》（1984 年）。

艰巨性和复杂性，一度设想三四年基本解决问题，但是中国改革在实施过程中基本上坚持了渐进的原则，没有造成过分突出的冒进问题。既没有像南斯拉夫那样曾经试图一次开放市场，也没有像苏联那样从十分保守的方案一下子跳跃到非常激进的纲领。

中国改革在前期曾经一度忽视了宏观调控体系，在过分强调企业活力和市场调节作用的时候，没有充分意识到宏观管理的适应性。特别是未能充分估计企业软预算约束的严重性，财政信贷管理不严格，甚至达到了几乎失去控制的地步。1985年在总结过去教训的基础上，特别强调了保持有效的宏观调节、监督和信息服务的重要性。从那时以来，确定了一条基本的原则：将企业改革和市场建设与宏观调控三者相结合，互为条件，同步配套循序推进。然而，在实际过程中，真正落实这个方针，事实证明不是那么容易的事情，因此时常出现一些失误。例如，在加强宏观管理中，需要恰当处理保留旧的直接控制的某些手段和及时采用新的间接调控手段的具体结合这样一个非常困难的问题，稍有偏差即可造成被动。迄今为止，还不能说，有哪个社会主义国家取得了十分成功的经验，在非常相对的意义上，匈牙利是处理得较为妥当的。

体制改革应当尽可能地与现期经济发展和结构调整保持紧密的结合。对于东欧改革先行国家来说，这似乎不是问题。然而几十年过后，南斯拉夫经济学家承认这是一个教训。中国改革初期虽然理论上对此并不明确，但实际中是这样做的，因而成效很好。例如对相对薄弱的农业和轻工业给予财政、信贷优惠，给予能源、原材料供应和运输能力的分配等方面的优先照顾，等等。价格改革中，也首先调高农产品价格，放开轻工产品价格，等等。但是这两个方面结合逐渐产生了问题。1984年经济增长连续几年保持较高水平，迫切希望以信贷财政政策支持更大发展，结果导致通货膨胀上升，以后又几次重犯这种毛病。在结构调整方面，首先，没有及时适应供需结构的转化而以政策和改革措施支持基础工业和基础设施的发展，使其对整个国民经济的瓶颈制约愈演愈烈。其次，对于重加工工业（包括军事工业）的结构调整没有采取更积极主动的方针，相反，采取了类似对于农产品和一般轻工产品的调整办法，简单地让企业去市场上"找米下锅"。结果不仅高精尖设备制造水平上得慢，而且一般设备进口量都增加了，许多技术水准很高的企业挤到轻工行业，"大材小用"，生产普通消费品。事实上，只要在加强进口替代方面采取一些切实措施就不至于造成如此难以估量的损失。第三，政府对于投资的结构调控软弱无力。在市场很不成熟而且事实上也不可能很快成熟的情况下，政策引导或指导不强，资源配置完全以扭曲的市场价格和同样扭曲的税收为导向，势必造成巨大的盲目性和重复建设，以及低水平规模不经济等问题。而一系列政策措施有意无意将地方利益日渐强化则加剧这种投资结构的恶化趋势。1985 年在理论上提出了明确的指导思想：把改革和发展紧密结合起来①，然而在实际工作中，并没有采取多少有效的措施，这些问题在更严重的程度上遗留下来。

上述几方面的失误也反映了总体战略在放松政府直接干预和开放市场的顺序方面缺乏明确的现实的指导原则。在商品市场的建设刚刚着手不久就试图开放要素市场，间接金融潜力并未发挥出来的时候就匆忙启动了直接金融的闸门。于是，我们不断地，在这个场合和那个场合，在这个时期和另一个时期，遇到本质上同属一类的问题：传统的直接的行政协调失灵了，而理想的间接的市场协调尚不能有效地发挥作用。南斯拉夫和匈牙利，甚至波兰都尝到了这种苦果。虽然中国 1985 年认识到商品市场在逻辑上的基础地位，期望首先集中精力于商品市场的统一和完善，可是对于要素流通中既已形成的混乱格局并未重视解决，直到 1988 年开始治理整顿才有所行动，例如，对资金的流动和各种金融机构实施较为严格的控制，但是这方面仍然存在着不可忽视的不协调和造成冲突的因素。

在开放商品市场实施价格改革的步骤上，中国与匈牙利、南斯拉夫等东欧国家有相似之处也有不同之处。采取混合的价格体制（固定价格、浮动价格、自由价格）作为过渡模式可能是一种较为普遍的办法，而且多数国家也倾向于首先放开非基本必需消费品和机电设备产品的价格。但是中国对能源原材料和运输的价格没有采取明显的先调高价格水平再放松控制的办法，而

---

① 参见《中共中央关于制定国民经济和社会发展第七个五年计划的建议》。

是在原计划分配的基础上确定一部分为计划内固定价格保持不变，另一部分则完全由企业按照市场供求关系自主销售。这种"双轨制"根源于中国传统计划体制的中央地方两套平衡体系，在一定范围内也具有既不导致太大震荡又逼近市场价格的意义，而且还可能以高边际收益来刺激企业增加生产和供给，以简单方式满足颇具活力的计划外经济（乡镇企业）的投入需要。然而，这两轨绝不可能泾渭分明，尽管企业其他方面的关系例如财政、税收、物资分配、企业留利等等，不得不全面双轨化，但是产品并不能严格划分进双轨销售价格体系之中，由此导致的混乱是惊人的。最严重的后果是流通秩序的崩溃和一部分个人的暴利所得急剧膨胀，而社会经济肌体不得不因此忍受更严重的腐败和通货膨胀的折磨。如果从 1985 年开始尽力去缩小而不是扩大这种"双轨制"，也许事情远不会造成如此严重的消极影响。当时从东欧和苏联（也包括西方国家）来了许多经济学家，他们无不对此表示担忧，因为根据他们的经验和理论素养，这是不可思议的。总之，"双轨制"可以被看作是中国改革中企图避免风险而最后带来最大风险的一项具体措施。

也许最不应该出现和持续多年的错误是，鼓励或允许党政军民学大家一齐来经商。20 世纪 80 年代初广东得到中央特殊政策，掀起全民经商的热潮，随后迅速蔓延，问题的严重性也随之显露清楚，不得不制止。然而时隔不久，又一次全民经商浪潮来势更猛，党政军教科文等机构合理合法地开展所谓"创收"活动。这是一场真正的"国际玩笑"，因为这种做法与发展现代商品经济毫无共同之处，倒可以从中看到某种自给自足小生产或自然经济的影子。另一方面，有些商品经济发达、法制健全国家中的合理规则，却很难用于中国这个处于过渡之中的场合，例如允许高级官员的直系亲属自由择业，照搬这一"合理"规则，很可能带来意想不到的灾难性后果。苏东国家大概应当庆幸，中国以沉痛的教训为他们竖立起一块"危险"路标。

总之，中国经济改革表明，引入市场机制缩减直接计划干预是必要的而且也是富有成效的。问题在于建立完整的市场体系需要时间。因此一方面要大胆发展条件基本具备的市场关系，另一方面要在那些不具备市场直接调节条件的领域改进和完善计划机制，有限制地引进市场机制，其中产业政策和政策金融最具代表意义。即使是基本可以由市场调节的领域，市场制度的完善也需要做出艰苦的努力，建立市场并不是取消一切直接控制，放开不管即可。企望一步建立起完善的市场机制是天真的，同样，以为传统的直接计划办法不加改革仍然适用，也是幼稚的。

四、目前中国经济的运行机制

如同所有改革先行的东欧国家，中国的公有企业也以一种片面的方式建立起自己相对独立的商品生产经营机制，即从追求收益来看它是颇为自主的，但在承担风险方面，它基本上是不能自处的。而企业收益的分配不可避免地向职工个人倾斜，这种趋势随着承包责任制的推行得到了更显著的加强。总之，目前公有企业微观机制是一种膨胀机制。[①]

而政府的处境是矛盾的，一方面，它要抑制企业的膨胀，例如以财政、税收、信贷、价格、外汇等等管理调节手段限制企业违背经济全局和社会效益的行为；另一方面，它又要替企业承担许多本来应由企业承担的风险，例如给亏损企业发放补贴、救急贷款，即使对被迫停产企业一般也要保证其职工的基本工资。这两种职能在既定的条件下，可能都是合理的。显然，要靠政府的宏观管理和监督来完全抑制和克服企业的膨胀倾向是不可能的。政府可以完全做到，不有意识地刺激企业膨胀，但是当一些企业提高其自销产品价格，另一些企业要购买这些产品以用作中间投入，它们便会要求增加贷款和补贴，银行和财政不满足这种要求，后一类企业就会面临减产或停工的威胁，政府对此更着急。当然，实际过程中政府可能有一些其他途径来减弱这种压力[②]，但是绝不可能消除这种压力。

但是，中国的情况比之东欧国家有几种特殊的因素对于抑制公有企业的

---

① 存在着某些例外，但是我们这里讨论的是一般。

② 例如政府可以限制企业自销产品的价格，但这种努力并不总能成功，过去的经验表明，只有少数场合是有效的。

微观膨胀机制产生了一定的作用。

第一，中国公有经济规模大，企业数量多，行业的进出限制相对说来少得多，因此有助于竞争，而竞争是抑制膨胀的最好办法。其中，乡镇企业最具有挑战性，而中国的乡镇企业以百万计。

第二，东欧国家在农业之外的其他所有制企业远没有达到中国的规模，例如仅"三资"企业，中国就拥有两万多家，这是促使竞争活跃的另一种力量。私营企业与各种混合所有制也得到迅速发展。

第三，也许最为独特的是，中国居民的高储蓄倾向。虽然个人最终收入的比重越来越高，政府和企业最终收入的比重越来越低，但是居民收入中用于储蓄的比率（居民储蓄倾向）改革以来基本上是持续上升的，根据我们的推算，1979 年是 10.5%，1989 年是 25%。因此国民经济的总储蓄率没有受太大影响，这是与其他东欧国家很不相同的。居民较高的储蓄率一方面弥补了企业和政府的资金短缺，另一方面减轻了消费品市场的压力，从而从最终需求一方抑制了通货膨胀。这很可能是中国经济改革以来持续高速发展却未陷入类似东欧一些国家滞胀困境的最重要的原因。而促使中国居民储蓄倾向上升的最主要因素并不是利率（实质上常常为负）和长期消费考虑（城镇职工由企业和国家包揽了大部分），大概应当是中国特有的文化传统。对于中国来说，现在面临的困难因此而颇为不同，其实质在于将居民储蓄积累的资金用于最关键行业的固定资产投资，而不是增加更多的流动资金贷款，从而加大已经过多的库存。如果经济改革不发生逆转，那么 1989 年很可能就宣告了短缺经济时代在中国已经告终。

然而，丝毫不容乐观的是，国有企业的微观膨胀机制并没有从根本上得到改变。"双轨制"依然存在。新的消费需求高潮很可能会加速到来。因此通货膨胀的危险并没有减少。而且，治理整顿以来，经济已陷入深谷，但是结构调整成效甚微。经济重新回升，很有可能是又一次平面扩张。

如果对于中国经济改革进行了国际比较之后可以作一简单的总体评价，那么我愿意重复说：**其成就和实绩不管怎么衡量也不会过高，其问题和困难无论怎样估价也不应太低。**

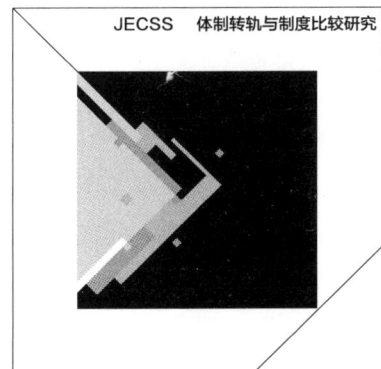

JECSS　体制转轨与制度比较研究

第五辑

国别比较制度分析

资本主义旧车的驾驶技术
——美国、西德、英国市场资本主义宏观控制系统的比较研究[*]

［美］ V.霍列佐夫斯基　　姜显明　译

一、市场资本主义的宏观控制

　　一辆很好的新车碰上糟糕的司机，可能一路折腾；一辆过时的旧车由有经验的司机驾驶，也可以一路平安，不过，旧车也会碰上坏司机。市场资本主义并非一辆好车，它不能使生产潜力充分发挥，这就需要司机知道如何来驾驶这辆旧车，以弥补其不足，而这又涉及市场资本主义的宏观控制系统。

　　市场资本主义系统的运行不只是市场的作用，而且也有政府的作用；市场经济的震荡，不仅来自市场部分，而且来自政府部分，或者说，更严重的动荡往往来自政府对市场部分作出的错误反应。

　　市场资本主义系统宏观控制的特征是需求管理，其目标是最终产品的购买者能够不断购买和愿意购买该经济系统在生产要素（首先是劳动）充分使用时提供的总产出。这就是说，要使私人消费支出、企业投资、政府投资、国外需求所形成的最终耗费总量同生产之间的差距缩小到最低限度，总需求管

---

　　* 本文原载于《经济社会体制比较》，1985年第1期。本译文略有删减，有需要的读者可与编辑部联系。——编者注

理、反周期政策和充分就业政策等的真正含义就在于此。具体地说，对总支出的宏观指导包括以下三件事：（1）防止市场部分受到政府开支、税收决策和货币发行量突发性变化的影响；（2）熨平市场部分在支出的主要方面（投资、私人消费和进出口等）产生的自发波动；（3）用间接和直接的办法影响市场部分的各种支出因素及其流量。

　　资本主义市场经济宏观控制的目标是总支出，其中包括政府开支、私人消费支出、私人投资支出、进口，等等。政策目的可以是充分就业、增长率、价格水平稳定、收入分配、国际收支平衡，等等。

　　政策手段包含以下四类。

　　（1）财政政策手段：

　　　　A. 政府支出

　　　　　　——对产品和服务的支出

　　　　　　——对家庭的支付（社会保障基金、失业救济金）

　　　　　　——对企业的补贴和投资

　　　　B. 政府收入

　　　　　　——家庭和工商企业的直接收入税

　　　　　　——间接营业税

　　　　　　——其他税收（如关税）

　　　　　　—— 社会安全缴款

　　（2）货币信贷手段：

　　　　A. 政府借贷

　　　　B. 利息率

　　　　C. 银行信用调节（准备金比例、政府担保的公开市场业务）

　　　　D. 直接信用调节（对贷款期限和新企业贷款的控制）

　　（3）汇率的调节（本国货币币值的低估和高估）。

　　（4）直接控制：

　　　　A. 价格和工资控制

　　　　B. 出口量和进口量的控制

  C. 对企业折旧费的调整

  D. 配给

  E. 劳动力流动的控制

  以上所说的目标、政策目的和手段构成资本主义市场经济的调节系统，而所有这些目标、政策目的和手段都是变量。一种变量的变化会引起其他变量的连锁反应。一般地说，政府目的决定了目标变量，例如，政府目的是保证充分就业，这就决定了总支出的规模及目标变量。

  其次是决策者控制下的手段变量。这些变量是可以任意改变的，并且由于这些变量在经济系统中存在内在的联系，它们会影响目标变量。这就是经济杠杆的作用。例如，政府支出、税率和通过银行信贷提供的货币量就起经济杠杆的作用，它们影响目标变量。

  当然，充分就业并非唯一的经济政策目的，同时，手段变量在未对微观经济的产出和收入构成发生影响时，也不可能影响总的目标变量。因此，服务于充分就业政策的手段变量就会同关心投资量的目标变量及公共政策手段发生矛盾。有些政策目的是一致的，而有些政策目的又不一致。这样，驾驶资本主义旧车的技术就十分复杂。下面用美国、西德和英国的实例加以说明和比较。

二、美国——缓慢地探索经济政策的立场

（一）政策滞差

  决策者为了使政策措施时机适当，不得不同来自两个方面的困难作斗争。首先，制定政策前的调查分析往往落后于经济状况的变化，这就是效应滞差。其次，当采取某种政策措施后，要经过一段时间才能实际生效，这是效应滞差。这两方面的滞差还派生出第三种滞差，即决策滞差。决策滞差同下述情况有关，即调查分析经济形势的经济学家与负责起草并签署政策法令的政治家的态度不同，以及经济学家与那些政治家顾问的态度不同。政治家总是选

择符合自己观点的专家作顾问，以便为自己的外行辩护。

如果由经济专家组成的团体拥有全权，决策滞差就会大大缩短。但是，为什么迄今尚无任何国家实现这一点呢？即使在荷兰和瑞典，虽然已把政治决策和经济测度过程最大限度地分离开，经济专家仍处于咨询的地位。这是因为不同的政策措施对不同的社会经济利益集团会产生不同的影响，具有不同信仰和意见的集团会对这些政策措施采取不同的态度。因此，这些集团的政治代表总是谨慎小心地使用自己的最后决策权，其结果便是决策时间的拖延。尽管经济困难重重，但政治家们却依然在决策过程中讨价还价、游说、拖延、犹豫不决，甚至出来阻挠。如果他们要作出一项决议，他们必须事先长时间地来个政治捉迷藏。正因为如此，最终决策不仅迟缓，而且很可能失误。

（二）决策体制的矛盾

就表面状况来看，美国自 1964 年通过就业法以来，政府似乎一直在为促进充分就业而承担法律义务。但该法令含糊其辞的阐述却表明，它为政治力量成就冲突性目标和政策措施进行浪费时间的争斗提供了充分的余地。该法令指出："联邦政府的一贯政策和责任是，鼓励和促进自由竞争企业和全面福利，并为那些健康的，愿意并寻求工作的人提供有效的就业条件，促进最大程度的就业、生产和购买力。"这样，既作出了道义姿态，又难卸了责任。

根据就业法而设立的经济顾问委员会，除了负责向总统提出政策修正案外，别无其他明确的具体职能。财政部、预算局、联邦储备系统等的许多既提出咨询，又拥有部分执行权的机构，都有自己的观点和目的，它们并不能彼此协调地行动，也不能对优先次序和各种政策目的得出一致的意见，实际采取的经济政策往往是许多力量妥协的结果。

政治过程首先影响税收、政府接待和开支等财政手段的运用。货币政策手段在很大程度上是不受政治家约束的。联邦储备系统的最高机构货币当局通过难以理解的法律遁词，采取支持、缓和或破坏财政措施的货币措施。由于我们用美国的情况来说明决策滞差，所以还是让我们来集中谈谈财政政策问题。这方面，决策滞差通常是因为不想把财政行动作为必要的管理措施而引起的。反过来，不想把财政行动作为必要的管理措施又是因为政治决策者们对制订这些管理措施缺乏了解，即由所谓文化滞差而造成的。

（三）正统的财政理论

经济头脑简单的人看待政府预算就像看待个人预算一样。如果一个人入不敷出，那么他就必须借贷。借贷是一种抵押性的收入，人们只要能凑合就尽量不借贷的原因就在于此。用这种概念对待政府预算，被称作正统的财政概念。

如果经济政策的目的是要使经济活动实现充分就业，那么财政平衡原则就很糟。在某些情况下，这种原则不仅实现不了预算平衡，而且还会造成更多的失业者。为说明这一点，我们设想经济衰退必须经历一段时间。在这段时间里，因税基下降政府收入也随之下降，从而有可能出现预算赤字。这种赤字并非财政管理之错，而是经济活动过程中的无意识后果。但是正统财政观念却认为政府有责任实现收支平衡。

在正统概念的原则指导下，头脑简单的人认为，要使政府再次在有限的财力之内生存，只有提高税率，或者削减开支，要么双管齐下。但正统概念忘记了税收、政府开支的变化与国民收入变化之间的所有联系，以及税收对国民收入的反作用。由于减少私人支出（因税率提高）、削减政府开支触发了乘数机制，因此将产生使生产和收入总水平下跌的自动冲击。既然收入是税收的基础，政府总收入必然随之下降，以至于不能弥补预算赤字，从而进一步增加赤字。这样，提高税率、增加政府收入的期望导致收入方面的加倍损失。

正统概念的问题是，它拒绝承认财政活动除了必须向政府提供这一主要功能外，还具有一种工具性功能，第二种功能与总需求相联系，便于处理总的经济问题，这种功能决不能被忽视。因此，就财政管理而言，有关政府开支和税收的每一项决定都必须在这方面加以考虑，看看它们与总支出有多大联系。

（四） 政治家的立场摇摆不定

过去 40 年来，美国在缓慢地放弃正统概念、接受"职能财政"这一观点，在制定经济政策方面有所进步。正如赫伯特·斯坦（1969）曾经指出的那样，在有争议的时期，政府的正统财政原则从未很好地贯彻执行过，因而最终为带来灾难性后果。但人们也不能认为它只是纸上谈兵。1932 年胡佛政府曾运用正统概念，试图在萧条时期用提高税率的办法来平衡预算。这是美国政府运用正统概念的最后一个例子。但直到 1963 年，正统概念却仍对总统、政府官员和政治家具有强大的约束力，阻碍他们洞察经济问题并相机行事。

在战前的新政时代，美国政府使用财政手段优柔寡断，前后矛盾。政府原则上接受反周期的公共工程开支，但仍对它加以限制。他们担心有意安排的赤字开支会毁坏商业信心和投资积极性。在他们看来，似乎稳健的总需求不构成增加信心、促使投资的主要条件。与此同时，1935 年收入法根据投资者的潜在收入提高税率，虽然使政府赤字在 1937 年大幅度下降，但 40% 左右的劳动力仍然失业，结果，有希望的复苏再次变成新的衰退。具有讽刺意味的是，造成衰退的主要原因正好是实施新社会保险税和停发退伍军人津贴所带来的收入猛增。

战后阶段，经济学研究普遍转到了"职能财政"上，即使像经济发展为相会之类的重要团体也在 1947 年就把它写进了政策修正案。尽管形成了学术舆论，但财政管理对经济的影响仍然带有偶然性。特别值得指出的是，1946 年和 1953 年军事开支的两次大削减，由于未采取任何补偿性措施，对 1948—1949 年和 1953—1954 年的两次经济衰退起了不良作用。当然，艾森豪威尔政府在其执政期间至少在解决预算问题时能部分考虑经济稳定的目标。更为有意义的是，虽然官方讲话基调悲观，但经济衰退期间出现的赤字却在实际上得到认可。

虽然时机还不成熟，但现代化财政政策在 1963 年取得了可靠的胜利。在公众对现代财政政策原理进行了广泛讨论、肯尼迪总统的思想有所改变以后，国会决定实施一项令人称道的削减税收措施，从而为持续 9 年的经济扩张（1961—1970 年）提供了可能性。由于财政手段从此被接受下来，看起来这一需求管理措施实际上为充分就业政策开创了新局面。

我们说时机尚未成熟，是因为它所带来的希望很快就破灭了。1966—1967 年以后的通货膨胀使尼克松政府在 1970 年采用相反的需求管理措施，即抑制总需求。为达到缓和通货膨胀的目的，这个一直持续到 20 世纪 70 年代中期的政策甚至不惜以失业为代价。

在 1970 年以后的几年中，美国的决策者旧病复发，因害怕加剧通货膨胀，禁止过分活跃地推行扩张主义政策。这一点不同于意识形态偏见，但又与之相关。它与美国第二次世界大战后在国际货币体系中所承担的责任有关。当美国的国际开支超过国际收入时，美国不能像法国那样随便地使美元贬值。美元是关键的储备通货，因此不能技术性地变换它与其他货币的汇率。由于美国的国际收支经常支大于收，所以美国在收到压力的情况下，便努力控制国际开支。充分就业政策之所以实施缓慢，目的就在于保持物价稳定和增加出口，并同时限制物资进口。

我们倾向于这样看，通货膨胀对长期意识和政治决策滞差只是一个制约因素。而后者正是美国何以不能建立可靠的机构推行充分就业政策的原因。美国为此付出的经济代价太大，毫无必要。1950—1964 年，美国每年损失的潜在产量可能约占实际国民生产总值的 5%。比较而言，当许多西欧国家设法把失业率保持在 2% 以下时，美国 1950—1960 年期间的失业率却高达 4.5%，1975 年则接近 9%。当然，如果同 1930—1938 年平均约 18%（最高时曾达 25%）的失业率相比，那么人们沾沾自喜，不无道理。但是，当人们同那些宏观经济政策措施较为成熟的国家相比时，就不那么盲目乐观了。

三、西德——哈耶克故乡的凯恩斯主义

（一）"艾哈德时代"的奇迹和困境

西德战后经济发展的前期为这样一个具体情况提供了令人感兴趣的解释：完全坚持正统概念的资本主义市场制度，过去只依赖货币手段并使价格稳定化凌驾于充分就业之上，现在却成功地同时考虑物价稳定和充分就业这两个方面的问题，并且最终将因取得成功而认为货币手段完全无效。

西德战后的经济重建工作，即著名的"德国经济奇迹"是在"社会市场经济"理论指导下发生的。该理论实际上是由西德弗莱堡学派提出的新自由主义派生而来的。弗莱堡学派的主要代表人物有弗里德里希·哈耶克、瓦尔特·欧根、威廉·罗勃凯和阿尔弗雷德·穆勒—阿马克等。他们主张把自由市场竞争力量与政府有限的特殊干预相结合。西德的经济政策几乎完全适应经济重建的核心任务：刺激储蓄和投资，鼓励企业家追逐利润，为资助必要进口而加强出口生产。具体政策手段有免税、补贴及避免工资增长过快的非正式收入政策。

物价稳定是西德重建工作的一个辅助性目标，它增强储蓄倾向，通过保持具有吸引力的价格来鼓励出口。如果这是需求管理的话，那么它就是一项促进国外需求和鼓励国内投资的政策，而更确切地说，后者是供给管理即扩大生产能力的一部分。此外，德国人对1923—1924年恶性通货膨胀的痛苦回忆也能解释这种保持物价稳定的倾向。价格的平衡预算条款写入了国家宪法。所以只有货币手段才被认可，财政政策则被拒之门外。

一直到1958年，货币政策成功维护了物价稳定，支持了以出口和投资为主导的经济发展，后者有助于逐步吸收从波兰和捷克斯洛伐克来的约1000万移民。由于物价显示出增长趋势时采取了限制银行信贷和增加利率的办法，从而两次使物价增长率下降（1952—1953年和1956—1958年），并且未触发严重的经济衰退。

1958 年以后，西德经济出现了一些完全不同于过去的问题。外贸的成功使货币政策丧失了原先的功效，原来支持经济发展的潜力即将耗竭，同时通货也能自由兑换。这种形势的形成还与下列情况相联系：（1）限制性的货币政策使国内物价水平保持平稳；（2）与进口相对而言，出口大大增加，从而出现外贸盈余；（3）西德出口商将出口盈余的外汇收入兑换成马克，进而使国内货币发行量增加；（4）在充分就业的情况下，这增加了物价上涨的压力，人们开始谈论"输入的通货膨胀"；（5）货币当局试图通过限制信贷发行和提高利率来抑止物价上涨；（6）提高利率将吸引外国人购买西德马克并因收入较高而在西德投资，或把马克储蓄，这样又增加了国内货币的供给；（7）货币当局采取更严格的限制措施，以减少总开支、实行紧缩，然而，因货币发行量增加而造成的通货膨胀将通过（4）和（6）的机制继续发展。结果，货币政策越来越无力控制物价水平，并且导致再也不能容忍的失业威胁。

这些实际上表明 1957—1958 年、1962 年和 1966 年三次经济增长率下降时货币政策陷入了困境。由于在几次预算赤字时都坚持运用正统的财政政策，因而这些行动组成的古典乐曲便成为货币限制的最后插曲。西德过去的年经济增长率通常为 4%—8%，但 1967 年的增长率下降为零。

（二）凯恩斯主义上台

西德的经济政策在 1967 年才逐步变得成熟稳定。一年前，基督教民主党的路德维希·艾哈德政府被一个联合政府取代，凯恩斯主义在这场政治大换班中初步得到确立。联合政府经济事务的幕后策动者是社会民主党的一名部长卡尔·席勒教授。他是"尽可能的竞争，最必要的计划"这句名言的提出者，他还用更带有学术性的语言说："微观关系要自我调节，宏观关系要综合控制。"现在我们已经清楚，这一原则具有广泛的适用性。

1967 年西德经济立法的核心高度体现了美国 1963 年"财政革命"的精神。根据"职能财政"的纯正精神，西德政府授权修改资助公共开支的借债率以及个人和公司所得税税率。而且联邦政府和各州政府还准备在经济景气时，与中央银行一起临时冻结反周期储备资金中的部分收入，以便在受到经济紧缩威胁时发行。修改折旧基金法条款是西德稳定经济的另一个手段。最后，联邦政府还负责制订年经济规划、未来五年的预算计划（逐年向前"滚动"）和重点规模工程的投资规划。由于反周期政策委员会的建立和专家委员会（自1963年开始成立）提供学术性咨询，从而使政策制定职业化进程得到加强。从此以后，稳定性经济政策的成就就主要取决于决策者如何运用1967年经济法规所规定的政策手段了。

（三）迄今为止的成就

1967年稳定化政策的风格变化并未能给充分就业提供充足的保证，也未彻底根除通货膨胀。考虑到20世纪70年代前5年的世界经济具体情况，因此不能以此作为评价经济政策及其实绩的标准。但可以这么说，1967年以前的制度完全不可能解决经济稳定化问题，况且稳定化政策增加了相当大的灵活性和调节作用。摆脱了1967年萧条影响的经济恢复工作就曾得到分期付款的公共应急投资规划（1967—1968）的支持，从而保持了西德经济持续扩张的势头。然而当需求本身明显恢复上升势头时，财政刺激作用便受到影响。

1971年和1972年，西德必须对付因外汇大量流入（吸引外汇流入的最大因素是预计马克升值）而引起的通货膨胀压力。货币当局当时集中从汇率方面加以控制，阻止大量外汇流入。财政手段则根据商业条件的短期变化抑制或促进国内的外汇需求。在这之后的几年中，西德才可能成功地同时推行抑制通货膨胀的限制性货币政策和对付缩减总需求的扩张性财政政策。

1967年西德制定了促进稳定增长法，许多人认为它是"目前需求管理方面制定的最完善的法律条文之一"。看来人们必须承认这样一点，德国人十分善于运用经济法律手段——财政和货币政策的混合。

三、英国——停停走走、步履维艰

难以理解的是，英国作为凯恩斯的故乡，稳定化政策却一直成效甚微。英国 20 世纪 50 年代和 60 年代的经济状况就是明证。英国一位第一流的分析家曾这样指出："预算和货币为能稳定经济，相反，却一直在起不稳定作用。"（杜乌，1964）然而究其原因，并不是本国没有未卜先知者，而是因为被迫实行的凯恩斯主义政策极其有限。可以这么说，英国政府本来应当在这方面有所作为，而不应屈从于限制凯恩斯在经济思想的做法。不过，他们的屈从却向我们提供了机会，使我们能够根据英国当时地下的经济增长率和国际收支长期不平衡状况来研究宏观经济的协调问题。

国际收支平衡总的来说意味着，外国人购买出口品和获得各种英国资产而支付的通货，应当同英国从国外进口和在国外获得各种资产而支付的钱相当。如果这两种支付不相当，那么英国的国际收支就出现了不平衡状况；如果外国从英国提取的支付数额超过向英国支付的数额，那么英国就会出现国际收支赤字，而其原因大都在进口大于出口。

英国的国际收支一直处于这种赤字的威胁之下。赤字常常有规律地出现，而且更加不幸的是，它出现在商业活动的特定阶段，即扩张时期。这是因为随着国内需求的增长，英国对进口产品的需求比国外对英国的出口需求大，而外国对英国出口的需求则不受英国国内形势的支配，它主要取决于外国对英国的商品需求，但这种需求的增长相对来说较为缓慢。首先，英国的出口一贯重视需求增长较慢的传统商品，而忽视现代产品。其次，英国出口产品比那些生产率较高的国家价格昂贵。目前，外国需求对英国国内形势已具有微妙的影响。提高价格目的是想带来扩张和充分就业，但实际上毫无结果。与出口稳定相对照，进口物资需求的增加则大大越过国内收入的增加幅度，因而它具有较高的收入弹性。

我们都知道，法国在 1963 年之前的几年曾解决过类似问题。他们倾全力于稳步的国内扩张，放任物价上涨。并用法郎贬值的办法来保持出口品价格的低廉，而不管这对国内价格水平产生什么影响。对法国人来说，法郎贬值使外汇和外国物资变得更加昂贵，从而抑制进口需求。

第二次世界大战以后，英国曾于 1949 年和 1967 年两次将英镑贬值，每次都成为引人注目的事件。在其余的年份，英国政府持续地采取选择性解决办法，即旨在缩减国内经济活动率的办法。这样做有助于削减进口需求，并通过减缓物价上涨保护出口。这类经济活动的部分内容是：提高国内利率，阻止英镑流向国外追求高利润，吸引外国资本在英国投资，等等，以此来恢复国际收支的平衡。

一旦国际收支出现盈余，英国政府就会重新鼓起勇气，运用财政和货币杠杆，朝着扩张的方向迈进。结果，循环周期再次出现。这就是英国在需求管理方面出现的停停走走的现象。

"停"主要与 1951 年、1955 年、1957 年、1960—1961 年、1964—1965年和 1967 年这几个阶段中的国际收支危机密切相关。为什么西欧国家当中只有英国总是处于国际收支赤字的边缘？一些人把责任归咎于英镑的汇率最初定得太高、即使在 1949 年英镑贬值以后依然太高这一事实。英国《经济学家》的副主编诺曼·麦克雷（1970）曾这样写道："归根结底，当 1949 年世界汇率最终固定成形时，世界上至少有 4 个主要工业大国（日、德、法、意）的经济仍然处于战争毁灭性打击的影响之下。因此，美国和英国这两个未被战争毁坏的大工业国在这之后的 12 年或更多一点的时间内肯定会发展：美元和英镑至少对日元和马克的汇率太高了。即使这一阶段英国一直执行一项高明的经济政策（事情远非如此）日本和西德的经济也几乎肯定要比英国经济增长得快。1949 年，日本和西德除了向上发展，其经济别无出路。"看起来这种说法有一定道理，1967 年和 1972 年英镑两次贬值也证实了这一点。然而，英国经济情况的其他方面则使该问题更严重，国际收支因潜在的和实际的增长率相对低下而趋于恶化。

尽管 2% 的失业率已经搞到使英国人不能接受，但扩张阶段通常从较低的失业率开始，因而充分就业很快就能达到。当经济活动达到最高限度时，成本推动的工资和价格压力便影响和提高物价水平，而这将妨碍出口，逐渐削弱国际收支的平衡状况。

如果生产潜力——经济的供给能力迅速增长，那么通货膨胀压力较小。在需求扩大的同时，供应能力也会迅速提高。遗憾的是，英国经济在战后阶段的增长速度比较缓慢，或者是因为缺乏促进经济增长的政策，或者是因为短期扩张对收支不平衡的影响。英国经济在许多方面都与西德情况相反。

如果谁只是用资源的利用程度来判断英国的稳定化经济政策，谁就必须赞同科恩（1971）的这种观点："仅就解决失业问题这一目标来说，英国政府取得的成就特别大——超过了1944年白皮书和贝弗里奇报告的作者最雄心勃勃的设想。"直到1970年，英国的失业率很少超过2%。

英国的经济状况向我们提出了一个重要的新问题：把需求管理的目标只限定在充分就业这一点上，这恰当吗？总需求管理的各种手段同时影响着需求的各个组成部分，而总需求各组成部分对经济发展方向又有各自的选择。因此，需求管理政策既会促进经济增长，又会阻碍经济增长。

在前面的阐述中，我们主要引用的是20世纪50年代和60年代这20年的经验教材。一开头我们曾提出经济系统及其"司机"问题。通过以上比较研究，是可以得出如何驾驶这辆旧车的某些结论的。问题在于如何使这种市场经济系统服从于全面的管理。

参考文献

赫伯特·斯坦：《美国财政革命》，芝加哥大学出版社，1969年。

杰·杜乌：《英国经济管理（1945—1960）》，剑桥大学出版社，1964年，第384页。

诺曼·麦克雷：《英国的计划出了什么问题》，载《当代资本主义》，基础书籍出版社，1970年，第141页。

科恩：《英国经济决策（1960—1969）》，巴特沃斯出版社，1971年，第28页。

从双重体制到重新集中化
——东德经济机制70年代的演变[*]

[美] D.格兰尼克　陈国雄　译

德意志民主共和国是经互会中经济最发达的国家。因此，研究东德的经济管理体制的演变具有十分重要的意义。

一、"新经济体制"是双重体制

从1963年开始，特别是从1967年起，东德对工业的计划体制进行了改革，推行"新经济体制"。这场改革是在1961—1964年经济增长速度明显下降以后进行的。这种体制存在到1970年。

这场改革有四个目的：（1）发展新技术；（2）提高产品质量；（3）提高经济效益；（4）强调经济稳定增长，不追求速度。

为了达到这些目的，把工业分为两个部分，一部分是由决定新经济结构的部门即发展新技术的部门所组成，另一部分则是由旧的部门所组成。

这场改革的特征是双重体制，即前一部分实行中央指令性的实物分配计

　　* 本文原载于《经济社会体制比较》，1985年第1期。本译文略有删减，有需要的读者可与编辑部联系。——编者注

划，而后一部分实行市场关系和财政手段的调节。

严格地说，决定结构的部分就是优先发展或重点保证的部分。这些优先发展的部分有时指某些企业，但在更多的场合下是指某些产品和任务。在改革开始时，认为这些产品应该保持在很少数的范围内，在 1968 年制定 1971—1975 年计划时曾设想为 80 种。但是，许多企业和联合企业往往从自己的利益出发，把越来越多的产品当作决定经济结构的产品。另一方面，大多数企业并不承担决定结构的产品和任务。这样一来，几乎所有企业在一些重要的方面又受到间接的分散的财政计划方法的影响。

这种双重经济体制的计划、财政和价格体制等的主要特征如下：

（一）实物计划

东德的计划部门一般向工业单位下达总产值的年度计划。产品配比的详细程度不等。最详细的是决定结构的产品。

仍广泛采用原材料、半成品和投资产品的实物分配。在 1965 年成立了物资供给部，部长由原经委主任担任。物资平衡一部分靠中央分配实现，另一方面则靠企业之间签订合同实现。

显然，在这种体制下，要实现产品的替代是很困难的，因为某一企业同另一个生产替代产品的企业没有合同关系。特别是在涉及决定结构的产品时更是如此。同时，当某一企业发现自己的需求太多时，它又无法改变合同。要靠联合总公司来解决这个问题也非常困难，因为它一方面要代表企业的利益，另一方面又要起仲裁者的作用。在矛盾不能解决时，就要诉诸物资供给部，而这往往使物资供给部的专家们感到不知所措，因为他们无法知道究竟哪一种解决方法在经济上更为有利。

（二）财务指标

这是除了实物计划外的"新经济体制"的参数因素，其目的是为了鼓励联合企业和企业提高经济效益和有权作出经济选择。在计划体制的范围内，联合企业和企业力图取得最大限度的利润。企业职工的奖金和社会福利将取决于利润额。这个利润额又是企业扩大的制约因素。

职工的工资同利润无关，因为工资的提高是同劳动生产率的提高挂钩的。在理论上，工资的级差是由中央规定的，但在实际上则是由企业一级规定的。制约因素是计划规定的职工的平均工资基金。仅仅超额完成计划生产任务而没有超额完成计划规定的提高劳动生产率的任务，并不能增加工资基金。

留给企业的奖金、福利基金和投资是由一系列财政指标所规定的。扣除资本税后，留下纯利润，其中40%—70%上交国家财政，其余留给企业。

从表面来看，纳税后的利润都留给了企业。但是，这必须考虑到每个单位的税率是不相同的。由于每个企业的纯利是同国家规定的利润计划相联系的，而各个企业的利润计划各不相同，所以实际上一个企业就有一个税率。由于利润计划经常改变，企业经营的积极性就受到影响。同时，企业的赢利又同价格体制有关。

（三）制定价格和成本的体制

1967年完成的价格改革企图消除大部分国家补贴，使不同产品其有平均利润率。但是，这样确定的价格往往不能平衡供求，而需要物资平衡系统来完成这个任务。

东德把以谋取利润最大化的价格当作提高分散决策效率的重要手段，但价格仍需要由中央制定。中央决策机关一方面保留了一部分产品的实物分配计划，另一方面又把价格看作是中央计划决策的重要部分。这样一来，在东德，价格在原则上是固定的，即使技术发生了变化，也仍然保持相对稳定的价格关系。问题在于，随着时间的变化，不同产品的相对平均成本是不断变化的，反映成本的价格也应该不断变化。但是，为了保持价格的稳定，就对利润率设置上限，超过这个上限，就使利润率下降。

同时，企业缺乏通过降低成本来提高效率的动力。在财政指标没有变化的情况下，企业不愿意降低价格，因为这会影响固定资本和流动资本的增加，更会影响企业职工的社会福利和奖金。

（四）银行体制

国家银行起两重作用。一是，建立国民经济的每年的信贷平衡，并规定为每个部门银行再贴现的货币量。这对控制部门银行超计知的信贷量是很重要的。二是，监督部门银行对低于正常利润率的投资提高利息率（扩大决定结构的产品的贷款除外）。

但是，同国家银行的高级官员的讨论中可以发现，银行系统并没有通过分配信贷和提高利息率，来对预料之外的通货膨胀或通货不足的压力作出反应，从而调节信贷。此外，在东德存在着非计划的投资。国家并没有供给非计划投资的储备，企业必须自己寻求贷款。因此，每年对非计划投资信贷量的变化反映了预料之外的通货膨胀或通货不足的压力，如果考虑到企业的工资基金是由计划规定的，那么，它们对消费品的需求的影响较小。

我们上面所说的部门银行就是工商银行。在1968年以后，看来工商银行在决定企业投资类型和数量方面起了很重要的作用。同时，它提供超计划的研究和开发货款，并且监督企业的一般效率。工商银行的两位官员告诉我，在工商业计划投资中的25%被工商银行拒绝贷款。这说明工商银行在投资决策中起了某种作用。

总之，东德实行的新经济体制是一种双重体制，在这种体制中，决策和评价企业的实物标准在决定结构的部门中占主导地位，而在其他部门利润标准起重要作用。这种双重体制来源于这样一种观点：如果中央计划当局要用实物来有效地制订计划，那么，就必须把它限制在较小的范围内，而其余部门则应把权力下放到企业，由资本利润的最大化标准来支配。

二、这种双重体制是如何重新集中化的

（一）1970 年的情况

在这种双重体制中，就某些决定结构的产品和任务说来，企业、联合企业，甚至行政性的联合总公司处于中央的严格控制之下。但是，除此之外，生产单位在一系列活动中享有相当大的自由。

第一，它们可以选择自己的产品配比和顾客，以及在一定程度上选择物资投入。

第二，它们可以选择合理化的措施，采取发展新产品的方针。

第一类决策体现在合同中，履行合同也许是企业成绩唯一最重要的标准，第二类决策体现在企业的计划中，企业负责完成计划。这种自由的程度在轻工业中比在生产资料的生产中大得多，但是，在机器制造业的联合企业中也有较大的自由。

产品"平衡"在罗马尼亚十分集中，东德则相当分散。联合总公司在这方面有相当的控制权，各联合企业和企业也起重要作用。因此，就每一企业的产品配比来说，生产单位有巨大的影响。

企业的第三个自由领域是对劳动力构成的控制。在这里，它有不受年度计划限制的行动自由。它还有改变不同技术等级的职工的相应收入的自由。

完成主要的指令性计划指标，对于企业和联合企业的管理人员说来，不是一项要求太高的任务。但是，如果我们给"计划"下的定义，是满足从纯利中得到全部企业奖金的所有条件，那么，计划就是相当严格的。这从以下事实可以看出：1969 年我所考察的机器制造业联合总公司中没有一家重要企业能够完全满足这些条件。

至于财政标准，无论是联合总公司、联合企业或者是企业，由于在一定程度上必须按现行价格满足需求，都不打算使利润达到最大限度，它们都"满足于"达到或接近计划水平。在 1970 年我访问东德之前，最终产品的成本和价格的主要调整已经完成，进一步的调整正在进行。投入和产出的价格大致以 1966 年产品生产出来时的生产成本为基础。对企业的所有固定资本和流动资本都征税，以便消除以前资本被视为自由货物的情况。在价格形成中包含发展费用的扣除。

1970 年，事情有了进一步的发展。对折旧的规定放松了，可以考虑各种类型设备的迅速折旧，商品淘汰被视为折旧的一个重要因素。利润提高的部分从所加价值的部分转移到所用资本的部分。实行工厂价格继续降价的制度，所以，有关的价格可以同有关的成本一起发生变化，而不必像以前那样间隔的时间很长。最有意义的是，各种不同的工业消费品的供给与需求之间建立了联系，其办法是使中央在轻工业部门中对材料和投资的分配与各下属单位赚得的利润挂钩。这样一来，虽然消费品价格仍然是在不注意当前需求条件的情况下形成的，但是，消费品价格通过利润率对供给的影响来反映长期的供求均衡这种趋势正在发展。

所有这一切在 1970 年之前就已造成了部分依靠财政标准的先决条件。

"新经济体制"的实行特别依靠以下四种要素：

（1）德国人的传统纪律。这一点不但从防止工人降低劳动生产率来说是重要的，而且在使现有的集权与分权二者结合发挥作用方面也是至关重要的。其他社会主义国家的某些高级官员认为，这样的制度只能在德国实行。在这里，极其重要的原因是企业、联合企业和联合总公司的纪律，就是说，禁止利用自己的权力以巧妙地歪曲产品配比的办法来保证轻而易举地完成计划。

（2）国家领导机构非常强调面向国内外市场的新产品和新技术的发展。

（3）在相当大的程度上依靠私人企业和半私人企业来进行维修工作和小规模生产。

（4）管理的发展，这里需要着重谈谈这个要素。东德是东欧国家中在相当大的规模上把政治上可靠而技术上不过硬的管理人员加以撤换的唯一国家。同时，它不仅对上层管理人员进行管理训练，而且为管理人员作出详细的职业计划。

总的说来，我对东德工业的上层管理的印象是十分好的。企业领导及其下级人员之间是不拘礼节的，存在着比较随便的关系。人们进入领导的办公室用不着敲门。不叫"厂长先生"，甚至也不叫"同志"，而是直呼其名。厂长们在同我谈到厂里的手工工人时称他们为"同事"。工厂通常都有食堂，由工人和上层管理人员合用。手工工人在管理人员从他们身旁走过时，他们并不特别注意，也不加快自己的工作。

信赖自己、效率很高的企业和联合企业管理人员的发展，看来是作为东德工业特点的集权与分权的结合要成功地发挥作用的重要先决条件。

（二）1971—1972 年实行的变革

（1）国家经济战略作了重要转移。重点从发展新产品和新技术以及改变工业结构，转到迅速增加最现代化部门的比重，保证能源和材料的供应。不得不承认，由于过分强调了改变工业结构的政策，以致牺牲了对供应的保证。国家计划委员会研究所的两位经济学家写道："过去几年的经验告诉我们，如果不同时通过计划保持比例的话，是不可能有一个具有很高效率的经济结构的。"[①]

从 1971 年开始的转移是重大的转移。1966—1970 年期间德意志民主共和国的能源生产的增长低于整个经济的生产的增长，燃料和能源部门的固定投资实际上减少 8%，而整个工业的固定投资却增加 51%。但是，在 1971 年和 1972 年，燃料和能源的固定投资分别增加 17% 和 32%，而整个工业的固定投资只分别增加 3% 和 4%。

（2）指令性计划指标的数量在 1971—1972 年期间大大增加，虽然在 1973 年的计划中这些指标的数量再次减少。这些变革给联合企业和企业为完成自己的主要任务所作的努力增加了或减少了多少限制还不清楚；在某种程度上来说，这些变革也许只是反映了对现状的正式承认。

---

① G.希林和 H.斯蒂格尔发表在《统一》杂志上的文章，1971 年 5 月号，第 542—543 页。

（3）由部一级或更高一级的中央当局所"平衡"的产品数目在 1971 年制定 1972 年计划时大大增加（从大约 500 种增加到 800 种）。之所以增加，完全是由于最高一级平衡的产品数目增加；国家计划委员会以前是不大过问平衡工作的，但是现在对 300 种平衡直接负责。计委自己承认，1972 年的中央平衡往往是不现实的。

（4）为 1972 年和 1973 年规定平衡的某些消费品是价格较低或中等价格的商品。显然，这一变革降低了企业和联合企业按照使利润、产出和劳动生产率达到最大限度的方式来选择自己的产品配比的能力。但是，很难判断按这种办法规定的消费品的种类到底有多少。

（5）1972 年 1 月对企业奖金基金条例从四个方面作了重大修改。[1] 最重要的一点，是把每个职工有保证的年奖金基金从 20 马克改为计划奖金基金的 80%。如果奖金基金的 80% 是以年终奖金的形式进行分配，并且计划奖金基金至少等于实际支付的奖金的 90%，那么，在部属工业的企业中，每一职工的有保证的奖金基金就从 1970 年和 1971 年的 200 马克增加到 585 马克。[2] 因为最高年奖金基金（在大多数企业中）以前是每一职工 850 马克，1972 年只增加到 900 马克，所以企业奖金基金中依靠企业成绩的部分大大减少了。

同样，1971 年比计划工资基金多支出的工资，从获得的奖金基金中扣除（至少在理论上是这样）。这种扣除在 1972 年初已经取消。

修改的第二个方面是取消了以前的做法，即企业的奖金基金的数量只同所获得的纯利润的数量挂钩，新的方法是使企业的奖金基金的数量既同纯利润也同与计划有关的销售成绩挂钩。这可能减少利润对奖金基金数量产生的影响。

修改的第三个方面是有关付给企业奖金的条件的。满足指令性计划指标（以及其他指标）对于企业和联合企业中的管理人员的奖金仍然是重要的。

---

[1]　参见《德意志民主共和国法令汇编》第 2 册，1972 年 5 月，第 49—53 页。

[2]　关于年终奖金的平均支付额，请参见《经济》杂志 1972 年第 7 期第 10 页和 1973 年第 15 期第 7 页。

第四个修改是放弃了建立使奖金基金的增长与生产和利润的增长挂钩的多年度标准这种打算。实行这样一种办法，即企业每年都要有该年度的计划奖金基金。这至少在理论上是回到 1969 年以前的情况。

（6）不再竭力使生产资料的价格更加合理。虽然 1971 年和 1972 年的法律一再强调发展关于把利润提高的部分作为所用资本而不是所加价值的一部分的概念，但是，1970 年后的价格讨论既未涉及在价格体系中实行这一改革的问题，也未涉及与此密切相关的关于成本下降时降低批发价格的问题。生产资料价格范围内的集中是加紧中央控制，以便使新产品价格和特制品价格隐蔽的上涨达到最小限度。人们曾经预料 1971—1975 年期间将逐步实行的价格改革并未被放弃，然而，人们得出的印象是：中央当局并不认为价格改革是需要优先考虑的事情。

（7）1973 年上半年实际上消灭了经济中的所有半私人企业，工业和建筑业中的私人企业以及工业化手工业中的合作企业。1972 年 7 月底，这些企业的 92% 已经完全归国家所有。[①] 这种转变的社会意义是十分清楚的，但是，它也具有经济上的意义。

三、对重新集中化原因的解释

任何人要对 1970 年以后的重新集中化作出解释，都必须以他对新经济体制的目标的理解为基础。在我看来，这一体制旨在使一个高度控制的经济合理化和更有效率，决策的分散是实行这种合理化的一个工具而不是目的本身。根本没有任何意图去实行真正激进的新的机制，像匈牙利在 1967 年后所做的那样。整个工业仍然是像一家巨大的资本主义企业那样组织起来的；新经济体制只不过是努力以一种比以前分散的方式来管理这个组织。

---

① 1971 年年底共有 11865 个这种私人的、半私人的和合作的企业存在（《1972 年年鉴》，第 115、152—153、192 和 196 页）。1972 年 7 月底，大约有 10900 个这样的企业转归国家所有（《经济》杂志，1972 年第 31 期第 9 页和 1972 年第 36 期第 2 页）。

在这方面，德意志民主共和国的情况与 1968 年后匈牙利的情况截然不同。德意志民主共和国在不同的分散程度之间摇摆不定，很有些像美国公司的情况。

新经济体制的真正关键可以总结为三个特点：

（1）强调高级技术项目和工业结构的现代化。显然，这一特点在 1971 年作了很大的修改，但是，可以预料，这一修改将只不过是暂时性的。

（2）对不决定结构的产品的决策实行分散化和着重使用财政标准。这一特点在 1970 年后也作了很大的修改。

（3）计划是松懈的，所以企业和联合企业的管理部门除了完成自己主要的计划指标之外，有足够的资源去追求其他的目标。这也许是新经济体制最基本的特点。它也作了修改，至少在关于利润指标方面。

所有的评论家都一致认为，1971 年重新集中化的根本原因是人们所说的比例失调问题。气候条件使 1969 年、1970 年和 1971 年的收成欠佳。电力至少在 1970—1971 年期间非常短缺。1970 年投资费用增加得特别快。就整个工业产量说来，1970 年是 1963 年以来计划订得很紧的唯一一个年头，工业销售额计划增长率比前一年高很多，这一计划本身并没有完成。

鉴于比例失调的问题，国家改变了优先考虑的事项，这可以看成是非常合理的中期解决办法。东德领导人清楚地知道，往前推进极其困难。但是，没有证据表明，这种改变标志着工业结构现代化的结束。可以认为，这种改变是暂时性的，并不表示政策上有基本的变化。

对于指令性计划指标的数目的增加以及由国家计划委员会建立大约 300 个平衡表也可以持同样的看法。正像一家大规模分散的资本主义公司在经济紧张的时期势必要集中而又不必放弃自己基本的分散哲学一样，对于 1971 年德意志民主共和国的集中也可以作同样的解释。1973 年指令性计划指标数目相当迅速的减少可以作为这种解释的确证。

把平衡工作扩大到包括某些特殊种类的消费品价格是一个发展，很难把这一发展解释为对紧急情况的反应。平衡工作的这种扩大，其目的是十分清楚的，那就是通过提高消费品的价格，以防止隐蔽的通货膨胀。因此，1971

年 12 月保证的一部分内容就是，直到 1975 年以前，任何消费品的价格都不会上涨。①

我认为，对某些种类的消费品价格实行计划调节不能被解释为对隐蔽的通货膨胀问题的反应，而是经过深思熟虑之后作出的决策，以便降低根据营利考虑来决定产品配比的程度，增加"客观需要"在决定产品配比方面的作用。这是对允许各企业决定自己产品配比这种做法的优点表示不信任。

关于某些消费品的这一决策表明，其他产品的中央平衡表的数目的增加不仅是对困难的问题的反应，它代表一种观点，即在决定企业的产出配比和投入配比方面，营利的作用应该大大降低。

消灭半私人企业、工业和建筑业中的私人企业以及工业化手工业中的合作企业也表明，对营利的作用所持态度的变化要比暂时的紧急情况长久得多。这些形式的企业的存在理由是运用营利作为决策的主要标准，尽管这些决策可能受到运用其他标准所加的限制的约束。如果营利在不久之后要恢复到它在 1971 年以前的作用，那么，看来没有什么理由要把这些企业实行国有化。

1972 年年初的奖金的变化是最难解释的。是否可以说，这种变化代表了贬低联合企业和企业的利润这个总成绩指标的重要性。一年多以后的进一步的变化加强了这种趋势。在计算一个企业或联合企业的年计划奖金基金时，前一年超额完成该年计划的努力不算作有关的积极因素。结果是，对单位超额完成计划的奖金基金所产生的更长期的积极作用进一步被削弱。

总而言之，1970 年以来，东德的经济体制进行了重大的修改。特别是财政标准在决策方面所起的作用比以前小。尽管这一变革是由于 1970 年显示出来的经济上的结构失调引起的，然而，还不清楚这些结构失调的严重程度对集中范围的作用究竟有多大。

---

① 《法令汇编》第 2 册，1971 年第 82 期，第 725 页。

体制改革的经济学

——东欧分权决策模式理论的比较[*]

张少杰[**]

20 世纪 60 年代以来，东欧各国相继进行了经济体制的改革。伴随着经济实践的展开和深入，东欧各国的经济理论也空前活跃，并出现了一批较有影响的"模式理论家"。这些经济学家及其所代表的经济学流派大多结合其本国的实践，对社会主义经济中市场机制的作用问题进行了较深入的研究，并努力发展各种类型的含有市场机制的计划经济模式即分权决策模式的理论。[①] 由于其所概括的实践和所面临的问题不同，理论学术渊源也有差异，故又各具不同的理论特点。对这几个学派的深入研究，将有助于我们对社会主义经济模式的探索和对社会主义经济理论研究的深入。

一、兰格模式的理论贡献及其局限性

研究东欧有关分权决策模式的理论，不能不首先提到波兰经济学家奥斯

---

* 本文原载于《经济社会体制比较》，1986 年第 5 期。

** 张少杰，原中国经济体制改革研究所研究员。

① "分权决策模式"这个概念并不是很准确的，但比较简洁。本文中凡使用这一概念，均指"含有市场机制的计划经济模式"。

267

卡·兰格（Oskar Lange）。这不仅是由于"兰格模式"是社会主义经济思想史上的第一个较为完整和系统的分权决策模式，而且也由于兰格的经济模式理论对后人具有很大的影响。

"兰格模式"是本世纪20年代初至30年代末之间在西方经济学界爆发的一场大论战的结果。在这场关于"社会主义经济计算问题"的著名论战中，兰格运用一般均衡理论，批驳了米塞斯、哈耶克等人把生产资料私有制视为形成合理的市场价格，从而实现经济计算和合理配置资源的必要条件的论点。他指出，价格具有两层性质，即作为市场上两种商品的交换比例的"狭义价格"和作为，"提供其他选择的条件"的"广义价格"。生产资料公有制消除了生产资料的狭义价格，但并不意味着不存在指导资源分配的广义价格。在存在消费资料与劳动力市场的情况下，中央计划机关可通过"试错法"形成合理的生产资料价格。中央在制定价格时也不需要求解由几百万个方程构成的联立方程，而只要给企业规定两条决策规则：选择使平均成本最小的要素组合方式和以边际成本等于产品价格作为决定产量的标准。当企业按这两条规则进行生产决策时，中央则根据各种产品的供求状况调整价格，以使实际价格不断逼近均衡价格。因此，存在着可以解决计算问题的社会主义经济模式，其特征是：（1）消费者有选择自由，消费品价格可自由变动；（2）劳动者有选择职业和劳动岗位的自由；（3）中央对社会成员之间的收入分配规定某些原则，但这些原则又不应限制劳动就业自由选择的原则；（4）企业按照前述两条决策规则行事，中央则根据生产资料的过剩与短缺情况调整价格；（5）中央直接规定积累率，但投资的分配则通过使资本保持供求平衡的利息率进行，确定利息率的办法也是"试错法"。在这样一个模式中，经济运行将能保持在消费品供求、生产资料供求、劳动力供求和资本供求均达平衡的状态下，并且由于它消除了收入分配不均、垄断并在核算中考虑了各种在市场经济中无法进入计算的因素，它将比资本主义经济具有更大的优越性。

作为对社会主义经济模式的理论探索，兰格的分析并不是很完善的。一是，兰格忽略了经济利益关系在社会主义经济中的重要作用，因此兰格的分析有个很重要的暗含假定即"效率假定"。在兰格模式中，对工人和管理人员的刺激机制是劳动力市场，只要劳动者有择业自由（这实际上意味着有商定工资的权力）他们就能充分发挥积极性。显然，这种认识是简单化的，他忽略了在社会主义经济中企业利益这样一个极为重要的利益层次的存在及作用。二是，由于兰格忽略了企业利益的存在，在其模式中实际上并不存在企业间市场，而仅存在由中央计划机关作为代表的"模拟市场"。这就使兰格未能对社会主义经济中的市场机制、商品货币关系作出准确的概括。有些经济学家把兰格模式称为"市场社会主义"，这恰恰把问题搞颠倒了，只注意到这一模式的形式上的特征。实际上，称兰格模式为"模拟市场的社会主义经济模式"，将更适当一些。三是，兰格对计划机制在社会主义经济中的重要作用估计不足。他的调节理论的基本出发点是"消费者主权"学说，而中央计划机关只是消极模拟市场的作用。布鲁斯曾正确地指出："在奥斯卡·兰格的模式中，中央计划机构同市场的区别只在于前者规定积累率并实现国民收入的分配原则，而在它的所有其他职能，包括生产领导者的'行动准则'方面，它只是代替了市场"。

客观地说，兰格模式是在社会主义经济的实践尚未充分展开的条件下产生的，因此，他的分析与其说是给出了某些结论，不如说是给出了某些思路，为后人的进一步探索提供了一些线索。从这个意义上看，兰格模式的贡献在于：（1）它把社会主义社会中的经济计算问题提到十分重要的地位，并提出了用"间接计算"来代替"直接计算"这一很有价值的思想。我们知道，马克思和恩格斯对社会主义经济中的经济计算问题是很重视的，这在马克思关于"劳动时间节约规律"的论述中充分表现出来，但他们认为这一切在社会主义经济中将是十分简单明了的，社会总劳动的分配将由社会中心根据直接的（实物的）经济计算进行，而不需由"著名的价值"插手其间。但是，在当代的生产力发展水平上，这种直接计算被经验证明是十分困难的。兰格的贡献就在于：他的讨论使人们注意到这一问题的困难性和复杂性，并证明了通过采用一套间接计算的办法，由中央和企业进行不同层次的经济计算，是可以有效地解决这个困难的。（2）兰格提出了进行"间接计算"的两个基本环节，即"经理规则"和"参数控制"这两个调节企业决策的基本杠杆。我们知道，参数控制的关键，就是由企业根据中央给出的参数如价格等进行经济计算，根据计算结果自行决策，这是分权决策模式的一个基本特征。但企业在决策时必须有一套符合社会要求的标准尺度来衡量各种方案的经济效果以指导其选择，这套标准尺度就是兰格模式中的经理规则。而且，在间接计算模式中，这些规则往往并不是社会中某些一般原则的简单分解（比如由基本经济规律推出的企业任务就是满足社会需要），而是根据微观活动和宏观效果之间的复杂关系设计的，并且是在企业的视野内能够把握和计算的。因此，这些规则可以完全不同于社会一般原则的表述，但千百个企业按这些规则活动却在总体上达到社会一般原则的要求。对这两个环节，兰格的答案并不令人满意，但指出这两个环节的意义，无疑是兰格的一大贡献。正如有些西方经济学家所承认的，"兰格的贡献就是证明了经济结构是否以市场为基础并不是评价其成绩的基本问题。基本的问题则是（1）表示'提供其他选择的条件'的一组价格和（2）指导决策者对备选方案的选择的一组规则这两者的性质"。因此，社会主义社会完全可以通过自觉的模式设计来利用市场机制的积极作用。

二、布鲁斯和泽林斯基对模式理论的发展

兰格模式的理论观点对波兰经济学界影响最大。20世纪60年代以来，波兰经济学家们在探索经济改革的过程中，进一步发展了兰格的一些理论思想，并在多方面作出了卓越的贡献。其中，最有影响也最具代表性的是符·布鲁斯（W. Brsu）和雅·泽林斯基（J. G. Zielinski）。布鲁斯对模式理论的实质性贡献是他著名的"三层次决策"理论。布鲁斯认为，在社会主义经济中存在着三个基本的决策层次：中央、企业和个人。社会主义经济的基本性质要求某些种类的决策必须集中在中央，但个人又应具有消费和职业的选择自由。因此，研究社会主义经济的运行问题、模式问题的关键在于企业日常经营活动的决策权的集中和分散，这是区分模式的基本标准。布鲁斯认为，经常性决策的集中或分散与社会主义经济的基本性质无关，而主要是个选择问题。

　　布鲁斯的这种分析揭示了社会主义经济运行中的一个基本问题：一方面，中央级的集中决策要通过某些机制落实到企业，另一方面，个人的分散决策又要求企业决策与其相适应（尽管中央还可以对个人选择进行调节）。这就产生了两类机制在运行中是否协调、如何协调的问题。传统的集中模式的解决办法是把消费者选择转换为行政指令，但这在适应需求、技术进步、降低成本、协调生产者个人利益和社会利益的联系等方面都存在着不利的效果。因此有必要探索新的协调方式，这就是分权决策模式。在这种模式中，中央级的宏观决策规定了企业决策的框架，而企业的经常性决策则取决于来自个人选择的市场机制的调节。这时，不仅消费品和劳动市场对生产的影响力加强，而且"会出现市场机制发生作用的新领域——'中央计划当局'同企业之间的新领域。这件事情又会导致一方面是劳动和消费资料市场，另一方面是社会化企业间的市场关系这两者之间的相互作用的大大加强"。这种相互作用又将有利于经济效益的提高。

　　布鲁斯的分权决策模式理论在某些方面与兰格很类似。一是，他们都是把劳动和消费资料市场视为社会主义经济中的基本的市场关系，而把生产资料市场（即布鲁斯所说的"社会化企业间的市场关系"）视为由前一种市场关系扩展而来的、派生的市场关系，这表明布鲁斯对企业利益这一利益层次的作用的认识不是很明确的。二是，他们都很强调"规则引导"。布鲁斯曾明确指出，社会主义公有制下的企业"自然的行动准则"将是职工人均收入的最大化，而这将会对社会的资源合理分配产生不利的效果，因此必须由中央为各个经济单位规定行动准则。布鲁斯认为，这一特点是含有市场机制的计划经济有别于严格意义的商品经济的一个基本点。三是，他们都很强调"参数控制"，并强调价格不能受个别企业的影响以保持价格的参数性质。但布鲁斯更强调价格必须反映整个社会的偏好，而不应仅反映消费者偏好。而且，布鲁斯突破了兰格"模拟市场"的设想，认为对那些不存在垄断的、也不存在与消费者偏好不一致的社会偏好的商品，可以让市场自由形成价格，因此保持价格的参数性质与国家决定所有价格是完全不同的两件事。

　　布鲁斯模式与兰格模式的主要分歧点在投资决策问题上。布鲁斯认为，

"用'试错法'达到平衡的市场或准市场过程几乎不能用于投资领域。在这个领域，这种办法有可能危及诸如从整个社会的观点来决定投资效果、投资支出的高度集中、投资决策的直接协调等这样一些体现社会主义计划经济优越性的因素"。因为分散的投资决策取决于价格和利率的共同作用，但价格是在给定的经济结构下形成和发挥作用的，投资则会造成结构的变动从而改变价格发挥作用的条件。因此，市场上的价格关系并不能为投资方向的选择提供充分的指示。这里有一个当前的经济结构（初始结构）和由社会根据经济的和非经济的因素选定的目标经济结构之间的关系问题。"在决定投资分配时，初始经济结构和目标经济结构之间的关系是两个层次之间的关系，而不是相互代替的选择关系。而最优经济目标起着决定性作用。这样，初始结构的作用取决于目标比例与初始比例之间的差异程度"。差异程度越大，价格机制的作用越弱。因此，决定积累率和选择投资方向，应是中央级决策的主要任务。这样，在布鲁斯的分权决策模式中，中央级决策就不仅是保持宏观平衡和消极地模拟市场，而是积极地改变经济结构，不断形成价值规律发挥作用的新的经济条件，并为实现这一目标而运用价格调节和指导供求。

布鲁斯对经济模式理论的贡献在于：（1）"三层次决策"理论为我们分析社会主义经济的各种模式提供了一个分析框架，对模式理论的发展具有重要的方法论意义；（2）他对由兰格首先提出的"经理规则"和"参数控制"思想作了更为深入和广泛的讨论，尤其是对参数控制问题的讨论较兰格完整得多；（3）他克服了兰格模式忽视宏观决策的缺陷，论证了中央级宏观决策的重要意义，探讨了衔接宏、微观决策的主要方式。但布鲁斯也受到兰格的"一般均衡理论"的影响，尤其是对市场机制和计划指令共同调节情况下的企业活动的特殊性缺乏深入的研究，对财政、信贷等经济机制的重要作用认识不够，从而使他对价格机制调节的经济条件问题、市场调节和计划调节之间的协调问题等方面的分析和论证还未能摆脱把两套机制理想化的缺陷。

布鲁斯对"经理规则"的研究仍仅限于提出了问题，这个问题在波兰另一位经济学家泽林斯基那里则得到了充分的讨论，从而在另一个方面发展了模式理论。

　　泽林斯基认为，在社会主义经济中，国家对国营企业进行管理的管理机制包括三个要素：（1）企业和中央计划机关之间传递信息的体系；（2）企业活动的原则即"管理程式"（即兰格、布鲁斯所说的企业行动准则）；（3）宏观经济供应体系，包括财政—信贷体系和支配生产要素转移活动的各种规则。泽林斯基认为，在这三个因素中，管理程式最为重要。这是因为（1）这是国家管理国营企业的特有机制，对其他经济成分的企业就不具备这一机制，而只能靠信息体系和供应体系来影响它们的活动。（2）"信息体系和供应体系是通过给定企业的活动原则来影响企业的"，企业的管理公式决定企业对价格政策和供应政策的变动的反应方式。在一定的管理公式基础上，会有一定的经济逻辑，一旦管理公式改变，经济逻辑也随之改变。例如，当企业的奖金与总产值挂钩、产品采用个别成本加利润的方法定价时，"价格上升会使需求下降"的这种逻辑关系就不存在了，当投入品价格上升时，企业还可能扩大其需求。他强调说，"对这一点的任何低估都将导致严重的错误结论"。（3）因此，管理公式构成了管理机制的基础，其他两个因素又影响管理公式，这就"解释了对该机制的各部分的改动之间严格协调的必要性"。

　　泽林斯基认为，管理程式由下列因素构成：（1）会计方法；（2）一个或几个成绩指标、一个或几个供应系统调节指标（调节生产要素流入流出企业的指标，如决定流动资金贷款的资金周转指标）；（3）决定成绩指标和奖励基金之间联系方式的"刺激原则"；（4）奖励基金；（5）决定成绩指标、供应调节指标和企业专项基金之间联系方式的"供应原则"；（6）专项基金。但管理公式的结构主要取决于上述第二个因素的构造，即成绩指标和供应调节指标的数目。泽林斯基认为，资本主义企业的管理公式仅由一个成绩指标（它同时又是供应调节指标）构成，南斯拉夫也是如此。在其他社会主义国家，管理公式均由一个或多个成绩指标和几个供应调节指标构成。当管理公式较为复杂（指标较多）的情况下，这些指标大多为单项指标，它们往往使企业的各种决策难以协调，并在决策时忽略某一方面的信息，因为这些指标不可能"覆盖"企业的全部活动，企业就可能钻空子来保证成绩指标的完成，这势必影响整个经济的效率。因此，必须尽可能减少指标，采用综合指标来指导企业决策，引导企业追求最大利润。但综合指标的有效作用又取决于存在合理的价格（包括工资、利率等）和竞争的买方市场。

三、奥塔·锡克关于分权决策模式的理论

据一位捷克斯洛伐克经济学家说，布鲁斯的模式理论"给六十年代的匈牙利和捷克斯洛伐克经济思想以很大影响"。但和波兰学派注重于运动理论的研究不同，奥塔·锡克（Ota Sik）的经济模式理论又具有几个重要特点。

首先，锡克对经济模式的研究不仅是在经济运行这一层次的研究，而且深入到社会主义生产关系层次中的一系列基本问题。锡克历来较为重视生产关系，注重批判对马克思经济学说的各种"简单化"理解，这就使他把社会主义经济中劳动的直接社会性问题、经济利益关系问题作为研究模式问题的出发点。这样一种研究方法使锡克把模式问题看作是如何使社会主义经济制度更符合社会主义经济的内在规律的问题，看作是探索人类发展道路的问题，而不是一个单纯的"选择"问题（波兰学派大多持后一种看法）。这是锡克的经济模式理论的一个基本特点。

其次，锡克对社会主义经济中的利益问题比对计算问题更为重视。锡克认为，"社会主义的劳动社会化、社会主义全社会协作的要旨，就在于劳动的普遍的、直接的社会方向"。只有当具体劳动满足适应社会需要、具有充分效率、充分利用资源这样几个条件时，它才能保持社会劳动的性质。但人们不能保证所有具体劳动都保持这一性质。这一方面是由于认识上和管理上的困难（即兰格所说的"计算问题"），另一方面是由于利益矛盾。而且，在传统体制下，经济管理的完善过程受到阻碍的"主要原因之一，就是人们对劳动的社会必要发展缺乏经济上的兴趣"，因此，"必须使直接同生产发生联系的管理机关，主要是企业一级的机关对生产的最佳发展保持经常的兴趣"。而达到这种目标的途径就是发展社会主义的商品关系。锡克认为，把社会主义商品货币关系存在的原因归结为企业生产决策的相对独立性是不够的，这种决策上的相对独立性只是商品关系存在的必要条件，而利益矛盾则是商品关系

存在的充分条件。

由于锡克的模式理论的这个基本特点，他所设想的"有调节的市场经济"模式也就与布鲁斯模式有两个重要差异：一是，全面实行间接参数调节。在兰格模式和布鲁斯模式中，价格是调节企业决策的主要工具，但价格主要由国家直接制订。这可称作"直接参数控制"的调节方式。而锡克认为，这种方式不可能解决利益矛盾，"最后必然合乎逻辑地导致某种行政的、非经济的体制"。他主张国家不直接定价，而主要通过对收入分配的调节来影响价格，"实行与市场一致的经济政策，这种政策通过调节收入而把生产发展和投资发展导向计划目标的方向"。在锡克这种计划调节收入（包括积累率和收入的阶层、地区分布）、收入形成需求、需求调节供给的调节方式中，价格机制不再作为传达社会利益的各种要求的主要手段，而是以收入分配机制来进行各种调节。从影响和调节企业决策的角度来看，锡克模式的调节方式可称为"间接参数控制"的调节。二是，给企业以投资权。锡克认为，"任何由外面来决定生产企业中的生产或只决定投资的做法，都必然损害对于提高效率或满足需求的任何责任心。不能自己决定自己投资的企业，也不能对市场供应的比例失调或自己生产中的效率不足现象负责"。他认为，计划的目的就是满足需要，只要需要能指导投资，就没有必要由其他力量来干预。可以看出，锡克模式在调节机制、投资决策等方面实际上是兰格模式的翻版，只是由于锡克认为公有制企业之间仍然存在利益矛盾，故无须由中央计划机关来模拟生产资料市场和资本市场。

四、雅诺什·科尔奈"反均衡"分析的模式意义

从前面的讨论中可以看到，东欧的"模式理论家"们对市场机制的分析都具有强烈的一般均衡理论的色彩，并以帕累托最优状态作为其模式运行的理想状态。布鲁斯是意识到价格机制在动态上的局限性的，但他的静态分析则仍然是以帕累托最优状态为其理想目标。锡克关于"社会劳动最理想的和谐一致"状态实际上就是含有动态因素的帕累托最优状态。在他

们看来，只要价格机制能充分发挥作用，加上社会的收入调节，社会就能达到（至少在静态上）资源充分利用的和谐状态。当然，价格机制的充分作用是有条件的。

我们并不否认瓦尔拉和帕累托的一般均衡分析方法的认识上的意义，尤其是对经济运行问题的研究上的方法意义。问题在于，在现实的社会主义经济运动中，在国家对经济实行一系列的计划调节（即使仅局限于宏观调节）的条件下，通过市场机制调节达到最优状态的经济条件是否具备？这些计划调节会对市场机制的作用产生什么影响？这是波兰学派和奥·锡克所未能解决的问题，也是匈牙利著名经济学家科尔奈"反均衡"分析的模式理论意义之所在。（科尔奈，1980）

科尔奈对经济运行机制的分析方法与兰格等人有很大不同。首先，他采用的是实证分析方法，注重建立对一特定模式的"描述性理论"。他认为，经济科学本质上是一门实证科学，而一般均衡理论则是以一套假定为基础的逻辑推演，仅是一门"数理逻辑科学"。而把数理逻辑理论与经济理论相混同，是经济思想中的一个传统错误。他进一步指出，一般均衡理论的一个基本假定是价格是经济中的唯一信号，并以此推论出经济最优化的条件。但在现实中，信息结构是高度复杂的，客观上存在着：价格型信号、非价格型信号即实物信号在现代经济生活中起着十分重要的调节作用。一般均衡理论无视这一现实，这就使它无法考察经济生活中的许多现象，"一般均衡学派已经变成了经济思想发展的一个障碍"。

科尔奈并不否认价格机制在调节经济活动时的重要意义，但他认为，价格机制的作用程度取决于企业的"预算约束"的硬度。预算硬度的大小取决于五个条件，即企业能否决定或影响价格，企业能否决定或影响税收制度，有无无偿的国家财政拨款，有无信贷及信贷的条件如何，有无外部投资及投资条件。他认为，当企业的生存和发展不只取决于其财务盈亏状况时，企业对价格信号就不敏感，价格机制就无法起到充分的调节作用。但在这时，经济中会发展出很多非价格型的调节机制，其数量特征是一组"正常值"，如生产者的正常存货水平、购买者的正常排队时间、正常的在建项目规模，等等。

这些机制又会对企业的微观决策进行调节并为政府的宏观调节提供信号。科尔奈认为，在社会主义经济中，不仅存在纵向的非价格型调节机制，而且存在横向的（企业间的）非价格型调节机制（主要是企业的存货信号，这种横向的非价格调节在资本主义经济中也广泛存在），这些机制的存在和作用使经济始终是一个多级控制系统，因此，仅用集中或分散来分析经济、模式是不够的。科尔奈主张根据组织和控制过程这两个方面的性质来区分经济体制，并着重分析经济信号的形成、传递和类型，等等。

科尔奈认为，预算硬度较低的一个重要后果就是企业对投入品的价格反应不灵敏，而这又导致社会主义经济中长期存在的短缺现象。这时，经济中短缺和过剩并存，但缺乏调整结构的机制，于是人们的行为（包括购买者的行为）又会根据这种格局作出相应的调整，整个经济就在某种正常的短缺水平上稳定运行。科尔奈认为，预算硬度较低的最重要后果是经济中的"投资饥饿症"，由于企业在投资决策时没有财务顾虑，缺少使企业在投资决策过程中自我抑制的机制，这就使企业的扩张倾向变成一种无止境的投资要求。"投资饥饿症"是形成经济中的短缺的基本原因，短缺又进一步限制了价格机制的调节作用。他认为，匈牙利经济改革以后，企业的预算硬度有所提高，但提高得不多。在这种条件下，只讲利润刺激是不够的，没有足够的预算硬度，利润刺激就没有什么意义。科尔奈认为，由于信息结构的复杂化，社会主义经济必然是计划与市场相结合的经济。但在这个经济中，投资问题是个最难处理的问题。一方面，集中投资会影响企业的预算硬度，投资饥饿症难以克服，而分散投资又和企业的信息水平不相适应。

科尔奈对社会主义经济体制的分析并未推出有关理想模式的结论，他的分析的意义在于：（1）他的分析揭示了在计划调节过程中的经济关系的作用形式，特别强调了企业决策（包括信息方面的决策）对计划调节下的经济运行的影响，并强调指出了在宏观和微观经济决策中经济信息的多层次性及其重要意义，突破了人们把计划调节仅视为"命令与服从"关系的简单化观点。（2）他指出了在计划机制（包括财政分配机制）与市场机制共同作用的条件下，两套机制之间的相互制约关系，并指出了把握这种制约关系的基本环节即企业预算制约的硬度问题。这一分析克服了布鲁斯等人把两套机制理想化的缺陷，使分权决策模式理论更接近于现实，也使人们能更清楚地权衡模式选择中的利弊关系。

参考文献

雅诺什·科尔奈：《社会主义经济的两难困境：匈牙利的经验》，载《剑桥经济学杂志》，1980 年第 2 期。

论经济体制改革的最优时序[*]
——1956—1967 年波兰的教训

［波兰］泽林斯基　邱树芳　译[**]

全面经济改革遇到两方面的问题：

——新体制的设计；

——有效地实现向新体制的过渡。

这两方面的问题都没有完整的答案。其中一些问题是两个领域共有的。

常常遇到一种十分有趣的恶性循环：没有压力，不想进行广泛而深入的新体制的设计工作；而有了压力，等不到设计详细的蓝图就进行改革。

这和人类所固有的弱点有关。一般说来，只要现存体制还多少有点令人满意，领导机关就不会从技术、组织或经济等方面支持人们去进行新体制的设计工作。虽然这决不意味着在"没有压力时期"改革工作完全停顿，但是这项工作总的说来并没有系统深入地进行。

如果仓促决定进行全面的改革，那么在发生实际变化以前，就没有足够的时间去详细设计新体制的理想蓝图。这既可说明，为什么在改革时期发生许多前后矛盾的现象，改革一开始就受到挫折，又可说明为什么接着又退回

---

　　* 本文原载于《经济社会体制比较》，1986 年第 1 期。本译文略有删减，有需要的读者可与编辑部联系。——编者注

　　** 邱树芳，原 AHL 公司亚洲业务主管。

到老的经济管理方法上去。尽管与新模式相矛盾，但却是最容易选择的方案。

改革不能靠仅仅在理论上预先准备好的新经济体制可运动的蓝图。因为：

——需要政策制定者提出符合政治和社会要求的可行的指导方针。否则所设计的新体制只能成为一种"假设模式"。

——所涉及问题的复杂性要求许多小组通力协作。这些小组要包括许多从事实际工作的经济学家和经营管理者，他们只能由政府来任命。

毫无疑问，1956 年前波兰存在这种恶性循环，20 世纪 60 年代这种循环再次出现。是不是可以打破这种循环呢？这个问题很难回答。捷克斯洛伐克的改革似乎也苦于改革者事先对新体制的设计准备不足而未能应付突然发生的政治事变。而匈牙利却比较充裕地准备了全面改革的基本原则。这个问题显然需要进行更为深入的研究。

一、有效过渡的问题

（一）改革的最优时序

假定要进行全面改革，其实施时间需要 2—4 年。而新体制的实施过程需要达到某种临界速度，低于这一速度，新的要素可能失效。这是"异体排斥"现象的反映。这种现象不仅适用于生物器官，而且也适用于社会经济组织。

新体制不同部分实施的最优时序问题可以说是一个未知领域。现有的讨论几乎没有超出"价格是经济改革成功的必要条件"这个范围。然而，这是不全面的。

很难在全面经济体制改革的最初阶段就完成有效的价格改革。因为要预知新体制实行后新的稀缺关系几乎是不可能的。但是价格改革的第一阶段必须在改革一开始就完成。随后还需进行一系列的改革。

没有合理的管理程式①，特别是没有合理的考核指标，就不可能有合理的

---

① 管理机制和管理程式的概念在作者的文章"论考核指标"中已有论述。（见《计划经济学》杂志 1969 年第 1 期。）

价格体系。现在人们已普遍认识到，在把总产值作为考核指标的情况下，实际上是不可能形成均衡价格的（价格越高，需求越大）。然而，在把利润作为考核指标的情况下，如果其他管理程式抵消了这种指标的有效作用，均衡价格同样不可能形成。从这里我们便可看到一种双向的关系：价格改革是经济体制改革的必要条件，但如果不同时改变管理程式，就不可能进行有效的价格改革。

价格改革是经济改革成功的必要条件这一命题无疑没有说明改革的最优时序。管理机制的不同部分之间的关系、管理程式内部各部分之间的关系、经济组织及其层次结构、各种利益之间可能存在的冲突、抵消经济改革压力和趋势的因素，以及可能选择的行动（行为）等问题是必须加以研究的。

看来应当坚持如下的理论原则：

首先，人们应寻找并改变那些可以称之为企业行为基本决定因素的体制因素。这些基本决定因素的典型特征是它们诱发某种行为方式，而不论其他的管理程式的因素是如何形成的。例如，如果不考虑管理程式的结构，把年度计划作为考核指标和奖励经理的基础，那么，就会出现隐瞒生产能力、为低产出和高投入计划而讨价还价的现象。不论使用什么考核指标——总产值、总利润、成本—收益比例、增加价值等，不论实行什么样的经理奖励制度，年度计划指标的消极作用都不可能消除。同样，个别成本加利润定价法[①]实际上消除了对节约的压力。就目前来说，必须强调从改变决定企业行为的基本因素开始体制改革。理由是双重的：（1）改变决定企业行为的基本因素是有效地实行新管理程式的条件；（2）在管理程式正式改变之前，就可释放出经济行为的自发的力量。显然，即使依然把总产值作为考核指标，那么，废除了年度计划指标，一般说来企业行为也会朝着经济上合理的方向发生变化（当然是在既定的管理程式范围内的变化）。

如果新的管理机制和管理程式因这种或那种原因不能进行整体改革，那

---

① 个别成本加利润定价法是根据个别企业的生产成本而不是根据某些外部因素例如部门平均成本、世界市场价格、使用价值等等制定价格。

么就不得不"逐块地"建立新的管理体制和管理程序。这一块应当包括一切具有最直接联系的因素。这一块的变化与体制的其他部分关系越密切，下一块就应当尽快地跟着变化，以免发生"异体排斥"现象，就是说，使前一块的变化失效。举例来说，如果要考虑进行经理基本奖励制度的改革，那么这一块的变化至少应当包括：

（1）企业内部所有的刺激体制。根据波兰的情况，它包括：

——经理奖励制度本身；

——根据企业基金实行的奖励制度；

——鼓励出口的经理额外奖励制度等。

（2）产生刺激效应的管理程式的其他部分。根据波兰的情况，它们包括：

——决定工资基金的原则；

——决定企业发展基金（用来增加流动资金和投资基金）的原则。

（3）工业联合体的刺激制度。

抽象地决定这一块中应当包括哪部分和不应当包括哪部分，而不考虑依然起作用的其他管理机制因素，这是不行的。例如，这一块在很大程度上与年度计划的实际作用有关。比如，年度计划指标的作用在波兰目前居于主导地位的情况下，工业联合的刺激制度毫无疑问是"经理奖励制度"这一块的内容。在现有年度指标的制度下，决定企业发展基金的原则几乎没有刺激作用，因而完全可以不加考虑。可是，如果年度计划指标主要具有信息特征，那么，在这种制度下，情况正好相反。

下一块改革的内容和紧迫程度要根据同经理奖励制度的作用最有密切联系的其他管理程式和管理机制因素来决定。这可以通过对以下两个领域的调查，从奖励制度有效运行的条件来考虑：

——管理程式内部各方面之间的相互关系，特别是同作为奖励制度基础的考核指标有关的各种问题。

——与管理机制的相互作用，特别是所使用的信息传播媒介的类型和质量（价格信号的质量，价格信号和行政命令等之间可能发生的矛盾）以及宏观经济供给体制（生产资料的供应、普遍的卖方市场、形式上和实际上投资分权的可能性等）。

由于对管理机制内部相互联系认识的不完善，实行以上政策遇到许多现实困难。许多精心设计的管理机制模式和改革试验模式对最优改革时序的选择大有裨益。

（二）渐进和局部改良的困难

人们主张渐进的和局部的经济改革有许多理由：

——与巨大而又复杂的全面改革任务相比，渐进和局部的改革似乎更容易一些；

——因为只涉及经济或管理机制的一小部分，所以似乎风险较小；

——部分合理因素的总和应当具有整体的合理性，这似乎完全是有道理的。

然而，进一步分析，渐进和局部改革的方法带有某些天生的缺点，并且同样包含了进行"总体设计"时所具有的许多困难。

一般说来，渐进和局部的经济改革都缺乏一个能够对局部解决有指导作用并保证各部分之间相互协调的全面总体规划。所用的方法是先动现存体制的薄弱部分，用稍好一些的办法去取而代之。因为要解决的问题十分复杂，所以采取这种方法是可以理解的。但是，这种方法必须考虑两点：

——所采取措施的一致性；

——由于各块的变化之间有较大的时间间隔，而且这些变化都带有不彻底性，所以，在体制中就会增加排斥已经变化的部分或者使已经变化的部分无效的趋势。

（三）缺少新体制全面总体规划的后果

全面总体规划应当达到两个目的：

第一，必须回答"我们要走多远"，即变革的激进程度如何？要回答这个问题，就必须决定：

——中央计划的范围；

——中央计划局（CPB）、工业联合体和企业各自的权力范围；

——在计划制定期间平衡计划、在计划实施期间进行某些必要调整所采用的基本手段。

局部的、具体的方案基本上也应该有大致相同的范围。否则，就会出现有些部分变化比另外一些部分走得更远，产生相互矛盾的现象。例如，从目前来看，许多波兰企业仍在进行管理程式改革的试验，而这些变化比1966—1967年全面改革期间实行的变化还要小。（试点企业一般不受强制性的经济调节措施的约束，而按试验的原则办事。）

第二，全面总体规划作为局部改革的参照点和检验单，应该有助于保证：

——对要改革部分的适当选择不能忽视管理机制和管理程式之间基本的相互关系；

——改革所遵循的最优时序。

（四）管理机制的系统特征

按照管理机制的组成要素可以对管理机制内部的相互关系进行适当的分类。

按照我们已经讨论过的分析框架，可以将管理机制划分为：

（1）管理程式组成部分内部的相互关系；

（2）管理程式组成部分之间的相互关系；

（3）不同层次计划执行机构的管理程式之间的相互关系；

（4）一定的国民经济部门内部管理机制间的关系。

应当强调指出，这里所列的方面并未囊括控制国民经济机制内部的基本关系。不过，我们假定我们的分析只限于社会主义工业管理机制。

什么地方存在各组成部分间的相互关系，什么地方就可能存在着矛盾。各个层次计划的实施过程中这种矛盾的例子唾手可得。以企业的刺激制度为例。

（1）刺激制度内部的矛盾：

——具体的奖励条件和成本利润率之间的矛盾；

——基本奖励和对出口贡献的奖励之间的矛盾；

——基本奖励和与企业基金挂钩的刺激之间的矛盾。

（2）刺激制度和财务制度之间的矛盾：

——成本利润率、奖励的一般条件和作为所谓发展基金基础的总利润之间的矛盾；

——成本利润率和决定企业工资基金的生产指标（净产值或总产值）之间的矛盾。

（3）企业一级的刺激制度与工业联合体一级的刺激制度之间的矛盾：

——对企业经理的奖励制度和对工业联合体经理奖励制度之间的矛盾；

——成本利润率和工业联合体利用权力迫使企业从事非营利活动之间的矛盾。

（4）刺激制度与宏观投入供给体制（生产资料供应体制）之间的矛盾：

——利润最大化和许多生产资料的配给之间的矛盾；

——利润最大化和普遍的卖方市场之间的矛盾；

——利润最大化和投资分权范围有限性之间的矛盾。

以上这些关系说明管理机制的系统特征和它的复杂性质。由于这种特性，就很难做到彻底全面的解决。然而，缺乏统一性，经济改革不仅会碰到零敲碎打的麻烦，而且更重要的是会发生我们称为的"异体排斥"现象。我们可以用波兰实行固定资产支付利息（流动资金付息已经存在）例子来说明。

（五）异体排斥：为什么实行资金付息的制度并未改变企业行为

从 1966 年 1 月 1 日起，大多数波兰工业部门都实行了固定资产利息支付制度。从目前来看，这种办法没有带来多少刺激。按照规定，支付的利息不是打入成本，而是直接从利润中扣除。根据总利润与固定资产价值的比例，利息固定在 2.5%—6% 不等。同时，也对流动资金付息作了某些变化，包括企业有权得到银行存款的利息。

实行支付利息的办法是想促使企业行为发生以下的变化：

——出售或向上级申报多余的机器设备；

——减少企业对预算投资或工业联合体投资基金的需求；

——加强企业投资的经济核算；

——加强对过度投资和产品积压的反应。

事实已经证明，这些想法未能兑现。问题在哪里呢？可以从两方面来看。首先是现行的利息支付办法有许多缺陷：

第一，以成本利润率形式作为考核指标。产品积压、支付利息增加所引起的利润的减少，在一定程度上可以由单位产品中固定资产成本比例的减少所引起的成本降低抵消。

第二，支付的利息很低。根据一些资料的分析，美国工业投资的边际生产率大约是 10%，在目前波兰资金相对短缺的情况下，这种边际生产率可能更高。特别是企业的自筹投资具有相当高的生产率。例如，按照政府规定，用于企业投资的银行贷款要扩大，因为这种投资的赢利率至少达到 33.33%。

第三，支付利息的实际基础也削弱了利息的刺激作用。

不仅如此，造成资金付息对企业行为影响很小的实际原因还要深刻得多，例如：（1）使用年度计划作为考核指标；（2）普遍的个别成本加价制度；（3）由于（1）、（2）和所谓的利润查证的原则以及卖方市场的存在，买者对价格的抵抗很弱；（4）在企业管理程式中与利润率无关的所谓产量指标依然起着重要的作用。

这些问题的存在使利息支付形式和利息本身都毫无效果。只有在决定企业行为的基本因素改变之后，对经济学家所关心的这些问题进行讨论，才具有现实的意义。

教训：为什么朝着经济学家们长期以来就主张的方向进行的变化并没有产生有意义的结果呢？这是由于现存管理机制的另外一些部分的干预造成的。这些干扰因素是很多的，不仅常常难以识别，而且非常难以改变。然而，甚至要使相对小的部分变化诸如实行固定资金和流动资金付息等办法真正有效，以上列举的方面必须进行根本的、同步的和彻底的改革。管理机制和管理程式的其他部分的改革也是如此。

二、社会主义经济运行中亟待解决的问题

（一）计划和平衡问题

在另外的文章中，我们曾经指出：[①]

——实际计划制定过程基本上是行政管理的反复过程。

——目前没有哪怕是在很小的范围使用投入产出方法来制定实施年度计划的实际可能性。这意味着在当前或者在不远的将来把投入产出方法作为制定实施计划的方法都不可行。

——因此，就现有技术来说，我们不可能制定出一个与实施计划完全一致的计划。

大部分日常计划都是用来维持短期平衡。用格鲁斯曼教授的话说，这就是所谓的"协调计划"。他指出，"……大部分计划都是简单地使'物资平衡'的两边相等，无论如何这只是一种权宜之计。"（见格鲁斯曼《关于命令经济理论的说明》第 108 页）

结论：由于计划（或者用当前的计划方法）不可能实现短期的协调或均衡，那么必须通过社会主义经济的另外的机制来解决。在现实生活中，这意味着短期均衡的维持必须让企业间的横向联系去解决，换句话说，要让市场力量去解决。这一思想如果是正确的，那么就具有双重的影响。

——它要求年度实施计划的范围和特点以及相应的年度计划和中期计划的作用发生深刻的变化。

——它意味着必须设计一种允许通过企业间的横向联系来有效地实现生

---

① 参见泽林斯基：《论社会主义计划制定》，牛津大学出版社，1968 年，第 15—23 页。

产资料市场和消费资料市场短期均衡的特殊的社会主义经济运行机制。这种机制具有两个最起码的必要条件：

（1）应当有可能通过经济手段来实现它的均衡；

（2）应当产生自动地厉行节约和追求创新（在企业和工业联合体一级）的趋势。

（二）管理机制以及均衡和刺激节约的问题

这里我们并不试图设计"假设模式"。我们只是想指出现存管理机制的那些特征妨碍了社会主义经济有效运行问题的解决。庆幸的是，妨碍体制用经济手段实现均衡的原因一般也是妨碍对节约有效刺激的原因，因此，我们同时来考察这两个问题。

在现存管理机制下，相互联系的企业行为的典型特征包括：

——对企业投入品所支付的价格水平反应迟钝；

——没有内在的经济力量抑制企业对投入（包括原材料和劳动力）的需求；

——缺乏节约和创新的内在刺激。

尽管考核指标从总产值变为成本收入率，又变为出售产品后的成本利润率，但是，以上所述的企业行为并未改变。其原因必然不仅仅是管理程式中所使用的大量考核指标的问题。

从形式上说，把成本利润率作为考核指标对企业行为会产生影响，但是这种影响由于管理程式中大量所谓的生产指标、总量指标（例如总收入）或净产值指标（主要是以不同的劳动生产率为标准）的作用而受到限制。这些生产指标：

——作为决定企业工资基金总额及其变动的基础；

——作为经理获得奖励必须达到的基本条件（除此之外，还有完成成本利润率计划和其他要求的奖励制度）；

——作为上级评价管理效果的重要指标。

无须赘言，在成本利润率最大化和工资基金最大化之间常常发生矛盾。妥协是必要的。在大多数场合首先考虑的是工资基金。然而，我们认为，即使是单纯把成本利润率作为考核指标也不能改变事先把这个指标订得很低这种现实。因此，我们在下面的讨论中可以不考虑这个指标，在现有的管理程式中起作用的是生产指标。

1. 管理程式受年度计划指标制约

目前使用的考核指标是计划成本利润率，这一指标和其他季度计划指标成为经理奖励制度的基础。

年度计划指标产生了许多消极作用：

——它造成了隐瞒生产能力的刺激；

——它刺激企业为争取低产出、高收入计划指标而讨价还价；

——它使利润在很大程度上失去了客观意义，利润的多少主要取决于讨价还价的技巧而不是实际经济效果。

在波兰工业中，把奖励制度同年度计划指标联系在一起，更加强了这些消极作用。

在这种体制下，经理的奖励与完成成本利润率计划联系在一起，超额完成了没有列入计划的比例的不给奖励，没有完成的予以惩罚。因为每个企业的计划成本利润率都是每年确定的（在同一年份常常进行修改），企业便想办法隐瞒生产能力，如果能超额完成，也只是略微超过计划成本利润率水平。原因是怕暴露企业今年的生产能力，以致造成下一年计划成本利润率的提高，从而影响到经理的奖励。这也导致企业和工业联合体（以及其他等级组织层次）之间为计划成本利润率确定在什么水平上而进行长时间的讨价还价。很明显，确定在最低水平对企业是有利的。这是众所周知的事实。然而更重要的是，应当认识到在把年度计划作为考核指标的制度下，不可能存在有效刺激超额完成计划的奖励制度。

年度计划是根据一个简单的原则确定的：去年的实绩加上某个百分比的增加额。这样，要使企业发挥全部潜力，就必须使超额完成计划的奖励超过新的潜力形成前基本奖励受到的损失，或者说，使计划指标降低到可以接受的程度。如果这种说法更带有理论色彩，那么说得实际些，就是每个经理都担心长期完不成计划指标，会被撤销职务。设计一种能使企业把部分潜力发挥出来的办法在实际上也是不可能的。

我们的经历无可争辩地说明，在保留年度计划指标的情况下实际上不可能建立一种超额完成计划的有效制度。

事实是，下年度的计划指标总是可以修改的，当年的计划指标也在不断修改，只要能找到似乎能成立的理由。而每一个理由似乎都是很充分的。

妨碍通过经济手段实现系统均衡的首要的和基本的原因是不管在经济上是否合理，只要一纳入计划就变为事实上是合理的。人们常常可以听到这样的对话。局外人说："你们这样或者那样可以省钱。"企业代表说："你说得不错，不过，这是我们的成本计划中已经批准了的。"

正是与年度计划指标相联系的管理程式造成：（1）对资源需求的过度压力；（2）缺少节约的经济刺激。由于存在着卖方市场，这两种现象相互联系在一起。卖方市场主要是对资源压力过大造成的，而这又使节约的刺激更加减少。

结论是很明显的，取消年度计划指标是任何有效经济改革的基础。

2. 普遍的个别成本加利润定价法①

过度需求压力和缺乏节约的有效刺激的第二个基本原因是普遍实行的成本加利润定价法。虽然人们普遍对个别成本加利润定价法持否定态度，但是，为什么在现实生活中这种办法却得到如此广泛的运用呢？（1）由于专业化的深入发展，许多产品不存在部门平均成本。（2）因为在附属合同下提供的商品的价格是由买卖双方以成本加利润为基础协商确定的。（3）因为每个企业的成本利润率计划各不相同，即使在形式上价格是统一的，并且是以部门平均成本为基础的（这种情况相当少见），那么，这种成本利润率计划与个别成本加利润定价法也没有什么两样。（4）如果（3）是不充分的，某个联合体

---

① 如果不作特殊说明，"成本加利润定价法"表示的就是"个别成本加利润定价法"。

内部使用了所谓的"核算价格"。在这种场合，对买者只有一种价格，而对卖者来说却有不同的价格。这样差别是为了照顾那些"条件不利"的企业。(5) 如果 (4) 还不够或不可能，还可以使用不同形式的补贴。(6) 一般说来，新产品价格都是在可营利原则的基础上确定的，哪怕新产品的效用与成本之比与它最接近的替代品相比是不合理的。

为什么昂贵的价格所遇到的抵制却相对很小呢？

企业都对产出品的高价感兴趣，实际上对投入品的价格没有什么反应（因为这些投入品价格能在成本计划中获得批准）。这就造成：

——生产者使用了许多能够提高产出品价格的办法（改变一下式样，换一个名称等）；

——买者对高价几乎不加反抗，甚至对投入品高价感兴趣：(1) 如果他们开发的新产品还没确定成本加利润定价法的话；(2) 因为许多计划指标，例如投资、劳力生产率等依然是用总产值表示的。

工业联合体也常常对高价感兴趣：

——这些联合体也是用与企业相同的考核指标去衡量的，高价（在卖方市场条件下）有利于利润计划的完成和实现各种用价值表示的指标；

——大多数投资是所谓的工业联合体（或中央的）投资。企业对于投资的选择（生产什么、什么样的生产规模和生产方法）几乎没有发言权，这些投资的产品价格必须确定在这样一种水平上，即能够证明这些项目拥有合理的赢利率。

检查企业和工业联合体提供的成千上万份成本核算报告有相当多的实际困难。在市场经济中，最终产品的价格对整个生产过程中所需产品的价格施加一种向下的压力。而在成本加利润定价法的条件下，最终产品的价格随着从原材料、半成品到成品的变动而提高。消费品价格并没有一种向下的压力。因为营业税起着"成本吸收器"的作用。推销"新"产品或高价的时髦产品的可能性大量存在。卖方市场的条件和缺乏有效竞争，使之非常容易。

投资品的情况也是一样。投资基金是通过所需投资物品乘以适当的价格决定的。在某种组织例如工业联合体的财政投资拨款被批准之后，可能会有对抬高价格的做法的某些反抗。然而，出于以下原因，这种反抗不太有效：（1）财政投资拨款总是可以追加的，特别是如果投资者本人没有错误的话；（2）不必担心投资费用过高会使产品无利可图；（3）在某些情况下，较高的投资费用甚至有利于年度投资计划指标（这些指标依然常常是用总产值表示的）的完成。

出口的情况怎么样呢？在衡量出口效率（用兹罗提表示的每单位外汇收入所需成本）的制度下，有着明显的降低价格的经济压力。遗憾的是，这就造成了许多为获得出口奖励把出口产品的成本故意算得很低而把这笔账算到内销产品成本上去的现象，这种漏洞在进一步改革中必须堵上，让企业对出口和内销的所有产品的成本都有敏感性。

不言而喻，只要有可能通过公开的或隐蔽的方法将大部分提高了的成本移到价格中去，就既不会对节约和产品的改进构成有效的刺激，也无法有效地抑制对实际资源的过度需求。

应当看到，计划指标通过多种途径与成本加利润定价法联系在一起。

——它使人们精力集中在完成某些价值指标，而不顾其实际经济合理与否：

——它通过多种途径促进了成本加利润定价法（不同企业有不同的利润指标，使上级反对抬高物价的努力变得无效，以及造成买者对高价需求的反应很不敏感等）。

取消年度计划指标，将意味着采取具有深远意义的步骤，真正在社会主义企业中恢复对价格的灵敏反应和取消许多形式的成本加利润定价法。

3. 卖方市场

造成卖方市场，有双重原因：

一是，计划指标（相对于可供利用的资源来说）过高；

二是，计划完成的机制本身：（1）造成计划指标的压力；（2）在计划实施过程中产生计划外的需求。

这里我们只想讨论一下第2点。显而易见，在年度计划指标和普遍的成本加利润定价法基础上形成的管理机制必然造成（1）和（2）两种现象。当卖方市场由于管理机制不完善而自动形成之后，卖方市场本身会强化卖方市场的形式。卖方市场的结果已人所共知：

——使买者对价格上涨失去反抗；

——使生产者失去节约和创新的刺激；

——为防止将来可能发生的短缺而普遍囤积；

——由于供应紧张和经营水平的变化而使产品数量减少、质量降低。

在我看来，孤立进行的管理程式和管理机制的许多局部改进都毫无疑问是迈向正确方向的组成步骤，然而由于管理机制有效运动的某些基本条件尚不具备，这些局部的改革并不是很有效的。管理机制内各部分之间存在着相互制约关系。管理机制某些局部的改革遇到管理机制另外一些因素的干扰而变得无效。另一方面，如果依然使用不正确的考核指标和决定企业工资基金的错误方法，就不可能取消年度计划指标、成本加利润定价法和卖方市场。因此，我们的结论是，在哪一块进行改革必须有所选择，完成这些改革必须有某种最低速度，改革的各个部分必须有正确的时序。

三、工业联合体的作用

在决定管理机制的基本原则之前必须先决定工业联合体和企业各自的作用。就个人来说，我认为，要寻求一种内在统一的机制，改变目前这种混合性的解决方法。

混合的实质在于，我们的工业联合体是政府机构，服从于经济各部的领导，并对企业许多重要的活动拥有管理权力，同时它们又属于工业公司，拥有和企业的经济成果（利润、成本利润率等）相联系的奖励和财务制度。按照官方文件，工业联合体的发展方向应包括：

——较多地取代经济各部的权力，而不是取代企业的权力；

——借助于经济手段管理企业，而不是依靠行政命令；

不过，经验表明，工业联合体所拥有的广泛权力范围实际上很难同权力分散到企业一级保持一致，或很难同企业扩权相一致。根据设想，工业联合体未来的作用应当限于：

——决定联合体内部的专业化发展；

——在联合体内部分配投资资金。

但是，决定专业化，实际上意味着决定企业的产品组合。例如，为了实现专业化，某一工业联合体把企业生产的电冰箱数量由三台降为一台，摩托车由四部减少为一部，缝纫机由三架缩减到一架等。也有许多这样的事例，按照工业联合体的命令，某些企业被关闭，或变为新的专业化企业。不管这些步骤经济上是否合理，它们的决策都没有考虑与企业有关的经济利益。

在投资政策方面也是同样。如果基本的投资决策要保留在工业联合体手中，企业将无法投资于它们认为有利的部门，而只能投资于工业联合体从部门长期发展计划的观点认为合适的方向。在这种条件下就不可能出现企业一级的有效的分权，而且我们还是把我们的讨论建立在工业联合体将不干预企业的日常事务这样的假设基础上的。时至今日，我们的经验不支持这种假设。

我认为工业组织结构只能有两种可行的途径：一是公司结构；二是单独企业结构。

在公司结构下，工业联合体变为企业，以前的企业现在是车间或分厂。

在单独企业结构下，虽然也存在工业联合体的活动余地，但是，这种联合体仅仅是提供服务和进行研究的非营利性组织，不拥有任何对企业进行管理的权力。

我们不想在这里为工业联合体的具体模式提供任何详细的蓝图。我只是想强调指出，这两种模式都分别代表了两种各自内在统一的方案。停留在两者中间是"不稳定的均衡"，必然走向行政管理。

后社会主义国家与新的发展模式的变化： 俄罗斯与中国的比较[*]

［美］彼得·拉特兰　著　　　王新颖　编译^{**}

一、导言

伴随着 20 世纪 80 年代至 90 年代开始的全球化进程，中俄两国进行了从自给自足的中央计划经济向贸易主导的市场经济的转型。中国领导层自觉地接受全球化，将其视为发展的机遇而非威胁。而俄罗斯的反应则截然不同，在整个 20 世纪 90 年代，俄罗斯似乎都处在全球化冲击所带来的痛楚之中。一些观察家甚至认为，全球化本身就是苏联崩溃的原因。但是，最近 10 年间，这幅图景发生了改变，在加大力度推行与全球经济融合的政策之下，俄罗斯重新获得了政治上的稳定和快速、持续的经济增长。

俄罗斯和中国在转轨过程中以更强大、更稳定的国家形象出现了。两国

---

　　* 本文原载于《经济社会体制比较》，2010 年第 2 期。本文系作者于 2008 年 11 月提交印度新德里尼赫鲁大学"全球化与欧亚"研讨会论文，原文题目是"Post-socialist States and the Evolution of a New Development Model Russia and China Compared"。

　　** ［美］彼得·拉特兰（Peter Rutland），美国卫斯理大学教授。王新颖，时任中央编译局海外理论信息研究中心副编审。

都没有完全采纳"华盛顿共识"的价值观和机制，即最好的经济政策就是实行贸易自由化、货币自由浮动、解除政府管制和国有企业私有化。同时，中俄两国也没有为全球化能够促进民主这一"华盛顿假设"提供证据。俄罗斯和中国的发展模式是把市场力量与全球化结合在一起，反对新自由主义经济和自由民主，重新强调民族主义和国家主权。

通过比较俄罗斯和中国在过去 20 年中经济体制的演变过程，发现两国的差别巨大，而相似的地方很少。主要探讨：初始条件、决定转型结果的领导人的政策选择，以及外部经济环境。最后部分总结了 2008 年以来两国出现的共同特征，并预测这些趋同是否会产生一种新的发展模式——这种新的发展模式会为国际经济新秩序的发展做出贡献。

二、俄罗斯和中国两种不同的转型

俄罗斯和中国都是历史悠久的独立大国。两国都在 20 世纪建立了共产主义制度，先后走上与全球资本主义制度背道而驰的道路。在此之前，两国历史上都是位于欧亚大陆中心的陆地大国，这为两国留下作为泱泱大国的独特性和合法性的遗产。与此相应的是，两国公民社会的传统都很薄弱。在与外部世界的联系中，作为保卫者，国家被看作是具有敌意和威胁性的角色。19世纪至 20 世纪，两国都遭受过军事力量的失败，丧失过领土。在第二次世界大战中，两国都蒙受了巨大的人员伤亡，但最后都取得了战争的胜利。俄罗斯和中国都有着独特的文化，追根溯源，各自都保持着与欧洲文化不同的特性。长期以来，两国精英都把自己看成是比西方经济体落后的国家（中国是从 19 世纪初期开始，而俄罗斯则是从 16 世纪开始），"现代化"一词是两国领导人谈论目标时的常用词。但是，俄罗斯与欧洲的相互关系更加紧密，它是一个与强大的欧洲元素相结合的混合体，这一点与中国不同。

在共产主义体制下，两国的公有制、中央计划经济有许多共同特征，这些特征与西方式的民主资本主义完全不同。但是，到了 20 世纪 90 年代，两国都放弃了这种模式的诸多要素。首先，它们似乎被引领到相反的方向：俄罗斯走向了与西方一体化和市场民主道路，而中国则竭力维持它的威权制度，有限地向外资开放。俄罗斯在戈尔巴乔夫时代经历了快速的政治自由化，随后经历了体制崩溃和苏联解体。中国进行了"可控的转型"（managed transition），保持住了中国共产党的领导地位。

中国的转型从总体来说是成功的，而俄罗斯的转型总体上被认为是失败的。中国的国内生产总值每 10 年就翻一番，使 4 亿人摆脱了赤贫。几个关键的发展指标，如电话、网络、预期寿命、高科技出口，都与俄罗斯越发接近。这些经济成就可以解释中国国际地位的上升。2008 年奥运会的成功举办成为中国崛起的标志。与之相对的是，原苏联在失去了一半领土和人口之后，俄罗斯联邦勉强维持它作为世界强国的地位。1991 年后，俄罗斯社会面临着经济衰退、犯罪激增和法律缺失、出生率下降和死亡率上升以及车臣战争等问题。中国领导人试图从莫斯科的错误中汲取教训。他们仔细研究了苏联的发展过程，并相应地调整了政策。他们认为，不仅要使用调控手段，还要进行改革以提高国家的治理能力，并提高政权在人民心中的合法性。与此相反的是，没有什么证据显示俄罗斯的领导人从中国的成功中汲取经验。

（一）初始条件

俄罗斯和中国开始转型的初始条件非常不同。两国领导人追求的是完全不同的转型战略。尽管两国开始转型的起点不同，指导方针也不同，但是在面对当前全球共同性的挑战和机遇时，两国都趋向于采纳国家主导发展这一相似模式。

20 世纪 80 年代末，俄罗斯已经拥有了以受过教育的城市劳动力为主体的成熟的工业经济，同时它是一个与美国实力相当的军事强国。而中国在 20 世纪 70 年代末的转型初期，还是一个以农业为主的国（农民占人口的 80%，而俄罗斯的农业人口数量只占 15%），工业基础和科技能力都很薄弱。中国努力解决有限土地与人口众多的问题，但同时这也说明中国有大量的廉价劳动力可供使用。而俄罗斯面临着人口数量下降和长期的劳动力短缺问题。但是，俄罗斯资源丰富，而中国的资源相对贫瘠。

俄中两国不仅经济条件不同，自 20 世纪 80 年代以来的政治变化也迥异——尽管两国精英都认识到改革的必要性。在经历了"文化大革命"（1966—1976）对党的组织协调能力、执政能力和合法性的严重破坏之后，中国共产党进行了自身的重建。原苏联在勃列日涅夫时代度过了 20 年的稳定时期，但是这个时期却造成腐败加剧、官僚体制僵化、经济停滞以及一系列外交政策冒险行为（入侵阿富汗、与美国重启军备竞赛）。

在民族问题上两国也有很大的不同。中国的民族具有同质性，90% 的人口为汉族，而原苏联的民族却差异性很大。俄罗斯族只占苏联人口的 53%，占俄联邦的 80%。应该说，民族的同质性使得中国更容易引进民主制度。

（二）不同的路径

俄罗斯和中国两国的初始条件不同，两国领导人也选择了不同的发展战略。人们经常会认为，两国最关键的区别在于改革的"先后顺序"。戈尔巴乔夫的最大错误就是先政治自由化后经济改革。中国领导人没有犯同样的错误。戈尔巴乔夫对此辩解说，从 20 世纪 50 年代开始，苏联历任领导人也尝试了持续的、没有政治改革的经济改革，在 1985—1987 年间，他也试图再次进行这种经济改革，但是早期的这些经济改革因为顽固的官僚势力而失败，迫使他不得不去先尝试政治改革。

西方学者曾经预言，政治自由化会导致社会主义阵营进行经济改革。随后的事件证明他们的预言是对的，但是他们搞错了政治路径。亚当·普沃斯基（Adam Przeworksi）1991 年的畅销书《民主与市场》认为，东欧民主化会赋予工人权利，使他们能够动员起来保护其受国家保障的职业。因此，政治改革将使社会主义经济所制造的利益集团阻碍激进的经济改革。

但这样的结果并没有发生。民族主义而非工人骚动最终决定了欧洲共产主义国家的命运。在波兰，清除原苏联影响、融入西方、接受资本主义的民族主义计划将工人卷入其中。在俄罗斯，在 1989—1993 年间国家经历了严重的政治动荡，工人在政治上被中立化，无法阻止叶利钦总统接受自由市场改革。接着发生的事情同样出人意料：有利于叶利钦执政的强大的寡头小集团的出现，阻碍了自由派所期待的第二波改革浪潮。

两国的改革步伐亦有所不同。传统观点认为，中国采取渐进式改革，而俄罗斯则在 1992 年采取了休克疗法。中国人被一个世纪以来失败的激进改革努力所伤，因此信奉渐进主义哲学。与之相反，俄罗斯在几十年里都在尝试渐进的改革，而 1992 年早期的危机状况似乎使得叶利钦别无选择，只能采取激进变革。这也反映了叶利钦的顾问们所坚信的教条，即打破中央计划的唯一手段就是执行严格的预算约束，并且把保证市场供求平衡的价格作为综合方案的一个部分。改革家们也开启了一个普沃斯基式的关于政治机会之窗的讨论，就是在反改革力量联合起来动用民主进程推翻叶利钦之前，叶利钦就被迫动用他的权力进行了改革。而中共领导层则摆脱了民主派发起的进攻，因此得以进行渐进式的改革。

1. 转轨政治

回过头来看，问题的关键既不是改革的先后顺序，也不是改革的速度，关键问题是个基础性的问题，即需要保持政治权力和国家能力。经济改革优先政策使得中国政府保持住了对改革进程的控制、对产生的错误和不平衡加以修正的政治能力。但是裴敏欣（Minxin Pei）却认为，这也有消极的一面，它为政治精英提供了用来维护其统治制度的资源。与此不同的是，戈尔巴乔夫放弃了那些可以被运用来提升经济改革的工具和方法。戈尔巴乔夫的改革破坏了共产党组织的凝聚力，直接侵蚀了它的意识形态合法性。他的改革毁灭了党和国家。在争权夺利的斗争中，戈尔巴乔夫和叶利钦都是采用了分而治之的战略来瓦解精英和破裂的政治机构。

中国领导人设法避免了这种分歧，是因为他们在历史上比原苏联伙伴受这种宗派主义的折磨更多。中国人从"文化大革命"中吸取了教训，同时也从原苏联的分崩离析中接受了教训。尽管在政策上也有分歧，但是他们努力在公开场合维护了统一战线。他们进行了两次比较平稳的领导人权力交接，而没有经历任何政治危机。1999 年 12 月，叶利钦任命普京作为继任者，虽然伴随着第二次车臣战争，但也是个相当平稳的过渡。从普京到梅德韦杰夫的过渡暂时还没有看到分裂。

回顾以往，我们可以看到一个令人惊讶的模式。无论是俄罗斯还是中国，最高层次的民主讨论都出现在 20 世纪 80 年代末期，也就是国家领导层讨论不同改革路径的试验初期。随着时间的推移，当经济改革最终确立，持不同政见者的空间就收缩了。这与现代化理论所得出的预期正好相反。现代化理论认为，社会经济发展会创造新的、要求在决策中有发言权的选民（工人、中产阶级、商人）。

1989 年中国出现政治风波后，有人可能担心中国的前途。但是，邓小平1992 年的南方谈话为增速经济改革做出了历史性的决定——希望建立中国共产党新的合法性基础，避免重蹈 1989 年覆辙的危险，而这种危险由于 1991年苏联的崩溃而被夸大。随后，中国进行的政治改革有限地扩展到村镇选举，以及加强国家和地方立法机构的监督作用，逐步地加强法治建设和反腐败斗争。所有这些措施都没有侵害到中国共产党的权威。中国共产党还在一定程度上进行了组织改革，加强党组织的有效性，最明显的例子就是允许私营企业家加入中国共产党。

颇为讽刺的是，俄罗斯的民主质量在苏联的最后一年——1990—1991 年达到最高。1992—1996 年，俄罗斯政治稳定下来，在改革派总统和反对派主导的议会之间形成了对峙。1996 年之后，双方对抗程度在多次选举中逐渐被削弱。

最广为人知的民主指标是由"自由之家"（Freedom House）编制的，将政治权利和公民自由的水准分为 7 个档次，1—2 是"自由的"，6—7 是"不自由的"。"自由之家"认为新的俄罗斯共和国是"部分自由的"，1993—1997 年之间将公民权利划为 3，将公民自由划为 4。1999 年，俄罗斯的这两个指标分别降到 4 和 5，而 2000—2003 年分别为 5 和 5。2004 年，两个指标分别为 6 和 5，因此被划归为"不自由"，这种划分一直持续到 2008 年。

在中国，指数变化不大，尤其在 1989 年之后。"自由之家"对中国这两个指标的划分为：1972 年分别是 7 和 7，1977 年上升到 6 和 6，1989 年又重新滑落到 7 和 7，一直到 1998 年都是 7 和 7。1998 年的公民自由指标为 6，政治权利为 7。这一标准一直延续到 2008 年。

中俄两国都有一党执政的传统，这在文化上会对多元化产生敌意，多元化政治被看成是"赢者通吃"的游戏。多元化自由主义的论据是，你不能保证永远是赢者，最好是和别人共享权力，将权力授予所有政治参与者。但是两国精英都不会接受这样的思想，它们都以侍从型网络（clientilistic networks）为基础来维护一党制，在这种结构中，排他主义代替多元主义主宰着政治生活的原则。

2. 转轨经济

俄中的经济转型战略有很多不同。俄罗斯政府在 1992 年发动了仓促组合的激进改革。中国的改革并非自上而下，而是始于中间——中央鼓励并允许基层创新，地方企业家和政府官员顺应了这种创新，最恰当的一个说法就是"摸着石头过河"；而俄罗斯改革家喜欢的格言则是："你不能以两个小的跳跃来跳过一个深坑（you cannot cross a chasm in two jumps）。"最关键的是，中国共产党维持了它的执政能力，监督改革的实施，并根据需要对改革措施进行调整。当中国人商量如何"制订计划"时，俄罗斯人已经有效地"推翻了计划"。

1992 年俄罗斯启动了经济的"休克疗法"，但是政府没能控制住货币和财政赤字，造成了高通胀和宏观经济不稳，直到 1999 年经济才稳定下来。私有化计划被紧密勾结在一起的内部人小集团所绑架，留给俄罗斯民众的是上当受骗的感觉和空空的国库。外国投资者被排除在经济"皇冠的宝珠"——石油天然气和金属领域之外。到 1999 年，尽管市场经济的基本结构已经建立，但是自由进入仍然受到限制，寡头垄断的寻租程度高，效率和投资水平低。2001 年，全国最大的 23 家公司的产值占俄罗斯 GDP 总量的 30%，而这些公司实际上仅仅被 37 个人所控制。除了国家寡头，许多区域市场也被地方垄断者所控制。

普京在 2000 年 3 月当选俄罗斯总统后，对寡头展开了有力的斗争，削弱他们的政治影响力。普京重新开启并巩固了市场改革。一方面，他创建了一个更加坚实的法律基础，提高了税收收入，此后 8 年俄罗斯经济以 6% 的年增长率增长；另一方面，他加强了国家对重点企业的控制，塑造出了一个新的国家法人体系。这个由前克格勃官员队伍组成的后苏联国家官僚体系，维持了对新崛起的资本主义寡头的统治。

中国于 1978 年开始改革，通过家庭联产承包责任制使农民摆脱计划的束缚。这不仅提高了产量，而且还为工业释放了劳动力。地方政府被允许开办营利性的乡镇企业。国有企业同样被允许发展更多的企业精神。1986 年开始实施第 7 个五年计划，鼓励沿海地区为海外市场进行生产装配。从 1978 年到 2003 年，中国的年均增长率达到 9.4%，人均收入从 1978 年的 150 美元上涨到 2005 年的 1700 美元。中国最初通过预算补贴，而后通过 4 家国有银行的软贷款，来维持国企部门的社会保障功能。私有部门的快速增长使得国有部门所拥有的产业劳动力份额从 1978 年的 80% 降到 2000 年的 29%。中小国企在 1994 年开始私有化，即"重组"或"资产转移"。1997 年启动的一项重要的国企重组计划导致了大量的拖欠工资和下岗。政府用了 3 年时间，通过支付原工资 60% 的遣散费缓解了这一矛盾。从总体上看，政府在推行这些改革时显示出了谨慎性和灵活性。例如，粮价管制在 1993 年被取消，但是在引发粮食短缺和价格欺诈之后于 1995 年被重新恢复。2001 年，在粮食消费区，粮价管制再次被放松。

农业是中国改革的最初驱动力，而在俄罗斯，改革几乎没有触及农业生产组织。在银行业改革方面，两国的改革步伐也有很大差别。在中国，国家对银行系统加以管制，而俄罗斯则对银行系统放松控制，一下就冒出来了 1500 家私有银行，这些银行大多在 1998 年 8 月的金融危机中倒闭。俄罗斯的大规模私有化计划将国有企业转变为法律上独立的公司，这与强调法治社会、明晰产权重要性的西方理论相一致。中国追求的是不同的路径：没有大规模私有化，国有企业和乡镇企业的发展是一种含混的模式，表现为追求利润，但产权不够清晰。这些企业被深深地嵌入到地方网络、甚至是家庭网络之中。

1998 年做出的党和军队与企业分离的决定是重要的一步。实际上，俄罗斯的改革路径并没有达到改革者所宣称的目的，没能建立起透明和牢固的产权。成千上万个案例表明，有组织犯罪集团强力攫取了对企业的控制权，也有很多案例表明，政府官员通过抓住企业拖欠税款和其他手段攫取企业。普京在 2003—2005 年整肃顶级私有石油公司"尤科斯"，以及 2006 年 12 月壳牌公司在萨哈林岛二号开采项目中被迫出售多数股份，都是产权应变政治的鲜明例子。

总的看来，产权的弱点是俄中案例的共同之处。俄中两国政府都没有放弃对重点战略部门如通信、电力的控制，两国都在提升这些部门竞争力上做出了一定努力，并创建了现代管理规范，但是在实践中政治统制还是具有决定性的。两国还有一个相似特点，就是中央政府的征税能力曾经一度下降，在后来的改革时期又有所上升。在中国，政府财政收入占 GDP 的比重从 1978 年的 31% 下降到 1995 年的 10.7%，到 2001 年又恢复到 17.1%。与之相似的是，俄罗斯联邦预算收入到 1998 年下降到 9.2%，到 2001 年恢复到 17.1%。2001 年之后，两国出现了分化，中国政府财政预算继续收缩到 10%，而俄罗斯依靠石油经济的繁荣上升到 28%。

两国的改革都产生了一个相同的结局：地区和社会不平等加剧。在俄罗斯，基尼系数从 1992 年的 0.29 上升到 1997 年的 0.4，并且一直到 2008 年保持在 0.4。中国从 1978 年的 0.28 上升到 2000 年的大约 0.45。俄罗斯的财富更多地集中在新寡头手里，这一点中国的程度较轻。这个结果是私有化不受控制的特性、司法机关的软弱以及以资源为基础的经济性质共同造成的。2006 年福布斯杂志报道俄罗斯有 33 位亿万美元富翁，而中国"只有"8 位。到 2008 年，俄罗斯的这个数字上升到 87 位，成为仅次于美国的第二位。1993—2000 年，寡头实际上控制了俄罗斯的政治体系，而与之不同的是，中国的企业巨头处在政治影子中，他们与地方政治首脑联合在一起，但却回避任何可能直接挑战国家的事情。

腐败问题在两国都是个侵蚀性的问题，它拖累了效率，使外商投资步入歧途。不论是高层次还是低层次的腐败，行贿受贿似乎都与政治体系黏合在一起。1992 年之后，由于市场化的实行以及"关系"作用的降低，中国的腐败特征发生了变化。俄中领导人都宣称反腐败是首要任务，但是却没有在这个问题上打开缺口。中国逮捕了上千名高官。俄罗斯的行动很少是决定性的：普京的反腐败斗争只涉及很少几个高级私人企业主和一些警察。

（三）外部整合

俄中两国都是以外部整合作为本国经济转型的关键动力。但是在这个方面，两国实践又各有不同。中国贸易额每 10 年增长 3 倍，占世界贸易额的份额从 1978 年的 0.8% 上升到 2005 年的 7.7%。由于 20 世纪 90 年代的经济衰退，以及经济互助委员会贸易集团的衰落，俄罗斯在世界贸易额中的份额从 1990 年的 3.4% 下降到 2000 年的 1.5%，直到 2005 年才缓缓恢复到 1.8%。中国经济的复兴是由沿海地区众多的生产装配工厂带动的，进口零部件和原材料，向海外市场出口制成品，并挖掘取之不尽的廉价劳动力资源。俄罗斯既没有劳动力储备，也没有靠近全球海运航线的港口；既没有创业精神，也没有接受这种出口制造业带动经济增长的政治愿望。

中国在不依赖证券投资时，依靠的是大量流入的外资。从 1985—1995 年，中国每年平均吸引 120 亿美元的外资，到 2006 年达到 780 亿美元。俄罗斯在 1985—1995 年年均吸引外资只有 13 亿美元，2006 年达到 125 亿美元，但是俄罗斯每年资本外流远远超过这些数字。2006 年，中国累计外商直接投资达到 2070 亿美元（占总资本的 15%），而俄罗斯只有 170 亿美元。为了促进外资的流入，中国创建了经济特区，实行税收优惠政策和创造优惠管理条件。这一进程受到香港和台湾地区的中国资本家的极大推动，虽然外商投资受到鼓励，但是他们通常被要求组建占有 50% 股份的合资公司。

中国对资本流入控制严密。人民币在经常账户中可兑换，但是不能在资产账户中兑换。1995 年之后人民币与美元挂钩，汇率相当于购买力平价的 25%（2005 年汇率转向一揽子货币）。由于这些控制手段，中国保持了廉价劳动力优势，避免了其他发展中国家所遭受的投机资本出入所带来的打击。

中国几乎毫发未损地度过了 1997 年的亚洲金融危机。

与中国不同，俄罗斯的改革者在很大程度上听从了西方的建议，追求外部自由化——部分是因为国际货币基金组织的贷款是以这些政策为条件的。在 1992—1994 年间，俄罗斯对大量资本放松管制，导致美元大量充斥，20 世纪 90 年代的多数时间形成平行货币。当用来支付政府大量财政赤字的 400 亿美元投机资本进入国内时，这种轻率借贷导致了 1998 年的金融崩溃，这是继 1997 年亚洲金融危机后石油价格暴跌导致的危机。1998 年 8 月卢布贬值 75%，政府大量拖欠外国贷款，金融寡头资产大量缩水。具有讽刺意义的是，这场危机打破了以通过增加俄罗斯食品和产品同进口商品竞争力来使经济得以恢复的假象，更重要的是，它通过对政治和金融寡头的致命打击恢复了国家权力。

（四）未来前景：稳定与不稳定

根据西方传统的关于政治和经济自由主义一致性的假设，俄罗斯和中国当前的状况都是不可持续的。在两国，经济体制更符合市场导向，因而比政治体制更多元化。"市场的不可抗拒力量符合党坚定不移的目标，在一定程度上应该给予肯定。"自由主义者认为，民主上的突破在这两国都是有可能且有必要的。悲观主义者期望国家能够采取更多措施控制市场：监禁商人、使私人企业国有化、设立保护主义壁垒。

毛泽东时代社会保障网络的消失，与无休无止的反腐败斗争，都加剧了人们对中国模式长期存续能力的怀疑。中国非常容易受到外来的和周期性的冲击——房地产泡沫的破裂，亏损国有企业的三角债，制造业出口需求的减退，医疗保健危机和生态灾难。因此，有人指出，没有民主改革，经济增长将会停滞，制度将会面临一系列内部挑战，虽然这种悲观主义并非为所有中国观察家所接受。适合中国以出口为导向增长模式的国际环境不会持续下去：2008 年的全球金融危机或许就很好地说明了这一点，美国消费者通过向中国、日本和石油国家借贷而驱动的增长已经结束。

就在世界上充满了失败国家和正在走向失败的国家之时，中国却始终看起来相当有效。它始终能够认清问题并且解决问题，完成诸如三峡工程、建设哈萨克斯坦石油管道这样的大规模项目。即便它制造了一个有效的互联网审查体制，在一定程度上也可以说是它的技术和政治成就，但是，2008 年毒奶粉事件中监管机关令人沮丧的行为失败，以及很多抗议非法强占土地的行为，却对国家能力构成了挑战。

在俄罗斯不久的将来，也存在着发生危机的可能。20 世纪 90 年代的政治和经济开放并没有使俄罗斯有所收获。直到石油价格从 1997 年每桶 12 美元涨到 2005 年每桶 60 美元，商品市场繁荣起来，俄罗斯才享受到全球化带来的利益。2000—2008 年，石油和天然气收入占到出口总收入的 60%、政府财政收入的 1/3。2008 年金融泡沫的破裂和全球经济衰退导致世界石油价格从 7 月份最高价格每桶 147 美元下降到 10 月份每桶 80 美元，这使得俄罗斯未来的经济增长前景变得暗淡。

三、"受管制的市场"共识

俄罗斯和中国不同的轨迹说明，全球化对单个国家的影响是不可预测的。两国虽然都面临着全球经济竞争的压力，但是领导人的选择和历史演进的偶然性还是起着作用。中国和俄罗斯为全球化理论家提供了一条普遍的经验，那就是，世界并不是"平的"，强大的国家可以在新的世界经济秩序中找到合适的角色。

两个国家现在看来在向一种受管制的市场模式（a regulated market model）中趋同，在这一模式中，市场多元化因素被嵌入到后共产主义、威权主义的制度和实践中（这有时被称为"北京共识"）。这种新的受管制的市场模式有哪些要素呢？

第一，领导人致力于维护国家主权和民族认同的统一，这就意味着防止外国领导人和机构强迫俄罗斯和中国政府做出政治和经济决策，参与国际经济一体化不能要求以国家主权作为交换。批评意见认为，这种对主权的坚持仅仅是证明领导人控制权力正当性的一个幌子。而辩护者则认为，这是一种基于对本国人民福祉的关切的原则性姿态，他们的历史已经证明容许外国人侵入领土的可怕后果。

民族主义是领导人的修辞，但是他们并不想让它失去控制而引发破坏稳定的群众运动，或威胁到与重要贸易伙伴的关系。在俄罗斯和中国，随着两国向国际市场的不断开放，民族主义看来都在明显加强，这与全球化必然引起"身份和制度的不断碎片化"的观点正好相反。

第二，领导人把经济增长视为主要目标。在其他意识形态方面的正当性辩解遭受侵蚀的时候，经济增长在一定程度上会促进国家安全、提升制度的合法性。经济增长也扩大了领导干部个人致富的机会，同时也令人遗憾地把他们的注意力从人的发展的问题上转移开了。

第三，不论是国内经济还是国际经济，市场机制都是经济增长最有效的工具。国际贸易对所有参与者都是一种双赢的手段。每个国家都必须接受比较优势的逻辑，在国际分工中寻找到最合适的位置。在中国，这意味着通过以出口为导向的制造业剥削大量廉价劳动力。在俄罗斯，这意味着出售国家的矿产资源。两国领导人都希望通过发展更多的资本和技术密集型产业走向食物链的上游。在接受全球化逻辑方面，中国超过了俄罗斯。中国甚至比美国的老盟友日本更愿意降低贸易壁垒。

第四，市场有其局限性，必须受到政府的监管。那些侵蚀国家合法性和能力、激发不受控制的社会抗议的市场力量必须得到纠正。国家必须出面提供公共产品——从对基础设施进行投资，对改革失意者进行补偿，一直到制定规制框架。政治精英对经济行为者的思想脱离自己的控制感到不安。所以，新出现的政治经济体具有政治权力和经济权力杂交的特征。这或许不比政治和经济相分离更为有效，但它（对领导人来说）对保证政治阶级是不可或缺的。第五，自由民主并非最适宜和最必要的，执政政治精英之间的公开对抗要保持在最低限度。中国领导人毫不含糊地反对自由民主范式，正如黎安友（Andrew Nathan）所指出的："民主化、自由和人权会导致一种更真实的稳定的论点——正如世界上的民主人士所确信的——对于中国领导人来说已经没有吸引力。"他们甚至有胆量发布批评美国人权的报告来回应美国国务院的中国人权纪录报告。俄罗斯的立场更加微妙：领导人正式接受民主价值，并被写进 1993 年宪法。但俄罗斯的实践明显偏离民主理论。克里姆林宫的思想家们一定程度上认识到这点，提出了"可控民主"和"主权民主"等说法来弥合俄罗斯与西方理念之间的实际差距。

第六，经济繁荣所造就的中产阶级是这个受管制市场体制的一个社会基础。这与西方自由主义者的期望相反，他们在传统上把中产阶级视为民主的可靠旗手。傅士卓（Joseph Fewsmith）认为，在 1989 年之后，中国社会契约的基础是"以政治停滞来交换经济繁荣"。埃德·弗里德曼（Ed Freidman）认为，"中国城市新的中产阶级往往会把民主想象成一种赋予大多数人——农村穷人——权利的制度"。中国的中产阶级也被苏联解体后的混乱吓坏了，因此，更愿意支持威权主义的技术官僚领导人。

在俄罗斯，正如民意调查和选举结果所证明的，职业人士受到 20 世纪 90 年代经济休克的创伤，欢迎普京的铁腕所带来的稳定。在中俄两国，中产阶级已经彻底接受消费主义和"资产阶级个人主义"，并将它与汪晖所说的"消费民族主义"（consumer nationlism）中的政治融为一体。

四、结论

这种"受管制的市场"路径真的可以被认为是一种理论上和实践上前后一致的范式吗？或者说，它是一种思想和政策的矛盾混合体，是不同趋势的一种暂时重合，而在未来几年就会分岔吗？

20 世纪 60 年代至 80 年代，从巴西席卷东亚的一波威权主义发展浪潮已于 20 世纪 90 年代平息。这波浪潮的背景是完全不同的。不论是国际上（全球共产主义），还是国内（强大的工会），都存在一种真正的反对资本主义的势力。国家需要保护市场，以便免遭市场反对者的诋毁。当冷战结束，这些反对者的力量受到削弱时，威权主义的理由就不复存在了。但是受管制的市场模式根植于一种不同的世界秩序中，根植于不可能很快消失的全球化的世界秩序中。国家的作用被看成为市场力量履行其职责提供政治稳定环境，管制性的干预需要保证国际贸易和投资有利于东道国，而不仅仅是外国伙伴。冷战后，在这两个前社会主义大国的迫切生存需要中，受管制的市场似乎体现了一种切实可行的组织上的反应。

这种现象为全球发展的新阶段打开了大门，在这个阶段，游戏规则可能并不为西方强国所独断。俄罗斯和中国希望在国际舞台上成为规则的制定者，而非仅仅是规则的接受者。但是两国的发展道路是可持续的吗？如果是可持续的，它们是否可以与其他大国就一套与现行价值观不同、将塑造下一个10年全球政治和经济制度的新价值观达成一致？巴西、印度、南非、印尼等国也在接受国际融合，并经历着快速的增长。但是与俄罗斯和中国不同，它们是稳固的民主国家。所以，全球化了的世界并不是"平的"：这里有多种多样的、切实可行的模式在应对挑战中出现。

东欧和中国产权制度变革的比较研究[*]

荣敬本^{**}

一、产权制度变革比较研究的意义

当前，东欧国家推行私有化，中国坚持以公有制为主。但是，东欧国家的私有化包括原国有资产转移到公民法人财团和公民个人手里这两种形式。中国从传统体制向市场体制转变过程中，在国有企业中试行股份制，在某种程度上也包含这两种含意。因此，开展这种比较研究对中国国有企业的产权制度的改革有借鉴意义。

二、产权制度变革比较研究的方法

David Stark 在《依赖的轨迹和东欧中欧私有化战略》^① 一文中提出了一种比较研究方法。这种方法包括以下三方面的内容：

---

* 本文原载于《经济社会体制比较》，1993 年第 3 期。

** 荣敬本，中央编译局研究员。

① David Stark, *Path Dependence and Privatization Strategies in East Central Europe*, University of California Press, 1922.

1. 国有资产评话方法

一种方法是用行政手段来评估，即由国家机构对国有资产作出评估，另一种方法是用市场机制来进行评估，即由国家机构对国有资产进行标价，通过市场上的出价，最后确定售价。介于这两种方法之间的是行政手段和市场机制的混合方法，即对国有资产的评估进行协商，即讨价还价。

2. 国有资产的获得者

这里也有各种情况，一种情况是原则上每个公民都有权获得国有资产，另一种情况是由法人团体来获得国有资产，或者由国有资产管理者来代表国有资产，最后，还有以上各种情况的混合。

3. 用什么资源获得国有资产

获得国有资产的资源通常有两种，一种是财政资源或货币储蓄，另一种则是职位资源。为了避免误解，需要说明一下，这里讲的职位资源并不是指凭借行政权力获取的资源，即通常所说的权力资本，而是指由于工作上的职位获取的资源，例如国有企业的经理厂长依靠他们的职位获取股权。职工获得股权，也是通过他们的职位资源。根据这种比较研究的方法，可以把东德、捷克斯洛伐克、匈牙利、波兰和中国作如下的分类：

东德：资产评估主要用行政方法，资产获得者是法人团体；主要用财政资源获得国有资产。

捷克斯洛伐克：资产评估依靠市场机制，资产获得者是公民个人；主要用财政资源获得资产。

波兰：资产评估用协商的办法，资产获得者是公民个人，主要用职位资源获得资产。

匈牙利：资产评估用协商的办法，资产获得者是法人团体，主要用职位资源获得资产。

中国：资产评估主要用协商的办法，资产获得者是国有资产管理局、法人团体、公民个人，主要用财政资源获得。

三、产权制度变革的情况和问题

1. 德国的托管局

在 1990 年 7 月两德货币统一和 1990 年 10 月 3 日两德统一后，托管局成了世界上最大的工业资产所有者，负责对东德拥有 300 万职工的国有企业实行私有化，并对其经营进行监督。到 1991 年 5 月，托管局从 7000 个企业中把 1670 家企业实行私有化。这些资产的 90% 卖给西德人，5% 卖给非德国人，5% 则由前企业经理掌握。托管局还把 316 家联合企业分解为 8500 家公司，其中包括 4500 家工厂。

德国采取激进的行政手段，但经济困难依然存在。托管局不得不放慢私有化的速度，东德需求急剧增长，西德则竭力向东德销售产品。从长远看，西德希望购买东德企业，但是，从短期看，却希望出售其产品。前东德企业在国际市场上缺乏竞争力，在国内市场上同样如此，在东德市场上充斥着西德商品，而大量东德工人则处于失业或待业状态。东德人才大量外流，表面上似乎可以减轻失业，但是，实际上瓦解了企业的组织，企业缺乏熟练劳动力和工程技术人员，团队生产无法进行，严重妨碍了经济的发展。

国有资产托管局不得不把现有的企业经理当作潜在的新的所有者，资产获得不得不通过国家和拥有职位资源的经理讨价还价。

2. 捷克斯洛伐克的股份认购书计划

捷克斯洛伐克私有化战略和德国的私有化战略不同。私有化计划规定每个 18 岁以上的公民都可以得到 1000 个投资点的股权认购书。这些股权认购书并不是免费赐予的，而必须缴纳 1000 克朗的注册费，这里包含着风险，也排除了不愿认购股票者。认购书变成股票是一个复杂的过程。股票并不是用货币来表现的，而是用投资点来表现的。例如，某企业的一张股票值 20 个投资点，而另一个企业的一张股票则只值 10 个投资点，这样，1000 个投资点的股权认购书，可以换前一企业的 5 股，也可以换后一企业的 100 股，而其真实价格则是由市场决定的。通过市场竞争，形成股票的真正市场价格，然后凭股权认购书，按其投资点，再加上实际的价格，才能换成某一企业的真正股票。

捷克斯洛伐克的股份认购计划有以下设想：

（1）依靠市场来评价国有资产，并且用货币来获得资产；

（2）通过认购股票，来形成英美式的竞争性的股票市场；

（3）指望产权迅速集中在私人手里，指望有企业家精神的人购买相对价格便宜的股票，对这些企业有控股权，如果某些企业的股票没有买主，则这些企业将面临倒闭，或转让给新的买主。

捷克斯洛伐克推行这种股权认购书计划一方面并没有引起公民的热情，另一方面又受到原有企业经理的抵制。

3. 波兰的普遍公民赠予和职工持股

波兰的大规模私有化计划是 1991 年 6 月宣布的。它宣布企业职工可以免费获得本公司 10% 的股权，职工缺乏储蓄和信贷，只能利用其职位资源获得本公司的产权。

但是，大规模私有化的中心是每个波兰公民都可以免费获得股权认购书，同捷克斯洛伐克计划不同，公民不需要缴纳注册费，波兰政府似乎急于表明，它将向公民慷慨赠予国有资产。

同捷克斯洛伐克不同，波兰公司并不需要把股权认购书换成企业股票，而是让给资产管理者。资产管理者既可能是外国公司，也可能是养老金和互助金的基金会。这些资产管理者不受股票市场的影响，就这一点来说，波兰是学习德国和日本模式的。按照波兰官员的解释，波兰公民不能按照股票的面值出售股票，也不能任意改变资产管理者。波兰政府希望通过普遍给予股权，以实现国外资产管理者和养老金、互助基金会对原有国有企业经理的严格约束。事与愿违，公民对这种免费的股权认购书并没有兴趣，相反，原国有企业的经理和工人一起倒卖原国有企业的生产设备，使生产受到破坏。①

4. 匈牙利的混合所有权

匈牙利的特点是国有资产协商评估，法人团体产权和职位资源这三者的混合。

尽管匈牙利国有资产管理局直接控制私有化的过程，但是，资产评估并不是像德国那样用行政手段进行，国有资产管理局公开邀请投资银行和咨询公司对资产评估、信贷安排和招标购买提出建议。如果投资银行和咨询公司在竞争中取胜，就可以在最后卖价中提取若干百分比的收入。在国有资产管理局发出通知三周以后，在约有 20 家投资银行和咨询公司对 20 家准备实行私有化的企业进行以上工作，其优点是通过有限的市场，能获得更多的信息，从而有利于降低交易成本。

在匈牙利，更重要的是国有企业由于债务、销售下降和破产的压力设法摆脱行政控制而扩大自主权。许多国营大企业的经理利用立法的许可，自己筹建股份公司和责任有限公司。这些新的单位的所有者实际上是国有企业自身。

这种新的组织实际上是一种混合或杂交的所有制形式。高层或中层经理、专家或具有高技术的工人往往是这类组织的发起者。但是，他们拥有的股份并不多，而是其他股份公司或有限责任公司持有股份。也有银行持有股份。因为企业欠商业银行和其他信贷组织（主要是国有企业）债务，在这些企业重建时，这些债务就变成了银行等等的股份。

国有资产管理者本来想加强集中管理，但是，它很快发现，它要监督和控制成千上万个国有企业的产权，是不可能的，也没有这个能力。因此，在国有资产管理者和国有企业之间，在国有企业和它的新的股份公司和责任公司之间对资产评估和利润分配方面存在着广泛的讨价还价的余地。

这些新组建的股份公司的发展前景可能有几种选择：

---

① K. Z. Ponanski, *Poland's Transtion To Capitalism：Shock without Therapy.*

（1）在产权的分配上有利于企业的经理，这种分散化的重组工作将导致企业经理的控制。（2）新企业有了更大的自主权，有利于同外资和私人资本进行合作。（3）这种分散化的新组织是国有企业改造的第一阶段，它将导致国有企业本身的股份化。主要股权仍将控制在国家手里。

5. 中国的产权制度变革情况

自从中国 1978 年年底实行改革、开放以来，中国国有企业逐步扩大企业自主权，其主要特征是：（1）扩大企业自销比例；（2）允许企业增加留利，包括外汇留成以用于投资和增发职工奖金；（3）扩大厂长经理在人、财、物使用上的权限。在扩大企业自主权的基础上，于 1987 年普遍推行企业经营承包制，即在企业行政隶属关系不变的情况下，实行利润递增包干，在完成利润递增指标后给承包者（即国有企业厂长经理）以高额奖励。这对稳定国家税源有一定的作用，但其缺点是：（1）强化了行政控制；（2）不利于资本流动，使经济结构不能调整；（3）使承包者和企业职工处于对立的地位，因此，有不少企业厂长经理不愿意领取承包奖。

与此同时，在中国沿海地区，特别是深圳、上海试行股份制，并试行股份公司上市制度。

1992 年，国家体改委正式公布了《股份有限公司规范意见》和《有限责任公司规范意见》两个文件。从这两个文件可以看出：

（1）资产评估基本上属于协商类型。如《股份有限公司规范意见》中规定："原有企业改组为公司时，应对原有企业的债权、债务进行清理，委托具有资格的资产评估机构进行资产评估和注册会计师进行验资，界定原有企业净资产。"《有限责任公司规范意见》中规定："股东的出资必须经国家标准的注册会计师验证和出具证明。其中涉及国有资产的，应由国有资产管理部门核资和确认。"可以设想，资产评估公司和会计师的实际操作将是通过国家有关部门和企业协商来确定其资产。

（2）资产的获得者将是国家、企业法人和公民个人以及外国公司。在《股份有限公司规范意见》中规定："公司的股份按投资主体分为国家股、法人股、个人股和外资股。"在《有限责任公司规范意见》中也提出："有权代表国家投资的政府部门或机构、企业法人、具有法人资格的事业单位和社会团体、自然人均可依照本规范成为公司股东。"中国显然也属于混合所有制的类型。不过在《股份有限公司规范意见》中作了限制性的规定：即本国自然人所持股份不得超过公司股份总额的0.5%，职工认购的股份，不得超过公司股份总额的20%。在《有限责任公司规范意见》中则没有这种规定。

（3）资产的获得方式将主要是依靠财政资源。这两个文件都规定：股东可以用货币投资，也可以用建筑物等无形资本折价人股。两个文件都规定以无形资本折价入股的，其金额一般不得超过公司注册资本的20%。

近年来，在试行的股份有限公司和有限责任公司中，大部分是新成立的。大量国有企业仍在执行《全民所有制工业企业转换经营机制条例》，基本上仍属于进一步扩大企业自主权方面的规定，条例明确规定："企业的财产属于全民所有，即国家所有，国务院代表国家行使企业的财产所有权。"

如果说匈牙利是一个小国，由国有资产管理局来对上千个企业进行资产评估，实行产权公司法人化等等已属十分困难，中国是一个大国，由国务院代表上百万个国有企业的产权，进行资产评估、推行上述规范形式的股份化，其难度则是更可以想象的了。

目前中国实际情况是，国有企业、国家事业单位、社会团体，甚至某些政府部门和机构以其离退休的干部、专家、技术人员名义登记成立各种新的公司，其产权属于各单位，并有前述各种发起者个人参股。

从《比较》杂志召开的企业家座谈会上反映①，目前原国有企业的股份化试验按体改委颁发的文件难以推行，这些企业的实际做法，是在利用原企业的资本，或同外资合作，或同其他企业的资本合作成立新的股份公司。

在中国，我们不能不注意到乡镇企业和三资企业在经济发展中所引起的日益巨大的作用，在工业生产的总值中已超过了50%。这在很大程度上同这类企业产权明晰、分配合理有关。

---

① 《经济社会体制比较》，1993 年第 1 期。

在乡镇企业中，目前正在兴起的是股份合作企业。按照1987年温州市农村股份合作企业的暂行规定，合股者投入的现金、实物、技术等可以折价入股，并按比例分享利益和分担风险。企业资产（包括新增资产）属合股者按股共有，合股企业为有限责任企业。同时，规定合股企业税后利润，应有50%以上用于企业扩大再生产，股金分红不超过25%。其余部分可作为公共积累、集体福利和职工奖励基金。在近几年的发展中，又进一步规定，用于企业扩大再生产的利润，明确属于合股者按股计算的股金，即属于合股者。

其实，在中国，发展起来的私营经济中，也有类似的利润分配规定。与股份合作企业不同的是：投资主体是个人，但与前者共同的是，税后利润应有50%以上用于扩大再生产，资本分红不超过25%，其余部分则用于集体福利和工人奖金。

在中国广大乡镇地区出现的股份合作企业和新型私人企业显示了以下优点：（1）保障投资者的利益，明晰了他们的产权；（2）有利于解决在资本主义制度下资本供给不足的矛盾，即除了保障国家税收以外，还必须用50%以上的利润用于扩大股权和扩大再生产，这样既保障了个人资本的利益，又保障了经济增长和社会就业；（3）有利于解决投资者、经营者和职工利益的矛盾，在资本利益增加的同时，企业积累和职工的福利都可以得到增进。

中国许多国有企业的厂长、经理都对目前乡镇企业的产权结构感兴趣。

从中国产权结构演变中可以看到以下趋势：

（1）产权明晰、分配合理、管理机制灵活的乡镇企业、特别是前面提到的股份合作企业和私营企业会有更大发展。

（2）国有企业、事业单位、社会团体以及某些政府机构和部门等在体制外成立的股份有限公司和责任有限公司也会有较大的发展，而其中发起者个人参股部分也会有较大的增长，并将由他们来代表各原单位的产权。

（3）在市场竞争中，国有企业的产权结构发生变化。赢利企业的承包者（包括经理和职工）会凭借他们的职位资源提出某种产权要求，如从新增值的国有资产中要求给予对国有资产作出贡献者以某些股权（可能采取给予厂长经理和职工股权的形式，也可能采取某种基金会的集体形式）的奖励，并由他们的代表参与董事会，共同监督和管理国有资产，而亏损企业将通过行政或市场的方式由新兴的股份合作企业、股份有限公司和有限责任公司来兼并，原有资产或者拍卖，或者作为股份加入新的企业，而其承担亏损责任者，即原来企业的经营者就丧失任何产权要求，也失去了代表国有资产的资格。

（4）在大量国有企业产权制度变革过程中，国家和各级政府将有能力集中管理好少量对国计民生有重大意义的能源、交通等基础设施企业，这些企业的公司化将由国家控股，国有资产的管理和增值将得到保证。

（5）在产权制度变革过程中，传统的金融体制会相应地发生变化。随着农村股份合作经济的发展，农村的各种互助性质的融资机构有较大的发展。中央银行、商业银行、专业投资银行的职能将分设。各种投资性的融资机构和各种基金会对各种股份企业的参股也会发展。同时，股票市场的管理会走向制度化、社会化。

（6）只有在产权制度变革的过程中，政府和企业的职能才能真正分开，政府的职能是保障企业的产权，维护产权的交易秩序，维护资本的流动，企业则在遵守法律的范围内自由地经营，获取合法的利润，依法缴纳税收，得到必要的政府指导和社会保障，以减少在竞争中的风险和不确定性。

四、结论

（1）占垄断地位的国家所有制同集中计划体制是密切相连的。随着集中计划体制向市场经济过渡，占垄断地位的国家产权结构将相应地发生变化，这是不可避免的。尽管东欧和中国政治、意识形态不同，但是，产权结构的演变方向都是要承认法人团体和公民个人的产权要求。

（2）产权制度变革的轨迹同各国的政治、经济、文化、社会特点有密切的联系。即使东欧各国也呈现不同的趋势，更充分地说明了这一点。过去，东欧和中国曾经照搬苏联公有化的模式，用强迫命令的行政手段来推行这种模式，其结果严重妨碍了经济的发展，这个教训是众所共知的，但是，反过来说，恐怕也一样，照搬某种西方模式，用强迫命令的行政手段，来推行某种私有化计划，也会影响经济的发展，这也将被新的历史事实所证实。

（3）东欧和中国产权制度变革的目的，是适应现代市场经济的需要，使资本集中在善于经营的企业家手中，并得到市场和社会的有效监督，使资本不断流到高效益的部门和地方，以增进资源配置的效应，从而增进社会的福利。因此，在东欧和中国长期以来不承认公民个人和法人团体产权的情况下，在某种程度上承认职位资源在产权中的地位，这是不可避免的，在一定条件下，对生产和经营的发展是有利的。这有助于培植本国的企业家和调动广大职工的生产积极性。

（4）重要的是划清权力资本和职位资源这两者的界线。凭借权力来获取利益，将导致权力和金钱的交换，导致寻租行为和贪污腐败的恶性循环。而承认职位资源在产权中的地位，则鼓励企业家维护产权，追求在市场经济中制度、组织、生产创新，追求利润，对社会带来福利。当然，划清这二者的界线也并不是容易的。产权制度的变革同市场经济的发展是密切联系的。在市场经济的规范和秩序建立的情况下，这两者的界线则易于划清，职位资源可以成为限制、抗衡权力资本的力量，而政府对市场的制度化的管理，能限制利用职位去寻求租金。相反，职位资源和权力资本相混淆，相勾结，将会导致市场秩序的混乱。这个问题至少是中国当前进一步推进改革过程中迫切需要研究和解决的。

匈牙利和我国价格改革的比较[*]

——从奇科什谈匈牙利价格改革产生的联想

张卓元[**]

匈牙利经济学家、原物资物价局局长贝拉·奇科什-纳吉1986年8月23—31日访问了我国，详细介绍了匈牙利价格改革的情况，并就我国价格改革提出了一些建议。下面，根据匈牙利的经验，结合我国的实际，就当前价格改革的几个问题谈谈我的体会和感想。

一、价格改革的起点与步骤

匈牙利1957年开始进行经济体制改革和价格改革，价格改革首先从农产品开始。1957年匈牙利放弃了农产品义务交售制度，提高了农产品价格。接着，从1959年开始进行工业品价格改革；1959—1967年以国家有计划调整价格为主；1968—1979年以放开价格为主；1980年起，价格改革进入第三阶段，进口的能源、原材料在国内的价格执行国际市场价，出口产品以国际市场价为最高限价，并据此确定国内销售价格。这些改革，带来了1968—1974

---

* 本文原载于《经济社会体制比较》，1986年第6期。

** 张卓元，中国社会科学院经济研究所研究员。

年匈牙利经济发展的黄金时期，经济年平均增长率达到6%—7%。

我国价格改革也是从农产品价格改革开始的，但和匈牙利不同点在于，匈牙利农产品价格改革在1957年一年内就基本完成，即基本上是"一次到位"；而我国农产品价格改革则连续进行了几年，到现在还未完全到位，农产品特别是粮食收购价格偏低的问题还较突出，还需要作较大幅度的调整和改革。这一方面是由于我国农产品价格扭曲的情况更为严重；另一方面是这几年我们在对价格进行结构性调整时，伴随着通货膨胀，在一定程度上降低了结构性价格调整的效果。这就说明，在我国，价格改革包括农产品价格改革，比匈牙利更为艰巨。

我国工业品价格改革是紧接着调整农产品收购价格后开始的。1984年起，还实行了生产资料价格双轨制，为实现从行政定价平稳地向市场定价过渡找到一条途径。但是。从总的看，我国工业品价格改革至今仍基本上处于匈牙利1959—1967年价格改革的阶段，即国家有计划调整价格为主的阶段。当前，我们要着重抓生产资料价格改革，即首先理顺基础价格，办法主要是根据条件和可能，逐步提高重要原材料、能源等的计划价格，缩小这些产品的牌市价格差距，同时拉开工业消费品的质量、季节、地区和批零等差价。这些，都将有力地促进市场的发育，从而为企业能够在一个大体平等的环境中开展竞争创造条件，以实现经济运行机制的改革，推动社会主义商品经济的发展。只有走完这一步，才能比较全面的放开价格，即进入相当于匈牙利工业品价格改革的第二阶段。

二、选择什么样的价格模式

进行价格改革，有三种价格模式可供选择。第一种是放开所有价格。第二种模式是所有商品都实行官定价格。第三种模式是在社会主义经济中注意市场要求，把前两种价格模式结合起来的混合价格模式。这种模式也有缺点。但相对来说，在三种价格模式中，这一种积极因素比较多。目前匈牙利在工业生产者价格中，实行官定价格的大约占20%，80%是自由价格。实行官定价格的主要是煤炭、石油等能源产品，砖、瓦、水泥、木材四种建筑材料和部分农用生产资料。在消费者价格中，实行官定价格的商品占 45%—48%，其余实行自由价格。这里所说的自由价格，其中有相当大一部分是受到政府干预管理的价格（类似于我们的指导性价格）。例如，占生产者价格 80% 的自由价格中有 30%、占消费者价格 50% 的自由价格中有 35%，是受政府干预的价格，这些都不是真正的自由价格。所以，实际上不受政府干预的自由价格在生产者价格中只占 50%，在消费者价格中只占 15%。匈牙利价格改革的长远目标是到本世纪末还是实行混合价格模式。生产者价格中官定价格将继续保持目前的比例，消费者价格中官定价格比重计划下降到 40%，自由价格比重提高到 60%。

我国价格改革的思路同匈牙利价格模式转换的思路总的来说是一致的。经过几年的价格改革，目前，我国在工农业商品产值中，实行国家统一定价的部分约占 40%—50%，实行自由价格的部分约占 30%—40%，实行国家规定幅度的企业定价约占 10%—20%。1985 年，在农民出售的农产品总额中，属于国家定价部分减少到占 37%；1986 年，在社会消费品零售额中，属于国家指导价和市场调节的部分将占 53%，属于国家统一定价的部分占 47%。现在，一般都认为，随着价格改革的进行，国家统一定价的比重将进一步缩小，市场价格的比重将进一步增加，这是价格模式转换的必然趋势。但是，我估计，市场价格所占比重的增加不会太快，因为在社会总需求膨胀、市场上货币流通量已经偏多的条件下，过快地把价格普遍放开，容易造成物价总水平失去控制，在近期和中期，比较现实可行的办法是：在继续适当扩大自由价格的同时，较多地利用浮动价格或国家指导价格，一方面使价格具有某种灵活性，容许企业有一定的根据劳动生产率和市场供求关系的变化调整价格的权力；另一方面又使价格具有可控性，防止通货膨胀不可收拾。这也许可以作为过渡模式。

三、价格改革中的调和放

匈牙利工业品价格改革可以概括为"先调、再放、然后挂钩"三个阶段。

1959 年，匈牙利在减少周转税，增收生产环节工资税、资金税和利润税，进行税制改革的同时，开始逐步取消对生产资料价格的补贴，有计划地大幅度提高了能源和生产资料价格，同时相应提高了半成品和制成品价格。当年生产者价格（出厂价格）水平大约提高，消费者价格（销售价格）却保持基本稳定。

看来，为了改革传统体制下形成的不合理的价格体系，实行先调后放也许是比较合乎规律的过程。因为在传统的僵化或半僵化的价格体制下，价格关系被严重扭曲，比价和差价关系很不合理。在这种情况下，一下子通过放开价格来理顺价格关系，会引起利益关系的激烈变动，并且在长期社会总需求超过社会总供给积弊下容易引起物价总水平的大幅度上涨，影响经济的稳定和人民生活的安定。只有首先主要通过有计划调整的办法，逐步清理价格关系，与此同时，也不放过机会，把供求已基本平衡和供过于求的产品的价格放开，并且在各方面具有承受能力时把一部分虽然供不应求但生产周期不长、有较丰富资源容易增产的产品的价格放开，即采取以调为主，有调有放的办法，初步理顺价格关系，才能为以后大规模地放开价格创造条件。

四、改革物资分配制度和放开工业品价格同时进行

放开工业品价格，必须同取消物资统一分配制度相结合。只有企业能够自主地组织生产销售产品，才能真正放开工业品价格。取消物资分配制度，要以供求基本平衡为前提，在物资十分短缺时，很难取消物资分配。匈牙利在取消物资分配时，国家物资物价局和计划局共同成立了一个委员会，一个部门一个部门地分析产品供求情况，拉出一个供求不平衡产品的清单，然后再逐个分析这些产品，是不是国民经济中十分重要的产品，在此基础上，决定是否取消物资分配和放开价格。结果 80% 都放开了。没有放开的 20% 都是供求不平衡，而且非常重要的产品。这些产品大部分以后也逐步取消了物资分配，最后只剩几种产品需要中央分配。匈牙利在放开物资分配时，国内很多人担心会出问题。放开后，由于企业能够随时购买到需要的生产资料，减

少了超储积压，结果对物资的需求反而减少了，供求得到平衡。匈牙利取消物资统一分配制度，大约用了五年左右的时间，到1972年才基本完成。

奇科什建议，中国生产资料价格改革，也应当同物资管理体制改革结合起来进行。不取消物资统一分配制度，工业品价格就不能真正改革。在开始时，要很谨慎，不要一下子废除中央统一分配物资的制度，自由价格的比例也不能太大。而要采取逐步走的方式，不断调整配套措施。放开后出现失控是难免的，要用半年时间纠正，也可以冻结工业品价格半年，这是学习阶段，利用这段时间进行调齐，然后再放开。

我认为，匈牙利的上述经验值得我们借鉴。

当前，我国经济体制改革已经发展到要着重为各一企业创造一个大体平等竞争的条件，这就要求建立和完善社会主义市场体系，首先要逐步放开物资流通，建立和完善生产资料市场。为此，关键是理顺生产资料价格，其中第一步是要解决一部分能源和原材料计划价格和市场价格差距过大，计划价格偏低的问题。只有通过价格的调和放，把生产资料价格大体理顺了，才有可能把生产资料流通基本放开，形成开放的生产资料市场。反过来，允许一部分生产资料进入市场，并逐步扩大其比重，又是使生产资料价格能灵活反映市场供求情况变化的前提条件，也是理顺生产资料价格所必不可少的。

五、价格改革与物价总水平的控制

在价格改革中，消费物价会有所上涨，但不能使物价失去控制，要防止工资和物价轮番上涨，如果出现这种轮番上涨，那是很危险的。同时，物价上涨不能影响人民生活，政府要想办法给予补贴。匈牙利价格模式的特点是，国家对生产资料价格管得较少，对消费品价格管得较多，如面包、肉类等大部分实行官定价格，高级消费品实行自由价格。随着居民收入水平的提高，官定价格品种和比重会下降，自由价格比重上升。这种模式既有利于开展企业之间的竞争，又可以保证收入水平低的人买的大部分是官价商品。

为了有效地控制物价总水平，匈牙利对自由价格还采取种种措施。其中之一是实行提价申报制度。自由价格中部分比较重要的产品，企业在提高价格前，要向物价部门提出报告，物价部门对提价有否决权。如果在提出报告后三个星期内物价局没有批复，就可以执行了。如果物价局不同意提价，原来的价格就要再执行一年。一年后，物价局仍不同意提价，要向政府上报。如果物价局一直反对提价，企业可以向财政部提出申诉，财政部如从财政收入角度考虑，认为应当提价，会向物价局建议调整价格。出于要事先申报的多是半成品价格，这一制度对控制最终产品价格上涨十分有效。

上述意见和建议对我国也很有启发。

首先，在价格改革过程中，要不要控制物价总水平，要不要争取保持物价的基本稳定，多年来一直有较大争议。有的人认为，一些发展中国家实行通货膨胀的政策以充分利用社会生产能力加速经济增长的经验适用于我国，主张在价格改革过程中不必强调控制物价总水平的上涨幅度。我认为，这种意见不妥。在价格改革过程中，物价总水平的一定上涨是不可避免的，但是不能失去控制，还要规定可容忍的最高数量界限（在我看来，这就是年平均利息率）不得超过，最好是争取保持物价的基本稳定（年上涨率3%左右）。只有这样，才有利于经济的稳定和社会的安定，才不至于因价格变动太大，人们利益得失悬殊招来群众种种责难而搞不下去。

其次，为了有效地控制物价总水平的上涨幅度，在价格改革过程中，在掌握调和放时，我也认为应区分不同类产品对消费物价的影响，区别对待。一般来说，对生产资料价格可以多放开一些，可以采取调放结合、以放为主的方针；对消费资料的价格则要多管一些，可以采取调放结合、以调为主的方针。[①] 生产资料价格放开后引起的价格上涨，并不会完全反映在消费品上面，而会为企业吸收消化一部分。这就决定着我们可以比较大胆地减少对生产资料价格的行政干预，加快理顺生产资料价格。

再次，在价格改革过程中，价格放开以后，还要不要管理。过去常以为价格放开以后国家就可以不管了，看来这是不切实际的。匈牙利自由价格中

---

① 参见张卓元："改革时期控制物价总水平研究"，载《经济体制改革》，1985年第6期。

有很大部分还要受到政府的干预，政府干预的目的主要是遏制物价上涨。除了实行提价申报制度外，还通过商业订货（如对供过于求的商品，如果生产企业销价太高，商业部门可以不订货）、惩罚不正当利润等办法，控制自由价格的随意上涨。在价格放开后，国家不能对放开的产品价格撒手不管。对其中一立法等手段，进行适当的干预，中心也在于防止随意涨价，以增强价格改革的可控性。

六、价格改革的内外配套

价格体系是包括国民经济各部门产品和社会再生产各个环节的价格在内的有机统一体，价格又是国民经济活动的综合反映，因此价格改革必然存在内部配套和外部配套问题。

匈牙利在价格改革的内部配套方面，20世纪70年代初期，迈出房租改革的第一步，利用6年时间，在提高工资基础上，逐步提高房租80%左右，使得公房和私房的费用接近。20世纪70年代后期，又迈第二步，减少国家对住宅的投资，鼓励人们以不同方式投资建房。对准备建房的人，政府给予20—25年长期贷款，贷款额占买房资金的1/2到2/3，利息率只有2%。国家还对基本建筑材料实行官定价格，降低建筑成本。20世纪80年代初匈牙利提出让福林成为可兑换的国际货币的改革目标，并采取了一些措施确定统一汇率。

在价格改革的外部配套方面，由于消费物价有所上涨，要通过提高工资对生产人员和非生产人员给予补贴。由于劳动生产率不能一下提高很快，制约着工资不能增长太快。关于价格改革与税制改革的关系，匈牙利政府准备在1988年以税制改革为主，价格改革再迈出重要一步。主要内容是对所有产品征收13%的增值税，出口时，再把增值税退给企业。同时取消现行工资税，改为个人所得税。

我国这几年价格改革，也注意了内外配套问题。比如钢材价格变动以后，以钢材为原材料的一系列产品价格需要调整和变动，在普遍要求企业内部消化一部分的同时，有的可以通过放开价格自动调整（如小商品和一般机械产品），有的可以采取减税办法（如轻纺产品），有的则要财政补贴（如农业生产资料），有的投资项目要相应追加投资，等等。过去，我们对一些战略性价格，如利息、汇率等研究不够，随着生产要素市场的开拓，这些价格的重要性会日益突出，应引起我们的高度重视，进行深入研究。

至于价格改革的外部配套，则更为复杂。生产资料价格调整后，税收要跟着调整，以便把企业由于调整原材料出厂价增加的收入通过税收大部分收归财政，用于追加投资和增加补贴等支出，人们称这叫"价税联动"。价格改革与财政体制改革也有密切关系。有的产品差价不合理，甚至存在优质低价、低质优价的"倒挂"现象。例如水泥，中央控制的企业生产的水泥标号高，每吨价51—56元，而地方企业生产的水泥标号低，每吨价却达70—80元，这种不合理状况要通过价格改革和财政体制改革来解决。

华人社会经济发展的比较分析[*]

[美] 刘遵义[**]

一、导言

在对经济现象进行国际比较时，仅仅依靠纯粹的经济因素常常难以解释国与国的差别。人们往往不得不求助于显而易见的文化、种族和社会原因。例如，有一种很可能是正确的说法认为，东方民族之重视教育，并非出于任何言明或未言明的收益率考虑，而是因为他们共有的尊重学识的儒教传统。[①]还有一种说法是，日本人储蓄率高是因为不喜欢消费，而不是利率过高（或过低）；他们买进口品少，不过是相信日本货更好，而不在于进口品过于昂贵（进口品昂贵也许是关税及标价过高造成的）。

用显而易见的文化、种族和社会原因解释差别有两个问题。首先，这样的解释几乎总是同义赘述，用不同的词汇重复一些同样的已观察到的事实，很难给人以启发。其次，求助于这样的解释往往会把每一观察到的经

　＊　本文原载于《经济社会体制比较》，1990 年第 3 期。

　＊＊　[美] 刘遵义，斯坦福大学经济政策研究中心主任。

　①　在几乎两千年的时间里，对于绝大多数中国人说来，在科举考试中取得优异成绩是通向较高社会地位和权力的唯一途径（虽然不一定是获得财富的唯一途径）。

济现象描绘成独一无二的现象，对其他经济现象没有普遍性。这样的解释妨碍启发式学习，即从对各种类似事实的实证观察中进行抽象概括的学习。

由于这个原因，比较各华人社会的经济发展是十分有价值的。对于据认为是中国人内在的文化、种族、社会特征，包括品位、时间偏好、工作道德、创业精神等，只有这样的比较才能把它们作为常量，从而以经济环境、体制和政策为基础解释各华人社会经济发展的不同成果。换言之，这样的比较几乎完全可以把注意力从文化、种族及社会因素中转移出来。用这种方法得出的结论或许不适用于华人社会以外的地区，但华人社会的经济决策人可望从中得到教益。

说这样的比较有价值的另一个原因是承认中国人永远不会成为彻头彻尾的美国人或日本人。因此，就美国及日本社会的经济发展取决于各自的文化、种族、社会特点而言，它们的经验并非完全同华人社会的经济发展相关联。检查中国人在不同环境中取得的成就可以启发人思考在以华人为主的社会中，采用何种可行的发展战略更为有益。

二、有关的华人特点

首先要找出通常同中国人联系在一起，又同他们的经济发展相关联的那些特征，包括：（1）工作道德。中国人有工作努力、贯穿始终的长期传统。（2）勤俭。大多数中国人都精打细算，一旦基本需求得到满足，可能把一大部分收入储蓄起来。当然储蓄的动机可以是备结婚之用，或考虑到上大学，购置房产、家用电器，以及创办新业①，有很大开销，或是为了退休及遗产方面的需要。（3）尊重教育。中国人十分重视教育，总是尽量确保子女受到尽可能多的教育。与其他国家的人相比较，就平均收入水平而言，中国人的平均教育水平一般是高的。这意味着，在其他条件相同的情况下，中国人是素

---

① 西托夫斯基1986年提出这是台湾地区储蓄率高的一个主要原因。

质较好、经过较好培训的劳动力。（4）尊重法律和秩序。大多数中国人尊重法律和秩序。劳工通常很守纪律，劳工关系是和谐的。（5）忠于家庭及家族。众所周知，中国人忠于家庭和家族。事实上，对于家庭和家族的忠诚常常高于对于企业和国家的忠诚。（6）企业家精神。许多经商办实业的中国人都有企业家冲动，也就是说，宁愿当自己的老板，不愿做他人的雇员，宁愿当领袖，不愿做随从者。很多人无论企业多么小，也愿做企业的首脑，而不当一家大企业众多经理人员中的一员。他们喜欢老板所拥有的控制、独立和权力。

然而，尚不知道这种爱当老板的偏好在多大程度上是中国人内在的国民性，又在多大程度上系因为绝大多数中国企业家主要依靠家庭成员担任主要经理职务，从而限制了非家庭成员在家庭企业中可能获得的成功。家庭企业中的非家庭成员常常只有自己开业才能获得进一步的发展。

上述特点看来在一定程度上有利于经济发展。然而，在中国人的精神中也有不利于经济发展的逆流。首先，许多中国人仍旧难以接受金钱和财富是衡量个人成就唯一尺度的提法。历史上商业在中国的社会地位不高，但这种观点在逐渐变化。其次，中国企业取家长式统治更多，传统的中国雇主把雇员作为家庭成员来照管。现在这种做法越来越难维持，因为商业条件变得更加难以预料，工人的流动性日益增加，他们变得日益陌生。第三，中国企业通常由一位强有力的最高经理管理，放权很少。这种严格的等级制抑制了个人主动性。

上述各点当然不能囊括一切，但却包括据认为与华人社会经济发展有关的大部分的中国人特性。

三、比较范围

比较的对象是中国（大陆）、香港和台湾地区、新加坡的经济。中国（大陆）、香港和台湾地区的人口主要是中国人，新加坡的人口80%是华人，因此基本上可视作华人社会。

澳门经济未列入比较范围中，因为可获得的数据不充分。澳门的人口主要是中国人，如果把澳门经济同其他四个经济相比较将是有意思的。但是，澳门的面积和人口都比香港和新加坡小得多，其发展经验是否可与其他四个大得多的经济做有意义的比较尚令人怀疑。

原则上，除上述四个经济外，还可把世界各地华人社会的经济发展列入比较范围，例如在印尼、马来西亚、泰国及美国的华人的发展经验。但出于三个原因，此次比较未这样做。第一，关于这些社会，不易获得连贯的数据。第二，这些华人社会很少是经济独立的自成一体社会，它们通常同所在国的经济有千丝万缕、难以分解的联系。它们的命运极易受它们不能控制的外部发展的影响。因此即使有可能，也很难把这些社会的发展经验单独拿出来分析。第三，它们是否可代表华人社会也成问题，因为它们主要由移民及其后代创建。一般说来，移民不论来自何方，很可能有些不同于全体人民的特点。例如，同全体人民相比，他们很可能有更大的独立性和创造性，自立和冒险精神更强，更愿工作在先，享受在后，更加不畏风险。然而，移民及其后代也更有可能遭到本地人的歧视。通过分析海外华人社会经济发展经验得出的结论是否对以华人为主的社会有普遍意义，这是令人置疑的。出于这些原因，比较的范围仅限于前面提到的四个经济。

这次比较也是粗线条的，以便把重点放在从 20 世纪 50 年代至今一段长时期里这些经济的总的实绩。这样便可站在各个经济的周期性和过渡性发展之上研究问题。

四、实绩比较

对四个经济的比较以它们总的长期实绩为基础。虽然关于实际产出和收入的国际比较有众所周知的棘手问题，但这次比较不予考虑，因为这些经济有类似的品味，从而类似的需求结构，还有类似的自然资源状况从而任何购买力平价调整对于实际产出和收入水平的先后排列都不可能有很大影响。此外，即使相对价格有着重大的长期差别，这些不同也不可能使关于实际产出和收入增长率的估计产生很大偏差。① 为本次比较的目的，市场经济与中央计划经济关于实际产出和收入的概念差别也未予考虑。概念的不同至多可能给实际产出和收入的原始水平造成 30% 的差别，但对于历史上长期增长率的影响较小。然而，近年来（1980 年以来），中国大陆服务业的增长快于其他部门，如果其实际产出和收入概念包纳的范围更广，中国大陆的经济增长率还要高一些。

表 1 是按 1980 年美元计的原始实际国内生产总值和人均实际国内生产总值的估计数及其增长率。阅读表 1 的数字时应注意一点，即中国大陆采用的实际生产值的概念不包括非生产性的服务业。中国国内生产总值因而可能有最大 30% 的低估偏差。表 1 的突出特点是香港和台湾地区、新加坡的实际人均国内生产总值增长率几乎完全相同。中国大陆的经济显然落在后面，其原因下文将试予解释（但中国大陆经济在 1979—1984 年期间的实际国内生产总值年均增长率达 8.3%，人均实际国内生产总值的年均增长率也达了 7.1%）。

表 1　实际国内生产总值、人均实际国内生产总值及其增长率

	实际国内生产总值			人均实际国内生产总值		
	总值（10 亿美元，1980 年价格）		平均增长率（年百分比 1952—1984 年）	总值（美元，1980 年价格）		平均增长率（年百分比 1952—1984 年）
	1952	1984		1952	1984	
中国大陆	48	352	6.4	84	340	4.5
香港	3.2[a]	36.2	8.7[b]	1282[a]	6707	5.9[b]
新加坡	1.9[c]	15.7	8.1[d]	1328[c]	6211	5.9[d]
台湾	3.6	52.5	8.7	433	2783	6.0

注：a. 1955 年数字；b. 1955—1984 年均增长率；c. 1957 年数字；d. 1957—1984 年均增长率。

---

① 关于购买力平价调整对实际产出和收入国际比较的可能影响，感兴趣的读者可参阅克拉维斯及其助手的三卷本著作（1975 年、1978 年和 1982 年）。

五、原始条件的差别

表1表明，即使考虑到未列入非生产性服务业造成的差异，中国大陆经济的人均实际国内生产总值的原始水平也是最低的。人均国内生产总值的原始水平低是否就是增长率较低的原因呢？

对于这个问题完全有理由回答"不"。基础较小以后的增长率一般会较高而不是较低。再者，人均实际国内生产总值虽然低，经济的总规模及其市场很大，能够几乎完全避免非最优化规模经营造成的无效益。最后，如果人均实际国内生产总值低造成储蓄率低，那么就有可能给人均实际国内生产总值的增长率带来不利影响。但是，下节表明实际情况并非如此。香港和新加坡的人均实际国内生产总值原始水平接近，在20世纪50年代它们显然居领先地位。台湾地区的人均实际国内生产总值原始水平居香港、新加坡与中国大陆之间。

按美元不变价格计的人均实际国内生产总值原始水平估计有很大的偏差，这特别是因为这些数字极易受折算美元的汇率的影响。即使绝对数字不准确，四个经济按人均实际国内生产总值的先后排列很可能是可靠的。

六、基本要素的供给比较

现在比较基本要素即资本与劳动力的供给条件。首先比较1952—1984年期间四个经济的平均储蓄率。比较中，对中国大陆采用的是国民收入指标，而不是国内生产总值指标；采用的时期，中国大陆为1952—1984年，香港为1966—1984年，新加坡为1966—1954年，台湾地区为1952—1984年。比较的结果见表2。表2表明，四个经济的平均储蓄率相当接近，以国际标准衡量都比较高。如果仅考虑国民储蓄，即减去进口资本流量的国内总投资，那么香港和新加坡的储蓄率将低20%，台湾地区就更低。中国大陆的储蓄率最高。这说明中国大陆经济实绩比较差的原因不可能是储蓄率低。（这里强调"比较"一词。事实上，在发展中经济中，持续的人均实际国内生产总值增长率达 4.5% 是相当好的成就。）

表2　储蓄率与资本和劳动力的增长率

	平均储蓄率（%）		增长率（%，年均）	
	总平均储蓄率	国民储蓄	资本投入	劳动力投入
中国大陆	28.3	28.3	11.1	2.6
香港	26.0[a]	23.6[a]	6.7[a]	3.3[a]
新加坡	26.5[b]	21.4[b]	8.5[c]	3.8[c]
台湾	23.1	16.6	10.8	2.8

注：a. 1955—1984 年；b. 1960—1984 年；c. 1957—1984 年。

有必要区别国内储蓄率和国民储蓄率，两者的差别即外国资本净流入对国内生产总值的比率。这种区分对于香港和新加坡尤其重要，因为它们对输入资本的依赖性较大。对于台湾地区，这一区分在这个长达 30 多年的比较期的初始阶段也很重要。部分台湾地区输入资本是美元。四个经济的储蓄率在这么长的时间里并非无变化，开始时水平都比较低，逐渐升至 30% 左右。对四个经济的固定资本存量和劳动力的增长率也做了检查。数据表明，在这 30年里，四个经济的资本供给大致相当，中国大陆经济看来并未遭受过度资本短缺之害。事实上，中国大陆经济的资本增长率最高。劳动力供给看来也不是四个经济增长的制约因素。通过给以资本和劳动力不同的要素比重，可以求出各个经济的总要素生产率或"剩余"，例如资本比重为 0.3，劳动力为0.67。可以把这样求出的剩余看作抽象的技术变革，即产出增长中无法由投入增长解释的那部分。表3采用这种方法，对不同要素比重下四个经济的总要素生产率变化做了估计，资本 0.33、劳动力 0.67 是典型的美国经济比重。四个经济的实际要素比重数据看来倾向于资本和劳动力各为 0.5。未估算总的生产函数，因为不能确保中央计划经济有任何总生产函数。总生产函数的存在关键取决于这样的假设，即所有行业各种企业的资本和劳动力的边际产品是均等的。除非是在竞争性市场经济中，否则一般不能把这个假设作为当然条件。

表3 总要素生产率增长估计，1952—1984（年均百分数）

	要素资本 0.33	比重劳动力 0.67	要素资本 0.50	比重劳动力 0.50
中国大陆	1.0		-0.5	
香港	4.3		3.7	
新加坡	2.7		2.0	
台湾	3.3		1.9	

表3表明，在不同的资本和劳动力要素比重下，中国大陆经济的总要素生产率增长均大大低于其他三个经济。可以把总要素生产率的变化解释为在整个比较期的技术进步。但是，也可把这种变化解释为经济技术效益的增长。因此，可以说，总要素生产率增长快的经济即为利用投入品效益提高快的经济。

从表2和表3中可得出以下结论：（1）虽然四个经济的原始要素增长类似，但中国大陆经济的产出增长落后了，表明它的资源利用效率比较低；（2）以总要素生产率衡量的技术进步比率在中国大陆经济中也比较低。

下面各节尝试依据环境、体制和政策的差异解释这种结果的成因。

七、环境的差异

在环境方面，中国大陆经济与其他三个经济有两大差异。

第一，香港和台湾、新加坡的经济在稳定的经济和政治环境下持续运转，它们的政府不轻易改变政策，因而政策有相当大的连贯性。稳定的经济和政治环境，以及连贯的经济政策减少了投资的政治风险，因此，企业家可将注意力完全集中在商业风险上。香港总督有更换，但经济政策变化较少。新加坡总理李光耀自1959年以来一直当政。台湾当局在1949年以后即统治台湾，自20世纪50年代后期以来，台湾地区经济决策人采取的总政策并无多少差别。相反，中国经济则常常突然发生政府领导人和政策的重大变更。先有 1958—1960 年的"大跃进"，然后就是 1966—1976 年的"文化大革命"。然而，中国大陆经济在有些时期还是获得了很大增长，例如第一个五年计划（1953—1957）时期，1961—1965 年，以及 1979 年实行邓小平的经济改革政策以来。四个经济的政治领导人都致力于实现经济发展的目标，虽然他们对于什么是经济发展或许会有不同看法。

第二，较之中国大陆经济，其他三个经济在面积、人口和国内生产总值各方面都要小得多。从规模上的这种差别可得出以下推断：其一，在小经济中，生产的规模经济不能得到充分利用，因此，若其他条件相同，小经济的增长率可能较低。但是，小经济较为灵活，改造起来速度比大经济快得多。对于小经济，外援的决定性影响比较大。全面地看，很难先验地预言优势何在。其二，中国大陆以外三个经济的小规模对它们的政策有着确定无疑的影响。由于国内市场不够大——事实上是过于狭小——因此即使实行保护性的贸易壁垒，也不足以刺激企业家呆在国内市场上。从这个意义上讲，小经济"因祸得福"。当然，事实上台湾地区的关税税率和贸易壁垒也使仅仅开发区域内市场的潜在利润率降低并进一步最小化。[①] 在香港和新加坡这两个城市经济中，自给自足或进口替代从未成为严肃的选择方案。从一开始，这两个经济的企业家就不得不面向出口市场。由于出口市场上国际竞争激烈，这些企业家必须保持效益和灵活性。世界市场提供了约束企业家的纪律，使他们精干、节俭、老实。

国内（地区内）经济大时情形则不同。企业家或许可凭借政治权势在国内（地区内）市场上拥有一定的垄断力量，这样他们宁愿利用国内（地区）市场。他们还可以通过政治手段要求保护和（或）补贴。如果没有强有力的反托拉斯法，很可能出现相互勾结的问题，在需要大规模资本投资的行业尤其如此。在这种情况下，对企业家保持压力的唯一办法是允许进口。进口有两个作用：提供国内（地区内）供应不足的货物，以及向被保护的市场提供

---

① 关于台湾地区贸易放开的过程，见蒋硕杰、陈文郎、谢宗林 1985 年的文章。

市场纪律。

以美国汽车工业为例。美国国内汽车工业规模大，但效益并非最高。据新闻报道，丰田公司在美国开办的新联合汽车公司生产的汽车，每辆成本比美国制造商低 1500 美元。这的确令人不安。然而，美国汽车业的反应却是要求政府提供配额保护，而不是提高效益。这会使无效益永久化。

这些事例饶有趣味，也很重要，因为它们突出说明，如果某行业因垄断或寡头垄断结构，或因得到保护而缺乏竞争，那么即使它的企业或企业家受利润动机驱使积极追求利润（假设所有人和管理人员之间不存在本人—代理人动力差异），也并不能确保经济效益，或者对资源的最佳利用。当然，政府可采取对策限制无效益，例如允许这些行业接受外国投资，允许从外国进口等。实行保护的唯一可能理由是众所周知的"新生儿工业"论点。这里的诀窍在于让"新生儿"逐渐成熟。

香港、新加坡、台湾地区三个经济有一个共同点：政府有权威，不会轻易屈从于利益集团的游说。没有一个利益集团拥有格外的政治权势。大多数私人企业不得不靠自己的力量提高效益，以求生存。更为坦率地说，企业赚钱有两条路。第一条路是老式的艰苦的路：开发新产品、新工艺，降低成本，战胜竞争者。第二条路是利用特殊的政治关系，说服政府赠与或创造垄断，或保护国内工业不受进口竞争，或双管齐下。第一条路通向资源的有效分配，第二条路常常导致无效益的永久化。幸运的是，总的说来，香港、新加坡、台湾地区避免了第二条路。然而，如果政府的政策不能保持市场竞争性，那么即使私人经济，也会出现严重的无效益。

八、体制的差异

四个经济在体制方面也有重大差别。香港、新加坡、台湾地区是私人企业、自由市场经济，中国大陆在比较期的大部分时间里则是中央计划经济。（近年中国经济、尤其是农业部门引进了私人企业、自由市场经济的一些特点。）

较为详细地检查私人企业、自由市场经济的重要意义及影响，看看它们同一个华人社会经济发展的相关性，这也许会给人以启发。

首先，私人企业经济意味着生产资料的私人所有，即私人财产权利（这些财产权完全可包括可转让的使用权）。全部或绝大部分企业是为私人利润的私人所有和私人经营的企业。但是，企业是为利润组织起来的并不一定意味着企业的动力也是利润。所有人和管理人员之间或许会有动力是否一致的问题。所有人的动力是利润，但管理人员的动力不是，或者除利润以外还有其他考虑，例如声望、舒适的住房，以及管理人员的特权和利益，幸运的是，三个私人企业经济中的大多数企业是家庭所有，直接由家庭成员管理的企业，很少发生所有权与经营权的冲突。相比之下，西方大公司的管理人员常常按自己的利益行动，而不管股东的利益。这可在经济中造成严重的无效益。家庭所有企业在规模扩展、创建人不能有效管理的时候会有自己的问题，但没有动力不一致的缺陷。

应该指出，在香港、新加坡、台湾地区，并非所有企业都是私人企业。它们的政府参与为穷人建造房屋的事业。在新加坡，公用事业由公用事业委员会管理。在台湾地区，公用事业由公共机构或政府公司经营。即使在公用事业由私人所有的香港，这些垄断企业也受政府调控。香港和台湾，特别是台湾地区，都有政府公司经营一般由私人企业从事的业务。然而，政府企业在经济总产出中所占份额一直下跌。1952年，政府公司在台湾产出中占的份额超过50%，至1985年已跌至16%以下。新加坡和台湾地区的政府公司的实绩一般都不好（虽然有例外）。如果把这些政府企业转变成私人企业（有些企业会因而难以为继），那么经济增长率完全可能更高。应强调指出，即使所有企业都是追求利润的私人企业，也不一定能够保证经济效益。下文将讨论这一点。

第二，在私有制自由经济中，投资者有谨慎投资的动力，工人有工作的动力（事实上也是他们的需要），管理人员有保持效益的动力。这也许是三个经济总要素生产率增长较高的最重要原因。

第三，由于必须遵从竞争性市场的纪律，而这个市场非个人所能左右，且不偏不倚，因此企业从一开始就了解必须依靠自己，而不是政府。企业也学会尊重市场力量。市场力量是无形的，它公正无私，非个人所能左右。习惯面对市场力量的人更易接受法治，而不是人治。市场竞争也鼓励创新。

然而，不应由此认为香港、新加坡、台湾地区是完全自由放任的经济。它们对各种基础设施投资，在不同程度上提供公共教育，一直是经济发展的重要因素。还应指出，香港和台湾地区从 40 年代末、50 年代初中国有经验的企业家、知识界人士及有技能人员的外流中受益匪浅，在较小程度上新加坡也如此。这些人在三个社会随后的经济发展中发挥了关键作用。

九、经济政策的差异

香港、新加坡、台湾地区经济政策的一个最重要共同点即向国际市场开放。中国香港和新加坡早先即为转口贸易港，因此长期实行自由贸易政策。台湾地区在 20 世纪 50 年代后期、60 年代初期逐渐实行了这一政策，虽然至今仍有进口限制和关税。从这项开放政策可引出两个重要推断：第一，企业自由利用它们的国际比较优势经营出口；第二，开放使市场处于竞争状态，因而企业必须保持效益。在国际竞争下，无效益不可能长期延续，这就迫使国内要素市场，主要是劳动力和土地市场保持竞争状态。自由浮动汇率政策或钉住汇率政策也加强了市场纪律。靠国内货币不断贬值再也无法拯救无效益的企业。开放经济的第二个推断同第一个推断一样重要，市场力量因为它才得以发挥作用，清除无效益的公司和行业。整个行业的出现和消失在这三个经济中并非罕见，塑料花制作业和假发制作业即为明证。

可以说，香港、新加坡、台湾地区的成功是同出口紧密联系在一起的。由于出口，它们可利用规模经济，发展比较优势。出口也促进了生产和管理中的技术转让。

香港和新加坡没有贸易保护。台湾地区有贸易保护，但多年来保护程度已降低。保护不仅扭曲资源分配，提高消费者得到的价格，而且在受保护的市场上削磨企业的竞争锋头，挫伤企业家精神，助长骄傲自满，压抑创新。

在小经济中，这种损伤比较有限，而在大经济中，保护可造成巨大损伤。

香港、新加坡、台湾地区经济政策的第二个共同点是未实行产业政策。不管哪些产业应该发展，哪些应该淘汰。政府毕竟同私人企业一样会在投资决策时犯错误。由于政府决策不影响政府官员的生计，或许更易犯错误。

第三个共同点是没有福利政策。这是极其重要的，它是促使人们工作和储蓄的强大动力，劳动力市场也因此能够对市场条件的变化做出灵活反应。

中国经济实行的政策几乎完全不同。直至不久前，所有生产资料都归公共所有，还有事实上差不多涵盖全体人民的福利制度。劳工工作的动力及管理人员保持效益的动力都很弱。经济是非开放型的（虽然在逐渐开放），市场力量未得到普遍尊重。此外，价格体制是一个武断的、随意决定的系统，不能反映相对稀缺性。在现行价格基础上调动管理人员能动性或赋予他们更多自主权的任何尝试都会使问题进一步恶化。

然而应该强调，任何事物都是相对的。由于高积累率带来了固定资本存量的高速增长，中国大陆经济的增长按发展中经济的标准衡量还是相当快的。而且，三个较小经济的经验是否可完全移植到大得多的中国大陆经济中，这一点尚不完全清楚。

十、结论

通过比较中国大陆、香港、新加坡、台湾地区的经济发展了解了什么？为什么中国大陆经济与其他三个经济相比增长速度不同？一个经济的经验能够移植到另一个经济中去吗？

第一，毫无疑问，中国大陆经济政策的相对不稳定对中国经济的增长有着强大的消极影响。在稳定的时候，中国大陆经济的增长同其他三个经济一样，甚至高于其他三个经济。

第二，同样清楚的是，香港、新加坡、台湾地区经济的企业私有状况是它们经济增长的重要因素。中国农业部门中有证据表明，私人动力在中国经济中也起作用。但是不应忘记，如果市场缺乏竞争，或者存在人为的壁垒，私人企业经济也可以无效益。由于香港、新加坡、台湾地区参加竞争性的世界市场，因此它们的经济不得不保持效益。换而言之，世界市场提供纪律约束，并且取代了在一些时候发达经济为保持市场竞争所需要的反托拉斯法。世界市场也确保：没有效益光靠特权不能营利，甚至难以为继。归根结底，保证效益的是可以自由进入和退出的竞争，而不仅仅是利润最大化。

第三，香港、新加坡、台湾地区经济的国际朝向也是它们显著增长的重要因素。然而由于若干原因，国际朝向对于中国大陆经济的重要性也许低一些。首先，中国大陆经济的规模大，足以利用规模经济。除非政府积极鼓励开放经济政策，否则企业完全可以国内朝向。其次，鉴于中国大陆经济的规模，出口不可能发挥香港、新加坡、台湾地区的发展所起到的那种作用。香港、新加坡、台湾地区出口导向的增长很可能不会一丝不差地在中国大陆经济中再现。进出口在中国大陆经济实际产出中所占比例很可能低得多，通常大型经济都如此。对外贸说来，重要得多的作用或许是生产和管理技术的转让，以及提供衡量国内企业效益的准绳。换而言之，只要汇率保持稳定，世界市场就有助于使中国的国内厂商诚实和有效益。

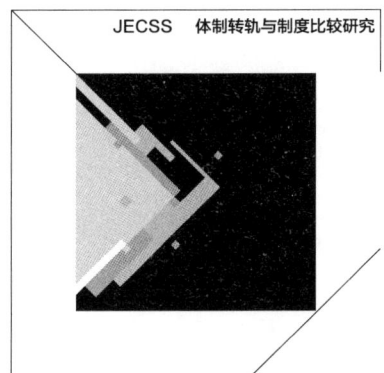

JECSS   体制转轨与制度比较研究

第六辑

中国经济问题比较制度分析

从匈牙利的经验看我国当前的改革[*]

吴敬琏[**]

我觉得雅诺什·科尔奈教授的《国营企业的双重依赖：匈牙利的经验》是一篇很好的论文。理由有两点：

第一点，我很赞赏科尔奈教授在论文中反映出来的实事求是的态度。科尔奈教授多次谈到过，匈牙利经济学界有着良好的讨论气氛。这就是：面对问题，不回避矛盾，生动活泼地进行讨论。他的这篇论文力求准确地描述匈牙利经济体制改革的成就和问题，鲜明地提出自己的观点，是这种气氛的反映。记得我们1981年开始讨论中国经济改革问题时，W.布鲁斯教授曾经说过，经济改革要取得成功，一个前提就是要对改革的理论和实际问题进行无拘无束的、自由的讨论。匈牙利的经济改革取得的成功，同匈牙利同行们这种科学的态度是分不开的。我们中国经济学家在这次会议上和整个经济改革的过程中也要本着这样的精神来进行讨论。

第二个理由是，把这篇论文讨论的问题同中国的情况联系起来，使人感

---

　　* 本文原载于《经济社会体制比较》，1986年第3期。这是作者1985年8月28日在"国营工业企业管理体制国际学术讨论会"讨论雅诺什·科尔奈教授的论文《国营企业的双重依赖：匈牙利的经验》时的发言。

　　** 吴敬琏，国务院发展研究中心研究员，《经济社会体制比较》杂志创刊主编之一。

到特别亲切。这是因为，这些问题也正是我们一段时间以来热烈讨论的。有几位年轻的中国经济学家在评论科尔奈教授的《短缺经济学》的时候，借用了马克思在《资本论》序言中说过的一句话，指出《短缺经济学》虽然是以匈牙利经济作为背景的，但是"说的正是阁下的故事"。就是说，这些分析对传统体制下的中国经济也是适用的。可以说，这是许多中国经济学家在读科尔奈教授的著作时的共同感受。我在读现在放在面前的这篇论文的时候，也有同样的感受。

按照时间顺序，我把科尔奈教授在论文中谈到的问题分为匈牙利1968年改革前解决了的问题、1968年改革时面临的问题和现在正在深入讨论的问题三类。这三类问题都是中国经济学家近年来热烈讨论的，这一讨论还在继续进行。第一类问题涉及匈牙利在经济改革以前确定的一些总的原则，对于中国，这些问题还是很现实的。第二类问题是匈牙利1968年改革所要解决的问题。对我们来说，这类问题或者已经出现，或者今后将会面临。第三类问题是匈牙利经济学家在开始全面改革17年后的今天正着力解决的。虽然中国的经济改革起步较晚，但是在我们这里，匈牙利改革三个阶段提出的问题现在同时提出来了。这表明中国经济学界的进步，表明我们正在赶上来。

对于以上三类问题，科尔奈教授都根据匈牙利的经验做了富有启发性的讨论。

我想联系中国的情况谈一谈自己的想法。

第一类问题是匈牙利从20世纪50年代中期就开始讨论，在改革开始前已经在原则上得到解决的问题。主要有两个：

第一个问题是，工业运行机制的改革应该是局部渐进的，还是全面的改革，或者说，是否应该在比较短的时间内原则上取消指令性计划，同时大体上建立起新体制的雏形。世界银行的 M. 斯然克教授昨晚对我说，一揽子全面改革还是单项局部改革之间的争论，是比较经济学的一个永恒性的问题。在中国，我们也长期热烈地争论过这个问题。一部分经济学家主张改革一项一项地进行，另一部分经济学家（包括我本人）认为，改革应当分阶段在经济系统的主要环节上同步配套地进行。从今年初科尔奈教授与《中国日报》记者吴若思的谈话（载 1985 年 3 月 15—17 日《美洲华侨日报》）看来，科尔奈教授是了解中国经济学界在这个问题上的争论的，并且提出了自己的意见。我在下面还要谈到这个问题，这里就不具体讲了。

第二个问题是市场机制有效地发挥作用需要不需要一个买方市场的问题。这个问题科尔奈教授是放在文章第 11 段讲匈牙利改革后需要解决的问题时谈的，我把它提到前面，因为这涉及是否需要为改革准备一个宽松的经济环境的问题。虽然从匈牙利的情况看，这个问题早在改革以前已经原则上解决了。但中国的情况不同。对于从原则上说是不是需要一个有限的买方市场的问题是有很大的争论的，直到现在两种意见还相持不下。

大家知道 1981 年经济调整后在我国经济上大部分领域很快形成了买方市场。但是，1982 年某些领域已经出现回到卖方市场的倾向。到了 1984 年下半年，这种逆转趋势迅速加强。到年底，中国经济几乎全面回到了卖方市场。怎样看待这个问题，在中国经济学家中有截然相反的意见。

我和我的一些同事认为，市场机制有效地发挥作用的一个重要条件，是一个有限的买方市场。因此，为了保证以可调节的市场发挥重大作用为方向的经济体制改革得以顺利进行，就要尽力保持我们费了相当大代价才获得的买方市场环境。看来，我们这种意见至少得到三位卓越的外国同行的支持，他们是：W. 布鲁斯、O. 锡克和在座的 J. 科尔奈。不过，在中国国内反对这种意见的经济学家是相当强有力的。特别是某些对近代西方经济学说素养很高的经济学家认为，建立和保持有限买方市场的要求既是不现实的，又是不必要的。他们说，第一，买方市场在我国的情况下不可能出现。第二，供不应求可以促进增产，因此，卖方市场有利于工业的高速度增长，有利于提前"翻番"。第三，正是因为旧体制下市场紧张、供应不足，才需要改革，如果在改革开始时已经建立买方市场，这就无异于取消了改革的必要性。

毫无疑问，两种意见对决策都有一定的影响，也会导致不同的结果。

科尔奈教授谈到的第二类问题，是匈牙利实施 1968 年"新经济机制"时所遇到的问题。他用论文的主要篇幅分析了这方面的问题，提出了解决的办法。问题集中在一点上，就是计划与市场相结合的新经济机制要能够有效也运行，需要什么样的条件（科尔奈教授把它们叫作"市场有效地发挥作用所需要的四个相互依赖的条件"）。在他看来，匈牙利新经济体制之所以不能像原来预期的那样顺利运行，原因就在于这些条件的持续保持受到了原有经济体制，即"命令经济"的残余的限制和干扰。科尔奈教授在论文中详细地分析了这四个相互依赖的条件和它们在匈牙利所受到的限制。这四个条件是：（1）能够反映稀缺程度的正确的价格信号，也就是合理的价格体系；（2）国有企业对市场信号作出反应；（3）普遍的买方市场；（4）竞争的市场机制。我同意科尔奈教授的基本分析。关于第三点我在前面已经谈过，其余三点也都是非常重要的。我想就中国的情况说明一点意见。

我很同意科尔奈教授关于经济机制有效运行的诸条件是相互依赖的观点。针对我们过去在考虑经济体制时系统论的观点不强的缺点，近几个月我在不少场合讲过，我国新的经济体制作为一个系统应当有三个互相联系的主要环节。这三个主要环节和科尔奈教授所提的三个前提条件是一致的。它们是：（1）自主经营、自负盈亏、能够对市场信号作出正确反应的社会主义企业；（2）有调节的竞争性的市场体系；（3）以间接控制为主、能够自如地进行调节的宏观调控体系。以下分别就这三方面进行讨论。

科尔奈教授把价格体系的合理化作为第一个条件。我想强调能够对市场信号作出正确反应的企业是首要条件。因为这涉及新的经济系统是由什么样的元素组成的这样一个基本问题。我想强调的是：这个系统是由自主经营、自负盈亏的企业，用科尔奈教授的话来说就是与上级机关的父子关系减弱到很低程度、或者说预算约束硬度提到相当高程度的企业组成的。如果在匈牙利企业对国家的纵向从属关系还存在的话，那么在中国的情况就更为严重，可以说到目前为止，纵向从属关系还是占支配地位的。我可以举出一些企业预算约束软化、国有企业纵向从属于上级行政主管机关的表现：

（1）企业领导人完全是行政任命的，而且企业处在上级行政机关严格的管束之下。我们的会议昨天议论到中国公司。在我看来，除了少数例外，我国现有的绝大多数公司是行政性的或者基本上是行政性的。中国的公司最早是 1956 年对资本主义工商业改造时上海建立的。这些叫作"专业公司"的公司从一开始就是行政性的。在改革试点进程中，通过"简政放权"建立的公司也多半是行政性的。中央的部和省向市放权，但是往往一放到市就发生"中间梗阻"了。而且，市或市属公司比中央和省对企业管得往往还要紧。这是一种相当普遍的情况。特别令人感到不安的是，这种政企不分的情况正在向下延伸。我们的许多乡镇企业，与乡镇党政领导的父子关系有时并不比国有部门弱。

（2）指令性计划在一些重要方面的保留，而且指导性计划也指令化到了与指令性计划没有原则区别的程度。对什么是指导性计划，中国经济学家是有不同看法的。现在因为卖方市场的强化，领导机关很难用间接的经济杠杆进行调节，因而指导性计划也要普遍下达到企业。同时由于行政任命企业领导，为了得到上级的好评，企业领导就必须想办法完成计划指标。除此之外，还采取了其他办法进行"指导"。一是通过物资供应：完成计划就给物资，不完成就不给；给了物资而没有完成计划，明年扣还。另一个办法是用投资进行控制：保证完成"指导性计划"才给资金。

（3）投资决策基本上是由行政领导机关作出的。现在全部投资都叫作"拨改贷"了。但这种贷款在相当大程度上并不是真正的贷款，因为一部分是"戴帽下达"，由上级机关指定了贷款用途的。银行发放的贷款也有相当部分要预先由上级行政机关作出决定。即使真正的银行贷款，由于利息很低（甚至低于通货膨胀率），付息和偿还又是在交纳所得税和调节税以前进行，所以对企业赢利的影响很小。

（4）"利改税"本来是硬化预算约束的重要措施，但由于现行税制有一种实际上不是税的特别税——调节税，大大减弱了改革的效果。这种"调节税"本质上是原来的利润留成率（调节税税率 = 1 - 利润留成率），只不过形式上有所变化。它实行"一户一率"的原则。而且，设计每个企业的税率时的一个重要原则叫作"保护既得利益"。此外，确定税率时讨价还价的情况严重，行政机关往往"抽肥补瘦"，对某些企业实行"照顾"，这样就使预算软化到很高的程度。

（5）最后，我们没有破产法，也没有实行破产制度所需的配套措施，比如说社会保证设施，因此国有企业实际上是不会因为经营不善而被淘汰的。

体制改革的第二个基本环节是建立有调节的、竞争性的市场。社会合理化的核心内容是价格体系的合理化。按照中共中央关于体制改革的决定，新体制下的价格应当既反映劳动耗费，又反映供求关系。但是向新的价格体系的过渡进行得不是很顺利。特别是生产资料价格方面。这方面的价格不合理使国民经济效益受到损害的情况过去一直是比较严重的。现在存在的多重价格（在中国称之为"双轨制"）使价格信号的扭曲更严重。多重价格体系有许多弊端。其中之一是把不同的企业放在不同的竞争条件下。出现了效益差的企业在竞争中处于更有利的地位，挤效益好的企业的情况。例如，由于双重价格，对钢材的多余购买力集中在只占销售量10%的商品上，使议价钢材价格不正常地高于调拨价两三倍。这样，边际生产成本很高的小土炼铁炉、小土焦炉、小炼钢电炉也在一些省份大量发展，造成了社会资源的很大浪费。由于多重价格，甚至出现了这样荒谬的现象：等外品比起合格品赢利性更高，因为对指令性计划的产品来说，合格品是一种调拨物资，是要按国家定价出售的，或者是要按国家定价卖给外贸公司的；等外品不合格就可以由外销变为内销，内销变自销，卖高价。所以有些企业就愿意生产不合格的产品。此外，因为同一种商品（包括货物、资金、外汇等）的多种价格相差悬殊，就给以非法手段赢得高利留下了漏洞。

在市场的形成上，由于政企不分，企业隶属于地方行政单位，采取非公平竞争手段的情况还相当多，地区之间的封锁的情况也比较普遍。

新经济体制的第三个基本环节是有效的、以间接控制为主的调控体系。这方面我们的进展比前两个方面还要差一些。

在间接控制的体制下，金融系统起重要作用。但是我们的银行系统从命令经济条件下那种财政部门的出纳机关向新的银行体系的过渡的进程很慢。此外，财政税收体制和外资体制上也还有不少问题。

总之，我们现在遇到的问题是：间接控制体系又很不完整。直接的行政控制办法在很多部分都已经被突破，而间接控制体系又很不完整。这是去年下半年以来出现某种程度的失控的重要原因，同时也使我们为稳定经济而采取的措施收效不快。

对我们中国经济学家来说，一个很重要的问题是要传播这样一种思想，经济体制改革必须是系统的，或者说是同步配套的。拿上面讲的三个主要环节来说，就应该同步配套进行。但这种思想过去并没有为人们所广泛接受，包括我自己在内，在很长一段时间都认为经济改革的实质问题就是放活企业。最近一段时间，我越来越觉得这种认识是不全面的。仅就国家同企业的关系来说，单提"放活"也是有片面性的。在这方面我也得到了科尔奈教授的著作的帮助。科尔奈教授提出的"父子关系"这个概念，应当说包含两个方面的内容，一方面是国家行政机关或政府对企业像父亲那样严格地管束，另一方面就像父亲对儿子那样多方保护。我们过去比较强调第一个方面，所以认为企业管理改革的要点就是放活，而对第二个方面考虑得不多。正像科尔奈教授所说，企业总是或者从属于上级机关，或者从属于市场（在我们的条件下，是有调节的市场）环境的，问题是从纵向从属向横向从属转化，而不是让企业处于某种"从属真空"之中，只负盈、不负亏，既不受制于上级行政机关，又不受制于市场竞争的压力，从中得到激励和鞭策。

科尔奈教授提出的第三类问题是匈牙利经济学家们当前正在研究解决的问题。我很高兴地看到，这些问题正好是我们中国经济学家最近一段讨论得很多的。这些问题是环绕刚才谈到的新经济体制的三个基本环节如何完善和提高产生的。正像我已经说过的，中国在这三个基本环节上，新的体制还没有能基本建立起来，比起匈牙利要落后一些。但是我们现在已经看到了匈牙利在新经济体制较高发展阶段上提出的问题，并且进行了很热烈的讨论，这说明近年来我国经济学研究的进展。

对科尔奈教授谈到的问题，我想提出其中两个来进行讨论。

一个是投资领域的纵向从属问题。我以为，投资的纵向从属实际上包含两个问题：一是企业在投资决策方面的自主权不够，二是资金的流动性不足，从而生产要素不能向效益最高的地方集中。科尔奈教授论文里提出的解决这个问题的主要方向似乎是扩大企业内部资金来源。他说，在匈牙利大企业有

48%的资金是外来的，应当减少外部资金，增加内部资金。在中国也有经济学家提出类似的主张。例如，有同志主张把企业留利的比重由目前占纯收入15%左右提高到20%—30%。我的想法有一点不同。我以为解决投资决策纵向从属问题，主要得靠建立社会主义的资金市场。至少在中国的条件下，现在扩大企业在毛利中的留成比例并不是一个很好的办法。企图用这个办法来提高投资效率的想法恐怕也比较难于实现。现在的情况是：企业留利按原来规定要有相当部分用于投资（生产发展基金），但是在多数企业都变成奖金和补贴分掉，转化成消费基金；或者被别人"集资"集走了，而所谓"集资"的运用并不都是很合理、很有效的。如果再提高企业留利的比重，在现有体制上只会进一步增加消费基金，并不能增加企业的投资，更不会提高投资效率。通过资金市场来解决企业投资所需要的资金，既可以解决企业投资决策自主权不够的问题，又可以解决要素流动性不够的问题。

进一步的问题是建立什么样的资金市场？这个问题在我们这里有很大的争论。这里无法详细陈述我的意见。只能原则地说说我和我的一些同行的分歧点。有一些经济学家大致是按欧美方式来考虑我们如何开放资金市场的，就是说，全面开放资金市场，既开放一级市场即证券发行市场，又开放二级市场即证券流通市场，如股票交易所等。我个人更倾向于20世纪五六十年代日本高速成长时期的方式。这种区别于欧美方式的资金市场，要点有两个：第一是间接金融为主，直接金融为辅；第二是近期只开放一级市场，把开放二级市场放到我国的第八个五年计划时期去考虑。

科尔奈教授提出的第二个很有意思的问题是怎样才能进一步加强企业的经营独立性。对于这个问题，中国经济学界最近一年来有非常热烈的讨论。昨天的会议上，几位中国经济学家对股份经济问题发表的意见，局部地反映了这一讨论。与上面的一个问题相联系，我以为股份化对国有企业来说在短期内，比如五年内，可能还不是解决问题的主要办法。也许我们还是要分两步走：第一步在国有企业实现所有同经营的初步分离，第二步再考虑所有同经营的彻底分离。对于这个问题，我们还需要进行更深入的讨论。

企业体制改革与中国式的承包制[*]

周小川[**]

一、中国的承包制

"承包"或"承包制"是个含义较广的词（英文中"承包"与"合同"是同一个词）。涉及中国目前广泛使用的"企业承包经营责任制"这个词，如下一些特定的含义须加以注意：

（1）这是一种与所谓"行政性分权"有关联的分层次承包体制，上级行政单位有可能向下级行政单位或下级企业发包某种特定的责任。

（2）企业有义务完成一定的生产目标或税利上交目标，而它的上级行政单位有义务保证其市场环境及其他生产条件在今后若干年内不发生重大改变（意味着回避市场中大多数的不确定性因素）。

（3）政府承认在同一个行业内企业的经济效益存在很大的差异，并允许每个企业按它们自己的历史上的效益水平生存下去。所有的企业都有权选择或创造一种他们所需要的承包形式。

---

  * 本文原载于《经济社会体制比较》，1988 年第 1 期。本文是作者在 1987 年 10 月北京举行的"企业机制改革国际讨论会"上的发言。

  ** 周小川，中国人民银行行长，党委书记。

（4）在工业领域中第一轮下放权力的后期，有不少已下放的权力实际上被上收了，承包制开始新的一轮向企业放权，有关负责人期望通过新的放权收到微观效益的显著提高。

（5）为防止短期行为，诸如工资、奖金的刚性提高，承包合同选三到五年。这使发包和承包双方要许愿维持他们的承诺（这不符合市场存在不确定性的逻辑）。

二、支持性的论据

（1）承包制有可能实现经营权与所有权的分离，从而给企业更多的决策自主权。

（2）可以搞活企业并促进生产效益的提高，其结果将增加社会总供给，解决（或缓解）总供给与总需求失衡的问题，为下一步其他领域的经济体制改革创造较有利的宏观经济环境。

（3）承包制是既能赢得改革的实质性好处，又能避免价格改革或税收改革所含的震动和政治风险的好路子。（这隐含着，改革的所有潜在收益都将来自企业内部效益。）

（4）中国是具有广泛的多样性的大国，经济效益上的巨大差异使任何统一的价格规划和税率都不能适用，因此只有在行政部门和企业间一对一地制定合同才是合乎实际的。

（5）通过对承包合同目标的招标能选出一些胜任的经理人才。

三、怀疑论调

（1）承包制并不能真正解决经营权同所有权相分离的问题。相反，行政干预和企业运行之间的联系可能会更紧密。

（2）承包制维持一些低效益企业在低标准下继续运行，这导致它们继续按低标准来投资，并阻碍了合理的整顿、改组和合并。这使经济效益和改革步伐总也不能趋于一致。

（3）在扭曲的价格和税收体系的基础上，企业经济效益的改善不一定会带来资源分配教益的改善（有可能正相反）。依靠承包制来改善宏观经济失衡的想法是不牢靠的。如果中央政府不加强对总需求的控制，就很难在经济体制改革所需的条件方面出现改善。

（4）由于市场供求关系总在不断变化，行政部门不可能取消对微观经济的干预。承包双方的许诺需要不断加以修改并变得更加讨价还价。这种行政干预将是官僚主义与腐败现象的重要发源地。

（5）胜任的经理人才并不那么容易通过事前性质的竞争选出来。事前对承包目标的投标是建立在未来国际市场、国内市场和改革期间的政府调控都不存在不确定性这样一种不现实的假设之上的。经理职位的竞争按说应建立在对经营实绩的事后评价的基础上。

（6）如果为了便于订立承包合同和对目标的投标竞争而试图减少未来的不确定性，则人们可能欢迎旧的指令性计划、固定价格、固定利率和固定汇率的做法，这就失去了进一步发展市场机制和政府间接调控的愿望。

（7）当承包期接近尾声时，承包企业仍会呈现短期行为，因此将合同期延长并没有解决短期行为问题，只是推延了它发生的时间。由于最近中国有许多承包合同是签订到1990年的，故那时会有很大的压力去顺沿这些合同，使其他一些实质性的改革方案仍不得不等待下去。

四、改善承包经营责任制的一些思路

对中国经济体制改革来说，价格改革是迫切的，也是不可回避的。近期的企业改革不应变成今后价格改革的障碍。企业应在市场上获取各种投入品及对自己的产出品有定价权，这种可能性和自由度是扩大企业决策自主权的一个非常重要的方面。

如果某些政治上的考虑需要适当减缓或推迟价格改革，税收体系就应该起到在某种程度上缓解不合理价格信号的产业政策的作用。

对于低效益的企业，政府可以给予限期内逐年递减的补贴，这给企业施加改善效益的压力并制止它们继续按低的效益标准去投资和用工，不应该再用低税率或关税保护给出错误的信号。当前对低效益企业的承包合同可以切换折算为限期内递减补贴式的承包合同。

我们应该起步去把企业经营权、所有权和政府的行政职能分离开来。国家的所有权可以由若干个非银行金融机构在竞争环境中通过持股方式来代表。同时这些持股机构可以承担一些相应的社会保障和社会福利的责任，目前一些这样的责任是企业的负担，并影响企业行为的合理化。

在给定的合理化的税收、关税和对某些企业的限期递减补贴的调节下，中国的企业应有更大的自主权去改革其内部的组织与管理，政府则不必过多地卷入这种企业内部一级的改革，也不必担心企业改革的深化会冲击国家财政收入。

竞争环境是中国企业改革的关键问题，为此我们需要解决价格问题，发展市场机制，改变行政性分权模式，推进外贸体制改革。

关于我国农村的村民自治制度和土地制度的几个问题[*]

陈锡文[**]

农村的土地制度和农村的民主制度建设有着非常密切的关系。大家知道，人民公社制度是 1984 年被废除的，真正试行村民自治条例从 1987 年开始。从那时至今，已近 14 年了，并且取得了很多有益的成果。1998 年经修订的村民自治条例，不仅在人大常委会经过了三审制度，而且在全国各大报上刊登出来，广泛征求人民的意见。这样，这个制度从规章本身的修改来看，是慎重和成熟的，所以取得的成效就比较明显。但从村民自治自身来看，仍存在三个不可回避的问题。

第一，村民自治组织的功能问题。它的职能到底是什么？这仍有待于进一步解决。按现行的村民委员会组织法来看，农村几乎所有的事都由它来管。这样一来，农村党支部和集体经济组织倒好像是没有什么事情可干了。实际上，这两个组织都存在。既然存在，就有一个相互协调的问题，比如村支部书记与村主任的关系如何协调，谁的权力大，哪些事归谁管。如果村民自治

  [*] 本文原载于《经济社会体制比较》，2001 年第 5 期。本文为作者参加荣敬本主持的课题《县乡两级政治体制改革的比较研究》座谈会的发言，根据录音整理，未经作者本人审阅。

  [**] 陈锡文，中央财经领导小组副组长，办公室主任。

组织把农村土地承包、收费乃至开支等事情也都管过去了，那么我们通常讲的农村集体经济组织还有什么作用。所以这里有一个职能定位的问题。

第二，村民自治组织运行中涉及一个非常大的财产问题。在农村，最大的财富就是土地。现在村民委员会对土地有非常大的权力。它决定土地使用权的分配、变更、管理以及土地收益的提取、使用等。这些权力非常大，又没有受到严格的监督，而且过程也不够公开，这就引起了比较多的经济纠纷。

第三，村民自治组织自身的费用问题，即运行的成本问题。村组织的运行的成本只占农民负担的一部分。农民负担从三提五统的角度来说，三提是归村里的，但实际运行的成本并不只是公积金、公益金和公共管理费这三项，实际上农民反映负担很重的是教育问题，是农村工作量很大的计划生育问题。农村的公益活动，包括计划生育这种执行上级政策的（计划生育并不是村民委员会决定要搞，而是执行国家的政策）的费用，都是由村民委员会来征收。基础教育是国家立法要进行的，也不是村民委员会决定要搞的，但是由于国家对农村基础教育投入非常少，这样，为农村基础教育筹资的任务就落到了村民委员会的头上。所以，如果目前农村的村民委员会存在很多问题的话，就不简单是章程上的问题、程序上的问题，而在于它的组织的职能、它对农村财产所拥有的权力，以及其自身运行的成本还没有比较明确的规范。如果这些问题不解决，村民自治组织要走到一个健康的轨道上就还比较困难。以上是我谈的第一个问题。

我想谈的第二个问题是土地问题。大家都比较关心土地流转和乡镇建设的问题。我想介绍以下几个方面的情况供大家参考。马克思主义经济学非常强调土地作为生产要素可以进行流转，这个观点是非常正确的。关于土地问题我想讲的第一点是，在我们现在的土地制度下，即现在的土地承包经营制度下，土地是不是可以流转？这个问题本来在制度上和法律上是比较清楚的，但在实际运行过程中却出现了很多令人迷惑的现象。我看到现在许多媒体上讨论的观点，包括许多著名经济学家提出的观点，似乎都认为30年不变的土地承包制度是不允许土地流转的，至少是阻碍了土地流转的。我认为持这种观点的同志至少是没有认真看过有关土地承包的法规和政策，所以他们才会有这样的看法。自从实行土地承包经营制度以来，有关的法规和政策都是允许土地使用权流转的。

要了解现行的农村土地制度，我建议大家主要读几个政策和法律文件。

第一个重要文件是 1984 年中共中央发出的《关于一九八四年农村工作的通知》（中发〔1984〕1 号）（简称 1984 年中央 1 号文件）。在文件中提出土地承包期 15 年不变。从 1978 年年底农村实行改革，土地开始承包到农户，当时中央对农民承包土地到底有多长时间还没有统一的规定，各地自己规定。当时有包 1 年的，有包 3 年的，也有包 5 年的，各地的标准也不是由哪一级政府来定，而是由市、由县、由乡、甚至由村来决定的。到 1983 年年底，中央感到既然全国 97% 以上的村都实行了土地承包到户的制度，就必须有一个统一的规定。于是在 1984 年中央 1 号文件中就明确耕地的承包期一般不应短于 15 年。但是很多人就记住了第一句话。其实在这个文件中关于土地制度上一共有 3 句话。第一句："土地承包期一般应在十五年以上。"第二句："生产周期长的和开发性的项目，如果树、林木、荒山、荒地等，承包期应当更长一些。"第三句："鼓励土地逐步向种田能手集中。对农民向土地的投资应予合理补偿。可以通过社员民主协商制定一些具体办法，例如给土地定等定级或定等估价，作为土地使用权转移时实行投资补偿的参考。"所以很清楚，第一个延长土地承包期 15 年的文件就明确规定承包到户的土地使用权可以流转。而且在流转中对于流出土地的农户给予适当的补偿，就是要付给农民一定的租金。

第二个重要的文件是 1993 年中共中央、国务院发出的《关于当前农业和农村经济发展的若干政策措施》（中发〔1993〕11 号）（简称 1993 年中央 11 号文件）。这是 1993 年 11 月份发出的。这个文件提出了 15 年承包到期后怎么办。30 年不变的规定是在这个文件中提出来的。这是中共中央在 1993 年 10 月份召开农村工作会议上提出来的。有不少人对这个文件精神也是理解成一句话：30 年不变。其实这也不全面。文件中关于土地问题有 5 句话。第一句："为了稳定土地承包关系，鼓励农民增加投入，提高土地的生产率，在原定的耕地承包期到期之后，再延长三十年不变。"第二句："开垦荒地、营造林地、治沙改土等从事开发性生产的，承包期可以更长。"第三句："为避免承包耕地的频繁变动，防止耕地经营规模不断被细分，提倡在承包期内实行'增人不增地、减人不减地'的办法。"第四句："在坚持土地集体所有和不改变土地用途的前提下，经发包方同意，允许土地的使用权依法有偿转让。"第五句："少数第二、第三产业比较发达，大部分劳动力转向非农产业并有稳定收入的地方，可以从实际出发，尊重农民的意愿，对承包土地作必要的调整，实行适度的规模经营。"一共5条。这两个文件很多人都读过，但有的人并没有认真读，因此理解不全面。我参加过一些中央文件的起草工作，有一个很深的体会是，你不管费了多大劲，写了多少字，一个文件出来经常是5000—6000字，有的是7000—8000字，逐级传达后，最后就变成了一句话。例如1984年中央1号文件传达下去后就变成了一句话："15年不变。"1993年中央11号文件也变成了一句话："30年不变。"这种理解对于普通农民来说是够了，他把最基本的内容把握住就行了。但对于农村的基层干部来说，就不够了，因而才出现土地承包30年不变会妨碍土地流转的误解。正如我上面所说的，政策本身并不妨碍土地流转，关键是你是否真正读懂并且理解了政策文件的内容。

第三个文件是1997年中共中央和国务院办公厅发出的《关于进一步稳定和完美农村土地承包关系的通知》（中办发〔1997〕16号）。从20世纪90年代中后期开始，各地出现了一些新情况，即"两田制"。其实早在20世纪80年代初刚刚开始土地承包时一些地方就发明了"两田制"。为什么中央过了差不多15年才出来禁止"两田制"，这里面有实际情况的变化。过去的两田制是一种"动账不动地"的两田制。在我国农村，农民交纳税费基本依据是两条：一条是家庭的人口，一条是土地。人口是在不断变化的，这样，相对每个家庭、每个人承包的土地也就在不断变化。人地关系变化后，税负也会有变化。而"动账不动地"的两田制是农民一种很好的创造。例如：有甲乙两个家庭，在20世纪80年代初承包土地时每户3口人，如果那个村的土地条件比较好，人均有2亩地，甲乙两家就都是承包6亩土地。负担也是平均的。

但是过了 5 年后发生了变化。孩子长大了。甲家庭是个男孩，结婚娶了媳妇，就变成了 4 口人，这样人均就只有 1.5 亩地了。乙家庭是个女孩，女孩长大了，嫁出去了，乙家庭就只有 2 口人，这样人均就占了 3 亩地。变化后乙家庭就比甲家庭人均土地多了一倍。如果原来的负担不变，就不公平了。解决这个问题有两种办法：一是乙家庭调一点地给甲家庭，那样人均占有土地是平均了，但土地承包关系就不稳定了，如果使大家产生了这种不稳定的预期，农户就不愿意对土地进行长期投入了。二是采用"动账不动地"的方法。例如人均 2 亩地，村里规定，一亩地为口粮田，一亩地为责任田。甲乙两户各 3 人，各承包 6 亩地，就各有 3 亩口粮田，3 亩责任田。农民承担的负担都在责任田上，口粮田不收或者只收很少的税费。农户人口变化后，村里可以通过调整口粮田和责任田的比例来调整农户的负担。甲家人口上升为 4 人，口粮田就由原来的 3 亩变为 4 亩，责任田则下降为 2 亩，即只要交 2 亩责任田的税费，负担就减轻了。乙家人口下降为 2 人，口粮田就由原来的 3 亩下降为 2 亩，而要交税费的责任田变成了 4 亩，负担就增加了。通过这种"动账不动地"的办法，就解决了农户之间人地关系变化后带来的负担平衡问题，而不用调整土地的承包关系。中央认为这个办法符合稳定土地承包关系的政策，所以允许搞。但是到了 20 世纪 90 年代中期，尤其是中央对农民负担问题管得比较紧了以后，一些地方出现了动地的"两田制"。这就是说如果仍是人均一亩口粮田，一亩责任田，村里只是把口粮田包到农户，而把责任田统一收回。收回后再搞高价竞标发包，村里从土地上的收费就增加了。这种做法的优点是集中了一部分土地进行规模经营，效益肯定会提高，村里的收入肯定会增加。问题是农民的土地承包权被村里拿走了一半。农民承包地减少，他的收入也就减少了，因此村里的增收是以农户的减收为代价的。这个问题在 1997 年春天经过调查，发现实行"两田制"的土地总量已达 5 亿亩，占了全部土地的 1/3。这就引起了中央的高度重视。土地集中后再承包出去，价格就上来了。如果农民愿意出让土地，土地是可以流转的。但如果用动地的"两田制"办法，就是用行政手段剥夺农民的土地承包权，是侵犯农民利益的，也是不符合中央的土地承包政策的。1997 年中央办公厅和国务院办公厅联合发出了 16 号通知，就是要坚决纠正"两田制"的错误做法。

从法律上比较全面体现土地管理办法的就是《中华人民共和国土地管理法》。新的土地管理法是从 1999 年 1 月 1 日开始实行的。在其中有几条涉及土地承包问题。该法首先明确了土地归谁所有，土地属于农民集体所有。但集体是谁并不清楚。现行土地所有权制度形成于人民公社时期。那个时期关于土地问题最后的文件是 1962 年中共中央关于调整农村基本核算单位的文件，规定农村集体经济实行三级所有，队为基础。这个队就是现在的村民小组。据农业部统计，在改革之前，实行了以生产大队为基本核算单位的在全国所占的比例不到 3%，97% 以上实行的是生产小队为基本核算单位。公社一级的土地非常少，只有搞了良种场、畜牧场、果园等的，才有一小部分公社所有的土地。从 1962 年明确农村土地所有权之后，直到现在，党中央也好，国务院也好，全国人大也好，再没有颁布过调整农村土地所有权的文件和法律，即到目前，农村绝大多数土地是归村民小组所有，这一点应该是非常明确的。但在《村民委员会组织法》颁布后就碰到了一个很大的难题。即土地的所有者没有独立的法律地位。有独立法律地位的是村民委员会，而村民小组不是一层独立的组织。这就是为什么村民小组的土地所有权经常会遭到村民委员会侵犯的原因。因为村民小组本身并不是一个拥有独立法律地位的组织，而村民委员会又是村民小组的上级，它要来管你。我国的土地管理法和村民委员会组织法又都强调，当村民小组不具备向农民发包土地能力的时候，由村民委员会代行它的职能。这就牵涉到一个法律问题，即代行有什么手续？这没有明确的规定。实际状况是职能代行了，土地代发包了，承包费也代收了，并且钱也代花了。这样就出现了一连串的问题。所以，农村土地归农民集体所有的法律是清楚的，但这个集体指的是谁，直到现在仍未讲清楚。这个问题在人民公社时期是很清楚的。但到了《村民委员会组织法》里，却又模糊了。这个问题不讲清楚，整个农村的产权制度就缺乏牢固的基础。但要讲清楚又碰到了大问题。你不能讲土地归村民小组所有，因为村民小组这个概念没有独立的法律地位；但也确实不能写成土地属村民委员会所有，因为这样写了就改变了土地的所有权关系。所以从宪法到土地管理法，都只写到土地归农民集体所有，但归哪一级集体，就模糊了。土地管理法对很多问题的规定已经很具体了。比如规定本集体的成员可以承包本集体的土地，这样就排除了外来农民承包土地的可能。外来农民可以租赁，不能承包，经济关系是不同的。土地管理法明确规定，农户承包土地的限期为30年。这个法律执行至今，已一年半多了。但各地承包期不是30年的仍然不少，5年、8年、10年的各种各样，所以在签订土地承包期合同时，违法的现象还不少。由于该法中缺乏惩罚的规定，所以对土地承包上违法的现象无法用这个法律去规范。我想说的是，尽管目前我国关于土地的法律、法规、政策中有漏洞，毛病还不少，有很多问题需要去完善和细化，但上述的这些政策和法律都是允许承包期内的土地使用权在农民自愿的情况下进行流转的。

关于土地问题我要讲的第二点是，既然可以流转，那么就有个怎么流转的问题。我通过调查认为，一般来说，要有三条原则。第一条原则要明确流转的主体是谁。也就是谁愿意流转，谁要流转的问题。既然以家庭承包经营为基础、统分结合的双层经营体制已经明确载入我国的宪法，宪法规定了这是我国农村的基本经营制度，那么很清楚，在集体所有权不变的前提下，农村土地的承包权、经营权、使用权都在农民手里。只有当农民要求流转的时候，土地使用权才能进入市场。现在很多地方并不真正是农民要求流转，而是乡村干部要农民流转土地，还有的是外来的力量如公司、企业等要求它流转。我曾到浙江绍兴农村调查，那里的土地流转占到了36%，比例在全国最高。我访问的一户农民承包了3亩田，自己只种1.2亩口粮田，另外1.8亩责任田村里早在1995年就收走了。当问他是否自愿上交责任田时，他只表示自己是"同意的"。所以，明确土地流转的主体非常重要，是农民可以在自己的承包期内，在不改变土地使用方向的前提下，依法有偿地进行土地流转。这是农民的权利。但有些地方对农民的这个权利有很大程度的侵害。第二条要明确流转过程中收益的大头归谁。很多地方土地流转中的好处大头农民并没有得到。我调查过一个村，村里把农民手中的责任田收上来了，每亩每年给农民250元，村里一共收回了400亩土地，然后全部挖成鱼塘，用于养虾、养蟹、养珍珠。400亩鱼塘年收益150万元，而付给农民的租金只有10万元，净收益就有 140 万元。当然这 140 万元村里也用来办了不少公益事业，比如盖图书馆、修小公园等，但农民还是有感到不满意的地方，比如集体的财务管理是不是民主和公开，是不是有监督。第三条就是通过土地流转最终要培养什么样的农业经营主体。我们既然规定以家庭承包经营为基础，就是认为家庭经营这种方式在现阶段农村是比较好的经营方式。现在有些地方的做法是要取消农户作为主体，而要以公司、企业为主体，这就涉及改变农民的生活方式、改变农村的社会阶层结构等一系列问题。我认为至少在土地流转过程中要掌握好这三个原则，在这方面国家有法律、政策，要按这些法律和政策办事。

关于土地问题我要讲的第三点是土地流转的形式。可以说，自从实行家庭承包经营后就有了土地的流转。从目前来说，据农业部负责全国的土地承包和合同管理的经济体制和经营管理指导司的统计，全国流转的土地占总面积 5% 多一点，不到 6%。涉及的农户占总农户的 8% 多一点，不到 9%，也就是说有 8%—9% 的农户发生过土地使用权转出、转入的交易。在发达地区这个比率要高一些。浙江全省流转的土地面积占 13.9%，发生土地流转的农户占总农户的 14.5%。

流转形式主要有三种：第一种形式是完全农民自愿。这种形式最普遍，最大量。按照现行法律和政策的规定，这种形式的流转不能完全由双方当事人自行做主，必须经过发包方亦即村民委员会同意才行。但实际上 95% 以上的这种流转没有去找村民委员会。这种流转的好处是绝对的自愿，不会是强迫的。有的地方转入土地使用权要付给转出方租金；有的地方只要转入方负责上交税费就行了，不用付租金；还有的地方转出方还要倒贴给转入方才可以，完全由当事人平等协商。但这种转让的问题在于：一是没有规范的合约；二是各自的权利义务不能谈得很清楚，因为是亲朋好友；三是如果哪一方违背了承诺也没办法处罚。所以一旦发生纠纷，调解处理的难度就比较大，因为提供不了规范、有效的合约。

第二种形式叫股份合作制。有些专家把这概括为"股田制"。这种形式最早出现在广东珠江三角洲的南海市。出现这种形式的最初背景是 20 世纪 90

年代初外资合资企业到那一带投资的数量比较大。一个项目来了，建在那里，由村里说了算。建了工厂的土地，其收益就比种地要高很多，而那些承包地上没有建厂的农民就有意见，于是就出现了纠纷。还有的农民要改变单纯种粮的结构，比如要挖鱼塘，但如果农户个个挖鱼塘当然也不行，这需要有村民能够接受的利益协调办法。正是针对这种情况，土地股份合作制就出现了。土地都包到各户了，但都折成一定的股份，由村里统一规划利用，然后将所有的土地收入按照各户入股的土地进行分红。这样，不管你的土地做什么用，最终来自土地上的收益大体是平衡的。这种形式的好处是解决了在土地问题上的利益矛盾和冲突，而且也有效地制止了在自己的承包地上乱挖乱建的行为。问题是如果土地没有建厂和挖鱼塘的需要，就没有必要搞土地的股份化了。反过来说，如果你要进行土地股份制，就要鼓励人们在土地上建厂房、挖鱼塘，不然土地股份化就没有意义。在珠江三角洲的不少地方，当时就形成了土地利用的"三三制"，一些村将 1/3 的土地作为工商用地，1/3 的土地是果园、鱼塘，1/3 的土地仍旧种水稻。这在一定程度上是鼓励了土地的非农化使用。

第三种形式是反租倒包。反租是指村里向农户租地。倒包是指村里把反租回来的土地再集中租出去，或者自己在土地上进行适当投资后，再反过来出租给村里的农民。这种形式对促进土地经营权的适当集中，发展规模经营有好处。缺点是它有比较强的行政色彩，比如通过调换土地来迫使农民同意村里反租自己的承包地；还有财务上不公开，暗箱操作，我称其为：明着反租，暗着倒包。即村里从农民那里租地的价格是明的，但村里再把土地包给别人时的价格就是暗的了。一般这里的价差有 50%。村里干部热衷于搞反租倒包的主要原因有二：一是方便了村干部收取税费，从一个公司企业收取费用大大方便于村干部找一户户农民收费；二是这里有很大的价格差，村里可以从中得到好处。因此，这种形式如果不公开、透明，村干部们热衷于此主要是冲着可以使村里多得好处的话，反租倒包的形式就弊大于利了。目前这种土地流转形式有扩大的趋势。

当前还有一个情况是不少工商企业要进入农业，利用反租倒包的形式可以使这些企业更方便地拿到大面积土地的使用权。工商企业进入农业，是好事，要鼓励。但是他们进入农业到底应该主要在哪些环节的问题上，要慎重对待。我主张应该更多地鼓励公司企业进入农业的产前和产后环节。比如给农民提供生产资料、技术服务，收购农民的农产品，加工农民的农产品，帮助农民销售等。这些方面应该大量鼓励公司企业进入农业。但是在农业的直接生产环节，即种地的环节，最好不要去。尤其是在已有的耕地上，不应该鼓励公司企业进入农业的直接生产领域。原因主要有三条：第一条涉及农民就业问题。如果企业一去，就圈走了半个村的土地，那么农民到哪里就业呢？如果在乡镇企业发达的地方，这个问题还不太突出，但在一般地方就可能出问题。农民的土地被圈走以后，公司企业也不可能为他们解决全部的就业问题。搞现代农业，能解决农村失去土地的劳动力是很少的。十个中不过一两个而已。这是一个很重要的问题。第二条是改变了农民的生活方式，甚至是改变了整个农村社会的阶层结构。农民原来在家庭承包经营的时候，他是经营主体，是业主。现在如果土地被租走了，农民再去给公司企业打工，那就只能是雇工或者雇农。这种变化对农民的整个心理状态和行为方式都将产生非常严重的影响，就等于过去将自耕农变为雇农的过程差不多。这对农业和农民的影响会是非常深刻的。第三条是对于土地来说，一个健全的土地制度能够让农民认识到土地制度是稳定的，产权是清晰的，那么很多农民就会把土地看作是他的财富。我国的土地管理法也规定在承包期内土地使用权是可以继承的。如果农民把土地当作财富的话，就一定会非常珍惜和爱护，会努力使它永续利用，使它可以传宗接代，因为对农民的下一代来说，土地仍旧是财富。但如果公司企业经营的话，土地就仅仅是被作为一种生产要素，那么经营者就会在租期内尽最大的努力把土地的油水榨干，这就会使土地的利用方式发生很大变化，例如大量地使用无机化合物等，这对土地肥力、对生态环境都会有很大的破坏。所以对于公司企业进入农业第一要鼓励它们进入；第二要鼓励它们进行农业的产前、产后环节，成为农业直接生产领域的服务业；第三如果企业一定要进入农业的直接生产环节，也最好进入开发利用不充分的农业资源，如荒山、荒坡、荒滩的治理利用，以及治沙改土、植树造林等，实际上已经有了很多公司企业从事开发式农业的成功范例。与农民争耕地，后患无穷，这方面是有很多深刻教训的。

最后我想讲一讲将农地变为非农地时，如何保障农民的权益。这个问题已经越来越紧迫地摆在我们面前。根据我国现有的法律法规，农民所拥有的土地只能是农地，如果要转为非农用地，必须经过政府征用土地。这即是说，集体的土地不允许进入非农业的土地市场。因此在我们法律上没有农地价格这个概念。政府征地所付的也不是土地的价格，而是土地的补偿金。对此，政策规定对青苗、拆迁、就业进行补偿。现在的补偿额有了提高，但农民仍旧不满意。我赞成地价收益应该归社会，地价收益不能进入农民的直接消费。地价收益应该变为资本，而不应作为直接消费。当然，这些资本由谁去用，是一个很现实的问题。从现在的情况看，补偿金肯定要比地价低。因此征地后就形成了很大一块资金，要研究这块资金如何合理使用的问题。近年中国最大的征地行动，大概就是发生于年代初的上海浦东新区开放过程。浦东新区经过几期规划后征占面积达到 580 多平方公里，涉及好几个县。1992 年我去那里调查，征用的粮田、青苗费、房屋拆迁费、安置就业费三项合计补偿金为 23000 元一亩，每亩菜地的补偿金是 28000 元。平均折合为 25000 元一亩地。这些土地经过四通一平建设后，当年就可卖到 20 万—30 万元一亩。1992年开发区做到四通一平每亩需投入 6 万—7 万元。这样，补偿金加上四通一平建设费合计每亩不到 10 万元，但当时就可卖到 20 万—30 万元一亩。从征地到批租，一亩地至少可以赚 10 万元，那么一平方公里就可以积累资金 1.5 亿元。浦东新区总面积 580 多平方公里，按此算可积累资金 900 亿元。当然那么多土地并不都是征来的，有的原来就是市地，征来的农地也不可能全卖出去，有些土地还要用作公益用地。但就是卖出去 1/3，算 200 平方公里的话，也可以从土地上得到 300 亿元的收益。而这些都是从农民那里拿来的。农民本来是土地的所有者，但我们在征地时付给农民的却是"补偿金"，似乎有点不伦不类，实际结果是让农民吃亏。

我国不少农业经济学家经常讲到工农业产品的剪刀差问题，很多专家也进行过认真的测算，结果是普遍地说是从农民那里拿走 6000 亿—8000 亿元。

最近国土资源部主管土地的负责人告诉我，从改革到现在 20 多年时间，据他们掌握的情况，通过对农地的征用，从农民那里集中的资金超过 2 万亿元。中国正处于加快城市化的过程中，这个问题必须引起高度的重视，否则有可能激化社会矛盾。深圳也好，北京也好，其实在城市化的过程中已经发生过不少这方面的问题，不少农民不愿自己的土地被征用。这也迫使我们要认真地反思原来那种征地办法的利弊得失。目前我国采用的由政府出面从农民那里征用土地改变所有权后再批租出去的方法是从香港学过来的。但香港有一整套严密的监督和管理体制，如严格控制土地的总供给量，地价的收益要进入土地基金等。我国目前在这方面还缺乏严格的制度，不少甚至是通过土地划拨搞暗箱操作。应该说农民土地被政府征用拿到的补偿金是很低的，但失去土地以后，他当不成农民了，而拿到的那点补偿金，也当不成市民。既不是农民，又不是市民，那就会成流民。如果流民的比重大了，社会问题也就大了。深圳市迫于农民的这种压力，早在 5—6 年前就作了新的尝试。方法是，农民的土地仍旧由政府来征用，四通一平的投入由开发区来投资，招商时，将开发区的土地划出一定的比例由村里来进行招商，土地收益也归村里集体所有。这样农民就有了一块比较稳定的收入。当然也可以探索其他的方法。总之，再像以前那样只付给农民一点点补偿费就把土地从农民那里拿过来的做法，是要出大问题的。现在我的一个基本感觉是，在大多数地方，我们的村民委员会和村干部对于已经承包到户的土地仍然有过大的权力，随意去调整、去收回，实际都是在增加农民的负担，这都是妨碍农民权利的东西。

我体会最深的是，农民在村里最烦恼的就是三件事：第一件事是收钱；第二件事是动地；第三件事就是计划生育。这三件事是互有联系的，因此村民委员会的民主制度和健全的土地制度也是有着非常密切的联系。所以有没有一个健全的、明晰的土地产权制度，对于能不能建立起一个比较民主的村民自治制度是有直接联系的。

从收入分配和财产分布看中国渐进式改革的成绩与问题[*]

赵人伟[**]

中国的经济改革已经持续了 30 年的时间。为了降低改革的成本，我们采取了渐进改革的方式。在这 30 年的时间里，从收入分配和财产分布角度来看，中国的贫富差距在迅速扩大。在这种情况下，我们应该如何考察渐进式改革所付出的代价以及前景？我个人认为，收入差距扩大可以分成三个层次。第一个层次是改革开放的成果。第二个层次是将收入差距扩大看作我们必须付出的代价。第三个层次才是过高的代价。20 世纪 90 年代以来，我们确实已付出了过高的代价。下面就谈谈我的看法。

一、中国经济改革的特点

就中国经济改革的特点来讲，不同的学者有不同的看法。美国哈佛大学德怀特·帕金斯（Dwight H. Perkins）教授概括出亚洲类型社会主义经济体制

---

　　[*] 本文原载于《经济社会体制比较》，2008 年第 4 期。本文根据作者在"比较研究与改革开放 30 年回顾与展望"学术研讨会上的演讲录音整理，未经作者本人审阅。

　　[**] 赵人伟，中国社会科学院经济研究所前所长、研究员。

国家的三个特点。第一，经济改革优先于政治改革。第二，亚洲的社会主义国家要比前苏联的社会主义国家穷得多。第三，亚洲的社会主义国家在改革起步时，多数人口从事农业。在帕金斯教授所讲的基础上，根据中国的情况，我认为中国的经济改革具有五个特点。

第一个特点，计划经济覆盖率比较低。在城市的正规部门，计划经济强度比较大。在农村或城市的非正规部门，计划程度不够。这个特点为改革采取渐进方式，先打外围战，后打攻坚战提供了空间。

第二个特点，中国经济改革的起点比苏联和东欧国家都要低。关于经济体制的不同模式有各种各样的划分方法。我归纳成六种模式。第一个模式是军事共产主义经济。第二个模式是准军事共产主义经济。第三个模式是典型的计划经济。第四个模式是修改了的计划经济，就是赫鲁晓夫时期把斯大林模式稍微修改了的模式。第五个模式是有调节的市场经济。第六个模式是完全自由的市场经济。

中国改革的起点模式是第二个模式。苏联和东欧改革的起点是第四个模式，宏观经济决策和企业经济决策都是集中化的，但个人的经济决策是分散化的。而中国的经济在三个层次上都是集中化的。

第三个特点，同苏联和东欧国家相比，中国的经济改革同经济发展的联系更紧密。苏联在改革起步时国家已经基本实现了工业化。我参照日本教授的总结，进行了归纳，把中国经济分成发展和改革两个层面。从发展角度来看，一个层面是从自然经济到市场经济或现代经济的转型，日本称作从习俗经济到现代经济；另一个层面是从二元经济向现代经济的转型。中国既在从二元经济向现代经济转型，又在从习俗经济向现代经济转型。从体制转型来看，是从计划经济向市场经济的转变。所以，中国的经济改革与前苏联相比要复杂得多。

不仅如此，改革开放对中国也是很重要的。前苏联和东欧国家认为，香港对中国的改革开放起了很大作用，而苏联没有香港这样一个地方。我认为中国改革和开放两个方面是互相促进的。苏联和东欧开放程度没有中国高。中国海外有那么多华侨，对中国改革开放起了很大的作用。

第四个特点，中国经济改革是改革和发展（增长）同步进行，互相促进的。就像世界银行专家所讲，苏联的改革是以牺牲增长为代价的。芝加哥大学一位学者专门著书探讨这一问题，他认为不管采取渐进方式还是采取激进方式，改革必须以牺牲增长为代价。如果采取渐进方式，生产和消费起落的幅度会小些；如果采取激进方式，牺牲会更多一些，但发展起来会更快一些，生产和消费的起落幅度要大些。但是中国经济的生产和消费一直是在同步增长，年增长率保持在10%左右。

第五个特点，中国经济改革采取的渐进方式有利于降低改革的成本和风险。中国经济改革之所以采取渐进方式，是因为中国国情的特殊性。中国的国情是经济落后、二元结构、幅员辽阔、发展不平衡和改革的起点低等。

20世纪80年代初，中国把布鲁斯教授（波兰学者——编者注）请到国内来讲学。那时，布鲁斯教授认为，中国的经济改革必须采取一揽子的激进方式。但根据中国的实际情况，包括布鲁斯和科尔奈在内，最后都认同了中国的渐进式改革，认为这种方式不可避免，承认中国的改革是成功的。中国的改革必须采取先易后难的原则，从农村到城市，从沿海到内地，从运行机制改革到所有制改革，从非公有制经济到公有制经济，从体制外到体制内逐步推进。

到了20世纪90年代，国内外许多经济学家把渐进式改革界定为"增量改革"（incremental reform）。增量改革就是存量部分放在老体制不动，增量部分进入新体制。如果发展得快的话，增量部分就大量进入新体制。老体制的意义就越来越小。"增量改革"的进行，使老体制作用越来越少，阻力也越来越小。

回顾中国30年的改革，总体来说，中国经济改革采取的是渐进方式，但在某些领域内有激进的因素。例如20世纪80年代初的农村改革带有激进意义，是带有激进因素的成功案例。而1988年的价格闯关造成到处抢购，结果闯关方案搁浅了，则是带有激进因素改革的失败案例。

二、收入分配：从平均主义盛行到收入差距过大

从平均主义盛行到收入差距扩大，这是我们30年来改革的最大变化。在

改革开放以前，中国是均等化程度很高的社会。中国当时的基尼系数是：城市地区在 0.2 以下；农村地区在 0.21 至 0.24 之间。同期其他发展中国家的基尼系数是：城市地区在 0.37 至 0.43 之间；农村地区在 0.34 至 0.40 之间。发展中国家基尼系数都比我们高得多。

改革开放后的 30 年来，中国的收入差距拉大了。但对全国的基尼系数有不同的估计。我把这些估计分成高、中、低三种。低估计为 0.4 左右（国家统计局）；中估计为 0.45 左右（中国社会科学院经济研究所）；高估计为 0.50 左右（南开大学）。对城乡收入比率的估计也可分为三种。低估计为 1∶3 左右（国家统计局）；中估计为 1∶4 左右（世界银行）；高估计为 1∶5 左右（宋晓梧）。从城乡的收入比来看，距离是先缩小，后扩大。改革开放初期，倍数是 2.5 倍。其中 1985 年是 1.8 倍，到后来就变成 3.3 倍左右。无论从发展的角度，还是从改革的角度来看，我认为这种状况都是不正常的。从世界各国的经济发展情况来看，城乡差距都是在缩小，而不是在扩大。而我们为什么是先缩小，后扩大呢？我们需要认真总结一下这方面的经验教训。

如何从收入差距的扩大来衡量渐进改革的成本呢？我认为我们已经付出了必要的成本，但也付出了过高的成本。例如：在 20 世纪 90 年代以来的房地产开发过程中，土地从无价变高价，发生了土地买卖中的"设租"活动，使一部分人获得了超常的利益。这是一种过高的代价，不是非付不可的代价。寻租的价格都是给定的，寻租者没有设定的权力。高价是市场给定的，低价是计划经济给定的。设租不一样，高价是市场给的，低价是自己定的。所以，设租的利益空间特别大。寻租活动利益空间高出半倍到一倍，而设租活动利益空间则高出 10—20 倍，甚至几十倍都是很容易的事情。

再如，中国的公车使用仍然沿用老办法，也不符合渐进改革——增量改革的要求。增量改革要求新财富进入新体制。为什么新财富进入老体制，而且量还越来越大？一个有争议的难题是：如何估算租金收入和灰色收入的总量？按照胡和立的估算，1988 年因价格双轨制而引起的租金总量为 3569 亿元，占当年 GDP 的 30%。按照王小鲁的估算，2005 年全国城乡居民收入总和大约是 13.5 万亿元，而根据官方数据推算的此项收入为 8.7 万亿元，前者比后者高出 4.8 万亿元，相当于当年 GDP 的 25%，其中，绝大部分属于灰色收入。学术界对上述估计数据的可靠性和方法的科学性都提出了质疑。迄今为止，没有一个人能证明自己的计算是准确的；但是也没有一个人能否定上述租金和灰色收入的数额是庞大的。这是学术界的困惑。

从全国来讲，新财富进入老体制的现象普遍存在。如果对既得利益不敢碰，今后的改革恐怕是很难办的。必须建立一个互相制衡的机制，才能解决问题。中国古代讲慎独，可慎独是以性本善作为前提的。但人性既有善的一面，也有恶的一面。没有权力的制衡，改革是很难深化的。

三、财产分布：从几乎没有个人财产到个人财产的高速积累和显著分化

财产分布将成为人们关注的一个新焦点。中国经济改革的结果表现在财产分布上，从几乎没有个人财产到积聚个人财产的高度分化。自 20 世纪 90 年代以来，中国居民的个人财产经历了一个高速积累的时期。财产的分布变得越来越不平等。小康社会与和谐社会的建设不仅取决于收入分配的状况，而且取决于财产分布的状况。财产与收入之间存在着互动关系。财产分布的不平等成为收入分配不平等的一个重要因素。这是我们关注财产分布的一个原因。我简单概括一下结论性数据。全国居民人均财产的构成有六大项，其中房产占 57.88%，金融资产占 21.79%，土地占 9.35%。在全国居民人均财产分布方面，首先出现了最高 20% 与最低 20% 之比，其中房产是 62.7:1，金融资产是 29.13:1。其次在集中率上，房产为 0.6302，金融资产为 0.6291，财产总额的基尼系数为 0.55。

那么，如何从国际比较的角度来看中国当前财产分布的差距呢？根据一位在澳大利亚讲学的英国学者所写书中的数据，发达国家财产分布的基尼系数在 0.5—0.9 之间（收入分配的基尼系数在 0.3—0.4 之间）。而中国当前财产分布的基尼系数为 0.55（收入分配的基尼系数为 0.454）。在这方面还没有达到国际水平。虽然如此，但我认为有两点值得考虑：（1）中国财产的积累

只有 20 多年，而发达国家已有数百年历史；（2）中国收入分配的基尼系数已经超过发达国家，必然影响今后财产分布差距的进一步拉大。十七大报告提出，城乡居民收入较大增加，家庭财产普遍增多，创造条件让更多群众拥有财产性收入。我认为十七大报告这个提法意义很大，主要有四点意义。第一，居民拥有个人财产的重要性，体现了藏富于民的思想。第二，明确了居民除了劳动收入外，还有财产收入。我认为这一点非常重要。原来中国统计没有财产收入，最近才有变化。世界各国的统计都有劳动收入与财产收入。我们国家慢慢地将和世界接轨。明确了居民收入中有劳动收入和财产收入，拓宽了居民增加收入的渠道，体现了居民收入来源的多元化。第三，指出了收入与财产收入间的互动关系，收入多，财产多；财产多，收入多。第四，防止财产及其收入差距的过大。让更多群众拥有财产，而不是少数人拥有财产。在这方面，我们的研究还不够，数据缺乏，理论也跟不上。

四、简短结语：一些政策建议

通过上述对中国渐进式改革成绩与问题的分析，我认为可以得出下面几个结论：

首先，要进一步深化改革。贫富差距的拉大并不是市场取向改革本身的错误，而是渐进改革成本上升的一种表现。只有深化改革——不仅是深化经济改革，而且是深化政治改革，才能解决诸如寻租活动、设租活动、权钱交易、部门分割、地区封锁以及各种垄断行为。

其次，要关注收入分配和财产分布之间的互动关系。我们要避免两者之间形成一种恶性循环，促进两者之间形成一种良性循环。

再次，要加强土地问题研究。农民是土地的所有者，尽管他们是公有土地的所有者，而不是私有土地的所有者。但是 20 多年来，在土地流转过程中，农民究竟从中得到多少好处？刘诗白教授认为土地承包经营权应该得到相应的承认。我认为应该重视这一观点。几千年来，农民都是为土地而奋斗的。农民作为集体土地的所有者，他们怎么实现土地所有者的利益至关重要。

无论从收入分配角度，还是从财产分布角度，我们都要深入研究。

最后，要研究财产税问题。财产收入增加了，差距扩大了，高速积累了，显著分化了，就提出了一个财产税的问题。学术研究应该有前瞻性，经济决策也应该有战略性。

总之，对 30 年改革经验的总结，关键要总结出对今后深化改革有意义的经验和教训。

我国社会保障制度改革的几个问题[*]

李剑阁[**]

现在所说的社会保障，通常包括社会保险、社会救济、社会福利、优抚安置、社会互助以及个人储蓄性保险等项目。其中，社会保险是社会保障的主体部分，是由国家立法强制实施的，我国目前包括养老保险、失业保险、医疗保险、工伤保险及生育保险等五项。今天，我主要谈谈城镇社会保障制度改革问题，侧重于养老和医疗两个题目。

一、社会保障制度改革的背景

新中国成立初期，我国就已建立起社会保障制度，20 世纪 50 年代末、60 年代初，国家对其进行了局部调整和整顿。随着改革开放事业的发展，这种社会保障制度存在的弊端日益暴露出来，而且越来越突出，亟须进行改革。

（一）社会保障制度改革是应对人口老龄化的需要

我国是世界第一人口大国，老年人的数量居世界第一位。根据第五次全

---

* 本文原载于《经济社会体制比较》，2002 年第 2 期。本文是根据作者的一次演讲整理而成。

** 李剑阁，中国国际金融公司（中金公司）董事长，原国务院发展研究中心副主任。

国人口普查提供的数据，我国65岁及以上人口占总人口的比重为6.96%，比1990年人口普查上升1.39个百分点。① 按照国际上人口老龄化的标准，我国已经开始步入老龄化的阶段，而且老龄化进程加快。另据美国人口普查局的统计和预测，65岁以上老年人比重从7%升到14%所经历的时间，法国115年，瑞典85年，美国68年，英国45年，日本26年，而我国大约只要27年（Kinsella，1995）。人口老龄化对社会保障的压力是全面的。

1. 人口老龄化对养老保险的压力

发达国家的人口老龄化是在人均国民生产总值较高水平情况下出现的，而且建立了较健全的养老保险体系。但是，我国是在经济基础较差的情况下进入人口老龄化的，2000年人均国民生产总值也不过800美元。据预测，2030年我国退休人员将达到高峰，如继续坚持现收现付制，那时约2个在职职工就要负担1个退休人员的生活。② 为渡过人口老龄化高峰，我国自20世纪90年代初期起，开始探索从现收现付制向部分积累制过渡，并确定了实行社会统筹与个人账户相结合的制度模式。

同世界上其他转制国家（如智利）一样，从现收现付制向部分积累制过渡，无法回避隐性债务问题。对于这个隐性债务，社科院、世界银行、财政部、劳动保障部、国务院体改办有过各种测算或精算，但结果不尽相同。1999年，国务院体改办曾在美国安泰保险公司的协助下，以南京为样本进行了精细测算，结果为：如果按照缴费率为20%，收益率为4%、6%、8%三个方案来计算，假定国有企业女职工退休年龄为50岁，男职工的退休年龄为60岁，按收益率为4%计算，隐性债务为87632亿元，相当于我国目前一年的GDP。如果以收益率为6%来计算，隐性债务为47219亿元；按收益率为8%来计算，隐性债务则为24299亿元。目前我国银行的利率只有2%多一点，

---

① 资料来源：《人民日报》2001年3月29日。

② 参见社会保障体系专题调研组测算小组：《城镇职工基本养老保险保险总体方案预测报告》，1995年。

国库券的利率也只有 3% 多一点。

按照制度设计，企业平均缴费率在 20% 左右就可以渡过我国的人口高峰，而且到 2050 年还可以有 6% 的部分积累。但实际情况是，一些地区的缴费率高达 29%，仍然入不敷出，不仅透支了个人账户资金，甚至把过去积累的资金也用上了还不够。据劳动保障部门统计，1999 年，全国有 25 个省、市、自治区出现了基本养老保险基金入不敷出，挪用个人账户资金达到近 1000 亿元。长此以往，必然会导致个人账户的名存实亡。

2. 人口老龄化对医疗保险的压力

新中国成立后，我们建立了低水平、广覆盖的医疗卫生保障制度，用比较低的费用保障了比较高的居民健康水平，从而使居民对社会保障抱有较高的期望。特别是随着居民医疗水平的提高和预期寿命的延长，医疗保险所面临的压力就越来越大。

据国内外的有关资料，人均医疗费用和年龄密切相关，一般情况下，60 岁以上年龄组的医疗费用是 60 岁以下年龄组医疗费用的 3—5 倍。美国、日本以及欧洲一些国家医疗费用大幅度增长的原因，除了医疗技术发展造成的费用增加，主要是人口老龄化。

1998 年，我国 29 个省市的公费医疗统计表明，人均医疗费支出，在职人员为 477 元，退休人员为 1247 元。即便是按 1998 年的医疗实际费用支出计算，人口老化带来的医疗需求量负担到 2025 年将增加 47%，如果考虑到各年龄组的医疗费用按 GDP 年增长率同比增长，我国医疗需求量费用到 2025 年将达到 6 万亿元以上，占当年 GDP 的 12% 左右（饶克勤、尹力、刘远立，2000）。

（二）社会保障制度改革是经济体制转轨的需要

当前，我国经济体制改革进入了攻坚阶段，随着国有企业改革的不断深入，非国有经济的迅速发展，对社会保障体系建设提出了新的要求。

1. 国有企业所承担的社会职能需要转移出来

国有企业改革是我国经济体制改革的中心环节，建立现代企业制度是国有企业改革的方向。剥离企业办社会负担、分流企业富余人员，是国有企业建立现代企业制度的前提。只有把国有企业所承担的养老、医疗等社会职能转移出来，把富余人员分流出来，才能为国有企业参与市场竞争创造公平的环境，才能增强国有企业的活力和竞争力。

我们过去的养老和医疗等保障都是由国家出钱，企业负责具体操作。在计划经济体制下，企业是永存的，职工当然可以和企业共存亡。但现在情况不同了，国有企业有可能破产。有企业破产以后，职工怎么办？这样，建立社会安全网的责任就落到了政府的头上。否则，国有企业的改革就无法深入进行下去。因此，要深化国有企业改革，就必须把国有企业的保障职能从企业中剥离出来，变成社会化的管理，从而使企业的生死不至于对职工带来太大的影响。

2. 社会保障的覆盖面需要扩大

我们过去的养老和医疗等保障只适用于国有单位和部分集体企业，这显然不符合经济转型时期所有制结构调整的需要，既不利于不同所有制企业之间平等竞争，也不利于保护非国有企业职工应有的权益。

目前，我国已基本形成以公有制为主体，国有经济为主导，多种经济成分共同发展的多元所有制结构。按规模以上企业的工业总产值计算，1995 年纯国有企业的比重为 47.1%，2000 年降为 28.7%；随着改革开放的深入，外商和港澳台商投资企业也获得了较快发展，比重由 15.9% 上升到 27.1%。此外，第三产业即服务业发展迅速，九五期间前四年全国从业人员共增加 2639万人，第三产业吸收了其中的 81%，成为就业的主渠道。在第三产业中，非国有经济占有很大比重。非国有经济的迅速发展，要求尽快扩大社会保险的覆盖面。一般说来，其覆盖面越广，互济功能就越强。从增强社会保险基金支撑能力考虑，也应当尽快扩大覆盖面。

我们过去的养老和医疗等保障是在计划经济体制下建立起来的，其特点是"高福利、窄覆盖"。在这样的条件下，如果社会保障制度改革不到位，"高福利"没有降下来就急于扩大覆盖面，可能出现"高福利、广覆盖"的局面，国家财政将不堪重负。

（三）社会保障制度改革也是促进宏观经济发展的需要

从国际范围看，20 世纪 80 年代以前，社会保障体系同整个宏观经济运行似乎是隔离的，社会保障是一回事，宏观经济运行是另一回事，这两者之间没有必然的、直接的联系。从 20 世纪 80 年代开始，国际上的社会保障制度改革出现一种趋势，就是社会保障同宏观经济运行的联系越来越紧密。

1. 完善的社会保障制度是宏观经济的调节器

战后美国经济的波动较战前大大缩小，甚至在 20 世纪 90 年代实现了连续 100 多个月的经济景气，完善的社会保障制度起了一定的作用。从教科书上可以知道，当经济危机到来时，如果没有社会保障制度，那些失去工作、没有工资的人就会失去其原有的消费能力，从而造成生产能力的进一步过剩，导致经济的进一步衰退。而美国在 1935 年制订《社会保障法》、建立社会保障制度以后，对失业工人发放救济金就增加了下岗工人的消费能力，从而遏制了经济的衰退。

亚洲金融危机爆发以后，新加坡政府迅速改变了公积金缴费率，从占工资总额的 40% 大幅度减少到 30%，雇主和雇员的缴费率各减少 5%，从而减少了企业的工资开支，增加了工人的当期收入，最终减缓了金融危机对其经济的冲击。

2. 养老保险制度改革有利于促进资本市场发展

新加坡、智利等国采取的个人账户积累制，实际上是把养老保险制度改革同宏观经济运行和发展，特别是证券市场有机地联系在一起。

在发达国家，养老基金积累了大量的资产，是资本市场上举足轻重的机构投资者。基金制养老保险制度对资本市场有着多方面的深刻的促进作用。基金制养老保障制度的建立，使社会保险性储蓄迅速增加，带动总储蓄的增长，为资本市场提供资金来源；养老金参与资本市场的投资，对金融立法和监管提出了更高的要求，促使监管当局更好地维护市场的公正性，保护投资者的利益；养老金的安全性、收益性与退休职工的收入及社会安定息息相关，因而要求金融市场有良好的秩序，保持较高的公正性和有效性；养老基金的投资注重长期性，交易行为较为确定，有助于稳定证券市场。此外，养老金大规模投资证券市场，对市场基础设施提出了更高的要求，促进了中央托管机构、清算系统、簿记系统的建立和完善，大大降低了市场交易成本，提高了市场的流动性和透明度。

二、城镇职工养老保险制度改革

我国城镇职工养老保险制度包括企业和机关事业单位两类。除企业化管理的事业单位近年来参照企业职工养老保险制度进行改革外，机关事业单位职工的养老保险制度虽然也进行了一些改革探索，但总体上与传统制度区别不大。

（一）城镇企业职工养老保险制度改革的主要过程

我国城镇企业职工的养老保险制度正处于改革和完善的过程中：在体系结构上，统一了基本养老保险制度，并鼓励发展企业补充养老保险和个人储蓄性保险；在制度模式上，基本养老保险实行社会统筹与个人账户相结合，补充养老保险实行市场化运营和管理；在基金筹集上，基本养老保险以企业和职工的缴费为主，国家财政给予必要的补充，目前正在拓展筹资渠道；在统筹层次上，部分地区实现了省级统筹或建立了省级调剂金。

1. 实行退休费用社会统筹

这项改革从 1984 年就开始在部分地区进行试点。社会统筹的含义是，企业和职工把养老基金缴纳在一起，由社会来管理。在职职工按照其收入的一定比例，把预付的养老金交给社会保障机构，社会保障机构则把在职职工缴来的资金，用于支付当期老年人的需要。这种资金运作方式也被称为现收现付制（Pay as you go）。发达国家最初建立的养老保险制度都是现收现付制。

2. 实行部分积累的基金模式

20 世纪 80 年代中期我国开始的社会统筹的管理，但没有改变现收现付的基本模式。同现收现付制对应的是积累制，亦称个人账户制、基金制，即自己为自己的养老进行自我积累。1991 年，国务院在《关于企业职工养老保险制度改革的决定》中，明确指出养老保险要分为社会统筹和部分积累两个部分，从而明确提出了国家只承担有限责任的问题，并明确提出职工的养老既要提倡社会互济，又要提倡自我保障，既要讲求公平，又要讲求效率等原则。当时，中国的养老保险制度改革引起了国际上的广泛关注。世界银行曾提出，中国的养老保险制度应以社会统筹、个人账户和补充养老保险三个支柱为基础。前两个是国家强制执行的，后一个是个人和企业自愿参加的。补充养老保险为了满足收入较高的企业、个人享受较高的养老水平的需要而搞的，具体由商业保险公司承办。

3. 探索统账结合的基本养老保险制度

1993 年党的十三届四中全会通过的决定明确提出，要建立社会统筹与个人账户相结合（简称"统账结合"）的养老保险制度。1995 年《国务院关于深化企业职工养老保险制度改革的通知》进一步确立了统账结合模式。随后，国务院发现各地的养老制度的改革试点工作五花八门，结果限制了职工的跨地区流动。因此，在 1997 年下发了《建立统一的企业职工基本养老制度的决定》，从而统一了企业的缴费率、个人账户规模和基本养老保险金计发办法。

4. 实行省级统筹和属地管理

改革过程中养老保险打破了"企业自保"的模式，但绝大多数省实行的是县、市级统筹，共济层次较低；还有 11 个中央直属部门的企业实行行业统筹，不参加所在地的养老保险统筹。基本养老保险基金被市县和行业所分割，承担风险的能力大大减弱。为此，1998 年《国务院关于实行企业职工基本养老保险省级统筹和行业统筹移交地方管理有关问题的通知》要求在当年实现省级统筹和行业统筹移交地方管理，使基本养老保险制度更加规范、健全。

（二）是否取消个人账户

养老保险制度改革所面临的一个比较突出问题，就是个人账户的空账问题。目前个人账户资金已被挪用的近 1000 亿元。如果这种状态持续下去，个人账户就会名存实亡。2000 年国内学术界对养老保险制度改革问题展开了进一步的讨论，其中一个核心问题就是要不要取消个人账户。

1. 不应取消个人账户

关于个人账户，目前世界上主要有两派观点，经济学家大都赞成搞个人账户制，因为它有效率；但国际劳工组织和国际社会保障协会坚决反对个人账户，他们认为推行个人账户的结果是费用增加、风险增加，最终实际上得不到什么好处。

当年芝加哥大学的几个年轻人（被称为"芝加哥六小子"）曾针对智利的养老体制明确提出，智利应推行个人账户，以增强其养老制度的激励机制、明确个人责任，同时他们认为推行个人账户也有利于增加社会积累。从智利推行个人账户的养老保险制度改革经验看，还是有很大效果的。

智利养老保险制度改革的第一年即有大批职工转入个人账户新制度，1982—1997 年，加入新制度的职工平均每年以 27.1% 的速度递增，到 1998 年年底已有 596.6 万人加入新制度，占雇员的 62% 多。从 1982 年年底到 1997 年年底，智利个人账户养老金积累平均以每年 38% 的实际增长率增长，到 1998 年 12 月，新制度积累养老金 326 亿多美元，约占当年 GDP 的 43%。养老金积累增长快除了参保人数增加外，重要的原因是基金投资保持了较高的回报率，十几年来，养老基金实际投资回报率平均达到 11%。

智利自实行新的养老保险制度以来，国内储蓄大幅度增长，储蓄占 GDP 的比重由 1982 年的 8% 左右上升到 23% 左右。储蓄增加为投资特别是中长期项目投资提供了资金来源，也保证了就业岗位的增加。据统计，1998 年智利 GDP 增长的 25% 是由养老金投资提供的。

2. 个人账户的管理方式

从国际上看，采用个人账户比较典型的国家主要有新加坡和智利，他们采取了不同的运作方法，新加坡是公营模式，智利是私营模式。这两种管理模式各有利弊。

新加坡的中央公积金由政府集中管理和投资，具体是由中央公积金局统一运营的，同时由雇主、雇员及政府代表共同组成的管理委员会负责管理。这种模式的好处是，投资收益有保证，几乎没有资产风险，而且行政成本低于智利私营公司的管理成本。但最大的问题是，政府代替市场运作，效率低。没有资产风险，却有投资风险。如果投资回报率低于通货膨胀率，将导致养老金给付不足。投资效率低的主要原因：一是政府作为唯一的基金管理者，缺乏竞争机制，参保人不能选择其他投资机会；二是掌管资金的政府官员在投资决策上权衡利弊，倾向于低风险投资，担心投资失败，甚至亏损，成为众矢之的；三是在投资决策上很难不受政治因素左右。政治力量往往要求政策性投资，以投大众所好。

智利的个人账户由私营的基金管理机构运营和管理，参保人具有自由选择基金管理机构的权力，每 4 个月就可以选择一次。国家的主要责任是进行严格的监管。这种模式的优点是，促进了基金管理公司的竞争，为吸引客户，各个基金管理公司努力提高办事效率、服务水平及投资回报率。但最大的问题是，基金管理费用过高，投资过分强调短期绩效。智利的管理费用是以账户单位来计算的，参保人需向基金管理公司支付3%的工资用作管理费，相当于缴费的12%—15%。同新加坡相比，管理费显然太高。此外，由于国家对基金管理公司投资绩效的评估是依据12个月的平均数来计算的，基金管理公司担心受罚不可能选择长期获益的投资工具或项目。

香港已开始推行强制性公积金制度，并由特区政府立法。强积金的管理介于公营模式与私营模式之间，具体由公民从政府提供的合格资金管理者名单中选取其资金的管理者，并可进一步选择作为其资金投资对象的金融工具。政府并不负责资金的运营，也不对其资金的安全性和收益性进行担保。

从近期看，我国的个人账户基金应由政府统筹管理，基金运营机构与基金监督机构要分开，管钱与管账要分开；基金受托人应是全国唯一的，只在中央一级建立。但从中长期看，应当允许用人单位和参保人对基金管理机构进行自主选择，中央的责任就是做好监管，这是由养老金待遇给付的财务机制决定的。

三、建立城镇职工基本医疗保险制度

我们过去对城镇职工实行医疗保障制度，即公费医疗和劳保医疗。1998年，国务院颁布了《关于建立城镇职工基本医疗保险制度的决定》，要求在1999年年底以前在全国建立起统账结合的基本医疗保险制度。根据我个人的经验，建立基本医疗保险制度比养老保险制度改革还要难。养老保险制度改革虽然存在许多问题，短期内还不至于爆发危机，但医疗保障制度改革则不然，搞不好一天都维持不下去。

（一）建立基本医疗保险制度难在哪里

同养老、失业保险相比，建立医疗保险制度的进展相对滞缓。到2000年年底，基本医疗保险制度的覆盖人口只达到 4800 万人，离原定目标仍有很大的差距。

1. 信息不对称建立医疗保险改革的难点之一，在于存在严重的信息不对称性

与养老保险不同，你今天交了钱，明天就有可能生病用钱，并且同样的症状可以有多种疾病，同样一种疾病，药品的使用上也存在着严重的不确定性。正是由于以上种种原因，即使在国外，也有许多大的医疗保险公司陷入困境。

另外，工厂拖欠企业职工医疗费的问题也十分严重。即使在经济比较发达的上海市，据调查，拖欠的职工医疗费还有 20 亿元之多。落后省市的情况就更不用说了。

2. 医药卫生体制改革滞后

公费医疗和劳保医疗制度是计划经济时期形成的"高福利"，国有单位职工无论看小病还是治大病，个人几乎不承担医疗费用，医疗消费不受个人支付能力的制约，从而形成了职工在医疗消费上的攀比、浪费等倾向。为了抑制不合理的医疗消费甚至浪费，在医疗保险制度设计中，很自然地会把注意力集中在医疗费用上。但是，造成医疗消费不合理的原因是多方面的，除了职工的医疗行为不受约束以外，医药卫生体制也是一个很重要的方面。

改革开放以来，我国医药卫生事业有了较大发展，人均预期寿命延长，健康状况普遍改善。同时也应看到，医药卫生体制方面还存在一些问题，如医疗资源配置不合理、药品生产流通秩序混乱、一些医疗机构片面追求经济利益、医药费用增长过快。医疗费用增长过快，不仅增加了患者的负担，更重要的是使基本医疗保险制度难以运转。城镇基本医疗保险制度、城镇医疗机构和药品生产流通体制三项改革是统一的整体，单独推进其中某项改革，都难以收到预期效果。

（二）积极推动医药卫生体制改革

自 2000 年起，我们就开始推动医院、药品生产和流通体制的改革。具体讲，改革主要包括以下八个方面。

1. 实行卫生全行业管理

国务院领导一直讲，卫生部长不应是中国医院的总院长，应代表人民的利益对医院进行管理。卫生行政部门要转变职能，政事分开，今后主要应该是管医院而不是直接办医院，要从医疗机构的代表者转变为广大群众健康利益的代表者，公正运用法律、行政、经济等手段，实行卫生行业管理。

2. 对医疗机构实行分类管理

为鼓励社会办医，促进医疗机构围绕质量和效率开展竞争，国家把社会上的医疗机构分为营利性和非营利性两类。根据其性质、功能，制定实施不同的财税、价格政策，使它们面向市场，规范营运，平等竞争。今后，国家只对公立非营利性医疗机构给予财政补助。其他医疗机构国家不予补助。公立以外的非营利性医疗机构享受税收优惠政策，收费执行政府指导价。营利性医疗机构价格放开，依法经营，照章纳税。

3. 调整医疗资源布局

目前城镇的医生、床位及部分大型诊疗设备数量比需要多 20%—30%；卫生部门所属的综合性医院医生人均日诊疗人次已从 1990 年的 5.5 人次下降为 1997 年的 4.6 人次，每日负担的住院人数也从 1990 年的 2.1 人下降为 1997 年的 1.4 人；病床使用率从 1990 年的 88.2%下降为 1997 年的 67.4%[①]，这是

---

① 卫生部卫生统计信息中心：《80 年代以来我国医院资源及其利用简况》，1998 年 11 月。

造成医疗成本高，收费膨胀的重要原因。对此，国家要有步骤、有针对性地加强对卫生资源配置的宏观调控，对医疗服务量不饱满，不能正常运转的医院转型、压缩和撤并。

4. 积极推进公立医疗机构的改革

主要包括两方面：推动后勤服务社会化和实行病人挑选医生的制度。目前全国好一点的医院都有一个布告栏，上边有对本院专家医生的介绍。上海的个别医院甚至还推出了处室电脑的服务，病人只要在电脑上点一下自己的病症，电脑马上就会显示出能看这方面病症的医生的具体情况（如毕业院校、职称、从医经历、能说几种语言等）。而以前病人能享受哪个医生的服务则完全是由护士决定的。医院已经到了一个十分危急的关头。病人选医生的制度对医院的触动将非常大，那些混饭吃的医生就不行了。

5. 实行医药分开

现在医生乱开药，一个重要的原因是挂号费、诊疗费比较低，卖药成了医院的主要收入来源。目前药品销售里边的名堂多得不得了，大致的情况是：大部分的药品从出厂到流通到病人的手中，价格上涨了10倍！药厂为了多推销药品，也往往会同医生达成君子协议，根据开出药品的多少，给医生提取大量回扣（当然并不是所有的差价都由医生拿走了）。在这种情况下，医生就有多开药品的动机。医药分开势在必行。本来我们想一步到位，医院只能开药方，而不能开药房。但这种思路遭到医院的强烈抵制，他们从技术上提出了很多的问题。最后医药没有彻底分开，而是实行了单独核算。药品销售收入要上缴，然后再根据医院的需要把部分资金返还给医院。

6. 调整医疗机构收费

目前有些专家门诊的诊疗费用已经放开了，但有些还没有完全分开，从而在一些医院门口出现了叫"医托"的地下行业。改革的方向是引导医疗机构通过开展正常的医疗服务实现合理补偿。调整收费应坚持总量控制，结构调整，综合考虑医疗成本、财政补助等因素进行。防止调整收费后出现医疗、药品收费"两头翘"的现象。

7. 整顿药品生产流通秩序

目前绝大多数药厂未达到药品生产质量管理规范（GMP）的要求。这对于保障人民的用药安全，促进内涵发展非常不利。国家将提出了限期达标的要求。实际上，药品生产、销售中不重视质量和管理，靠推销手段维持经营也是"以药养医"的消极后果。当我们建立起药品产销公平竞争的体制，依法保障人民群众自主购药的权力，质次价高的药品就会被迫退出市场，药厂和药商为了生存就必须注重优质低价。因此，配套推进医药卫生体制改革是根本措施。在整顿药品流通秩序中，将暂停审批登记新设立药品批发企业，对现有药品批发企业进行整顿，鼓励知名度高、信誉好的药品流通企业跨地区发展，减少中间环节，降低药品的流通费用和销售价格。

8. 加强药品零售价格管理

目前大多数药品品种供过于求，药厂、药商千方百计通过让利、折扣促销。但是广大消费者并没有从这些让利、折扣中得到好处，反而因虚高定价进一步加重了负担。目前实行的顺加作价的管理办法没能抑制住药品价格水平，反而使虚高定价、高进高出合法化了。为迅速、有效扭转目前大回扣与虚高定价造成的药品价格混乱局面，国家拟对药品分两类进行价格管理：一类是基本医疗保险用药、预防用药、必要的儿科用药等实行政府规定统一零售价；另一类是其他药品，由经营单位按国家规定自主作价。政府管住基本治疗等药物的零售价，既维护了医疗保险制度的正常运行，又保障了广大群众的基本需要和切身利益。同时，对其他药品实行价格放开，发挥市场机制的作用。

参考文献

Kevin Kinsella, Yvonne J. Gist, Older Workers, Retirement, and Pensions, Department of Commerce U. S. A., 1995.

饶克勤、尹力、刘远立:《中国居民健康转型、卫生服务需求变化及其对经济社会发展的影响》, 中国卫生改革与发展高层研讨会论文, 2000 年 6 月。

图书在版编目（CIP）数据

体制转轨与制度比较 / 刘英主编. —北京：中央编译出版社，2015.11
ISBN 978-7-5117-2827-2

Ⅰ . ①体…

Ⅱ . ①刘…

Ⅲ . ①中国经济－经济体制改革－研究

Ⅳ . ①F121

中国版本图书馆 CIP 数据核字（2015）第 259668 号

体制转轨与制度比较

出 版 人	刘明清
出版统筹	贾宇琰
责任编辑	廖晓莹
责任印制	尹　珺
出版发行	中央编译出版社
地　　址	北京西城区车公庄大街乙 5 号鸿儒大厦 B 座（100044）
电　　话	(010) 52612345（总编室）　　(010) 52612345（编辑室）
	(010) 52612316（发行部）　　(010) 52612317（网络销售）
	(010) 52612346（馆配部）　　(010) 55626985（读者服务部）
传　　真	(010) 66515838
经　　销	全国新华书店
印　　刷	北京金瀑印刷有限责任公司
开　　本	787 毫米×1092 毫米　1/16
字　　数	388 千字
印　　张	26.5
版　　次	2015 年 11 月第 1 版第 1 次印刷
定　　价	78.00 元

网　　址：www.cctphome.com		邮　　箱：cctp@ cctphome.com	
新浪微博：@中央编译出版社		微　　信：中央编译出版社(ID: cctphome)	
淘宝店铺：中央编译出版社直销店(http://shop108367160.taobao.com)　　(010) 52612349			

本社常年法律顾问：北京嘉润律师事务所律师　李敬伟　问小牛
凡有印装质量问题，本社负责调换，电话：(010) 55626985